Die Berner Uebereinkunft zum Schutze von Werken der Literatur und Kunst

vom 9. September 1886
revidiert in Berlin am 13. November 1908
und in Rom am 2. Juni 1928

Mit Einleitung und Erläuterungen
von

Dr. Willy Hoffmann
Rechtsanwalt in Leipzig

Springer-Verlag Berlin Heidelberg GmbH

1935

ISBN 978-3-662-27600-6 ISBN 978-3-662-29087-3 (eBook)
DOI 10.1007/978-3-662-29087-3

Ursprünglich erschienen bei Julius Springer in Berlin 1935

Abkürzungen

aA. = anderer Ansicht.
aaO. = am angegebenen Ort.
Ann. = Annales de la Propriété Industrielle Artistique et Littéraire.
Arch. Funk. = Archiv für Funkrecht.
Arch. R. W. Phil. = Archiv für Rechts- und Wirtschaftsphilosophie.
BBl. = Bundesblatt der Schweiz. Eidgenossenschaft der belgischen Regierung für die Brüsseler Konferenz. Bern 1934.
Berlin = Akten der Berliner Konferenz 1908.
Blaubuch = La Protection internationale du Droit d'Auteur (Institut international de Coopération Intellectuelle. Cahiers des Droits intellectuels I) Paris 1928.
Bl. Fr. = Blätter für Funkrecht.
BUe. = Berner Uebereinkunft.
Bulletin = Association Littéraire et Artistique Internationale. Bulletin 4 e Série.
CDA. = Anträge der Delegationen auf der Romkonferenz.
Clunet = Journal du droit international, fondé par Edouard Clunet.
Da. = Le Droit D'Auteur.
DJZ. = Deutsche Juristen-Zeitung.
E. = Entwurf eines Urheberrechtsgesetzes Berlin 1932.
GRUR. = Gewerblicher Rechtsschutz und Urheberrecht.
HRR. = Höchstrichterliche Rechtsprechung.
JDA. = Il Diritto di Autore.
JR. = Juristische Rundschau.
JW. = Juristische Wochenschrift.
Kass. = Kassationshof.
KG. = Kammergericht.
KSchG. = Kunstschutzgesetz für deutsches Recht: (Urheberrecht an Werken der bildenden Künste und der Photographie vom 9. 1. 1907).
LG. = Landgericht.
LUG. = Literarisches Urheberrechtsgesetz für deutsches Recht (Reichsgesetz betr. das Urheberrecht am Werke der Literatur und der Tonkunst vom 19. 6. 1901).
LZ. = Leipziger Zeitschrift für deutsches Recht.
MuW. = Markenschutz und Wettbewerb.
OLG. = Oberlandesgericht.
Paris = Akten der Pariser Konferenz 1896.
Pasc. = Pasicrisie belge.
pma. = post mortem autoris.

Rabel = Zeitschrift für ausländisches und inländisches Privatrecht, herausgegeben von Rabel.

RBUe. = Revidierte Berner Uebereinkunft.

RG. = Reichsgericht.

RGBl. = Reichsgesetzblatt.

RGSt. = Entscheidungen des Reichsgerichts in Strafsachen.

RGZ. = Entscheidungen des Reichsgerichts in Zivilsachen.

ROLG. = Die Rechtsprechung der Oberlandesgerichte auf dem Gebiete des Zivilrechts.

Rom = Akten der Romkonferenz 1929.

Sch. u. W. = Schaffen und Wettbewerb.

Studien = Studien zur Förderung des gewerbl. Rechtsschutzes Berlin 1909.

Ufita = Archiv für Urheber- Film- und Theaterrecht.

VG. = Verlagsgesetz (Reichsgesetz über das Verlagsrecht vom 19. Juni 1901).

VO. = Verordnung.

Die Berner Übereinkunft zum Schutze von Werken der Literatur und Kunst vom 9. September 1886 revidiert in Berlin am 13. November 1908 und in Rom am 2. Juni 1928

Einleitung

§ 1.

Das System.

I. Die RBUe. ist ein zwischen Staaten getroffenes Kollektiv Abkommen zum Schutze der Werke der Literatur und Kunst. Sie schafft als rechtssetzender völkerrechtlicher Staatsvertrag für die Verbandsländer nationales Fremdenrecht, regelt jedoch das interne Urheberrecht nicht; diese Regelung untersteht vielmehr einzig und allein der Hoheit der Verbandsländer. Nur einen gewissen Einfluß nimmt die RBUe. auf das Gesetz des Verbandslandes, als nach Art. 25 Abs. 1 Voraussetzung des Beitritts eines Staats zur RBUe. ist, daß er das Urheberrecht gesetzlich schützt, so daß also Staaten, die keinen genügenden gesetzlichen Urheberrechtsschutz gewähren, der RBUe. nicht beitreten können.

II. Über die Frage, wem der Schutz der RBUe. zukommen soll, nämlich dem Werke oder dem Urheber, finden sich weder in der BUe. noch in der RBUe. Ausführungen.

1. Dabei ist die Frage, ob Werkschutz oder Personenschutz gewährt wird, — entgegen Da. 1933, 42, wo diesem Problem eine tiefere Bedeutung abgesprochen wird — von nicht geringer Tragweite, weil die in der Wahl des Schutzsystems sich äußernde Grundauffassung über das Wesen des Urheberrechts zur Ausdeutung von Einzelbestimmungen wesentlich ist. Erklärt nämlich das Gesetz den Urheber als geschützt (z. B. § 1 des franz. Gesetzes vom 19. Juli 1793), so steht für dieses Gesetz die Per-

son des Schöpfers im Vordergrund. Der somit aufgestellte Personenschutz gründet sich zwar auf das Geistesschaffen dieser Person, weil vorausgesetzt wird, daß das Ergebnis dieses Schaffens ein schutzfähiges Werk ist. Aber weil das Schwergewicht auf den Schöpfer gelegt ist, wird ein solcher Gesetzgeber davon absehen, irgendwelche grundsätzlichen Voraussetzungen für das Bestehen eines schutzfähigen Werkes aufzustellen, wird eine Rechtsprechung auf Grund einer solchen Gesetzgebung dazu neigen, den Rahmen dafür, was als Urheberrechtsgut anzusehen ist, möglichst weit zu spannen. Eine solche Gesetzgebung wird den Inhalt des Rechts des Urhebers an seinem Geisteswerk möglichst umfassend gestalten und wird bestrebt sein, die Rechtsmacht des Urhebers über das Ausbeutungsrecht am Werke hinaus zu erweitern: So die franz. Gesetzgebung durch Einführung des Folgerechts [droit de suite] oder der Abgabefrist [domaine public payant] (über die lex Herriot vgl. Hoffmann GRUR. 1928, 41). Aber zugleich wird eine solche Gesetzgebung nicht geneigt sein, bei dieser Monopolstellung des Urhebers irgendwelche „Ausnahmebestimmungen" zuzulassen, die irgendeine Benutzung des Werkes gestatten.

Steht dagegen ein Urheberrechtsgesetz auf dem Boden des Werkschutzes, so wird sie das, was sie als schützenswertes Werk ansieht, bezeichnen, sei es, daß sie die Werkgattungen anführt, die sie schützen will (Kategorien-Methodik: so die meisten Gesetze der Verbandsländer und die RBUe. selbst) sei es, daß sie eine Begriffsbestimmung des Werkes bringt (so z. B. das poln. Urheberrechtsgesetz), dem gegebenenfalls als Richtschnur für den Richter eine beispielhafte Aufzeichnung einzelner schutzfähiger Werkarten folgt. Zwar gilt der Schutz hier in erster Linie der Schöpfung, aber auch eine solche Gesetzgebung kann nicht verkennen, daß es zum Schaffen eines Werkes der formgebenden Kraft eines Einzelnen bedarf. So gewährt auch ein solches Gesetz Befugnisse, die zwar am Werke anhaften, aber persönlichkeitsrechtlichen Charakters sind, wie das Urheberpersönlichkeitsrecht.

Diesem Zurücktreten des Einzelnen kann weiter die Neigung entsprechen, die Volksgemeinschaft, der der Einzelne eingeboren ist, als einen zweiten Faktor bei der Bemessung des Werkschutzes zu beachten (vgl. S. 26).

2. Die Frage, ob die RBUe. auf dem Boden des Werkschutzes oder des Personenschutzes steht, ist nicht mit völliger Sicherheit zu entscheiden. Es ist dabei zu berücksichtigen, daß

dieser Vertrag das Werk Vieler ist, an dem im Laufe der Zeit vielfach geändert worden ist, so daß nur wenn übereinstimmende Willenserklärungen hierüber vorliegen würden, etwas unzweifelhaft Sicheres sich behaupten ließe. Eine solche Erklärung fehlt zwar, jedoch läßt sich aus der Förmelung des Textes folgendes erkennen:

Nach ihrem Titel bezweckt sie „la protection des oeuvres littéraires et artistiques"; nach dem Wortlaut des Art. 1 dagegen ist sie ein Verband zum Schutze des Urheberrechts an Werken der Literatur und Kunst. Ebenso spricht die Fassung der Art. 2b, 3, 6 Abs. 2 und 4, 7 Abs. 3, 7b, 9, 11 Abs. 1, 14 Abs. 2—4, 18 für die Annahme des Werkschutzes. Dagegen scheint der Personenschutz in der Fassung der Art. 4, 5, 6 Abs. 1 und 3, 6b, 8, 11 Abs. 2 und 3, 11b Abs. 1 und 2, 13 Abs. 1, 14 Abs. 1 vorgesehen zu sein.

Da jedoch die RBUe. überhaupt keine Bestimmung enthält, wer als Urheber im Sinne ihrer Vorschriften anzusehen ist, während sie an der Spitze ihres Textes im Art. 2—3 einen Katalog der Werke bringt, die sie schützen will, ist anzunehmen, daß die RBUe. grundsätzlich das Werk schützen will, während in einzelnen Vorschriften der Gedanke des Personenschutzes durchbricht.

Irrig ist jedenfalls, wenn Röthlisberger (S. 79) und Wauwermans (S. 26) ausführen, die BUe. sei dazu bestimmt, die Urheber zu schützen (wozu allerdings die Fassung des Art. 2 BUe. im Gegensatz zur Fassung des Art. 2 RBUe. beigetragen haben mag), und wenn Raestad (S. 46 und 85) sagt, daß es der korrekten Terminologie der RBUe. besser entspreche, vom Schutze des Rechts des Urhebers zu sprechen.

Unrichtig erscheint es schließlich (mit Raestad S. 73), aus der von der RBUe. verwendeten Bezeichnung „das Recht am Werk" folgern zu wollen, daß nur jene urheberpersönlichkeitsrechtlichen Auswirkungen von der RBUe. geschützt wären, die im Art. 6b ausdrücklich normiert sind, weil dieses Urheberpersönlichkeitsrecht persönlichkeitsrechtlicher Natur, somit nicht ein Recht am Werke sei. Vielmehr sind mit dem „Rechte am Werke" alle Rechte gemeint, die aus der Tatsache der Schöpfung wie der Schöpferschaft für den Urheber sich ergeben, gleichviel wie man diese Rechte rechtssystematisch einordnet.

III. Für die Festsetzung des von der RBUe. zu gewährenden Schutzes — Osterrieth hat es auf der Berliner Konferenz in einer groß angelegten Rede von geradezu historischer Bedeutung dargelegt (Berlin S. 160) — gab es zwei Möglichkeiten, die bei Gründung der BUe. überprüft worden sind. Einmal konnte der Weg beschritten werden, daß eine für alle Verbandsländer einheitliche Festlegung der Urheberrechtsgesetze erfolgte, so daß ein einziges gleiches materielles Recht diese Fragen für das gesamte Verbandsgebiet geregelt hätte. Dahin ging der Vorschlag der deutschen Regierung auf der Berner Konferenz von 1884; aber man erkannte sehr bald, daß die Verschiedenheit der Landesgesetzgebungen auf diesem Gebiete so groß war, daß die Uniformität der Urheberrechtsgesetze nicht hergestellt werden konnte. Wenn damals von franz. Seite der deutsche Vorschlag mit der Begründung abgelehnt wurde „il ne faut pas violenter le temps", so zeigt sich heute — wie schon i. J. 1906 Röthlisberger (S. 317) ausgeführt hat —, daß dieser Auffassung auch heute noch die Berechtigung fehlt. Zwar sind — nicht zum mindesten durch die Tatsache der Rechtsnormen der RBUe. und durch die Tätigkeit des Berner Büros — in den Urheberrechtsgesetzgebungen der Verbandsländer gleiche Grundlinien festzustellen, aber die auf dieser Grundlage errichteten Gebäude der internen Urheberrechtsgesetze sind heute noch verschiedener als früher, und diese Verschiedenheit dürfte in Zukunft noch wachsen.

1. So entschloß man sich i. J. 1884, den Verbands-Urheberrechtsschutz auf der Grundlage der Inländerbehandlung zu errichten: Das verbandseigene Werk wird in allen Verbandsländern außer seinem Heimatsstaat dem einheimischen Werke gleich behandelt; das interne Urheberrechtsgesetz findet somit auf das verbandseigene Werk Anwendung, als wäre es ein einheimisches: Damit wird für das verbandseigene Werk das Schutzgebiet bis an die Grenzen des Verbandsterritoriums erweitert, und gleichzeitig erfährt auch das einheimische Gesetz eine Erweiterung seiner Anwendung, insofern seine Normen jetzt den Schutzumfang bei Werken bestimmen, auf die es nach seinen eigenen Bestimmungen nicht Anwendung finden könnte. So ist es nicht nur (RG. in JW. 1909, 430) durchaus möglich, daß ein und dasselbe Werk in den verschiedenen Verbandsländern verschieden geschützt wird, sondern dasselbe Werk kann in einem Verbandslande im Gegensatz zu anderen Verbandsländern überhaupt nicht geschützt werden. Diese von Pillet (S. 62) getadelte Ungleichheit, die sich nach dessen Auffassung mit der bei einem Vertrag vorauszusetzenden Gleichmäßigkeit der Behandlung schlecht verträgt, ist jedoch die gewollte und gewünschte Folge des tragenden Grundsatzes der Inländerbehandlung. Auch bei diesem System erfolgt eine Gleichbehandlung der Werke, aber

diese findet nicht innerhalb des Gebietes der RBUe. statt, sondern innerhalb des Gebietes eines jeden Verbandslandes.

So ist der Schutz der RBUe. nicht nur in seinem Ausmaße je nach dem Verbandslande, in dem der Schutz angerufen wird (lex fori), verschieden, sondern der Schutz ist auch von dem Schutz im Ursprungslande (lex soli) nach Inhalt sowohl wie nach der Art und Weise seiner Durchsetzung unabhängig. Diese Unabhängigkeit ist durch die RBUe. so weit getrieben, daß — abgesehen von der Schutzfrist (Art. 7 Abs. 2) — hinsichtlich des Verbandsschutzes jedes rechtliche Band des Werkes mit dem Ursprungslande zerschnitten ist (Da. 1921, 123).

Diese Verschiedenheit der Schutzgestaltung in den einzelnen Verbandsländern aufgrund des Ausbaues des internen Urheberrechtsschutzes hat nun zur Folge, daß ein Verbandsland mit hochentwickeltem Urheberrechtsgesetz Werken aus Verbandsländern mit weniger ausgebautem Urheberrechtsschutz einen umfangreicheren Schutz gewähren müßte, als das einheimische Werk ihn in dem betr. Verbandsland erhalten würde. In der Vorkriegszeit — so scheint es wenigstens — sind die Verbandsländer an das Problem des Verbandsschutzes nicht mit der Forderung des „do ut des" herangetreten, haben vielmehr in der Präambel des Textes der RBUe., „von dem Wunsche beseelt, das Urheberrecht an Werken der Literatur und Kunst in möglichst wirksamer und gleichmäßiger Weise zu schützen", das Gewicht auf die Wirksamkeit des Schutzes gelegt, ohne sich der Gleichförmigkeit oder der Gleichmäßigkeit des Schutzes in den anderen Verbandsländern zu vergewissern. Aber diese Zeiten — so scheint es — gehören der Vergangenheit an. Denn eine der Aufgaben der Romkonferenz war, die Versuche, an Stelle des Prinzips der Inländerbehandlung die Forderung der materiellen Reziprozität zu setzen, zurückzuweisen (vgl. S. 10).

2. Die schon auf der Berner Konferenz vorhandene Verschiedenheit im internen Urheberrechtsschutz war Veranlassung, eine Anzahl von Normen aufzustellen, die als Bestimmungen materiellen Rechts dem verbandseigenen Werke eine gewisse gleichmäßige Behandlung in allen Verbandsländern iure conventionis sichern sollten, ein Bestreben, das seit der Berliner Konferenz besonders stark hervorgetreten ist und sich wohl auch daraus erklärt, daß durch diese Normen ein gewisses Schutzausmaß für die verbandseigenen Werke auch in neu beitretenden Staaten gewährleistet werden sollte.

Der Urheberrechtsschutz der RBUe. setzt sich somit aus einem Doppelten zusammen, aus dem Schutz nach Maßgabe der lex fori, der Inländerbehandlung im eigentlichen Sinne und aus den von der RBUe. festgesetzten materiellen Schutznormen, die im Art. 4 Abs. 1 als „die in dieser Übereinkunft besonders festgesetzten Rechte" bezeichnet werden, im Schrifttum irreführend „Mindestrechte", hier „Sonderrechte" genannt werden.

3. Die Sonderrechte geben einen Schutz iure conventionis. Das verbandseigene Werk (worunter hier das Werk verstanden wird, welches nach den Bestimmungen der RBUe. den Anspruch auf Inländerbehandlung hat) wird nach diesen materiell-rechtlichen Vorschriften in allen anderen Verbandsländern außer seinem Ursprungslande geschützt, gleichviel ob es diesen Schutz im Ursprungslande genießt, gleichviel ob das Verbandsland, in dem der Schutz nachgesucht wird, den einheimischen Werken einen gleichen Schutz gibt.

Diese „Sonderrechte" sind

die Befugnis der Sammlung von Vorträgen usw. (Art. 2 b Abs. 2),
das Urheberpersönlichkeitsrecht (Art. 6 b Abs. 1),
die Übersetzungsbefugnis (Art. 8),
das Presseartikelrecht (Art. 9),
die Aufführungsbefugnis an Übersetzungen (Art. 11 Abs. 2),
die Befugnis der rundfunkmäßigen Wiedergabe (Art. 11 b Abs. 1),
die Befugnis der mechanisch-musikalischen Wiedergabe (Art. 13 Abs. 1),
die Befugnis der filmischen Wiedergabe (Art. 14 Abs. 1).

Stolfi kennt in seiner Aufzählung (II, 779) noch die Befugnisse der Wiedergabe im allgemeinen, der Aufführung und der Bearbeitung im allgemeinen, übersieht aber dabei, daß die RBUe. diese Befugnisse weder als solche kennt (so hinsichtlich der Wiedergabe-Befugnis Belgien S. 45 und Malaplate S. 232, hinsichtlich der allgemeinen Bearbeitung Da. 1933, 123), noch sie als Sonderrechte für das verbandseigene Werk normiert.

Durch die Tatsache der Festlegung dieser materiellrechtlichen Sonderrechte ist aber nichts darüber gesagt, wie weit die einzelnen, hierdurch iure conventionis gewährten Befugnisse am Werke gehen. Diese Schutzauswirkungen sind nicht gleichmäßig. Zum Teil wird die Befugnis durch die RBUe. selbst festgesetzt, so daß der Umfang dann iure conventionis festliegt. Diese früher angewandte Methode ist jedoch seit der Berliner Konferenz einer elastischen Methode gewichen, die zwar ebenfalls die Befugnis grundsätzlich festlegt, jedoch die Bestimmungen über Umfang und Ausübung der Gesetzgebung der Verbandsländer überläßt: so beim Urheberpersönlichkeitsrecht (Art. 6b Abs. 2), bei der rundfunkmäßigen Wiedergabe (Art. 11b Abs. 2), und der mechanisch-musikalischen Wiedergabe (Art. 13 Abs. 2). (Hierüber vergl. S. 12.)

4. Das andere Element des Verbandsschutzes ist die Inländerbehandlung: das in einem Verbandsland veröffentlichte Werk wird in allen anderen Verbandsländern außer dem Ursprungslande (Art. 4 Abs. 3) wie ein inländisches Werk geschützt, gleichviel von welchen Voraussetzungen das betr. Urheberrechtsgesetz sonst den Schutz ausländischer Werke abhängig macht. Bei diesem System ist es gleichgültig, wie groß das Ausmaß des vom Verbandslande vorgesehenen Urheberrechtsschutzes ist. Auch die weitestgehende Bestimmung kommt dem verbandseigenen Werke zugute, selbst wenn das Werk in seinem Ursprungslande nicht diesen oder überhaupt keinen Schutz genießt.

Man bezeichnet den Schutz der RBUe. als Minimalschutz und will damit ausdrücken, daß das verbandseigene Werk den materiellen Schutz, den die Normen der RBUe. ihm iure conventionis verleihen, als Mindestumfang erhält, daß ihm also darüber hinaus die entsprechenden Schutzrechte und Schutzbestimmungen der Verbandsländer noch zugute kommen.

Diese Auffassung kann jedoch nur dann richtig sein, wenn in jedem Falle der durch die RBUe. gewährte Schutz tatsächlich den Mindestumfang darstellen würde, wenn also das verbandseigene Werk jedwede weitergehende Bestimmung der internen Urheberrechtsgesetze der Verbandsländer auch für sich beanspruchen könnte. Eine nähere Beleuchtung ergibt jedoch, daß die Sonderrechte grundsätzlich eine zwingende Begrenzung des Urheberrechtsschutzes darstellen, so daß insoweit die günstigere lex fori nicht angerufen werden kann (vgl. S. 17), und daß auch die RBUe. Bestimmungen hat, in denen sie einen Maximalschutz vorsieht (vgl. S. 21). Aus diesem Grunde wird hier von dem Minimalschutz der RBUe. nicht gesprochen.

Nur dort, wo Raum für die Inländerbehandlung im eigentlichen Sinne ist, wo also nicht eine zwingende Regelung durch Festlegung von Sonderrechten oder eines Maximalschutzes erfolgt ist, kann überhaupt von einem Minimalschutz der RBUe. gesprochen werden.

Dabei ist aber nicht zu verkennen, daß die Lehre von der Inländerbehandlung oft nur eine These ist. Denn die Fälle sind nicht selten, daß die Gerichte der Verbandsländer sich geweigert haben, über die Bestimmungen der BUe. hinaus die weitergehenden Vorschriften des Landesgesetzes auf verbandseigene Werke anzuwenden (so die großbrit. Rechtsprechung in Da. 1894, 77; 1895, 8 und 10, die belg. Rechtsprechung in Da. 1904, 93).

IV. Für die Lösung der Frage, nach welchem Gesichtspunkt der Verbandsschutz dem schutzfähigen Werke zugesprochen werden solle, standen zwei Systeme zur Verfügung, deren Anwendung zu verschiedenen Ergebnissen führt. (Hierzu vergl. die Ausführungen bei Ruffini S. 718, deren Ergebnisse nebst den Bemerkungen von Vaunois in Da. 1916, 115 in Folgendem zusammengefaßt werden.)

1. Das von dem franz. und ital. Schrifttum durchweg vertretene Personalprinzip (dessen Anhänger in Deutschland Gierke ist) sieht im Werke lediglich die Objektivierung eines Subjektes und gibt ihm demgemäß nur den Schutz, den das Gesetz, dem der Schöpfer unterworfen ist, gibt. Der Schutz der lex soli haftet dem Werke unlösbar an, strahlt gewissermaßen über das Ursprungsland hinaus auf andere Staatsgebiete. Mit Recht führt Da. 1926, 50 aus, daß dieses Prinzip — verstandsmäßig betrachtet — richtig ist. Denn es entspricht nicht nur der Grundlehre allen Urheberrechts, daß ein Werk die eigenpersönliche Formung eines schaffenden Geistes ist, sondern es bringt auch eine klare Regelung des Urheberrechtsschutzes. Aber der Durchführung dieses Grundsatzes steht die praktische Schwierigkeit entgegen, daß hiernach der Richter die lex soli anwenden, die fremden Urheberrechtsgesetze also kennen müßte, eine Voraussetzung, die sich bei den schwierigen urheberrechtlichen Problemen niemals erfüllen läßt. Die von Potu (S. 50 Anm. 4) angeführten Beispiele fehlerhafter Auslegung fremder Urheberrechtsgesetze reden eine beredte Sprache.

Das von der deutschen Rechtslehre, insbesondere von Kohler vertretene Territorialprinzip legt das Hauptgewicht darauf, daß die Ausübung der urheberrechtlichen Befugnisse regelmäßig territorial begrenzt, nämlich in dem Gebiete des betreffenden Landes, vor sich geht, insbesondere auch den territorial gebundenen strafrechtlichen Sanktionen untersteht. Es löst deshalb hinsichtlich des zwischenstaatlichen Schutzes das Werk von der lex soli los, unterstellt es der lex fori.

Der Gegensatz der beiden Lehren ergibt sich auch hinsichtlich der Frage, wem der Schutz eines Urheberrechts zugute kommen soll. Das Personalitätsprinzip als Personenschutz stellt den Schutz auf die Tatsache der Staatszugehörigkeit des Urhebers des Werkes ab, gleichviel, wo das Werk veröffentlicht worden ist, während das Territorialprinzip lediglich auf die Tatsache der Veröffentlichung innerhalb eines Staatsgebietes Wert legt, so daß rechtlich unbedeutsam ist, wer der Urheber dieses im Staatsgebiet veröffentlichten Werkes ist.

2. Die RBUe. folgt dem Territorialprinzip, insofern Art. 4—6 entscheidenden Wert auf die Veröffentlichung des Werkes legen, während das Personalprinzip lediglich hinsichtlich des unveröffentlichten Werkes nach Art. 4 Abs. 3 gilt. Es wird damit der Veröffentlichung des Werkes eine rechtsbegründende Kraft beigelegt, aber nicht etwa in dem Sinne, daß erst durch die Veröffentlichung das Urheberrecht (wie man aus Art. 26 Abs. 1 des ital. Urheberrechtsgesetzes entnehmen könnte) entstehe, vielmehr begründet die Tatsache der Veröffentlichung in einem Verbandslande das Recht auf den Verbandsschutz.

Eine dem Geist der RBUe. zuwiderlaufende Ausnahme macht die französische Gesetzgebung für das urheberrechtliche Folgerecht (droit de suite), insofern sie, vom Grundsatz des Territorialprinzips abgehend, lediglich die Staatsangehörigkeit des Urhebers für die Gewährung dieses Schutzes entscheiden läßt.

V. Der Begriff der Reziprozität, d. h. des Schutzes auf Grund einer auf irgendwelche Weise festgestellten Gegenseitigkeit, ist der RBUe. fremd. Es ist also nicht geschickt, den tragenden Grundsatz der Inländerbehandlung als „formelle Reziprozität" zu bezeichnen, denn eine Gegenseitigkeit des Schutzes ist hier nicht vorhanden. Das verbandseigene Werk wird vielmehr in anderen Verbandsländern auch dann geschützt, wenn die Werke des schützenden Landes in einem anderen Verbandslande einen minderen oder überhaupt keinen Schutz genießen. Und zudem ist es nicht richtig, die Schutzbestimmungen der RBUe. als formelle zu bezeichnen, da sie im Wesentlichen materiellrechtlichen Inhaltes sind.

Tatsächlich ist der Grundsatz der Reziprozität immer als ein dem Geist der RBUe. fremder Gedanke betrachtet worden (so das Berner Büro wiederholt, zuletzt in Da. 1934, 101), und i. J. 1885 (Akten S. 41) wird das Reziprozitätssystem als „contraire à la notion même de l'Union qu'on veut créer" bezeichnet.

Mögen die Verbandsländer gegenüber Werken von Nichtverbandsländern die Anwendung des Urheberrechtsschutzes nach ihrem Gutdünken von der materiellen oder diplomatischen Reziprozität oder überhaupt vom Abschluß zwischenstaatlicher Verträge abhängig machen (hierüber sehr ausführlich Da. 1929, 64 und noch tiefer schürfend Da. 1930, 57), für die RBUe. kommt der Grundsatz der Reziprozität, will man ihren jetzigen Geist bewahren, nicht in Betracht. Mit Recht kennzeichnet das Berner Büro dieses Problem (in Da. 1928, 131), also unter dem Eindruck der Romkonferenz, als „ question capitale, dont dépend l'orientation future de l'Union". Denn eine der Erfahrungen der Romkonferenz ist es, daß Frankreich versucht hat, den Grundsatz der materiellen Reziprozität in die RBUe. einzuführen, so daß der Kampf hierum einen der Hauptstreitpunkte dieser Konferenz gebildet hat (Raestad S. 35). Frankreich hat seinen Vorbehalt hinsichtlich des Schutzes der kunstgewerblichen Erzeugnisse lediglich aus dem Grunde gemacht, um hinsichtlich dieser Erzeugnisse die materielle Reziprozität zu seinen Gunsten durchzusetzen, und es hat auf der Romkonferenz die Reziprozität hierfür ausdrücklich gefordert (Rom S. 287).

Die Gefahr einer Einführung des Grundsatzes der materiellen Reziprozität war nun auf der Romkonferenz insofern noch größer, als Frankreich diesen Grundsatz auch bezüglich der Schutzfrist einführen wollte im Hinblick auf das großbrit. System, das einem Werke den vollen Urheberrechtsschutz nur während der ersten 25 Jahre p. m. a., für die weiteren 25 Jahre aber eine gesetzliche Lizenz gibt (fälschlich domaine public payant genannt). Diese Gefahr ist im ital.-Berner Vorschlag zur Romkonferenz (S. 70) deutlich gekennzeichnet, und insbesondere Italien war es, das auf der Romkonferenz jeder Einführung des Reziprozitätsprinzips aufs energischste Widerstand entgegensetzte, so auch hinsichtlich des Schutzes anonymer, pseudonymer, nachgelassener Werke und solcher Werke, deren Urheberrecht einer juristischen Person zusteht. Auch das Deutsche Reich (Klauer in Ufita I [1928] 376) und Norwegen widersprachen der Einführung des Reziprozitätssystems, und Norwegen wies (Raestad S. 166) dabei noch auf den Widerspruch in der Haltung Frankreichs hin, da der Vorbehalt bezüglich des Schutzes des kunstgewerblichen Erzeugnisses erkennen lasse, daß nach französischer Auffassung in der RBUe. kein Raum sei für die Reziprozität, so daß deren Anwendung erst mit Hilfe dieses Vorbehalts in dieser scharf umrissenen Materie seitens Frankreich durchgesetzt werden könnte, während man durch die von Frankreich vorgeschlagene Behandlung des großbrit. Systems hätte annehmen können, das Reziprozitätsprinzip sei schon jetzt in der RBUe. maßgebend. So steht auch die Auffassung von Mittelstädt (JW. 1928, 2060), der mit Rücksicht auf die verschiedenen Anschauungen der Verbandsländer über den Begriff des Urheberrechts Gewicht auf die Einführung der Reziprozität in die RBUe. legt, mit dem Geist der BUe. wie auch der RBUe. in Widerspruch. Dabei ist es nicht einmal nötig, um gewissen Unzulänglichkeiten, die sich bei Anwendung der RBUe. gezeigt haben, abzuhelfen, zum Reziprozitätsgrundsatz zu greifen; vielmehr sind andere und geeignetere Mittel vorhanden, die den tragenden Grundsatz der RBUe. nicht angreifen.

Nur einmal scheint die RBUe. sich von Reziprozitätsgrundsätzen leiten zu lassen, insofern nämlich (Art. 7 Abs. 2) die Schutzdauer der lex fori die der lex soli nicht übersteigen soll. Ob allerdings diese Bestimmung nicht zwanglos auf den allgemeinen Grundsatz des „ordre public international", der namentlich im romanischen Schrifttum eine große Rolle spielt, zurückzuführen ist, erscheint fraglich. Selbst wenn man aber in jener Bestimmung eine Anwendung des Reziprozitätsgrundsatzes erblickt so ist diese hier möglich, weil hierbei das Vorliegen einer Reziprozität leicht festzustellen ist, da es sich nur um den Vergleich zweier zeitlicher Fristen handelt ohne Rücksicht auf den Umfang des gewährten Schutzes.

VI. Der Aufbau der RBUe. ist unübersichtlich und bietet als eine Folge der Einzelabänderungen durch die Revisionskonferenzen, auf denen man einer systematischen Durcharbeitung des gesamten Vertragswerkes aus dem Wege gegangen ist, „keinen rechten logischen Zusammenhang, und weist ein zusammenhangloses Durcheinander von Principien auf" (Kohler S. 402, eine Kritik, die auf Röthlisberger, diesen feinen Kenner der Berner Konvention, einen tiefen und nachhaltigen Eindruck gemacht hat [Röthlisberger in Studien S. 493]). Noch schärfer ist Pillet (S. 81), der von „conséquences bizarres, inexplicables et même absurdes" spricht.

Daß weder der Grundsatz des Werkschutzes noch des Personenschutzes einheitlich durchgeführt ist, daß das Territorialprinzip vorherrscht, aber auch das Personalprinzip daneben Geltung hat, ist bereits dargetan. Wichtiger erscheint, daß auch bei der Festlegung der materiellen Schutzvorschriften der RBUe. verschiedene Grundsätze gewaltet haben.

1. Formeller Natur sind die Bestimmungen der Art. 1, 17, 19—30, materieller Natur — daher für den Charakter der RBUe. kennzeichnend — die anderen, die neben den tragenden Grundsätzen hinsichtlich des durch die RBUe. gewährten Schutzes Einzelheiten über dessen Umfang enthalten.

Art. 2 und 3 bringen durch Aufzählung der Werkgattungen die Feststellung des Zieles der RBUe. Auf diesen Bestimmungen bauen sich Art. 4—6 auf, in denen die Grundsätze des Schutzes der RBUe. niedergelegt sind, also die Inländerbehandlung und die Sonderrechte. Daran reihen sich — ziemlich ungeordnet —

Vorschriften, die den Inhalt des Schutzes betreffen; Bestimmungen über Schutzdauer, über Einzelheiten des Konventionsschutzes für Presseartikel folgen, und inmitten des Vertragstextes finden sich auch Vorschriften von sehr geringem materiellen Gehalt in Art. 10 und Art. 13.

2. Bei der Normierung der grundlegenden Art. 2—3 und bei der Regelung der Sonderrechte (bei den Vorschriften über Inländerbehandlung wird naturgemäß lediglich auf die lex fori verwiesen, so daß hier ein System eines durch die RBUe. normierten Schutzes überhaupt nicht in Frage kommt) werden drei Systeme nebeneinander, ja teilweise einander überschneidend, angewendet: das starre System, das halbstarre und unstarre System.

a) Das starre System äußert sich darin, daß bei seiner Anwendung entweder der Konventionstext selbst die Norm enthält, oder daß die Norm zwar in der Bestimmung der RBUe. enthalten ist, das Verbandsland aber angewiesen wird, im Sinne dieser Norm Schutz zu gewähren.

Die erste Anwendungsart findet sich im Art. 2b Abs. 2 Satz 2, Art. 8, Art. 9, Art. 11 Abs. 2, Art. 14 Abs. 1, Art. 16.

Die zweite Anwendungsart wird verwendet im Art. 2 Abs. 1 und 2, in Art. 3, Art. 14 Abs. 2—4. Besonders deutlich zeigt sich das Nebeneinander der Systeme im Art. 7. Abs. 1 enthält überhaupt keine Norm, sondern nur den Wunsch nach der Einheitsschutzfrist von 50 Jahren. Eine Verpflichtung der Landesgesetzgebung bringt Abs. 2, während Abs. 3 wieder die Norm im starren System enthält. Dagegen enthält Art. 7b in allen drei Absätzen Vorschriften des starren Systems.

b) Auch das halbstarre System findet sich in zweifacher Ausbildung in der RBUe. vor, einmal in der Ausgestaltung, daß es der Landesgesetzgebung freigestellt wird, ob sie eine Schutzvorschrift bezüglich eines bestimmten Tatbestandes erlassen will, während die zweite Anwendungsform des halbstarren Systems die ist, daß die RBUe. die Grundlagen des Schutzes gibt, jedoch der Landesgesetzgebung den Erlaß von Bestimmungen über die Begrenzung und Ausübung dieses Schutzrechtes überläßt.

Die erste Anwendungsart zeigt sich im Art. 2 Abs. 4, Art. 9 Abs. 2 Schlußhalbsatz und Art. 18.

Die zweite Anwendungsart findet sich in Art. 6b Abs. 2. Art. 11b Abs. 2 und Art. 13 Abs. 2.

c) Das unstarre System läßt der Landesgesetzgebung hinsichtlich der Schutznormierung volle Freiheit; es findet sich im Art. 2b Abs. 1 u. 2 und Art. 10.

Man sieht daraus, daß die Neigung der Schöpfer der BUe. der starren Regel gegolten hat. Man glaubte damals noch, daß man eine loi-type schaffen könne als Vorbild und Beispiel für die einzelnen Landesgesetze, die auf dieser Grundlage dann das Urheberrecht weiter ausbauen könnten (so Bles in Da. 1914, 19, so die Präambel der RBUe.). Aber dabei ist übersehen worden, daß selbst eine Uniformität der Gesetze nicht eine Gleichbehandlung der Werke und ihrer Urheber im gesamten Verbandsterritorium bedeutet. Denn die Gleichheit des Gesetzestextes bedeutet weder noch gewährleistet sie die Gleichheit ihrer Auslegung, also der Rechtsanwendung.

3. Das Bestreben der Revisionskonferenzen ist bislang dahin gegangen, die materiellrechtlichen Vorschriften der RBUe., insbesondere durch Erweiterung der Sonderrechte, weiter auszubauen, damit die Zusammenfassung dieser Normen ein System des Urheberrechtsschutzes darstellen würde. Dieses Bestreben ist gewiß zu begrüßen, insofern hierdurch ein wirksamer Schutz des Urheberrechts gewährleistet wird, aber man darf dabei die Grenzen nicht übersehen, die jeder internationalen Rechtssetzung in sich selbst gegeben sind, und die bei urheberrechtlichen Fragen, in denen sich der Geist jedes einzelnen Volkes scharf ausprägt, noch enger zu ziehen sind. Hier normieren zu wollen, wofür es an einer allgemein gültigen Norm fehlt, ist ein Unding. Schon Renault betont in seinem Generalbericht auf dem Berliner Kongreß (Berlin S. 276) diesen Gesichtspunkt.

Der Weg, auf dem die Berliner Konferenz zu dem Ziel eines einheitlichen Urheberrechtsschutzes unter Belassung des weitestmöglichen Spielraumes für die Landesgesetzgebung gelangen wollte, stellt ein Unikum in der Geschichte der zwischenstaatlichen Abkommen dar. Man verfiel nämlich damals auf den Gedanken der Schaffung von Vorbehalten gegenüber dem Berliner Text, „véritable principe de désunion" (Weiß in Revue des Sciences Politiques Bd. 43, 415), von dem man — jedoch vergeblich — den Beitritt von Rußland und von USA. erwartete, der jedoch nur den Erfolg hatte, daß man (nach der geistreichen Formulierung von Renault) die union, aber nicht die unité, erhielt. Denn diese Vorbehalte schufen nicht allein drei Kategorien von Verbandsstaaten, nämlich solche, die dem Berliner Text ohne Vorbehalt beitraten, solche, die nur durch die BUe. gebunden blieben und diejenigen, die irgend einen Vorbehalt beim Beitritt zur RBUe. machten; vielmehr waren, da jedes Verbandsland jeden Vorbehalt hierbei machen konnte (sofern dieser nur nicht zu einer Verminderung des bereits gewährten Urheberrechtsschutzes führte), alle Varianten denkbar und in einer Vielzahl auch tatsächlich vertreten. Diese Möglichkeit „ne peut engendrer que le désordre“ sagt Pillet (S. 40), und die Romkonferenz hat Arbeit genug gehabt, in diese Unordnung wieder Ordnung zu bringen.

Die richtige Erkenntnis, die zur falschen Maßnahme der Vorbehaltseinräumung geführt hat, findet dagegen im halbstarren System für den materiellen Schutz eine wesensgerechte Ausprägung, da diese die Grundlage als verbindlich für die Verbandsländer normiert, aber den Verbandsländern den zum Ausbau und Aufbau eigener Rechtsgedanken notwendigen Lebensraum läßt.

4. Hinsichtlich der Auslegung der RBUe. gilt, daß sie durch eine Bestimmung eines Landesgesetzes nicht in einer für alle Verbandsländer bindenden Weise ausgelegt werden kann (Rom S. 67), aber auch, daß sie, soweit es sich um die Regelung von Tatbeständen mit zwingender Kraft handelt, bezüglich deren also das Verbandsland seine Verfügungsmacht der Regelung aufgegeben hat, einschränkend ausgelegt werden muß. Dagegen sind die Bestimmungen der RBUe., in denen die Inländerbehandlung ausgesprochen wird, erweiternd auszulegen, weil sie zugunsten des heimischen Gesetzes erfolgen (Raestad S. 198).

Dabei ist es aber (a. A. Da. 1933, 27) gleichgiltig, ob der auszulegende Text der RBUe. durch mehrere Revisionskonferenzen der gleiche geblieben ist. Denn es geht nicht an, einen solchen Text lediglich aus der Entstehungszeit heraus zu deuten. Vielmehr ist der Text, wenn er der fortschreitenden Entwicklung Genüge geleistet hat, nicht mehr aus dem alten Sinn seiner Entstehung heraus zu erklären, sondern es kann ihm unbedenklich eine neue Ausdeutung unterlegt werden.

Dagegen ist eine authentische Interpretation, wie sie die RBUe. in Art. 4 Abs. 4 hinsichtlich der Veröffentlichung bringt, eng auszulegen und zwar als zwingendes Recht hinsichtlich des Verbandsschutzes. Wenn also ein Verbandsland — z. B. Großbritannien in Art. 1 Ziff. 3 am Ende — den Begriff der Veröffentlichung weiter faßt als es die Begriffsbestimmung der RBUe. zuläßt, so hat diese Erweiterung lediglich Gültigkeit für die heimischen Werke; eine Anwendung zugunsten der verbandseigenen Werke ist ausgeschlossen.

§ 2.

Die RBUe. und das Landesgesetz.

I. Die RBUe. als zwischenstaatliches Kollektivabkommen erhält, wie jeder Staatsvertrag, erst Gesetzeskraft, wenn sie auf dem durch die Verfassung des betreffenden Verbandslandes vorgeschriebenen Wege Bestandteil der internen Gesetzgebung geworden ist (RGZ. 117, 284). Für das Deutsche Reich ist die Ratifikation und Veröffentlichung im RGBl. vorgeschrieben. Der gleiche Weg der Ratifikation und Publikation gilt auch für Belgien, Frankreich, die Schweiz und Spanien (Da. 1914, 124), während in Dänemark, Großbritannien, Norwegen und Schweden ein Staatsvertrag nur dann gesetzliche Wirkung ausübt, wenn sein Text in ein internes Landesgesetz aufgenommen worden ist.

Mit Recht wird von Da. 1928, 134 die Frage aufgeworfen, wie sich nach schwed. Recht die Tatsache auswirkt, daß in der schwed. Ausführungs-VO. vom 3. 10. 1927 betr. Beitritt von Schweden zur RBUe. der griech. Vorbehalt hinsichtlich des Übersetzungsschutzes versehentlich weggelassen worden ist. Wahrscheinlich dürfte diese schwierige Frage praktisch sich dadurch lösen, daß Schweden bei seinem Beitritt zur RBUe. in Fassung der Romkonferenz jenes Versehen richtigstellt.

Schwierigkeiten haben sich auch in Polen ergeben, das mit Wirkung vom 28. 1. 1920 in die RBUe. eingetreten, dessen Beitritt aber erst mit dem 2. 2. 1921 wirksam geworden ist. — Über die gleiche Frage in der Tschechoslowakei vgl. Tschechoslow. Ob. Gerichtshof in Da. 1929, 117.

II. Ist die RBUe. internes Gesetz geworden, so kann sich nach deutscher Rechtsauffassung (RGZ. 117, 284; 124, 206) jeder auf deren Bestimmung berufen, wenn sie nach Inhalt, Zweck und Fassung, ohne daß es noch völker- oder staatsrechtlicher Akte bedarf, privatrechtliche Wirkungen auszuüben geeignet ist (Pinzger S. 150).

Daß dadurch nicht interne Rechtsverhältnisse geregelt werden, soll, um Mißverständnissen vorzubeugen, nachdrücklich betont werden (so ausdrücklich Pillet S. 63).

Damit löst sich auch die Frage, ob die Verbandsländer verpflichtet sind, falls die RBUe. eine neue urheberrechtliche Befugnis als Sonderrecht normiert (wie z. B. die der rundfunkmäßigen Wiedergabe in Art. 11 b), eine dieser Bestimmung entsprechende Vorschrift im Landesgesetz zu erlassen, oder ob die Verbandsländer ihrer Verpflichtung bereits durch Ratifikation und Publikation der RBUe. nachkommen. Letzteres genügt dort, wo, wie nach deutschem Recht, der verbandsangehörige Staatsangehörige sich nunmehr auf diese Schutzvorschrift berufen kann, während das Verbandsland, dessen Staatsrecht die Aufnahme des zwischenstaatlichen Abkommens in ein Landesgesetz fordert, soll das Abkommen die Wirkung eines Gesetzes haben, auch erst diesen Weg beschritten haben muß, um seiner Verpflichtung aus dem zwischenstaatlichen Vertrage nachzukommen. RGZ. 134, 208 hat die Beantwortung dieser Frage offen gelassen (wie hier Baum GRUR. 1932, 1016).

Nach Erhebung der RBUe. zum internen Gesetz bestehen dessen Bestimmungen und die der RBUe. nebeneinander, und es erhebt sich angesichts dieser beiden, die gleiche Materie regelnden Texte die Frage, welche Geltung dem Landesgesetz bezw. der RBUe. zukommt, und welche Norm beim Zusammentreffen von Landesgesetz und RBUe. vorgeht.

A) In der Regelung der internen Urheberrechtsverhältnisse ist das Landesgesetz nicht nur völlig frei, sondern hier ist jede Einwirkung der RBUe. ausgeschlossen. Wie auch immer die Bestimmungen über den materiellen Schutz sein mögen, die die RBUe. enthält, das Landesgesetz kann den Schutz der ihm unterworfenen Subjekte und Objekte gänzlich unabhängig von dem Texte der R. B. Ue. festlegen, kann diesen Schutzumfang überschreiten und kann darunter bleiben, ohne daß der einheimische Urheber für sein Werk auf die Normen der RBUe. zurückgreifen könnte. Vielmehr bleibt in solchen Fällen das einheimische Werk schlechter geschützt als das aufgrund der RBUe. geschützte fremde, verbandseigene Werk. Weder beschränkt noch erweitert die RBUe. die Rechte der inländischen Urheber für das Gebiet des Inlandes (RGStr. 37, 388; im gleichen Sinne ausdrücklich schweiz. Bundesgericht in Da. 1934, 59). Daher irrig das span. Urteil in Da. 1917, 94, welches die Bestimmungen der RBUe., weil sie durch Ratifikation und Publikation span. Gesetz geworden seien, ohne weiteres auf span. Werke anwendet.

Ebenso unrichtig wäre es, den Text der BUe. oder der RBUe. zur Ausdeutung des inländischen Urheberrechtsgesetzes anzuwenden (Vaunois Da. 1931, 100), es sei denn, daß es sich um Vorschriften handelt, die, weil Sonderrecht, das betr. Landesgesetz aus den Text der RBUe. übernommen hat. Denn in einem solchen Falle ist anzunehmen, daß das Landesgesetz diese Bestimmungen im gleichen Sinne anwenden will, wie sie die RBUe. gebraucht.

Es ist demgemäß bedenklich, wenn RGZ. 22, 181 eine zwingende Norm der BUe. (Schlußprotokoll Ziff. 3), — obwohl es ausdrücklich anerkennt, daß die unmittelbare Wirkung der BUe. sich auf die „diesseitige“ Behandlung der Angehörigen der anderen Verbandsländer beschränkt —, im Sinne einer authentischen Interpretation eines (früher in Kraft getretenen) deutschen Gesetzes auffaßt.

Ebenso steht es jedem Verbandslande frei, so wie es mit jedem Nichtverbandslande Abkommen zum Schutz des Urheberrechts schließen kann, gleichviel in welchem Sinne der Schutz des Urheberrechts darin geregelt wird, auch ohne einen solchen zwischenstaatlichen Vertrag solchen Werken Schutz zu gewähren, denen nach den Bestimmungen der RBUe. ein Schutz nicht zukommt, sei es, daß sie überhaupt nicht verbandseigen sind, sei es, daß sie nicht schutzfähige Werke im Sinne der RBUe. sind (Da. 1929, 69).

B) Zwingende Kraft der RBUe.

1. Die RBUe. legt ihren Bestimmungen überall dort, aber auch nur dort, eine zwingende Kraft bei, wo sie ein Sonderrecht für das verbandseigene Werk gibt. Diese Bestimmungen treten hinsichtlich des Schutzes an die Stelle der Bestimmungen des Landesgesetzes ohne Rücksicht auf deren Inhalt.

Diese Sonderrechte sollten nach der Ansicht der Gründer der BUe. einen Minimalschutz, also ius cogens minimum, darstellen, mit der Wirkung, daß zum Schutze jedes verbandseigenen Werkes die über diese Sonderrechte hinausgehenden diesbezügl. Vorschriften des Landesgesetzes hätten angerufen werden können.

Mit aller Deutlichkeit tritt diese These im Kommissionsbericht der Berner Konferenz des Jahres 1885 hervor, wo bezüglich des Übersetzungsschutzes ausgeführt ist:

„En fixant à dix ans le délai pendant lequel l'auteur jouit du droit exclusif de traduction, la Commission a été appelée à se demander si l'article 5 est de droit strict et impératif, ou s'il laisse subsister les droits plus étendus que la législation intérieure des pays de l'Union ou les Conventions particulières conclues entre eux peuvent accorder aux auteurs contre la traduction non autorisée de leurs oeuvres. La Commission s'est prononcée dans ce dernier sens, le but de l'Union étant d'assurer aux auteurs un minimum de protection."

Dabei ist allerdings zu bedenken, daß die BUe. nur wenige Vorschriften kannte, die einen Schutz iure conventionis bringen, nämlich lediglich Art. 5 (Übersetzungsschutz) und Art. 9 Abs. 2 (Schutz gegen Aufführung von Übersetzungen), während im übrigen die BUe. auf den Schutz verweist, den das Landesgesetz gewährt.

Hätten also die Sonderrechte diesen Charakter eines ius cogens minimum gehabt, so hätten die weitergehenden Schutzvorschriften der Landesgesetze den verbandseigenen Werken zugute kommen müssen. Diese Folgerung ist aber für die BUe. nicht nur nicht gezogen worden, sondern man war sich schon von den ersten Anfängen an darüber klar, daß diese Folgerung nicht gezogen werden konnte.

a) Bereits bei den Beratungen zum deutschen Urheberrechtsgesetz i. J. 1901 erklärte der deutsche Regierungsvertreter (Kommissionsbericht S. 77) auf Befragen ausdrücklich:

„Falls das Werk eines Ausländers im Auslande erschienen sei, habe nach der herrschenden und in anderen Verbandsländern maßgebenden Auslegung der BUe. der ausländische Urheber in Deutschland nicht denselben Schutz gegen Übersetzung wie der Inländer, sondern nur den Schutz der Pariser Zusatzakte zu beanspruchen."

Das in diesem Zusammenhange Entscheidende ist, daß hier als herrschende Auffassung über den zwingenden Charakter der Sonderrechte bezeichnet wird, daß diese Sonderrechte an die Stelle der diesbezüglichen landesgesetzlichen Vorschriften treten, so daß also die verbandseigenen Werke in den Verbandsländern (mit Ausnahme des Ursprungslandes) lediglich diese Sonderrechte für sich in Anspruch nehmen können, nicht dagegen die über diese Schutzausgestaltung hinausgehenden Vorschriften der Landesgesetze.

So hat auch Röthlisberger bereits i. J. 1906 in seinem Werke (S. 29) die Frage erörtert, ob, wenn die Verbandsgesetzgebung weitergehende Rechte enthält als die BUe. in diesen Sonderrechten, die Verbandsländer gezwungen seien, diese günstigeren Gesetze den verbandseigenen Werken zugute kommen zu lassen. Und Röthlisberger S. 29 sagt wörtlich:

„Von einer unbedingten, positiven Verpflichtung ist nirgends, auch nicht mit Bezug auf den Minimalschutz der Konvention (s. o.) die Rede gewesen; eine bestimmte Zusage wurde nie gemacht. Eine gewisse stillschweigende Verbindlichkeit, das Schutzminimum zugunsten der Verbandsautoren jedesmal dann zu überschreiten, wenn das Landesgesetz darüber hinausgeht, liegt wohl in dem allgemein in der Konvention verwirklichten Grundsatz der Gleichstellung der Verbandsautoren mit den einheimischen, aber den Verbandsstaaten ist es gänzlich unbenommen, diese gewissermaßen latente Verbindlichkeit einzulösen oder nicht."

Belg. und span. Rechtsprechung ist dann (Da. 1907, 76; 1917, 91) im gleichen Sinne ergangen: Diese Urteile versagen unter Hinweis auf Ziff. 3 des Schlußprotokolls von 1886 die Anwendung des weitergehenden Landesgesetzes für das verbandseigene Werk, sehen also in den Normen der Sonderrechte ius cogens. Widerspruch hierzu ist im Schrifttum nicht laut geworden. (Allerdings liegt die span. Rechtsprechung erst in der Zeit nach der Berliner Konferenz.)

Es ergab sich also aus dieser in Schrifttum wie Rechtsprechung geäußerten Ansicht, daß die Lehre vom Minimalschutz der Konvention lediglich Theorie war. Und so setzten die Bestrebungen ein, dieser Lehre nun doch in der Praxis zum Sieg zu helfen.

b) Auf der Berliner Konferenz ist diese Frage aufgrund eines belg. Antrages (Berlin S. 197) ausführlich behandelt worden. Der Berichterstatter Renault führt in seinem Bericht (S. 269) aus:

Der Konventionsschutz bestehe aus zwei Elementen, dem traitement national (von veränderlichem Umfange, da von jeder internen Gesetzgebung abhängend) und dem Genuß der Sonderrechte. Dieses Element sei immer das gleiche, da es für alle Verbandsländer durch die RBUe. festgesetzt sei. Und um nun darzutun, daß trotz dieser iura stricta das verbandseigene Werk auch die es besser schützenden Bestimmungen der Verbandsländer anrufen könne, stellt Renault seine Beweisführung auf das Beispiel von Belgien ab, ohne dabei aber zu erwähnen, daß in Belgien kraft des damals noch geltenden Art. 38 in alter Fassung jeder Fremde den sehr weitgehenden Schutz des belg. Urheberrechtsgesetzes anrufen konnte, gleichviel ob er Staatsangehöriger eines Verbandslandes war oder nicht. Diese Ausführungen sind also zwar richtig, sie beweisen aber für die von ihm vertretene These nichts.

Bereits i. J. 1909 stützte das Berner Büro seine alte These, daß das verbandseigene Werk die Besserstellung durch die Gesetzgebung des Verbandslandes auch auf den Gebieten der Sonderrechte für sich in Anspruch nehmen könne, nur auf den Geist der RBUe., nicht aber auf deren Wortlaut, der glatt diese These widerlegt (Da. 1909, 46).

c) Noch deutlicher wird der zwingende Charakter dieser Sonderrechte aus den Vorschlägen zur Romkonferenz und den Römischen Verhandlungen.

Die ital.-Berner Vorschläge zu Art. 19 (vgl. die Erläuterungen hierzu) gehen davon aus, daß es dem wirklichen Geist der RBUe. entspricht, wenn in Zukunft die verbandseigenen Werke den über die Sonderrechte hinausgehenden Schutz des Landesgesetzes genießen würden, so daß also hieraus zu folgern ist, daß nach der bislang herrschenden Auffassung dieser weitergehende Schutz zu ihren Gunsten nicht angerufen werden konnte.

So bedauerlich die Tatsache auch ist, daß dieser wohlbegründete Vorschlag abgelehnt wurde, die rechtliche Folgerung bleibt, daß (so auch Da. 1929, 50 und 62) die über die Sonderrechte hinausgehenden Schutzbestimmungen der Verbandsländer nur dann zugunsten verbandseigener Werke angerufen werden können, falls das betr. Urheberrechtsgesetz ganz allgemein auch auf Fremde Anwendung findet.

Mit anderen Worten: Die Verbandsländer können zwar über diesen iure conventionis gewährten Schutz hinausgehen, wenn sie wollen; eine über dieses Schutzmaß hinausgehende Vorschrift des internen Gesetzes kommt jedoch nur dann den verbandseigenen Werken zugute, wenn des Gesetz des betr. Verbandslandes dieses besagt, sei es ausdrücklich hinsichtlich der durch die RBUe. geschützten Werke, sei es für alle ausländischen Werke, sei es aufgrund besonderer Abkommen hinsichtlich der Werke gerade des betr. Staates.

d) Anders ist die rechtliche Behandlung der Sonderrechte, deren Festlegung in der RBUe. im halbstarren System erfolgt ist (Art. 6 b Abs. 2, Art. 11 b Abs. 2, Art. 13 Abs. 2). Hierbei wird im Art. 11 b ausdrücklich ein Minimum an Schutzgewährung als Verpflichtung für die Verbandsländer festgelegt, wobei die Bedingungen für die Ausübung auch dieser Minimalrechte das Landesgesetz festlegt. Das Gleiche gilt für Art. 13; zwar fehlt hier eine ausdrückliche Festlegung dieses Minimalrechts, jedoch ergibt sich aus dem Sinn des Abs. 2, daß das gleiche Minimalrecht wie im Art. 11 b zu wahren ist. In diesen beiden Fällen muß das Landesgesetz die iure conventionis gewährten dinglichen Rechte und obligatorischen Ansprüche (so Art. 11 b Abs. 2) als solche anerkennen, kann aber ihre Ausübung nach heimischer Auffassung — insbesondere unter Wahrung der Interessen der Allgemeinheit — regeln. Wenn nun ein Verbandsland in seinem Gesetz bezügl. dieser beiden Tatbestände einen weitergehenden Schutz gewährt als die RBUe., so kommt dieser weitergehende Schutz lediglich den einheimischen, nicht aber den verbandseigenen Werken zugute, weil auch bei diesen Tatbeständen die Norm der RBUe. iuris cogentis ist, den Verbandsländern mit Wirkung für die verbandseigenen Werke lediglich die Regelung der Ausübung dieser Rechte und Ansprüche überlassen bleibt.

Da ferner in Art. 6 b lediglich zwei urheberpersönlichkeitsrechtliche Befugnisse — aus der Fülle der im Urheberpersönlichkeitsrecht wurzelnden — als zwingende Normen der RBUe. festgelegt worden sind, so gilt, daß ein für diese Tatbestände gegebener besserer Schutz des Landesgesetzes den verbandseigenen Werken grundsätzlich nicht zugute kommt. Kennt dagegen das Landesgesetz noch weitere urheberrechtliche Befugnisse (die Art. 6 b mithin nicht regelt), so handelt es sich dabei um Tatbestände eines Urheberrechtsschutzes, der von der RBUe. nicht erfaßt ist. Ein solcher Schutz kommt dann mangels eines in der RBUe. geregelten Tatbestandes kraft des tragenden Grundsatzes der Inländerbehandlung den verbandseigenen Werken zugute.

e) Gänzlich fehl gehen die Ausführungen von Olagnier (II, 12), der auch den Sonderrechten der RBUe. jegliche zwingende Kraft abspricht im Hinblick auf den ordre public. Für ihn ist oberster Grundsatz, daß der Inländer nicht schlechter behandelt werden dürfe als der Ausländer. So gehen ihn Sonderrecht und Inländerbehandlung nichts an, vielmehr wendet er für den Fall, daß das Landesgesetz zeitlich der RBUe. vorausgeht, die günstigeren Bestimmungen der RBUe. ohne Weiteres auf den Inländer an, befreit z. B. die franz. Staatsangehörigen von der Verpflichtung aus dem Gesetz über das dépôt légal von 1925 im Hinblick auf Art. 4 Abs. 2, und das Gleiche soll nach ihm dann gelten, wenn das Landesgesetz das zeitlich spätere Gesetz ist, so daß also in diesem Falle die Begrenzungen des Landesgesetzes auch für den Verbandsschutz gelten sollen.

2. Der Maximalschutz.

a) Während bisher unter dem Eindruck der falschverstandenen These des Minimalschutzes der RBUe. die Frage überhaupt nicht gestellt wurde, ob die RBUe. in gewissen Fällen auch eine vom Landesgesetz hinsichtlich des Verbandsschutzes nicht zu überschreitende Begrenzung des Schutzes bringe (Potu S. 16 verneint dies ohne jede weitere Begründung), schreibt das Berner Büro (Da. 1926, 53), und zwar wieder unter Begründung auf den Geist der RBUe., daß zwingendes Recht in der RBUe. lediglich vorhanden sei zur Verstärkung und Erweiterung und nicht zur Begrenzung des Urheberrechtsschutzes. Damit hat man sich anscheinend zufrieden gegeben, hat aber dabei folgendes übersehen:

Die Frage der Berücksichtigung der Interessen der Allgemeinheit, die für die Festlegung der Normen des Landesgesetzes wesentlich ist, hat jederzeit auch bei der Festlegung der Normen der BUe. und der RBUe. eine Rolle gespielt, wenn schon dies nicht immer klar zum Ausdruck gekommen ist, und vielfach auch angesichts der pro autore Einstellung der Delegationen bei den Revisionskonferenzen nicht klar hervorgehoben werden konnte. Baum hat (in Ufita III [1930] 421) die Auslese aus den Materialien zur BUe. aufgezeichnet, die mit aller Deutlichkeit erkennen läßt, daß von vornherein neben dem Bestreben, die Rechtslage der Urheber zu bessern (was angesichts der damaligen völlig unzureichenden Ausgestaltung des Urheberrechts verständlich ist), auch die Rücksichtnahme auf die Interessen der Allgemeinheit obgewaltet hat. Und wenn Baum als Ergebnis seiner Forschung feststellt, daß die RBUe. ein Kompromiß zwischen den beiden widerstreitenden Interessen darstelle, so kann dem, trotz des Widerspruchs in Da. 1929, 68, nur beigepflichtet werden.

Zum ersten Male wird das Problem in seiner ganzen Tiefe durch den österr. Antrag auf der Romkonferenz (CDA. Nr. 39) enthüllt, dessen Formulierung von Seiller stammt:

La Délégation d'Autriche se permet d'attirer l'attention de la Conférence sur un point qui nous semble être digne d'un examen approfondi.

Quelques propositions de l'Administration italienne et du Bureau de Berne nous semblent indiquer que la Convention n'assure pas toujours seulement „un minimum" de protection, mais aussi — au moins dans certains cas — en même temps un maximum, c'est-à dire que dans certains cas la Convention tient compte des intérêts publics en disposant qu'un usage bien fixé d'une oeuvre d'autrui doit être licite sans égard aux dispositions de la loi nationale applicable.

Comme preuve de cette assertion nous nous permettons de citer l'alinéa 1 de l'article 10 de la proposition officielle faite par l'administration italienne et le Bureau de Berne, qui dispose ce qui suit:

> Il est permis de faire dans un but de critique, de polémique ou d'enseignement des analyses ou courtes citations textuelles d'oeuvres littéraires publiées.

Cette disposition serait, en considérant l'alinéa deux du même article evidemment superflue, si elle n'etait pas de rigueur (c'est-à-dire juris cogentis) en ce qui concerne les membres de l'Union. Il nous semble que sur la base de cette disposition chaque membre d l'Union aura le droit de fairc les citations mentionnées dans cet alinéa, sans tenir compte des dispositions de la loi nationale du pays, auquel l'oeuvre citée appartient.

La première proposition de l'Administration française à l'article 10 al. 4, laquelle dispose que les Etats contractants pourront subordonner au paiement d'une redevance l'exercice du droit d'emprunt défini aux alinéas 2 et 3 du présent article, nous semble s'inspirer du même ordre d'idées.

Les remarques interessantes que nous avons entendues de la part des délégations de la Nouvelle Zélande et d'Australie paraissent poursuivre, si nous ne nous trompons pas, le même but, ainsi que la proposition autrichienne à l'article 13 bis. Quant à cette proposition la vive opposition qu'elle a rencontrée de la part de la délégation italienne derait difficile à expliquer, s'il en était autrement.

Selon notre modeste avis, ce point de vue touché au commencement de cette déclaration c'est-a-dire que dans certains cas aussi les intérêts publics doivent être protegés par la Convention en bornant au profit des intérêts publics les droits de l'auteur, est de telle importance qu 'une serieuse déliberation de la part de la Conférence paraît justifiée.

Nous ne savons pas s'il sera possible de décider ces questions délicates dans la présente Conférence, mais en tout cas nous serions reconnaissants de connaître l'opinion des autres délégations."

b) die RBUe. enthält fünf Bestimmungen, die einen Schutz eines Werkes ausschließen oder begrenzen.

Art. 7 Abs. 2 u. Abs. 3 u. Art. 7b Abs. 2 u. 3; Art. 9 Abs. 2; Art. 9 Abs. 3; Art. 13 Abs. 3; Art. 14 Abs. 2 Satz 2. Das Problem ist also das, ob diese fünf Bestimmungen zwingendes Recht in dem Sinne sind, daß ein Verbandsland mit Wirkung auf das verbandseigene Werk (hinsichtlich des einheimischen Werks bestehen keinerlei Schranken für das interne Gesetz) diese Rechte nicht erweitern kann. Die von Baum (GRUR. 1928, 684; 1929, 186) aufgeworfene Frage mit den von ihm gegebenen Lösungsversuchen hat eine sehr lebhafte Erwiderung des Berner Büros (Da. 1929, 25 und 62) hervorgerufen, das allerdings auf die Replik Baums (in Ufita a. a. O.), in der er sein Material ergänzt und auf die Ausführungen des Berner Büros antwortet, nicht eingegangen ist.

Das Problem ist für die Erkenntnis sowohl der RBUe. als auch des Urheberrechts von großer Bedeutung.

c) Bereits eine oberflächliche Betrachtung läßt erkennen, daß diese den Urheberrechtsschutz ausschließenden oder begrenzenden Bestimmungen sinnlos wären, wenn jedes Verbandsland sich dadurch über sie hinwegsetzen könnte, daß es für diese Tatbestände den vollen Schutz einführt. Wenn die RBUe. dem Landesgesetz eine abweichende Regelung einer materiellen Norm des Vertragstextes hat zugestehen wollen, ist dies im Wortlaut besonders ausgedrückt worden. Zudem kann nicht verkannt werden, daß in diesen fünf Fällen, namentlich in den Fällen des Art. 9 und des Art. 13, diese Begrenzungen im Interesse bestimmter Gruppen von Vermittlern von Urheberrechtsgut erfolgt sind, nämlich zugunsten der Presse und der Schallplattenindustrie, während an der Begrenzung der Schutzfrist die Allgemeinheit ein rechtlich begründetes Interesse hat.

Aus der S. 17 dargestellten Frage der Sonderrechte läßt sich zum Problem des Maximalschutzes nichts entnehmen. Zwar spricht der belg. Antrag auf der Berliner Konferenz (S. 197) deutlich davon, daß die Sonderrechte zwingenden Rechts und zwar Minimalrecht seien, aber die Denkschrift bezieht sich nicht auf solche Vorschriften der BUe., die für einen bestimmten Tatbestand den Schutz ausschließen oder begrenzen.

d) Aus der von B a u m in umfassender Weise herangezogenen Geschichte der RBUe., wie sie sich in den veröffentlichten Konferenzakten darstellt, ergibt sich, daß der Gedanke eines Maximalschutzes sowohl den Gründern der BUe. vorgeschwebt hat, wie auch, daß solche Regelungen getroffen worden sind. Es sei verwiesen auf die Berner Konferenz i. J. 1885 (Akten S. 29 u. 30) sowie die ausführliche Darlegung von B a u m in Ufita III [1930] 425.

Auch die S. 18 erwähnten belg. Urteile zu Ziff. 3 des Schlußprotokolls von 1887 gehören hierher, die diese Bestimmung als ius strictum in dem Sinne aufgefaßt haben, daß ein Verbandsland nicht entgegen dieser Bestimmung den Schutz für verbandseigene Werke einführen dürfe. Den Urteilen hat W a u w e r m a n s S. 67 mit der Begründung zugestimmt, daß hierdurch ein Schutz der phonographischen Industrie gegeben sei, und hat dabei auf ein italien. Urteil in Da. 1907, 33 verwiesen. Allerdings besagt dieses Urteil lediglich, daß Ziff. 3 des Schlußprotokolls mit den Bestimmungen des ital. Urheberrechtsgesetzes in Widerspruch stehe. Die Frage der zwingenden Kraft der Ziff. 3 wird jedoch von dem ital. Urteil nicht beantwortet, weil dieses der sonst von der ital. Rechtsprechung nicht vertretenen (Da. 1907, 36) Auffassung ist, daß die BUe. mit dem Schlußprotokoll mangels der hierfür vorgeschriebenen staatsrechtlichen Form nicht internes ital. Landesgesetz geworden sei.

e) Da also aus diesen Ausführungen hervorgeht, daß der Gedanke eines Maximalschutzes der RBUe. nicht fremd ist, muß in jedem der fünf Einzelfälle untersucht werden, ob hier ein ius strictum maximum vorliegt.

aa) Die Bestimmung des Art. 7 Abs. 2, Satz 2, wonach die Dauer des Schutzes die im Ursprungslande festgesetzte Dauer nicht überschreiten kann, ist nicht zwingenden Rechts. Das ergibt sich mit aller Deutlichkeit aus der Geschichte dieser Bestimmung:

Auf der Pariser Revisionskonferenz i. J. 1896 hatte die Schweiz (Akten S. 112) ausgeführt, daß man diesen Satz dahin verstehen könne, daß es einem Verbandslande verboten sei, die längere Schutzfrist des internen Urheberrechtsgesetzes auf verbandseigene Werke anzuwenden und hatte beantragt, dies ausdrücklich im Konventionstext auszusprechen.

Renault führte jedoch in seinem Bericht (Paris S. 161) aus, daß die Auffassung der schweizer Delegation allgemein geteilt werde, so daß es nicht nötig erscheine, diesen Gedanken, außer in dem Bericht, noch besonders im Text der BUe. zu erwähnen.

Das Gleiche gilt für die gleichgeartete Norm des Art. 7b Abs. 2 u. 3.

bb) Art. 9 Abs. 2 (in Fassung der Romkonferenz) gibt — mangels eines besonderen Vorbehaltes — den Abdruck von Artikeln über wirtschaftliche, politische oder religiöse Tagesfragen durch die Presse frei.

Aus den Materialien ist nichts zu entnehmen, das auf den Charakter dieser Bestimmungen hindeutet. Aber aus der Tatsache, daß jede der Revisionskonferenzen sich bemüht hat, die durch den jeweils geltenden Text getroffene Begrenzung des Urheberrechtsschutzes zu erweitern, und daß einzelne Verbandsländer es für erforderlich gehalten haben, sich durch einen Vorbehalt gegenüber den Vorschriften des Art. 9 RBUe. Verfügungsfreiheit zu schaffen, beweist auf das deutlichste, daß hier ein Maximalrecht zwingenden Charakters geschaffen worden ist (a. A. Klauer Ufita I [1928] 372).

Dagegen ist Raestad (S. 95) der Auffassung, daß, wenn ein Verbandsland entgegen den Bestimmungen des Art. 9 Abs. 3 im internen Recht für den Presseabdruck auch dieser Artikel die Zustimmung des Urhebers fordern würde (was er mit Recht für zulässig erachtet), der verbandsangehörige Urheber sich auf die ihm günstigere interne Regelung nicht beziehen könne. Also auch Raestad erachtet einen Maximalschutz als vorliegend, ohne allerdings dessen gewahr zu werden.

Ebenfalls spricht die Tatsache, daß die Freistellung der Zeitungsartikel (wie Da. 1933, 98 ausführt) aus intérêt public erfolgt ist, für die Annahme des Maximalschutzes. Denn wenn überwiegende Interessen der Öffentlichkeit d. h. der Allgemeinheit diese Begrenzung veranlaßt haben, so fordern diese auch, daß diese Begrenzung von den Verbandsländern respektiert wird.

cc) Maximalschutz gilt auch hinsichtlich der in Art. 9 Abs. 3 angeführten Tagesneuigkeiten und vermischten Nachrichten, die sich als einfache Zeitungsmitteilungen darstellen. Allerdings ist diese Frage rein theoretischer Natur, denn ein Urheberrechtsschutz kommt hier überhaupt nicht in Frage, da es sich hier nicht um Werke handelt, die eines solchen Schutzes fähig sind.

dd) Von sehr erheblicher praktischer Bedeutung ist die Frage des Maximalschutzes bei Art. 13 Abs. 3, einer Vorschrift, die zum Schutze der mechanischen Musikindustrie erlassen worden ist.

Der Nachweis, daß auch diese Vorschrift einen Maximalschutz zwingenden Rechts für den Verbandsschutz einführt, wird im Rahmen der Ausdeutung des Art. 13 geführt.

ee) Dagegen ist die Bestimmung des Art. 14 Abs. 2 Satz 2, wonach, wenn einem kinematographischem Erzeugnisse der eigentümliche Charakter fehlt, dieses nur den Photographieschutz genießt, nicht zwingendes Recht, weil es nach Art. 3 den Verbandsländern freigestellt ist, welchen Schutz sie den photographischen Erzeugnissen gewähren wollen, so daß also es durchaus möglich ist, daß ein Verbandsland ein photographisches Erzeugnis im gleichen Ausmaße schützt wie ein urheberrechtlich bedeutsames Werk.

f) Der Antrag der österr. Regierung auf der Romkonferenz (Rom S. 89), einen Art. 13 b einzuführen, inhaltlich dessen eine gesetzliche Lizenz für die mechanisch-musikalische Wiedergabe von Tonkunstwerken (unter bestimmten, hier nicht interessierenden Voraussetzungen) iure conventionis geschaffen werden sollte, brachte einen Maximalschutz. Daß dieser Antrag nicht die einmütige Zustimmung der Verbandsländer gefunden hat, braucht nicht begründet zu werden.

III. Die RBUe. regelt nicht das gesamte Gebiet urheberrechtlicher Beziehungen. Es verbleiben eine ganze Reihe urheberrechtlich bedeutsamer Tatbestände außerhalb der Regelung der

RBUe., die als konventionsfreier Raum gänzlich der Normierung durch das Landesgesetz offenstehen.

A. Die RBUe. unterläßt es — angesichts der Verschiedenheiten der nationalen Anschauungen hierüber — bewußt, die Auswirkungen des Urheberrechts zu regeln.

1. Es bleibt völlig der Landesgesetzgebung überlassen, im Rahmen des internen Urheberrechtsgesetzes den Ausgleich zwischen dem Recht des Urhebers als des Einzelnen und den Interessen der Allgemeinheit am veröffentlichten Werke zu ziehen. Daß eine Grenzziehung zwischen Urheberrecht und Interessen der Allgemeinheit zu erfolgen hat, daß das Recht des Einzelnen dort endet, wo das Interesse der Allgemeinheit zu wahren ist, ist eine Binsenweisheit (diese Teilung ist naturelle et légitime, sagt Borchgrave [S. 78 Anm. 1], der Schöpfer des belg. Urheberrechtsgesetzes). Diese Auffassung wird von der modernen deutschen und ital. Lehre mit besonderem Nachdruck verfochten, ist jedoch auch dem franz. Schrifttum nie ganz verloren gegangen. Mag auch in der franz. Urheberrechtslehre jetzt Pouillet (trotz der harten Kritik von Borchgrave S. 102 und von Olagnier I S. 28 Anm. 1) der herrschende Geist sein, man darf über diesen Praktiker doch nicht die tiefgründigen Ausführungen von Renouard vergessen, der mit eindringlicher Schärfe den Gedanken des ausgleichenden Zieles der Urheberrechtsgesetzgebung formuliert hat (Bd. I, 433), eine Erkenntnis, der sich auch das Berner Büro (Da. 1934, 5) nicht verschließt.

Und es ist ein Abglanz dieser Erkenntnis, wenn Olagnier (I S. 39) die Veröffentlichung des Werkes als Geschenk des Urhebers an die Allgemeinheit bezeichnet (wenn er auch nicht die wahren Folgerungen aus dieser Grundlehre zieht), ähnlich Blaubuch S. 16, wo von einem Innominatkontrakt gesprochen wird, aufgrund dessen die Allgemeinheit gewisse Rechte erwirbt (deren Umfang aber nicht näher bezeichnet wird).

Gerade nach dieser Berücksichtigung der Interessen der Allgemeinheit im Urheberrechtsgesetz unterscheidet man (Hoffmann S. 23, de Sanctis Ufita VII [1934] 237) drei Systeme von Urheberrechtsgesetzgebungen. Der individualistische Standpunkt lehnt sich an überlieferte Grundsätze an. Er will dem Urheber als Schöpfer eines Geisteswerkes möglichst alle Vorteile aus der Tatsache seiner Schöpfung zuwenden. Er widersetzt sich jeder — von seinem Standpunkt als „Ausnahmevorschrift" gekennzeichneten — Beschränkung des ausschließlichen Urheberrechts, das er gleich dem römisch-rechtlichen Eigentum behandelt, und bezüglich dessen er die liberalistisch-individualistischen Grundsätze der absoluten Koalitionsfreiheit anwendet.

Dieser Gesetzgeber wird also den Personenschutz (oben S. 2) bevorzugen gegenüber dem Werkschutz. Er wird sich mit den Interessen der Urheber, insbesondere der Urhebergesellschaften identifizieren, wie dies Frankreich getan hat, insofern es die Beschlüsse des Lugano-Kongresses der französischen Assoc. littér. et artistique zu seinen Vorschlägen für die Romkonferenz erhob.

Der kollektivistische von der Urheberrechtsgesetzgebung von Sowjet-Rußland vertretene Standpunkt sieht im Schöpfer lediglich das Glied der Volksgemeinschaft, der er alle Rechte an der Schöpfung gibt, während die Vereinbarungen über die Verwertung des Geistesgutes durch den Arbeitsdienstvertrag geregelt werden.

Gegenüber dieser einseitigen („einäugigen") Tendenz steht die in Gesetzgebung und Schrifttum des Deuschen Reichs und Italiens vertretene Auffassung, daß es Aufgabe des Urheberrechtsgesetzes ist, die einander scheinbar widerstrebenden Interessen von Urheber und Volksgemeinschaft so gegen einander auszugleichen (ausgleichendes System), „daß auf der einen Seite die wirtschaftlichen Interessen des Urhebers als des Schöpfers des Geistesgutes gewahrt werden, daß auf der anderen Seite hierunter aber die Interessen der Allgemeinheit an der Kenntnisnahme des Werkes ihres Volksgenossen nicht leiden, und daß um diese Kenntnisnahme zu ermöglichen und damit die Grundlage geistigen Zusammenwirkens in der Volksgemeinschaft zu schaffen, auch der im Interesse des Urhebers und der Allgemeinheit tätig werdende Vermittler von Urheberrechtsgut arbeiten kann, ohne hieran durch ungerechtfertigte Forderungen des Urhebers gehindert zu werden.

Erst die im Gesetz vollzogene Synthese der schöpferischen Freiheit und der Verpflichtung dem Volksganzen gegenüber erfüllt die dem Gesetzgeber überhaupt, so auch in Urheberrechtssachen obliegende Aufgabe."

Dieser Gedanke des sozialgebundenen Rechts — eine von Kopsch (Arch. Funk I [1928] 201) stammende Formulierung — ist (vergl. Hoffmann Ufita VII [1933] 289) von einer Minorität im Deutschen Reich zum Sieg geführt worden. Noch i. J. 1932 hieß es:

„Wir scheinen jetzt auf dem Punkte zu stehen, an dem die Entwicklung des Urheberrechts, die bisher einseitig zugunsten des Urhebers sich vollzog, nun entgegengesetzt zu laufen beginnt, wo den Befugnissen des Urhebers am Werke Befugnisse der Allgemeinheit gegenübertreten, nicht wie früher, als Ausnahmen, sondern als grundsätzlich gleichberechtigte Regel, für die es bloß die geeignete Form zu wählen gilt."

Aber schon i. J. 1933 erfolgte der Durchbruch. Auch das Reichsgericht, das früher von „Ausnahmebestimmungen" im Urheberrecht sprach, als dessen Zweck es die uneingeschränkte Nutzbarmachung des Werkes zugunsten des Urhebers bezeichnet (RGZ. 128, 102; 130, 206), sieht jetzt im Urheberrecht ein sozial gebundenes Recht (RGZ. 140, 270; 144, 113), und noch deutlicher kommt der Geist der sozialen Gebundenheit zwischen Urheber und Volksgemeinschaft durch das Bindemittel des Werkes im Gesetz vom 4. 7. 1933 zum Ausdruck und wird (vergl. Richard Strauß: Gedanken zum Urheberrecht in Ufita VII [1934] 217 und insbesondere den nationalsozialistischen Entwurf eines Urheberrechtsgesetzes ebendort S. 383) für die Neugestaltung des deutschen Urheberrechtsgesetzes bestimmend sein. (Hierzu de Boor Da. 1934, 115.)

Diese Auffassung stellt die Volksgemeinschaft in den Mittelpunkt der Betrachtung, gibt dem Urheber als Schöpfer eines Werkes Rechte am Werke, aber normiert gleichzeitig seine Verpflichtung gegenüber dem Volksganzen, die ihn als werk- und wertschaffendes Mitglied dieser Volksgemeinschaft trifft.

Unerörtert kann bleiben, ob [nach der Auffassung von de Boor (JW. 1934, 1105)] neben diese beiden Interessengruppen des Einzelnen und der Allgemeinheit noch als dritter bei der Festlegung des Urheberrechtsschutzes zu berücksichtigender Faktor der Vermittler von Urheberrechtsgut tritt, ob nicht vielmehr dieser dritte Faktor entsprechend der ihm gewordenen Aufgabe lediglich bei der gesetzgeberischen Festlegung der Verwertung von Urheberrechtsgut zu berücksichtigen ist, und schließlich auch, wie sich die drei erwähnten Systeme in den Urheberrechtsgesetzen ausprägen.

Es ist bezeichnend, daß (vergl. Kohler S. 402) das österr. Urheberrechtsgesetz die richtige Mitte zwischen den Interessen des Urhebers und den allgemeinen Interessen gehalten hat, so daß aus diesem Grunde der Beitritt zur BUe. nicht erfolgt war. So kann es nicht Wunder nehmen, daß nach Abel, der in dieser Grunderkenntnis des österr. Urheberrechtsgesetzes geschult ist, die Frage des Schutzes der Allgemeinheit an den Grundcharakter der RBUe. rührt, so daß nach seiner Auffassung eine Erörterung dieses Problemes in einer künftigen Konferenz nicht zu umgehen sein wird (Österr. Gerichtszeitung 1928, 231).

Es ist demgemäß — selbst vom Standpunkt des pro autore Standpunktes aus — unrichtig, das Vorhandensein dieser Interessen der Allgemeinheit, ihre Schutzwürdigkeit bei der Festlegung urheberrechtlicher Normen zu verneinen (Da. 1923, 68) oder sie (so Da. 1925, 11) als prétendus privilèges zu bezeichnen.

Man kann auch der Auffassung nicht beistimmen, daß die Gründer der BUe. lediglich die Wahrung der Rechte des Urhebers beabsichtigt hätten, ohne der Interessen der Allgemeinheit zu gedenken (Da. 1929, 68). Denn mit Recht macht Baum (in Ufita III [1930] 421) zur Widerlegung dieser Auffassung darauf aufmerksam, daß bereits Numa Droz, der Präsident der ersten Berner Konferenz, wörtlich erklärt hat:

> „Il faut aussi considérer que les limites à la protection absolue sont réclamées, suivant moi à justice titre, par l'intérêt public."

Auch widmet Numa Droz in seinem Bericht über die Berner Verhandlungen des Jahres 1884 (Clunet 1884, 451) einen ganzen Abschnitt dem Problem der Begrenzung des Urheberrechts.

Wesentlich ist die Ausprägung des Landesgesetzes nach folgenden Richtungen:

a) In erster Linie ist es der Landesgesetzgebung überlassen, ob sie das Urheberrecht als das in der romanischen Gesetzgebung übliche „weitgespannte" droit d'auteur, das dem Urheber jegliche Verwertungsmöglichkeit gestattet, oder — so die germanische Auffassung — lediglich als Summe einzelner, im Gesetz erschöpfend aufgezählter urheberrechtlicher Befugnisse normieren will. Jenes System hat den Vorteil, daß es Lücken des Gesetzes im Fall des Aufkommens neuer technischer Verwertungsmöglichkeiten von Urheberrechtsgut nicht entstehen läßt, so daß sich nicht — wie beim germanischen System — dann Novellierungen nötig machen, während dieses wieder den Vorteil bietet, daß es der Praxis leicht wird, die Übertragung von urheberrechtlichen Befugnissen (gemäß der Zweckübertragungstheorie Hoffmann Ufita IV [1913] 359) auf den Umfang abzugrenzen, den die Parteien mit Abschluß dieses Vertrags bezweckt haben (Da. 1931, 6).

Ein droit d'auteur und zwar in Ausgestaltung eines „geistigen Eigentums" anerkennen Brasilien (Art. 649), Rumänien (Art. 2), Spanien (Art. 5) und Syrien-Libanon (Art. 137). Die Theorie des geistigen Eigentums, die zuerst im deutschen Recht entwickelt worden ist (Kohler S. 61), ist heute fast ganz aufgegeben, denn die Gleichsetzung mit dem Sacheigentum ist verfehlt, ist doch das geistige Eigentum „le contrepied exact du droit de propriété" (Pillet S. 5).

Ein romanisches droit d'auteur findet sich in Belgien (Art. 1), Bulgarien (Art. 2), Dänemark (Art. 1 des Gesetzes vom 26. 4. 1933), Estland (Ziff. 2), Finnland (§§ 1 u. 4, vergl. Da. 1928, 37), Griechenland (Art. 1), Luxemburg (Art. 1), Monaco (Art. 3), Norwegen (Art. 1), Polen (Art. 12), Portugal (Art. 6, vergl. Da. 1928, 104), Tunis. Dagegen kennen das System ausschließlicher Befugnisse Deutsches Reich (§ 11), Großbritannien (Art. 1), Irland (Ziff. 154), Canada (§ 3 Ziff. 1), Italien (Art. 8, vergl. Da. 1926, 25), Japan (Art. 1), Jugoslavien (Art. 8), Niederlande (Art. 1), Österreich (§§ 23, 28), Schweden (§ 2), Schweiz (Art. 12), Siam (§ 4), Tschechoslowakei (§ 21), Ungarn (§ 1).

Die franz. Gesetzgebung wendete früher das Wort „propriété" an, ist jedoch von diesem Ausdruck seit dem Gesetz vom 14. 7. 1866 abgekommen, und diesem Sprachgebrauch hat sich der franz. Kass. angeschlossen.

Dagegen kann es für die deutsche Rechtsauffassung nach den überzeugenden Ausführungen von Heymann (Die zeitliche Begrenzung des Urheberrechts 1927, S. 47) nicht mehr zweifelhaft sein, daß das Urheberrecht von Haus aus und grundsätzlich ein auf die Person des Urhebers zeitlich beschränktes Recht ist, dem noch eine Nachfrist p. m. a. hinzugefügt ist.

Dabei gilt aber einheitlich für alle Urheberrechtsgesetze — gleichviel welche Anschauungen sie über Wesen des Urhebers und Ziel der Urheberrechtsgesetzgebung haben —, daß das Urheberrecht eine Einheit darstellt, die sich aus der Rechtstatsache der Schöpfung des Werkes ergibt, so daß alle Auswirkungen dieses Schutzes, gleichviel wie diese vom Urheberrechtsgesetz bezeichnet werden, nicht selbständig, für sich allein zu betrachten sind und einem eigenen rechtlichen Schicksal unterworfene Rechte darstellen, sondern nur Erscheinungsformen dieser Einheit. So spricht das schweizer. Bundesgericht (in Ufita VII [1934] 111) von mehreren „Teilbefugnissen", in die das Urheberrecht zerfalle.

Wie diese Befugnisse festgelegt werden, welche Folgen die Verletzung des Urheberrechts hat, ob neben zivilrechtlichen Ansprüchen auch strafrechtliche Sanktionen (vergl. Da. 1919, 4) eintreten können, die Höhe des Schadensersatzes bei unzulässiger Wiedergabe des Werkes (vergl. § 30 des tschechoslow. Gesetzes, schweizer Rechtsprechung in Da. 1933, 107; für deutsches Recht KG. in HRR. 1931, 2042 und Ritter und Hoffmann in JW. 1934, 268 u. 665; wegen Canada auch Da. 1929, 46).

Völlig unberührt von den Bestimmungen der RBUe. bleiben, wie noch in Art. 17 in Form einer Art von „Sicherheitsventil" (Da. 1915, 125) ausdrücklich festgelegt ist, alle Hoheitsrechte der Verbandsländer. Das sind aber nicht nur, wie Renault (Berlin

S. 267) erwähnt, preßrechtliche Bestimmungen, sondern alle Normen, die auf staatlichem Hoheitsrecht beruhen. Dahin gehören insbesondere Vorschriften betr. ein staatliches Aufsichtsrecht über die Urhebergesellschaften (vergl. in Ansehung des Deutschen Reichsgesetzes vom 4. 7. 1933 Hoffmann in Ufita IV [1933] 372 und Roeber ebendort S. 368, für poln. Recht das Rundschreiben des Ministers des Innern vom 27. 2. 1934, Da. 1934, 92, für belg. Recht Entwurf einer Novelle zum Urheberrechtsgesetz in „Inter-Auteurs“ 1934, 777; über die Anwendung der Kartellgesetzgebung auf die Urhebergesellschaften Raestad S. 195), Vorschriften über Beitritt oder Zugehörigkeit des einheimischen Urhebers zu diesen Urhebergesellschaften, und gegebenen Falles damit auch die Möglichkeit, die Verwertung des Urheberrechts an ihren Werken von bestimmten Voraussetzungen abhängig zu machen. So das Deutsche Reich durch § 10 des Reichskulturkammergesetzes, (Kopsch in Ufita VII [1934] 230 und Ildephons Richter ebendort S. 343).

b) Es bleibt der Landesgesetzgebung weiter überlassen, ob sie in Anerkennung der Interessen der Allgemeinheit anstelle des ausschließlichen Rechts des Urhebers an seinem Werke gesetzliche Lizenzen einführen will. Dieser Ausdruck deckt hier alle jene vom Gesetzgeber gegebenen Bestimmungen, kraft deren an die Stelle eines ausschließlichen, alle Anderen von der Verwertung des Urheberrechtsgutes ausschließenden dinglichen Rechts unter Gestattung einer bestimmten Art der Verwertung ein Anspruch auf ein Entgelt tritt, bestehe nun die Verwertungsmöglichkeit nur zugunsten der Angehörigen bestimmter Personenkreise (so daß der Urheber jene Verwendung gegen eine angemessene Vergütung zu gestatten hat) oder sei es, daß jedem die Möglichkeit vom Gesetzgeber eingeräumt wird, ohne weiteres nach Zahlung des vorgeschriebenen Entgelts das Werk auf eine bestimmte Art zu nutzen.

Dabei darf aber nicht übersehen werden, daß diese Verfügungsfreiheit der Verbandsländer ausnahmslos für die Regelung der internen Rechtsverhältnisse gilt, daß diese Freiheit der Landesgesetzgebung aber in der Anwendung dieser internen Norm auf das verbandseigene Werk durch die Sonderrechte der RBUe. beschränkt ist. So wäre es für Großbritannien durchaus möglich gewesen, den musical copyright act zum Gesetz zu erheben, obwohl dessen Bestimmungen (vergl. Ufita III [1930] 45 und über sein Schicksal GRUR. 1930, 64, 146, 420, 514, 606; vergl. auch Beschluß der Unterhaus-Kommission ebendort, 952) zum Teil in offenbarem Widerspruch zum Geist der RBUe. standen, jedoch unter der gedachten Belastung. Allerdings bedeuten solche Bestimmungen für die RBUe. insofern eine Gefahr, als die Befürchtung nicht unbegründet ist, daß bei einer Verschiedenheit zwischen Landesgesetz und internationalem Vertrag der Richter das Landesgesetz vorgehen läßt (Da. 1930, 47).

Die gesetzliche Lizenz, deren Einzug in die RBUe. der Haltung der deutschen Regierung auf der Berliner Konferenz zu danken ist, fand damals noch den erbittertsten Widerstand (Berlin S. 261). Man hielt allgemein diese Rechtsinstitution für unvereinbar mit dem Begriff des Urheberrechts, obwohl das alte schweizer Urheberrechtsgesetz vom 23. 4. 1883 Art. 7 eine gesetzliche Lizenz vorsah. Der Kampf um die gesetzliche Lizenz bei der Neukodifikation des schweizer Urheberrechtsgesetzes ist bekannt. Daß er heute noch in der Schweiz andauert, wird von Ostertag (Kopenhagener Kongreß Protokoll S. 86) bezeugt.

Während die Urhebergesellschaften auch heute noch die gesetzliche Lizenz als nicht übereinstimmend mit den Grundgedanken des Urheberrechts (so der Autorenkongreß in London; vergl. Da. 1931, 69) ablehnen, das Berner Büro (Da. 1934, 9) sie jetzt als „limitation exceptionelle" des Urheberrechts gelten läßt (während es noch in Da. 1932, 6 ganz eindeutig die Auffassung vertritt, daß die RBUe. sich lediglich auf das ausschließliche Urheberrecht aufbaue, wobei Ausnahmen nur insoweit in Betracht kommen, als sie die RBUe. selbst zuläßt, nämlich Art. 11 b Abs. 2 und 13 Abs. 2), ist die in Gesetzgebung und Schrifttum zu Tage tretende Auffassung der Einführung der gesetzlichen Lizenz weit günstiger. Osterrieth, einer der feinsten Kenner des nationalen und internationalen Urheberrechts, befürwortete, von der Tatsache ausgehend, daß man die gesetzliche Lizenz in den Friedensverträgen aus Gründen des öffentlichen Interesses für zulässig erklärt hatte, ein weitgehendes System von gesetzlichen Lizenzen, und hielt ihre Einführung auch in die RBUe. für notwendig, um diese der Gefahr des Kältetodes zu entreißen (GRUR. 1923, 28).

Und es spricht für den weiten Blick der ital. Regierung, daß sie in ihrer Denkschrift zur Romkonferenz (obwohl sie selbst der Einführung der gesetzlichen Lizenz im italien. Urheberrechtsgesetz durchaus ablehnend gegenüber gestanden hat), von der Tatsache ausgehend, daß das System der ausschließlichen Befugnisse nicht die einzige Form des Schutzes der vermögensrechtlichen Interessen der Urheber sei, daß neben diesem System diejenigen des domaine public payant und der gesetzlichen Lisenz vorhanden seien, die Worte geprägt hat, in denen die Entwicklung der Urheberrechtsgesetzgebung vorweggenommen zu sein scheint:

„. . nous voulons établir tout simplement qu'il est tout au moins très probable que les systèmes de la licence obligatoire et du domaine public payant resteront en vigueur et auront peut-être à l'avenir une application plus large et répandue dans le territoire de l'Union."

Auf der Romkonferenz war einer der Brennpunkte der Kampf um das „Tantiemesystem" (wie es R a e s t a d S. 35 formuliert hat), nämlich, ob Urheberrecht im Sinne der RBUe. lediglich das ausschließliche Recht bezw. die Summe ausschließlicher Befugnisse sei, die keinerlei Begrenzung kennt und duldet, oder ob als Urheberrecht auch ein solches Recht anzusehen sei, bei dem insbesondere durch Normierung gesetzlicher Lizenzen die Interessen der Allgemeinheit berücksichtigt worden sind. Letzterer von den Verbandsländern des angelsächsischen Rechts und insbesondere von Norwegen verfochtene Standpunkt hat obgesiegt. Nicht nur, daß Abgrenzungen des ausschließlichen Urheberrechts, wie sie der Gesetzgeber im Interesse des Staatsvolkes für notwendig erachtet, als zulässig anerkannt worden sind, es hat sich sogar gezeigt, daß die Möglichkeit der Einräumung einer gesetzlichen Lizenz gerade beim Rundfunkurheberrecht das einzige Mittel zum Ausgleich der einander gegenüber stehenden Anschauungen der Verbandsländer gewesen ist. Es ist also mit M i t t e l s t ä d t (JW. 1928, 2059) festzustellen, daß der Gedanke des Urheberrechts als eines absoluten Ausschlußrechts undurchbrochen ist, daß auch das Tantiemesystem als ein Urheberrecht im Sinne der RBUe. anzusehen ist.

Gesetzliche Lizenzen auf dem Gebiete des Urheberrechtsgesetzes gibt es die Fülle (vergl. die Aufstellung bei H o f f m a n n Arch. Funk II [1929] 247); eine solche war im Entwurf eines deutsch-russischen Abkommens vorgesehen (Da. 1931, 108, vergl. hierzu K l a u e r in GRUR. 1931, 891, M a c k e b e n in Ufita IV [1931] 479, aber auch B a u m GRUR. 1931, 1061). Aber selten findet man im Urheberrechtsgesetz die Erkenntnis, daß die gesetzliche Lizenz nur einer der Fälle der Begrenzung des Urheberrechts gegenüber den Interessen der Allgemeinheit ist, so klar ausgesprochen wie in den Materialien zum norwegischen Urheberrechtsgesetz vom 6. 6. 1930 (in Arch. Funk III [1930] 580 und IV [1931] 55).

Die gesetzlichen Lizenzen scheiden sich nach der Person des von ihr Betroffenen in zwei Arten, in solche, die sich gegen den Urheber und seine Rechtsnachfolger richten. um die Befriedigung irgend eines als schützenswert anerkannten Interesses der Allgemeinheit zu gewährleisten, und in solche, die im Interesse der Vermittler (aber auch der Urheber, vergl. Ausführungen der belg. Regierung in Da. 1927, 88) einen Mißbrauch der Monopolstellung der Urheberrechtsverwertungsgesellschaften verhindern. Diese zweite Möglichkeit verfolgte K o h l e r , als er (in MuW. 1909/10,

269) die Einführung der gesetzlichen Lizenz für die mechanisch-musikalische Wiedergabe befürwortete. Lediglich diesen zweiten Gedanken vertraten auf der Romkonferenz die Verbandsländer angelsächsischen Rechts; lediglich an die gleiche Möglichkeit dachte Mittelstädt, als er aufgrund der auf der Romkonferenz gemachten Erfahrungen (in GRUR. 1930, 47) die Gewährung einer gesetzlichen Lizenz anstelle der ausschließlichen Rechte des Urhebers empfahl. Praktische Beispiele hierfür bringen die canad. und die niederl. Gesetzgebungen.

Eng berührt sich mit dem Gedanken der gesetzlichen Lizenz die weitere Rechtsfrage, ob der nationalen Urheberrechtsverwertungsgesellschaft mit Rücksicht auf die von ihr eingenommene Monopolstellung (die vom Obersten Österr. Gerichtshof ausdrücklich anerkannt wird, Urteil vom 20. 12. 1932 in Ufita VI [1933] 358) ein Kontrahierungszwang insbesondere gegenüber den Konzertveranstaltern aufzuerlegen ist (vergl. LG. Berlin in JW. 1928, 373), um auf diese Weise ein Vertragsverhältnis herzustellen, das den berechtigten Belangen beider Parteien durch Ausgleichung gerecht wird. Die franz. Rechtsprechung ist auch diesem Gedanken abhold, aber sie hat eine Schadenersatzpflicht der nationalen Urhebergesellschaft (Sacem) anerkannt, welche eine Sperre über ein Lokal verhängt und die Verhängung dieser Sperre bekannt gemacht hat (Pouillet S. 805), für deutsches Recht hinsichtlich solcher Sperre vergl. RG. in JW. 1933, 46.

Ob man über ein kombiniertes System von gesetzlichen Lizenzen bis zu einem Enteignungsrecht des Staats schreiten soll (vergl. Lindemeyer in Ufita IV [1931] 385), ist gleichfalls der Entschließung des Verbandslandes überlassen.

c) Eine weitere der Landesgesetzgebung freigestellte Möglichkeit des Urheberrechtsschutzes ist das sogen. domaine public payant (hierüber vergl. das an Gedanken wie an Material reiche Werk von Vilbois).

Diese Rechtsinstitution — im Deutschen vielleicht mit „Abgabefrist" zu bezeichnen — liegt (Vilbois S. 11) dann vor, wenn aufgrund gesetzlicher Bestimmungen für die Wiedergabe eines gemeinfreien Werkes ein Entgelt zu zahlen ist, so daß nicht eine Verlängerung des Schutzes, wohl aber eine Erweiterung der Einnahmemöglichkeiten eintritt, wobei das Landesgesetz darüber bestimmt, ob diese neuen Einnahmen ganz oder teilweise den Erben des Urhebers oder irgend einer öffentlichen Anstalt (Akademie, Unterstützungskasse, Urhebergesellschaft usw.) oder dem Staat zur Verfügung gestellt werden. Im letzteren Falle spricht man von domaine d'Etat („Staatsabgabefrist"). Sowohl die Abgabefrist wie die Staatsabgabefrist stellen einen Kompromiß zwischen zeitlich beschränktem und ewigen Urheberrecht dar, sind also im Sinne der Wünsche der Urheber nur eine Station auf dem Ziel zur Verewigung des Urheberrechts (so Vaunois Da. 1922, 31).

Regelmäßig wird die Abgabefrist mit der gesetzlichen Lizenz verwechselt, die im Gegensatz zu ihr während der Dauer des Urheberrechtsschutzes sich auswirkt. Eine gesetzliche Lizenz bedeutet eine vom Gesetzgeber gegen Entgelt gestattete Benutzung des geschützten Werkes, das domaine public payant ist eine zu Lasten der Allgemeinheit angeordnete Abgabe für die Verwertung eines gemeinfreien Werkes (daher ist das vielgenannte großbrit. System des Art. 3 Abs. 2 des großbrit. Urheberrechtsgesetzes nicht ein domaine public payant, sondern eine gesetzliche Lizenz).

Eine wirkliche Abgabefrist — man sieht es an dem reichen von Vilbois zusammengetragenen Gesetzesmaterial — findet sich sehr selten. Auch die §§ 8 und 9 des alten ital. Urheberrechtsgesetzes vom 19. 9. 1885 bringen eine gesetzliche Lizenz. Denn hier wurden zwei Perioden unterschieden: die erste Periode dauerte bis zum Tode des Urhebers oder wenigstens 40 Jahre nach der Veröffentlichung des Werkes. In dieser Periode war das Werk voll geschützt. In der zweiten, die weiteren 40 Jahre nach jenem Zeitpunkt begreifenden Periode durfte jeder das Werk vervielfältigen gegen ein an den Rechtsnachfolger der Erben zu zahlendes Entgelt von 5 % des Ladenpreises des Werkes. Auch diese zweite Periode war eine Urheberrechtsschutzfrist (so OLG. Hamburg in GRUR. 1918, 79, Röthlisberger Da. 1910, 30, vergl. röm. Kass. in Da. 1934, 66; über die Voraussetzungen dieser gesetzl. Lizenz vergl. ital. Rechtsprechung in Da. 1918, 31). Dagegen ist vom ital. Urheberrechtsgesetz vom 7. 11. 1925 ein ewiges domaine d'Etat in Höhe von 5 % der Einnahmen für alle öffentliche Aufführungen von gemeinfreien Werken eingeführt worden.

In Frankreich haben zahlreiche Gesetzentwürfe noch nicht zur Erhebung dieses Rechtsgedankens zu einem Gesetz geführt. Große Beachtung fand im Deutschen Reich die lex Herriot (Gesetzestext in Bl. Fr. 194, Besprechung von Hoffmann in GRUR. 1928, 41; über die Beziehungen der lex Herriot zum Rundfunk vergl. Tabouis Bl. Fr. 192). Die Versuche in Österreich (Da. 1921, 69), in Polen (Da. 1926, 99 u. 131, vergl. Przesmycki in Bulletin Nr. 3 S. 137), in Belgien (Da. 1928, 6) und in der Tschechoslowakei (vergl. Löwenbach Ufita I [1928], 598) haben keinen Erfolg gehabt, und von der „Kulturabgabe" ist im Deutschen Reich nicht mehr die Rede. Ebenso ist in Norwegen (Arch. Funk III [1930] 621 u. IV [1931] 97) und Finnland (Rabel

IV [1930] 173), trotz Bestrebungen der Urheber, ein domaine d'Etat nicht eingeführt worden.

Nur ein „domaine public payant contractuel" hat sich in Frankreich (vergl. Vilbois S. 91 u. Olagnier II, 86) in staatlichen Theatern mit Ausnahme der Comédie Française und des Odéon eingebürgert, d. h. aufgrund von Verträgen mit den Autorenorganisationen bezahlen diese Theater Aufführungstantiemen in vertraglicher Höhe auch für gemeinfreie Werke, und das Gleiche hat die europäische Schallplattenindustrie dem Konzern der Urheberorganisationen für die mechanisch-musikalische Wiedergabe zugebillligt, ein System, dessen rechtliche Zulässigkeit in Frankreich zuerst stark umstritten (vergl. Da. 1921, 84), aber schließlich anerkannt worden ist; das Gleiche gilt für das Deutsche Reich (Bühnen-Oberschiedsgericht in GRUR. 1933, 69).

2. Ebenso bleibt es der Landesgesetzgebung überlassen, zu bestimmen, wem sie den internen Schutz zuwenden will, ob sie insbesondere das Territorial- oder das Personalprinzip anwenden will. Regelmäßig findet sich weder das eine noch das andere Prinzip in ganz reiner Anwendungsform; vielmehr ergibt sich meist ein aus beiden Prinzipien gemischtes System, so daß z. B. (so das deutsche Recht) neben den Werken der Staatsangehörigen, gleichviel ob bezw. wo sie veröffentlicht worden sind, auch die im Staatsgebiet zuerst veröffentlichten Werke eines Ausländers geschützt werden. Eine Darstellung dieser verschiedenen Systeme gehört dem Gebiet der Rechtsvergleichung an (Einzelne Beispiele in Da. 1926, 59; im Einzelnen vergl. meine Darlegungen in den Urheberrechtstabellen von Magnus).

B. Gänzlich unberührt von der RBUe. bleibt die Anwendung der Bestimmungen des Internationalen Privatrechts zur Auslegung von Urheberrechtsverträgen, auch wenn es sich um Verträge zwischen Angehörigen von verschiedenen Verbandsländern hinsichtlich der Verwertung von verbandseigenen Werken handelt.

Auch diese Zurückhaltung der RBUe. ist durchaus weise, denn ist schon auf dem Gebiete der Urheberrechtsgesetzgebung die Verschiedenheit groß, so erst recht auf dem Gebiete des Internationalen Privatrechts, wo noch nicht einmal für die einzelnen Verbandsländer die herrschenden Grundsätze eindeutig klargestellt sind. Das gilt selbst für Frankreich und Großbritannien, wo das Gebiet des Internationalen Privatrechts — im Gegensatz zum Deutschen Reich — sich besonderer Pflege erfreut. Es erscheint deshalb verfrüht, wenn die RBUe. auf diesem Gebiete einzelne Sonderfragen zu regeln versucht, wie dies in Da. 1933, 98 zu Art. 9 geschieht.

Im Deutschen Reich sind diese Probleme erst in den Anfängen erörtert. Eine gründliche Untersuchung erscheint geboten, insbesondere unter Heranziehung der Ergebnisse der deutschen Rechtsprechung. Ansätze hierzu bei Baum in GRUR. 1932, 921 und 1012 und bei Hoffmann in Rabel V [1931] 759; für den Sonderfall der rundfunkmäßigen Wiedergabe Neugebauer S. 861. Das RG. (in RGZ. 118, 282) wendet z. B. bei einem Vertrag, dessen Parteien sämtlich in Wien ihren Wohnsitz haben, wo zugleich nach Zweck und Inhalt des Vertrages der Erfüllungsort liegt, deutsches Recht an, da der Vertrag in Deutschland abgeschlossen und in Reichsmark zu erfüllen war, die Parteien sich auch von vornherein auf deutsches Recht bezogen haben, eine Begründung, der nicht durchweg beizustimmen ist. Für ital. Recht vergl. Ghiron in JDA. II [1931], 299, für franz. Recht läßt Arminjon („Précis de droit intern." 2. Aufl. [1934] II S. 162) das Gesetz des Landes ausschlaggebend sein, wo das Urheberrecht zur Ausübung kommen soll. Im gleichen Sinne die ungar. Rechtsprechung (in Da. 1933, 23).

IV. Der Konflikt zwischen RBUe. u. Landesgesetz.

1. Stehen die Normen des Landesgesetzes mit den materiellrechtlichen Vorschriften der RBUe., sofern diese in der verfassungsgemäß gebotenen Weise zum internen Landesgesetz erhoben ist, in Konflikt, so entscheidet nach deutschem Recht die allgemeine Regel: lex posterior derogat priori, so daß also die durch Ratifikation und Publikation Landesgesetz gewordene Bestimmung der RBUe., ist sie die spätere Norm, dem vorher erlassenen Landesgesetz vorgeht; ebenso das ital. Recht und das schweizer Recht, wo dieser Rechtssatz gerade im Hinblick auf die RBUe. vom Bundesgericht im Urteil vom 17. 7. 1933 (Ufita VII [1934], 108) verwendet worden ist. Es wird also hiernach der zum Landesgesetz erhobene zwischenstaatliche Vertrag als Rechtsquelle gleichen Grades wie das echte Landesgesetz behandelt.

Selbst wenn hiernach ein Landesgesetz gegen zwingende materiellrechtliche Normen der RBUe. verstoßen würde, würde hieraus — wenigstens nach deutschem Recht — nichts gegen die Gültigkeit des deutschen Reichsgesetzes abgeleitet werden können. Denn, wie Walz S. 171 nachgewiesen hat (beistimmend Möhring GRUR. 1934, 336), steht das deutsche Recht (RGZ. 24, 13; 26, 128) auf dem Standpunkt, daß regelmäßig das Recht des zwischenstaatlichen Vertrags durch spätere Gesetzesakte nicht berührt werde, womit also zugegeben wird daß das interne Recht mit dem internationalen Vertrag auch in Widerspruch stehen könne. Und so wird von RGZ. 71, 295; 72, 250; 85, 375 nicht nur der Grundsatz gelehrt, daß ein völkerrechtswidriges internes Gesetz nicht nur möglich ist, sondern daß ein solches Gesetz seine Rechtsgültigkeit besitzt (so ausdrücklich für deutsches Recht RGSt. 62, 373 und Reichsfinanzhof Entscheidungen Bd. 3, 14; für belg. Recht Kass. in Pasc. 1926, 76).

Dagegen sieht die franz. Rechtslehre (Ruffini II, 517) im zwischenstaatlichen Vertrag ein Recht höherer Ordnung, dem das Landesgesetz zu weichen hat, eine Lehre, die auch vom Berner Büro — also in Widerspruch zur Auffassung des schweizer Bundesgerichts — in Da. 1929, 52 vertreten wird. Allerdings kennt die franz. Rechtslehre Ausnahmen, insofern sie nämlich den ordre public (vergl. Simons in Zeitschrift der Akademie für deutsches Recht 1934, 154) vorgehen läßt, kraft dessen nicht nur einzelne Werke überhaupt vom Urheberrechtsschutz ausgeschlossen, sondern auch (Da. 1922, 102) einzelne Begrenzungen der urheberrechlichen Befugnisse entsprechend den Gewohnheiten des betr. Landes normiert werden können. Daß dieser Gedanke des ordre public gerade im zwischenstaatlichen Recht eine so unbestimmte Bedeutung hat, daß er hier nicht verwendet werden kann, ist von der norweg. Delegation auf der Romkonferenz dargetan worden (Raestad S. 195). Verbietet doch nach franz. Auffassung dieser ordre public trotz des Wortlautes des Literaturvertrags zwischen Frankreich und Guatemala, daß für Werke von Guatemala in Frankreich der ewige Urheberrechtsschutz beansprucht werden kann (Da. 1933, 26).

2. Anders aber, wenn ein Verbandsland sich weigert, seinen Verpflichtungen aus der RBUe. nachzukommen (z. B. den verbandseigenen Werken in den Fällen Urheberrechtsschutz zu gewähren, wo eine solche Verpflichtung nach dem Text der RBUe. den Verbandsländern auferlegt ist). In einem solchen Falle liegt (Berlin S. 233) ein Vertragsbruch seitens des betr. Verbandslandes vor. Wauwermans S. 45 will in einem solchen Falle den vagen Begriff des droit commun zugunsten des schutzentblößten verbandseigenen Werkes anwenden. Jedoch scheint sicher zu sein, daß weder der eigene noch der verbandseigene Staatsangehörige sich zum Schutz eines solchen Werkes darauf berufen kann, daß eine Vertragsverletzung seitens des betr. Verbandslandes vorliegt. Hier helfen, da die RBUe. keine Mittel hat, um einen Bruch einer Vertragspflicht, selbst wenn das systematisch geschieht, zu ahnden (Ruffini 514, Pillet II S. 43) lediglich diplomatische Vorstellungen. (Daß gegen die Bestimmung des

Art. 30 Abs. 1, die allerdings nicht materiellrechtlicher Natur ist, öfters verstoßen worden ist, wird vom Berner Büro in Da. 1926, 51 ausdrücklich festgestellt.)

§ 3.

Die Zukunft der RBUe.

I. Daß die RBUe. sich jetzt (Potu hatte den gleichen Eindruck bereits i. J. 1914, vergl. Da. 1915, 120) in einer Krise befindet, wird wohl von niemandem verkannt, der über die Erklärung ihrer Einzelvorschriften hinaus sich klar gemacht hat, was zu den Ergebnissen der letzten Revisionskonferenzen geführt hat, der insbesondere die Romakten und die sie ergänzenden Werke von Giannini und Raestad studiert. Und es verdient volle Anerkennung, daß auch das Berner Büro sich dieser Erkenntnis nicht verschlossen hat, sondern sie in aller Öffentlichkeit erörtert (Da. 1933, 5).

Die Gründe sind bekannt. Einmal das Zusammenprallen der modernen Auffassung des Urheberrechts mit der konservativen pro autore Auffassung (so de Sanctis in Ufita VII [1934] 238), dann der Versuch, in das bisherige System der RBUe. den diesem feindlichen Grundsatz der Reziprozität einzuführen. Darum ist mit aller Entschiedenheit der von Mittelstädt (JW. 1928, 2060) vertretenen Auffassung entgegenzutreten, daß, weil auf der Romkonferenz das Tantiemesystem als dem Ausschlußrecht gleichwertig erachtet worden sei, es nunmehr gelte, die materielle Reziprozität in die RBUe. einzuführen. Daß damit das Gebäude der RBUe. zusammenstürzt, weil dann statt der Inländerbehandlung in jedem Falle nur eine Gleichbehandlung eintritt, wird hierbei völlig verkannt. Denn das Reziprozitätssystem würde dann nicht nur auf die Frage der Begrenzung des ausschließlichen Rechts des Urhebers durch gesetzliche Lizenzen, sondern auf jegliche andere Begrenzung angewendet werden.

Diese beiden Probleme haben die Romkonferenz beherrscht, sie werden die Brüsseler Konferenz beherrschen und müssen irgendwie gelöst werden, denn sie entscheiden über die Zukunft der RBUe.

Weit weniger wichtig ist die Lösung von Einzelfragen, so sehr auch deren befriedigende Lösung die Fortbildung der RBUe. und damit des Urheberrechts überhaupt begünstigen kann. Und hier verdient das Berner Büro uneingeschränktes Lob. Was in Vorbereitung der Konferenzen von ihm geleistet worden ist und noch geleistet wird, ist des höchsten Lobes wert (auch wenn, gerade wenn man sich kritisch dazu stellt). Denn die Vorschläge des Berner Büros, ihre Begründung und ihre Erörterung beruhen auf genauester Kenntnis der Tragweite der einzelnen Bestimmungen der RBUe., beruhen auf eindringlicher Kenntnis der Bestimmungen der Landesgesetze. Die im Art. 22 Abs. 3 und Art. 24 Abs. 2 bestimmte Mitwirkung des Direktors des Berner Büros sichert diesem Kenner der Materie den Platz, der ihm gebührt.

II. Der Weg, der aus dieser Krisis führt, wird durch die Tatsache erschwert, wenn auch nicht verunmöglicht, daß die RBUe. — entsprechend ihrer juristischen Natur als eines zwischenstaatlichen Vertrages — zu Abänderungen ihres Textes die einhellige Zustimmung aller Verbandsländer fordert (Art. 24 Abs. 3), woran zur Vermeidung der Majorisierung irgendwelcher Verbandsländer festgehalten werden muß. Immerhin ist die Gefahr groß, daß, trotzdem die Reformbedürftigkeit des Konventionstextes anerkannt wird, doch die gewünschte und bestens vorbereitete Abänderung dieses Textes mangels der einhelligen Zustimmung unterbleibt, und die Gefahr ist um so größer angesichts der (dargelegten) tiefgreifenden Unterschiede in der Auffassung über Urheberrecht und über Ziele der Urheberrechtsgesetzgebung.

Daß die RBUe. eine Notwendigkeit ist, ja daß sie, existierte sie nicht, geschaffen werden müßte, bedarf nicht der Begründung. Diese Überzeugung ergibt sich mit der gleichen Zwangsläufigkeit auch für denjenigen, dem in erster Linie daran gelegen ist, die Anschauungen der Volksgemeinschaft, der er angehört, in den Bestimmungen des Landesgesetzes zur Norm zu erheben, der also (wie de Boor in Da. 1928, 40) die Vereinheitlichung der Urheberrechtsgesetze durch eine loi-type ablehnt. Denn nur durch die RBUe. ist es auf einfachem Wege möglich, den Schutzraum für das heimische Geistesschaffen über das Gebiet des Ursprungslandes hinaus zu erweitern.

Aber — und hier setzen die Bedenken ein — auf den bisher von den Revisionskonferenzen beschrittenen Wegen geht es nicht weiter. Man mag über die Ergebnisse der Romkonferenz denken wie man will (ich persönlich halte die Formulierung des Art. 6 b und des Art. 11 b für einen sehr großen Gewinn, so daß allein hierdurch die Romkonferenz in ihrem Ergebnis sich ihren Vorgängerinnen würdig an die Seite stellt, während allerdings die Mehrzahl der Urteile ungünstig lautet): Die Romkonferenz hat mit aller Deutlichkeit gelehrt: einmal daß die RBUe. räumlich so sehr „saturiert" ist, daß jede weitere Vergrößerung des Verbandsgebietes nur mit erheblichen Opfern erkauft werden kann. Bisher hatte der Ausbau der RBUe. sich wesentlich im Raume durch Beitritt zur RBUe. vollzogen. Die RBUe. zählt heute 40 Mitglieder — da die Türkei nicht mitzählt — und, sieht man von USA, den Staaten von Süd- und Mittelamerika und Sowjet-Rußland ab, umfaßt sie so ziemlich den ganzen Erdkreis. Das bisherige Bestreben, neue Verbandsländer zu gewinnen (wozu sogar das Mittel des Friedensdiktats recht war!), ist am Ende angelangt. Die letzten Beitritte wird man — man denke an die Vorbehalte von Siam — wohl nur mit gemischten Gefühlen, das energische Abrücken von der Beitrittserklärung der Türkei dagegen mit großer Freude begrüßt haben. Die Gefahr, daß bei künftigen Beitritten auf die Wünsche des beitretenden Staats sehr, allzusehr Rücksicht genommen werden muß, ist, wie das Beispiel Siams zeigt, groß.

Es bleibt also, will die RBUe. sich noch weiter ausdehnen, nur der Beitritt von USA und eine Verschmelzung mit der panamerikanischen Union übrig, da Sowjet-Rußland zurzeit als Verbandsstaat nicht in Betracht kommt. Beides ist aber für den Augenblick nicht zu erwarten. Denn in den Vereinigten Staaten scheint in den Reihen der Musikverbraucher (deren Interessen bei der Festsetzung des Urheberrechtsgesetzes stark berücksichtigt werden, und deren Hintansetzung die Nichterledigung der Vestal-Bill zur Folge hatte) nicht viel Neigung zum Anschluß an die RBUe. und die damit bedingte Systemänderung zu herrschen, und trotz aller rechtsvergleichenden Vorarbeiten im Hinblick auf eine Verschmelzung der RBUe. mit der panamerikanischen Union scheint man praktisch auch hier nicht vorwärts zu kommen.

Die Aufgabe, die sich die Schöpfer der BUe. mit Recht als erste gestellt haben, nämlich zugunsten des Verbandsurhebers eine Raumerweiterung für den Schutz seines Geisteswerkes herbeizuführen, ist jetzt gelöst. Es gilt also, sich darauf zu besinnen, was die eigentliche Aufgabe der Union ist, und zu prüfen, ob dieses Ziel tatsächlich schon erreicht ist.

1. Da Zweck der Schutz von urheberrechtlich bedeutsamen Werken ist (allerdings — entgegen Da. 1933, 91 — mit der durch die Wahrung der Interessen der Allgemeinheit bedingten Begrenzung), so verlangt dessen Erreichung in erster Linie eine Konzentrierung des Urheberschutzes auf wirkliche Formschöpfungen, so daß aus dem Urheberrechtsschutz alles Gut auszuscheiden hat, das nicht als solche Schöpfung angesehen werden kann, ein Reinigungsprozeß, der bestimmt auch von der Urheberseite mit Freude begrüßt werden wird.

Darin gipfeln auch die Revisionswünsche von Elster (GRUR. 1929, 71), der neue Methoden für die Zukunft als notwendig erachtet, in erster Linie aber eine Festigung in der Erkenntnis des

Wesens des „Werkes“ wünscht, um daraus Folgerungen zu ziehen. Es würden aus dem Katalog des Art. 2 eine Anzahl der dort angeführten Werkgattungen ausscheiden, desgl. die Erzeugnisse der Photographie (besonders de Sanctis Ufita VII [1934] 242).

2. Der Umfang des dem schutzfähigen und schutzberechtigten Werke zukommenden Schutzes sollte gemäß dem tragenden Grundsatz der Inländerbehandlung durch die lex fori bestimmt werden.

Aber um eine gewisse Gleichheit dieses Schutzumfanges herbeizuführen, sollte die RBUe., wie bisher, den wesentlichen Inhalt dieses Schutzes durch Normierung der urheberrechtlichen Befugnisse bestimmen, jedoch lediglich im halbstarren System, um auf diese Weise den Verbandsländern die Möglichkeit zu geben, die Begrenzung jeder urheberrechtlichen Befugnis vorzunehmen, so wie dies nach heimischer Rechtsauffassung erforderlich erscheint. Das bedeutet nicht den Triumph des Kompromisses, der Halbheit (wie man wohl die Ergebnisse der Romkonferenz hat kennzeichnen wollen, vergl. Da. 1929, 3), sondern so allein ist, wie die Romkonferenz gelehrt hat, die Möglichkeit gegeben, die einander scharf widerstrebenden Anschauungen der Verbandsländer auf einer Grundlage zu vereinen, die den Fortschritt im Urheberrechtsschutz verbürgt.

Die Tatsache, daß es nur mittels dieses Systems möglich war, die wichtigen Probleme des Urheberpersönlichkeitsrechts, der rundfunkmäßigen und mechanisch-musikalischen Wiedergabe bei den beiden letzten Revisionskonferenzen zu lösen, entscheidet. Die RBUe. verliert zwar die starre Geschlossenheit, die sie früher hatte (oder wenigstens zu haben schien), aber sie gewinnt an Kraft (Abel, Österr. Gerichtszeitung 1928, 231).

Dann sind noch die Lücken zu schließen, die sich hinsichtlich der urheberrechtlichen Befugnisse ergeben, z. B. durch Normierung der Befugnisse der Wiedergabe (die von Da. 1934, 63 mit Recht als droit d'auteur en sa forme primaire et essentielle bezeichnet wird), der Bearbeitung, der Vervielfältigung.

Andererseits müssen, damit der tragende Grundsatz der Inländerbehandlung voll in Geltung tritt, im Art. 19 (vergl. hierzu die Erläuterungen) die Worte „en faveur des étrangers en général“ gestrichen werden, damit die Übereinstimmung des wirklichen Rechtsgedankens dieser Vorschrift mit dem des Art. 4 wiederhergestellt wird. Inwieweit jedoch Vorsorge getragen werden kann, daß die so sichergestellte uneingeschränkte Anwendung der Inländerbehandlung auch wirklich durchgeführt wird, daß z. B.

nicht Erwägungen im Hinblick auf den ordre publik erneut diese Durchführung in Frage stellen, soll hier nur angedeutet werden.

Dagegen genügt die in Art. 6 b erfolgte Formulierung des Konventions-Urheberpersönlichkeitsrechts, da durch Art. 6 b Abs. 2 der Untergrund und die Möglichkeit zu dessen Ausbau durch die Landesgesetzgebungen geschaffen worden ist. Zu erwägen ist nur, die in dem Art. 6 b Abs. 2 genannten Befugnisse um die außerordentlich wichtige der Veröffentlichung zu erweitern.

Die Schutzdauer ist von der RBUe. in durchaus befriedigender Weise geregelt.

3. Zu erwägen ist darüber hinaus noch die Bildung von unions restreintes im Sinne des Art. 20, der das Berner Büro durchaus freundlich gegenübersteht (so ausdrücklich Da. 1930, 34). Es ist nicht zu verkennen, daß man auf diesem Wege zur Lösung einer Einzelfrage innerhalb eines Kreises von Verbandsländern gelangen kann, für die Zukunft eine Lösung durch Konventionsbestimmungen erhoffend. Und gerade im Hinblick auf die besonders von der Romkonferenz in so reicher Zahl vorgeschlagenen „Wünsche“ erscheint die Bildung solcher unions restreintes durchaus erwägenswert.

Zu beachten ist aber, daß es sich dabei um eine Regelung zur Besserstellung der Urheber und ihrer Werke handeln muß, so daß z. B. die Bildung einer union restreinte zur vertraglichen Anerkennung des großbrit. Systems der gesetzlichen Lizenz nicht zulässig ist (Raestad S. 169, a. A. Da. 1929, 71).

In diesen unions restreintes liegt eine Möglichkeit des weiteren elastischen Ausbaues der RBUe. Denn wenn irgend eine union restreinte so viele Vertragsparteien hat, daß der Beitritt der Außenseiter zu erwarten steht, dürfte es ein Leichtes sein, den Inhalt der union restreinte zum Inhalt der Konvention zu erheben, aber auch hier wieder in halbstarrer Regelung.

4. Führt man die zu 1) erwähnte Bereinigung der Urheberrechtsgesetze durch, so scheidet aus dem Werkschutz der Konvention alles das aus, was zur sogen. kleinen Münze des Urheberrechts gehört, also jene Schriftwerke, bei denen (RGZ. 123, 120) das bescheidene Maß der Leistung augenfällig ist. Dadurch soll diesen Erzeugnissen die Schutzberechtigung nicht abgesprochen werden, wohl aber ein Schutz nach urheberrechtlichen Grundsätzen. Für diese wie auch für das Recht an der Schallplatte, das Recht an der Sendung, den Schutz des ausübenden Künstlers, den Schutz der Pressemitteilungen sollte ein Leistungsschutz durch die RBUe. gegeben werden, wobei die Frage ausdrücklich offen

bleibt, ob dies vielleicht — wie Giannini in Ufita VII [1934] 282 vorschlägt — in einem besonderen Zusatzprotokoll geschieht.

Damit wird ein Gedanke aufgegriffen, den Osterrieth i. J. 1909 (in Studien S. 412) ausgesprochen hat, daß nämlich ein solcher Leistungsschutz wettbewerblichen Charakters eine selbstverständliche Etappe in der Weiterentwicklung darstellt, dessen Einführung in die RBUe. er (in GRUR. 1927, 27) insbesondere für den Schutz von Pressenachrichten gegen ihren Abdruck vorschlug (so auch Piola Caselli und Weiß in JDA. III [1932] 407). Diese Erweiterung des Konventionsschutzes hinsichtlich der Leistungen solcher Hilfspersonen, die bei der Wiedergabe von Werken eine künstlerisch-technische qualifizierte Leistung hervorbringen, ist schon auf der Romkonferenz (S. 162) von Piola Caselli gefordert worden, und das italienische Schrifttum hat ihm beigestimmt (de Sanctis in JDA. III [1932] und in Ufita VII [1934] S. 242).

Mit einer solchen Vertiefung, Auflockerung und Erweiterung der RBUe. dürfte das Schreckgespenst des Kältetodes, das i. J. 1923 Osterrieth bereits sah, gebannt sein, dürfte der Weg geebnet sein für die Zukunft der RBUe.

Art. 1.

Die Länder, in denen diese Übereinkunft Anwendung findet, bilden einen Verband zum Schutze der Rechte der Urheber an ihren Werken der Literatur und Kunst.

Fassung von 1908:

Die vertragschließenden Länder bilden einen Verband zum Schutze des Urheberrechts an Werken der Literatur und Kunst.

I. Die Abänderung des Wortlautes ist auf den Vorschlag der großbritan. Regierung zurückzuführen, welche (Rom S. 91) beantragt hatte, anstelle des Berliner Textes die Bestimmung zu setzen:

„Les Hautes Parties contractantes approuvent la protection des droits des auteurs sur leurs oeuvres littéraires et artistiques et conviennent des articles suivants".

Gleiche Vorschläge hat Großbritannien seit der britischen Reichskonferenz des Jahres 1926 auf allen internationalen Konferenzen gemacht, um der veränderten staatsrechtlichen Stellung seiner Dominien Rechnung zu tragen.

In Art. 35 des großbrit. Urheberrechtsgesetzes werden als Dominien angeführt: Canada, der Australische Staatenbund, Südafrika, Neu-Seeland und Neufundland. Britisch-Indien und Irland — durch den Staatsvertrag vom 6. 12. 1921 — sind noch dazu getreten. Über einen Konflikt zwischen Irland und Großbritannien hinsichtlich des mangelnden Schutzes deutscher Werke in einer gewissen Übergangszeit im Hinblick auf die irische Urheberrechtsgesetzgebung vgl. Rabel IV [1930] 705, und Mackeben GRUR. 1930, 139. [Das Urteil vom 10. 4. 1930 ist in GRUR. 1930, 603 wiedergegeben.]

Die Dominien hatten früher regelmäßig internationale Abkommen nicht unterzeichnet, waren also auch nicht Verbandsländer der BUe. gewesen. Insoweit ist also die Abänderung des Textes der RBUe. nicht rein formell (Da. 1928, 91), sondern der Ausdruck ihrer neuen staatsrechtlichen Stellung (Maillard Bulletin Nr. 6 S. 42).

Demgemäß ist Canada, wie auch die anderen Dominien, Großbritannien gegenüber Verbandsland, so daß — unabhängig von den Bestimmungen des großbrit. Urheberrechtsgesetzes — die Vorschriften der RBUe. für canad. Werke in Großbritannien Anwendung finden (Da. 1927, 135; a. A. Röthlisberger in Da. 1923, 106 und Berner Büro in Da. 1927, 64).

II. Die Entstehungsgeschichte dieses Artikels (Röthlisberger S. 77 und Ruffini S. 413) ist interessant, kommen doch hierin bereits die verschiedenen Auffassungen über das Wesen des Urheberrechts zum Ausdruck. Dem Vorschlag der franz. Delegation auf der Konferenz von 1885, die Übereinkunft zu bezeichnen als „union pour la protection de la propriété littéraire et artistique" ist der deutsche Delegierte Reichardt mit dem Hinweis entgegengetreten, daß diese Bezeichnung nach deutscher Auffassung unrichtig sei. So einigte man sich auf „protection des oeuvres littéraires et artistiques".

III. Der Ausdruck „Länder" statt des sonst üblichen „Staaten" ist gewählt worden, um der Verschiedenheit der Verfassungen der einzelnen Verbandsländer Rechnung zu tragen. Der Unterschied zwischen „Land" als Verbandsland und „Staat" mit gesetzgeberischer Gewalt erhellt aus den Erklärungen von Canada und dem Australischen Staatenbund auf der Romkonferenz (Rom S. 308).

IV. Der Ausdruck „bilden einen Verband" ist auf der Romkonferenz von Großbritannien (CDA. Nr. 15, abgedruckt bei Giannini S. 77) dahin erläutert worden, daß — da der Verband („union") von den Verbandsländern gebildet werde, Verbandsländer aber nur jene Länder seien, auf die sich der Text der Übereinkunft beziehe — es so viele Unionen gäbe als Texte der Übereinkunft existieren, durch die einzelne Länder noch gebunden seien, gegebenenfalls also die BUe., die RBUe. von 1908 und die RBUe. in Fassung der Romkonferenz. Erst wenn alle Verbandsstaaten durch den gleichen Text gebunden seien, bestehe wieder eine einzige Union. Dem ist nicht zuzustimmen, weil hierbei der Verband, der Zusammenschluß der vertragschließenden Länder, mit dem Vertrag als der Summe der Bestimmungen verwechselt wird, der die Verbandsländer bindet. In Ansehung dieser Vertragsbindung bestehen tatsächlich verschiedene Vertragstexte, die man als „Übereinkunft" bezeichnen kann. Denn solange Verbandsländer der RBUe. den Romtext noch nicht ratifiziert haben, sind sie durch die RBUe. in Fassung der Berliner Konferenz gebunden. Dagegen sind die Verbandsländer, die den Romtext bereits ratifiziert haben, durch den Romtext gebunden, während aber im Verhältnis zu den Ländern, die noch durch den Berliner Text gebunden sind, auch der Berliner Text gilt. Dies zeigt sich besonders dann (Piola Caselli in IDA. III [1932] 240, beistimmend Ostertag ebenda S. 241, vgl. Da. 1934, 3), wenn ein Verbandsland bei der Ratifikation des Romtextes die bisher von ihm gemachten Vorbehalte fallen läßt. Dann gilt der vorbehaltlose Romtext nur gegenüber solchen Ländern, die den Romtext ratifiziert haben, während im Verhältnis zu den Ländern, die dieser Übereinkunft noch nicht beigetreten, also noch durch den Berliner Text gebunden sind, noch der Berliner Text gilt, und zwar einschließlich der Abänderung, die sich durch die seinerzeit gemachten Vorbehalte seitens dieses Landes ergibt. Anders nur, wenn das Verbandsland, welches den Romtext ratifiziert, und dabei frühere Vorbehalte fallen läßt, den Verzicht auf diese Vorbehalte auch gegenüber denjenigen Ländern ausdehnt, die noch durch den Berliner Text gebunden sind. Hierzu ist es aber (so wie das Norwegen getan hat [Da. 1932, 3]) notwendig, daß ein solcher weitgehender Verzicht ausdrücklich ausgesprochen wird (Art. 30 Abs. 2). Andererseits ist es auch gemäß Art. 27 Abs. 2 u. 3 möglich, daß ein Land, das bisher bereits Verbandsland war, bei der Ratifikation des Romtextes alle Vorbehalte aufrecht erhält (neue Vorbehalte können gemäß Art. 27 Abs. 2 nicht mehr gemacht werden). Dann gilt für ein solches Land im Verhältnis zu dem Lande, das gleichfalls den Romtext ratifiziert hat, dieser Text, jedoch abgeändert durch diesen Vorbehalt. Man kommt also dank dieser erst auf der Berliner Konferenz beschlossenen Vorbehaltsmöglichkeit dazu, so viele Übereinkünfte als vorliegend anzusehen, als Vorbehalte seitens der Verbandsländer gemacht worden sind.

Dagegen bildet die Union der Verbandsländer nach außen ein geschlossenes Ganze und zwar in Form einer juristischen Person nach schweizer Recht (hierüber sehr ausführlich Ruffini S. 471, vgl. Da. 1928, 43 und Rapisardi-Mirabelli in Recueil des Cours de l' Académie de droit intern. 1925 II, 345, a. A. Raestad S. 44).

V. Die durch die Übereinkunft zu schützenden Werke der Literatur und Kunst werden in Art. 2, 3, 9, 14 Abs. 2 festgelegt, dagegen fehlt jede Begriffsbestimmung des Urhebers. Es muß also nach den Landesgesetzen bestimmt werden, wer Urheber ist (z. B. hinsichtlich eines spiritistischen Mediums großbrit. Rechtsprechung bei Rabel II [1928] 251) oder als solcher zu gelten hat. Maßgebend ist hierfür das Gesetz des Landes, in dem der Schutz beansprucht wird (Dungs S. 31), während Ghiron (JDA. II [1931] 308) der Auffassung ist, daß jedes Verbandsland denjenigen als Urheber des Werkes anzuerkennen hat, der nach dem Ursprungslande der Urheber ist. Damit setzt sich Ghiron aber in Widerspruch zu dem tragenden Grundsatze der RBUe., die einen Werkschutz aufgrund des Territorialschutzes gibt, wobei nichts darauf hindeutet, daß bezüglich der Feststellung des Urhebers das Personalstatut entscheiden solle. Ist aber der Verbandsschutz einmal losgelöst worden von der lex soli, so erscheint es unrichtig, diese lex soli, also für die Frage dessen, wer der Träger des nach dem Territorialsystem gewährten Schutzes ist, das Personalprinzip entscheiden zu lassen.

Die Frage nach dem Träger der Schutzrechte wird insbesondere dann praktisch, wenn einzelne interne gesetzliche Bestimmungen für besondere Werkgattungen oder in Sonderfällen festgelegt haben, wer Urheber ist oder als solcher anzusehen ist.

Hierzu sind folgende Einzelheiten bemerkenswert:

1. Juristische Personen werden vielfach in den Landesgesetzen als Urheber angesehen, wobei im Einzelfalle nachzuprüfen ist, ob nur eine Vermutung hinsichtlich des Inhabers des Urheberrechts ausgesprochen wird, ob originärer oder derivativer Erwerb, dieser in Form einer cessio legis, durch die Tatsache der Veröffentlichung anzunehmen ist (Brasilien Art. 661, Deutsches Reich § 3 [vgl. RGZ. 34, 104], Italien Art. 26 Abs. 5 (vgl. Ghiron in JDA. II [1931] 307 und Stolfi ebendort IV [1933] 9), Japan Art. 6, Luxemburg Art. 11 Abs. 2, Niederlande Art. 8, Österreich § 40, Polen Art. 20 Abs. 3, Portugal Art. 15 § 2, Rumänien Art. 4, Spanien Art. 4, Ungarn § 15).

Großbritannien erkennt das Recht der body corporate an der Schallplatte (Art. 19 Ziff. 1) an, ebenso Irland Ziff. 169, 1; hinsichtlich des franz. Schrifttums nebst Rechtsprechung vgl. Pouillet 181. So ist z. B. das Urheberrecht der Académie Française an ihrem Wörterbuch und das des Staates an den Generalstabskarten (Ann. 1933, 177) anerkannt.

Über die grundsätzliche Frage des Erwerbs von Urheberrecht durch juristische Personen vgl. de Boor S. 16 und Elster JR. 1932, 160.

2. Vielfach geht ex lege das Urheberrecht auf den Besteller über, so insbesondere bei Porträts oder bei Lichtbildern (Bulgarien § 51 Abs. 1, Canada § 12, Estland Ziff. 52, Großbritannien Art. 5 Ziff. 1 a, Irland Ziff. 158, 1a, Japan Art. 25 (vgl. auch Art. 24), Norwegen § 3 Photogr. Ges., Österreich § 13 Abs. 1, Polen (ganz allgemein) Art. 10, Schweden Art. 6 Abs. 2 Photogr. Ges., Siam Art. 12 a.)

3. Der Arbeitgeber erwirbt kraft des Dienst- oder Lehrvertrags das Urheberrecht (so z. B. Großbritannien Art. 5 Ziff. 1 b, Niederlande Art. 7, Siam Art. 12 b) oder der Inhaber eines Unternehmens erwirbt das Urheberrecht bei gewerbsmäßig hergestellten Photos (Österreich § 12, vgl. Polen Art. 10).

Der in RGZ. 110, 393 ausgesprochene Rechtsgedanke, daß, wenn es sich um einmalige Schöpfungen handelt, das Urheberrecht dem Urheber, bei Werken dagegen, die zur Wiedergabe bestimmt sind, dem Arbeitsgeber gehöre, erscheint bedenklich; man wird vielmehr die Entscheidung ganz von den Umständen des Einzelfalles abhängig machen.

4. Besonders wichtig ist die Regelung bei Filmkunstwerken. Einzelne Länder schützen den Hersteller (im Deutschen Reich die Rechtsprechung RGZ. 106, 365, vgl. Hoffmann S. 32, Jugoslavien § 6 Abs. 2, Polen Art. 10, Portugal Art. 35 Abs. 1), die Tschechoslowakei (§ 9 Abs. 2), den Regisseur. Nach ital. Recht (Art. 20 Abs. 2) gehört das Urheberrecht am stummen Filme dem Urheber des Textbuches und dem Hersteller zu gleichen Teilen; hat aber (Art. 20 Abs. 3) bei der Herstellung des Films ein Komponist mit eigens für den Film geschaffener Musik mitgewirkt, ist auch der Komponist Urheber.

5. Bei den Schallstücken (Schallplatten, Instrumenten, die zur mechanischen Wiedergabe dienen) geben einzelne Urheberrechtsgesetze dem Hersteller der Schallstücke ein Urheberrecht.

Andere Länder anerkennen ein Recht desjenigen, dessen Wiedergabe auf dem Schallstück festgehalten worden ist. Hierüber vgl. S. 215.

6. Einzelfälle regeln Canada (§ 16 Ziff. 1) für den Inhaber einer gesetzlichen Lizenz und Rumänien (Art. 30) für den Eigentümer nachgelassener Werke.

7. Die RBUe. erwähnt die Rechtsnachfolger nicht mehr. Aber es ist selbstverständlich, daß, sofern der Urheber den Verbandsschutz für sein Werk beanspruchen kann, dies auch für seinen Rechtsnachfolger, sei er Singular- oder Universalsuccessor, gilt. So auch Renault (Berlin S. 236). Die Staatsangehörigkeit der Rechtsnachfolger ist, selbst bei unveröffentlichten Werken (vgl. Art. 4), rechtlich unbedeutsam.

Mit Röthlisberger S. 87 ist der Nachweis der Rechtsnachfolge nach den Vorschriften des Gesetzes des Ursprungslandes zu erbringen, welches dafür maßgebend ist, in welchem Umfange eine Übertragbarkeit (insbesondere hinsichtlich des Urheberpersönlichkeitsrechts) möglich ist.

Art. 2.

(1) Die Bezeichnung „Werke der Literatur und Kunst" umfaßt alle Erzeugnisse aus dem Bereich der Literatur, Wissenschaft und Kunst, ohne Rücksicht auf die Art oder die Form des Ausdrucks, wie Bücher, Broschüren und andere Schriftwerke; Vorträge, Reden, Predigten und andere Werke gleicher Art; dramatische oder dramatisch - musikalische Werke; choreographische und panto-

mimische Werke, sofern der Bühnenvorgang schriftlich oder auf andere Weise festgelegt ist; Werke der Tonkunst mit oder ohne Text; Werke der zeichnenden Kunst, der Malerei, der Baukunst, der Bildhauerei, Stiche und Lithographien; Illustrationen, geographische, topographische, architektonische oder wissenschaftliche Pläne, Skizzen und Darstellungen plastischer Art.

(2) Den gleichen Schutz wie Originalwerke genießen, unbeschadet der Rechte des Urhebers des Originalwerkes, Übersetzungen, Adaptationen, musikalische Arrangements und andere Umarbeitungen eines Werkes der Literatur oder Kunst sowie Sammlungen aus verschiedenen Werken.

(3) Die Verbandsländer sind verpflichtet, den obengenannten Werken Schutz zu gewähren.

(4) Den Werken der angewandten Kunst wird Schutz gewährt, soweit die innere Gesetzgebung jedes Landes dies gestattet.

Fassung von 1908:

Der Ausdruck „Werke der Literatur und Kunst" umfaßt alle Erzeugnisse aus dem Bereiche der Literatur, der Wissenschaft oder der Kunst ohne Rücksicht auf die Art oder die Form der Vervielfältigung, wie Bücher, Broschüren und andere Schriftwerke; dramatische oder dramatisch-musikalische Werke, choreographische und pantomimische Werke, sofern der Bühnenvorgang schriftlich oder auf andere Weise festgelegt ist; Werke der Tonkunst mit und ohne Text; Werke der zeichnenden Kunst, der Malerei, der Baukunst, der Bildhauerei, Stiche und Lithographien; Illustrationen; geographische Karten; geographische, topographische, architektonische oder wissenschaftliche Pläne, Skizzen und Darstellungen plastischer Art.

Den gleichen Schutz wie die Originalwerke genießen, unbeschadet des Urheberrechts an dem Originalwerk, Übersetzungen, Adaptationen, musikalische Arrangements und andere Umarbeitungen eines Werkes der Literatur oder der Kunst sowie Sammlungen aus verschiedenen Werken.

Die vertragschließenden Länder sind verpflichtet, den obengenannten Werken Schutz zu gewähren.

Den Werken der angewandten Kunst wird Schutz gewährt, soweit die innere Gesetzgebung eines jeden Landes dies gestattet.

I. 1. Das Programm für die Romkonferenz (S. 64) sah drei Änderungsvorschläge vor, die in ihrer Tragweite ganz verschieden sind.

a) Lediglich eine Textänderung bedeutete der Vorschlag, die Worte des Abs. 1 „ohne Rücksicht auf die Art oder Form der Vervielfältigung“ zu ersetzen durch die Worte: „gleichviel ob sie in der Schrift, Plastik, Graphik oder Sprache geformt sind“, eine aus Art. 138 des Urheberrechtsgesetzes von Syrien-Libanon entlehnte Formulierung, die aber nicht den Beifall der Delegationen fand.

b) Wichtiger ist die Abänderung zu Abs. 2, wonach in den Katalog der geschützten Werke die Erzeugnisse des Kunstgewerbes aufgenommen werden sollten, so daß Abs. 4 gestrichen werden sollte (vgl. hierzu S. 63).

c) Noch wichtiger ist die Abänderung zu Abs. 3, wonach die in Abs. 1 u. 2 aufgezählten Werkgattungen Schutz in allen Verbandsländern genießen sollten, so daß also damit ein Schutz iure conventionis vorgeschlagen wurde (vgl. S. 61).

2. In den Verhandlungen auf der Romkonferenz wurden eine ganze Reihe von Anträgen gestellt, die sich größtenteils auf die „oeuvres orales“ bezogen.

II. Die Abänderung des Wortlautes dieses Artikels durch den Romtext besteht nun darin, daß dem Werkkatalog die Gattungen „Verhandlungen, Ansprachen, Reden und Werke gleicher Art“ hinzugefügt worden sind, und daß statt des Wortes „Vervielfältigung“ (reproduction) das Wort „Ausdruck“ (expression) verwendet worden ist.

III. Art. 2 bestimmt, was als „Werke der Literatur und Kunst“ im Sinne der RBUe. aufzufassen ist. Damit wird aber lediglich zum Ausdruck gebracht, daß die im Art. 2, 3, 9, 14 besonders angeführten Werkarten zu den Werken der Literatur und Kunst im Sinne der RBUe. gehören, ohne daß damit etwas darüber gesagt ist, daß diese Werke als Werke der Literatur und Kunst anzusprechen sind. Denn weder gehört ein Tonkunstwerk, noch ein Werk der Choreographie noch ein Filmkunstwerk zu den Werken der Literatur oder Kunst. Diese Werke stehen vielmehr als eigene Kunstgattung selbständig neben den beiden genannten Gattungen. Will man überhaupt einteilen, so müßte man die geschützten Werke scheiden in Werke der Sprachkunst, der Tonkunst, der Filmkunst, der Tanzkunst und der bildenden Künste. Unrichtig ist die Auffassung von Raestad (S. 60), daß, weil die Filmkunstwerke und Lichtbilder keine Werke der Literatur und Kunst seien, sie auch nicht von denjenigen Bestimmungen der RBUe. erfaßt würden, die sich auf diese beziehen. Hier wird übersehen, daß „Werke der Literatur und Kunst“ in der RBUe. der Sammelbegriff für geschützte Geisteswerke ist, und daß alle Bestimmungen der RBUe. sich auf alle geschützten Geisteswerke beziehen, es sei denn, daß die betr. Vorschrift nur für eine bestimmte, fest umrissene Gattung von Geisteswerken gilt (z. B. Art. 7 Abs. 3, 11, 13).

Die Aufzählung des Abs. 2 ist lediglich beispielhaft, wodurch sie wie jede solche Aufstellung (Rom S. 181) die Gefahr einer einschränkenden Auslegung durch die Rechtsprechung in sich trägt. Schwerer noch ist die Gefahr, daß die hier angewendete „Kategorien-Methodik“ (Elster bei Rabel II [1928] 33) zu einer Verwässerung des urheberrechtlichen Gedankens überhaupt führt, weil sie der Auffassung Vorschub leistet, jedes einer dieser Arten angehörige Werk sei bereits wegen dieser seiner Zugehörigkeit urheberrechtlich geschützt. Dieser Gefahr würde begegnet, der tragende Grundsatz der RBUe. würde klar herausgestellt werden, wenn die RBUe. anstelle eines Katalogs der schutzfähigen Werkarten in einer Generalklausel eine Bestimmung des schutzfähigen Werkes bringen würde. Dahin neigt auch die Urheberrechtsgesetzgebung, wie die Gesetze von Italien, Norwegen, Polen, Portugal, Syrien-Libanon dartun.

Die lex fori entscheidet darüber, was im Sinne der RBUe. ein schutzfähiges Werk ist (RGZ. 71, 148), wobei es gleichgültig ist, ob das Gesetz des Ursprungslandes des Werkes einen solchen Schutz ausdrücklich anerkennt, ihn durch die Rechtsprechung gewährt oder das Werk schutzlos läßt.

Auch dort, wo die lex fori Werkgattungen als geschützt im Gesetz aufzählt, ist der Richter der Prüfung nicht überhoben, ob ein zu einer solchen Gattung gehörendes Erzeugnis „Werk“ im Sinne des Urheberrechts ist. Denn „Werk“ — das gilt gleichmäßig für alle Urheberrechtsgesetze wie auch für die RBUe. — ist lediglich diejenige Äußerung geistiger Tätigkeit, die in ihrer Formgebung eine eigenpersönliche Schöpfung des Urhebers ist. Mit Recht sagt das RG. (in Ufita V [1932] 197), daß nicht jede geistige Tätigkeit urheberrechtlich geschützt sei, daß der monopolartige Rechtsschutz des Urheberrechts vielmehr nur dort in Betracht komme, wo eine selbständige geistige Schöpfung als das

Formgut eines Urhebers vorliegt, so daß die Schriftwerke aus der urheberrechtlichen Betrachtung auszuscheiden haben (RGZ. 140, 137 und in JW. 1934, 1283), bei denen die Schriftform nicht die Wiedergabe von Gedanken in eigenpersönlicher Formgestaltung bezweckt, sondern wo das Schriftwerk als die Summe von einzelnen Schriftzeichen lediglich die Verwirklichung des Gedankens ist (Formblätter, Kataloge), diese Schriftzeichen somit sachliche Bedeutung haben.

IV. Die die Dauerform voraussetzende Formel für das geschützte Werk des Art. 4 BUe. ist noch von der Berliner Konferenz übernommen worden. Erst die Romkonferenz hat den Urheberrechtsschutz mit vollem Recht als den der äußeren Formgebung gekennzeichnet und ihn also von den zur Festlegung dieser äußeren Form benutzten Formungsmitteln (was das Wort „Ausdruck“ bedeuten will,) unabhängig gemacht. Diese Textänderung macht den Schutz der oeuvres orales möglich, die vordem schutzlos waren (a. A. Dungs S. 26, Herman-Otavsky SchuW. 1928, 75). Es ist nunmehr gleichgültig, ob das Werk eine Dauerform besitzt (Da. 1929, 47); auch das gesprochene Wort, die musikalische Improvisation (so auch für das deutsche Recht die herrschende Auffassung, Estland Ziff. 1 b, für großbrit. Recht zweifelnd Copinger S. 12, für österr. Recht Seiller S. 31; Raestad S. 128 lehnt die Schutzfähigkeit ab), das Tanzkunstwerk, das in der Laban'schen Tanzschrift (Ufita II [1929] 630) festgelegt ist, ist ebenso geschützt wie das gedruckte Schriftwerk, das Notenblatt, das schriftlich oder photographisch festgelegte Tanzkunstwerk. Irrig Raestad (S. 56), daß dem mündlichen Werke nur dann Schutz zukomme, wenn es sich um einen Vortrag, eine Rede oder Predigt im Sinne des Art. 2 handele.

Eine Ausnahme macht bei den Werken der Tanzkunst (vgl. S. 54) die RBUe., insofern sie — durchaus dem Sinne des Urheberrechtsschutzes entgegen — irgend eine Festlegung als Voraussetzung des Urheberrechtsschutzes fordert.

V. Art. 2 zählt eine Reihe von Werkgattungen auf:

1. Gerade bei dem Begriff „Buch“ ist die Feststellung der Rechtsprechung der Länder, in denen Schutz nachgesucht wird, überaus wichtig, so wird von den franz. Gerichten (Da. 1915, 10) der Begriff des „écrits en tout genres“ sehr weit ausgelegt, insofern hierunter jede „composition litteraire quel que soit son degré de mérite ou d'utilité“ verstanden wird. Ob allerdings dieser Rechtsprechung (Da. 1917, 45), die einen Reiseführer als geschütztes Werk ansieht (für Deutsches Reich vgl. MuW. XI, 480, für schweizer Recht Bundesgericht in GRUR. 1934, 552; für urheber-

rechtlichen Schutz von Adreßbüchern RG. in GRUR. 1932, 742), allgemein gefolgt werden wird, ist überaus fraglich. Daß dagegen ein schutzfähiges Werk auch in einer Auswahl von Abschnitten aus einem gemeinfreien Werke bestehen kann, darf mit der großbrit. Rechtsprechung (Da. 1924, 83) angenommen werden, die aber zu weit geht, insofern sie (GRUR. 1931, 253) Billardspielregeln und Eisenbahnfahrpläne (GRUR. 1926, 206; 1930, 515) als urheberrechtlich geschützt ansieht. Die Rundfunkprogramme werden nach deutschem Recht urheberrechtlich nicht geschützt (RGZ. 140, 137), anders die niederl. Rechtsprechung, die den Ausdruck „Schriftstück" in Art. 10 des niederl. Urheberrechtsgesetzes so weit auslegt, daß darunter auch solche Programme fallen. Eine Verkennung urheberrechtlicher Grundsätze zeigt sich in der franz. Rechtsprechung (Da. 1933, 102), die einem Druckwerk als solchem, also lediglich der typographischen Schöpfung, Urheberrechtsschutz gewährt. Über ein Urheberrecht an Druckschriften vgl. für deutsches Recht RGZ. 76, 345 u. OLG. Darmstadt in GRUR. 1929, 124 sowie Schanze in Ufita II [1929] 506; für großbrit. Recht Da. 1917, 81; für österr. Recht Ob. Gerichtshof in GRUR. 1928, 742 und Abel ebendort S. 740.

Ob der vom Österr. Ob. Gerichtshof (in Da. 1917, 20) ausgesprochene Satz, daß der editio princeps kein Urheberrechtsschutz zukommt (so auch Seiller S. 22, Potu S. 227, zweifelnd Allfeld S. 36), auf die Dauer wird aufrecht erhalten werden können, erscheint fraglich, da es sich bei der Leistung eines solchen Herausgebers weniger um eine Feststellung des wirklichen richtigen Textes, als um eine aufgrund feinster Prüfung und gründlichster Forschung erfolgende eigene Formschöpfung handelt (was Pouillet S. 61 anerkennt). Unter den Verbandsländern gibt lediglich Estland (Ziff. 30) dem Herausgeber der editio princeps von Gesetzes wegen einen Urheberrechtsschutz.

Auch Briefe können „Werke" sein (für ital. Recht vgl. Ghiron in Studi di Diritto Industriale 1933, 140), dgl. eine Sammlung von Briefen, auch wenn die einzelnen Briefe nicht geschützt sind, sofern die Voraussetzungen des Art. 2 Abs. 2 gegeben sind (nicht ganz richtig Raestad, Anm. 18).

Über den urheberrechtlichen Schutz von Kalendern vgl. ital. Rechtsprechung in JDA. V [1934] 327.

2. Die Werke der Tanzkunst werden von der RBUe. noch nach alter Überlieferung in choreographische und pantomische Werke geschieden, umfassen also Ballett und Pantomime, nicht aber lebende Bilder (a. A. Allfeld S. 65). Geschützt wird hier die in den Ausdrucksformen der Tanzkunst sich äußernde

Formgestaltung, nicht etwa der Gedankeninhalt, der hierdurch zum Ausdruck kommen soll. Mit Unrecht fordert noch der Romtext die Festlegung des Tanzkunstwerkes in irgend einer Dauerform (was schon auf der Berliner Konferenz von der ital. Delegation mit Recht abgelehnt worden war, S. 230), so daß also, wenn ein solches Werk nicht festgelegt, sondern improvisiert ist, der Konventionsschutz versagt. „Bühnenvorgang" bedeutet hier die tänzerische Ausdrucksform, die durch irgend ein verständliches Festlegungsmittel festgelegt worden ist, so daß sie aufgrund dieser Festlegung wiederholt werden kann.

Urheber eines Werkes der Tanzkunst, insbesondere eines Balletts ist, wer die Idee in räumlichen und bewegungs-rhythmischen Abläufen geformt, die Tanzbewegungen geschaffen hat (Da. 1920, 33), nicht etwa der Tänzer, der das Tanzkunstwerk ausführt. Fehl geht Vaunois (Da. 1922, 31), der den Tänzer dem Übersetzer eines Schriftwerkes gleichstellt, diesem also ein abgeleitetes Urheberrecht gibt, während die franz. Rechtsprechung (Ann. 1920, 129) es ausdrücklich abgelehnt hat, den Tänzer als Miturheber anzusehen. Zu eng franz. Rechtsprechung in Da. 1926, 54, wo lediglich von einem Transponieren aus der Welt der Musik in die Plastik gesprochen wird, also ohne des spezifisch Tänzerischen zu gedenken.

Irrig ist schließlich, daß ein choreographisches Werk, das im Filmkunstwerk wiedergegeben wird, als solches den Verbandsschutz genießt (Da. 1933, 42). Hierbei wird übersehen, daß, weil das choreographische Werk nunmehr Bestandteil des Filmkunstwerkes geworden ist, es als solches nicht existiert und auch nicht mehr selbständigen Urheberrechtsschutz genießen kann.

3. Unter „Werke der zeichnenden Kunst" sind Werke der bildenden Künste zu verstehen. Auch hier muß ein „Werk" vorliegen, es genügt nicht, daß Zeichnungen, Malereien usw. geschaffen werden (Da. 1934, 62), technische Zeichnungen gehören nicht hierher (Raestad S. 56). Über den Urheberrechtsschutz der Werke der Ingenieurkunst vgl. Seiller in Ufita VI [1933] 90; de lege ferenda fordert Mintz (in Studien S. 441) für die technischen Schöpfungen — ohne aber den Begriff scharf zu umreißen — das Urheberrecht, für die technischen Zeichnungen dagegen einen Leistungsschutz gegen Vervielfältigung. Das ital. Ges. (Art. 1) schützt Entwürfe und Arbeiten des Ingenieurwesens, sofern sie originäre Lösungen von technischen Problemen sind, das jugosl. (§ 3 Ziff. 6) dagegen Werke der Ingenieurkunst schlechthin, während das poln. (Art. 1) das praktische Schaffen überhaupt unter Urheberrechtsschutz stellt, sofern es Merkmale persönlicher Gestaltung des Inhaltes aufweist.

Sehr weit geht die franz. Rechtsprechung, die als Urheberrechtsverletzung die Nachahmung des Stils des Künstlers ansieht, sofern die Ähnlichkeit das Ergebnis einer gewollten Nachahmung ist (Kass. in Da. 1932, 107). Über die Frage, ob der Künstler das gleiche Motiv wiederholen darf, vgl. RGZ. 119, 409, aber auch RGZ. 36, 47; franz. Rechtsprechung in Ann. 1931, 171. Ob man mit dem Ob. Österr. Gerichtshof (Da. 1923, 82) in einer Totenmaske ein Werk der bildenden Künste wird erblicken können, da hier die Möglichkeit einer eigenpersönlichen Formgebung anzuerkennen sei, oder ob man mit der franz. Rechtsprechung (anläßlich der Totenmaske von Napoleon I. Pouillet S. 117) und mit dem portug. Urheberrechtsgesetz (Art. 7 § 1) einen solchen Abguß nach der Natur nicht als Werk der bildenden Künste ansehen wird, erscheint fraglich. Die franz. Rechtsprechung schützt dagegen angesichts der Wertschätzung der franz. haute couture Kostümzeichnungen (Da. 1917, 104; 1918, 119), hat überdies für die Mannequins, welche die Modelle tragen, ein Recht am eigenen Bild anerkannt (Da. 1918, 119). [Hinsichtlich des Schutzes der Modelle, auch für Hüte vgl. franz. Rechtsprechung in Da. 1934, 104.]

Über den Urheberrechtsschutz an Reklamezeichnungen nach ital. Recht Kass. bei Rabel VII [1933], 704, nach schweizer Recht Bundesgericht bei Rabel VI [1932] 807.

Werke der Baukunst (für früheren Verbandsschutz vgl. Art. 4 BUe. und Schlußprotokoll Ziff. 1) werden seit der Berliner Konferenz geschützt, desgleichen die Zeichnungen zu diesem Werke. Nicht jedes Bauwerk und demgemäß auch nicht jeder Plan zu einem solchen (Österr. Rechtsprechung bei Rabel IV [1930] 93) genießt jedoch diesen Urheberrechtsschutz, sondern nur, wenn es ein Werk im S. 52 dargelegten Sinne ist (OLG. Naumburg in JW. 1921, 1555). So auch die franz. Rechtsprechung, die (Da. 1915, 115) „une conception originale, un caractère marqué d'individualité“ fordert, hierfür aber auch die Fassade genügen läßt (Da. 1924, 24; für schweizer Recht vgl. Bundesgericht bei Rabel V [1931] 701). Zu eng deshalb § 2 Satz 2 KSchG., wonach Bauten urheberrechtlich nur geschützt sind, soweit sie künstlerische Zwecke verfolgen.

Über das Urheberpersönlichkeitsrecht des Architekten nach deutschem Recht vgl. LG. Berlin in Ufita IV [1931] 258 und Rost in GRUR. 1928, 456.

Über die Schwierigkeiten der Anwendung des Begriffs der Veröffentlichung auf Baukunstwerke vgl. S. 79.

4. Die geographischen Karten werden als urheberrechtlich geschützte Werke ausdrücklich aufgeführt, obwohl eine

streng urheberrechtliche Betrachtung (Hoffmann MuW. 1932, 481, a. A. Kobel in GRUR. 1928, 537 u. Meyer in GRUR. 1931, 219) hier eine eigenpersönliche Formgebung eines Schöpfers nicht feststellen kann, da die geographischen Karten lediglich ein sachliches, in althergebrachten, also unpersönlichen Ausdrucksformen wiedergegebenes Abbild der Wirklichkeit aufgrund einer vom Kartenzeichner erfolgten Auswahl der geographischen Tatsachen darstellen. Wenn also ein Urheberrecht am Kartenwerke überhaupt anerkannt werden soll, so muß dabei auf das Genaueste geprüft werden, ob der Kartenzeichner eine Auswahl der in die Karte aufzunehmenden Tatsachen gemäß dem besonderen Zwecke dieser Karte getroffen hat (nicht scharf genug die franz. Rechtsprechung in Da. 1919, 87). Daher geht Da. 1928, 35 viel zu weit, wo das Erfordernis einer besonderen Eigenart der Karte aufgrund irgend welcher Auswahl für den Urheberrechtsschutz ausdrücklich abgelehnt wird.

5. Unter die an letzter Stelle des Abs. 1 aufgezählten wissenschaftlichen Pläne, Skizzen und Darstellungen plastischer Art fallen die im § 1 Abs. 1 Ziffer 3 LUG. aufgezählten Abbildungen, obwohl auch hinsichtlich dieser eine streng urheberrechtliche Betrachtung das Vorliegen eines urheberrechtsschutzfähigen Werkes (vgl. Hoffmann in MuW. 1931, 482) verneinen muß. Bei diesen Zeichnungen liegt im Regelfalle eine Formung als eigenpersönliche Schöpfung nicht vor, so daß die deutsche Rechtsprechung (RGSt. 44, 106), um hier überhaupt einen Urheberrechtsschutz begründen zu können, sich genötigt sah, lediglich einen darstellerischen Gedanken zu fordern. Die franz. Rechtsprechung begnügt sich (Ann. 1931, 167) bezüglich der technischen Zeichnungen mit einem „effort de création personnelle, si modeste qu'en soit le résultat", anerkennt ein Urheberrecht an Maschinen (Ann. 1931, 305) und gibt konkurrierend neben diesem urheberrechtlichen Schutz noch einen wettbewerblichen. Das Schrifttum Pouillet (S. 57) geht sogar so weit, bereits in Diagrammen, graphischen Darstellungen usw. ein urheberrechltich geschütztes Werk zu erblicken, obwohl hier, wenn auch eine geistige Leistung, jedoch keine eigenpersönliche Formgebung vorliegt. Dagegen fordert die schweizer Rechtsprechung (Da. 1920, 128) bei den technischen Zeichnungen mindestens einen belehrenden Zweck, verneint z. B. das Vorliegen einer schutzfähigen Abbildung bei Wiedergabe von Kronleuchtern in Warenkatalogen (Da. 1915, 34). Italien anerkennt ein Urheberrecht an städtebaulichen Plänen, gibt aber dem Urheber kein ausschließliches Recht, den Plan auch persönlich auszuführen (Rabel VI [1932] 1025).

VI. Dem Originalwerk werden nach Abs. 2 dessen Bearbeitungen gleichgestellt (warum die deutsche Übersetzung hier — wie auch bei Art. 12 — das ungebräuchliche Wort „Adaptation“ verwendet, ist unerklärlich). Eine Bestimmung dieses Begriffs fehlt; die RBUe. begnügt sich mit einer beispielhaften, also nicht abschließenden Aufzählung einzelner Arten von Bearbeitungen. Die lex fori bestimmt auch hier, ob eine Bearbeitung vorliegt, gleichviel ob das Ursprungsland die betr. Umformung als urheberrechtlich bedeutsame Bearbeitung ansieht.

In der urheberrechtlichen Erkenntnis des Wesens der Bearbeitung sind sich die Rechtsanschauungen in den Verbandsländern wohl einig. Die Ergebnisse in Schrifttum und Rechtsprechung gehen aber weit auseinander. Nach deutscher und österr. Auffassung liegt eine Bearbeitung vor, wenn zwar die äußere (und vielleicht auch die innere) Form des Werkes verändert wird, die Identität des Werkes in der Hauptsache unberührt bleibt. Es wird also das Bestehen eines anderen Werkes vorausgesetzt, dessen Form abgewandelt wird, so daß eine Abhängigkeit der Bearbeitung vom Urwerk sich ergibt. Den Gegensatz hierzu bildet der Fall, daß ein Werk, für das zwar ein anderes Werk als Anregung, Anstoß gedient hat, in seiner Formgebung gleichfalls der Ausdruck eigenpersönlichen geistigen Schaffens, also unabhängig von jenem anderen Werke ist (§ 13 LUG. § 16 KSchG.). Hier besteht kein rechtlicher Zusammenhang zwischen früherem Werk und neuem; beide stehen rechtlich gleichwertig einander gegenüber. Manche Verbandsländer normieren ausdrücklich die Zulässigkeit solcher Freischöpfungen (E. 37; vgl. auch Elster JW. 1931, 431).

An der Bearbeitung besteht nun, gleichviel ob sie dem Urheber des Urwerkes gegenüber berechtigt ist, ein Urheberrecht, das dessen Inhaber berechtigt, jeden Eingriff in sein Recht abzuwehren, auch wenn dieser vom Urheber des Originalwerkes ausgehen sollte. Jedoch ist die Ausübung der positiven urheberrechtlichen Befugnisse von der Einwilligung des Urhebers am Originalwerke abhängig, so daß Zoll (Ostrecht 1926, 778) wenigstens für das poln. Recht die Analogie mit dem abhängigen Patent zieht.

Nach Art. 6 BUe. war der Schutz der Bearbeitung von deren Rechtmäßigkeit abhängig, eine Rechtsauffassung, die jetzt durchgängig verlassen worden ist.

Für die Bearbeitung gilt hinsichtlich der Schutzfähigkeit das Gleiche wie für jedes Werk: es muß sich auch bei der Bearbeitung (gleichviel ob das bearbeitete Werk urheberrechtlich geschützt ist) um ein Werk im Sinne des S. 52 Ausgeführten handeln. Hieraus folgt, daß nicht gewisse Arten — z. B. die im Abs. 2 beispielsweise, also nicht abschließend aufgezählten Fälle einer Bearbeitung — ohne Weiteres urheberrechtlich geschützt sind (a. A. hinsichtlich der Übersetzung Potu S. 131). Entspricht also die neue Formgebung nicht dieser urheberrechtlichen Grundforderung, so liegt eine Bearbeitung nicht vor, sondern lediglich eine Wiedergabe des veränderten Originalwerkes.

Unter Übersetzung ist heute nur noch die Umformung eines Sprachwerkes in eine andere Sprache zu verstehen, während das alte ital. Urheberrechtsgesetz vom 19. 9. 1885 § 12 Abs. 2 auch Übersetzungen von Werken der bildenden Künste kennt, nämlich die Wiedergabe der inneren Form durch eine andere Kunstgattung; nach poln. Recht (Kass. in JDA. V [1934] 350) bedeutet der Schlüssel zu einer fremdsprachigen Übersetzung auch eine Übersetzung; ähnl. Japan Art. 32 hinsichtlich der Lösung von Aufgaben zu Übungszwecken.

VII. Bedenklich ist der urheberrechtliche Schutz der Sammlung aus verschiedenen Werken. Denn auch hier liegt nach streng urheberrechtlicher Betrachtung regelmäßig ein Werk nicht vor, sondern lediglich eine Leistung des Auswählenden und Anordnenden, die über die Summe der bereits vorhandenen, in der Sammlung enthaltenen Formgüter nicht hinausgeht. Wenn also solchen Sammlungen überhaupt ein urheberrechtlicher Schutz gewährt werden kann, so muß (im Wesentlichen übereinstimmend Potu S. 135) nicht nur verlangt werden, daß die einzelnen Teile der Sammlung durch einen gedanklichen Zusammenhang mit einander verbunden sind, sondern daß diese gedankliche Zusammenfassung so stark ist, daß hierdurch über die Summe der einzelnen Stücke hinaus ein neues Formgut erscheint, welches die einzelnen Stücke durch diesen Zusammenschluß als Glieder eines neuen Ganzen erscheinen läßt (a. A. Adler Da. 1927, 69, der jegliche Sammlung, auch wenn sie keine Originalschöpfung ist, als geschützt ansieht; Estland Ziff. 13 und 14 gibt dem Herausgeber eines Sammelwerkes überhaupt, wie demjenigen von Sammlungen von Volksliedern, Volksdichtungen und Volkskunst ein Urheberrecht an der Sammlung; ebenso die großbrit. Rechtsprechung hinsichtlich des Lexikon „Wer ist's?“ Rabel IV [1930] 816).

Eine Zeitung ist im Zweifel keine Sammlung in diesem Sinne (Häntzschel Ufita VI [1933] 103, vgl. Kohler GRUR. 1917, 1; Belgien S. 12).

VIII. Die Aufzählung der Werkgattungen im Abs. 1 und Abs. 2 ist, wie in Berlin (S. 229) und in Rom (S. 223) ausdrücklich festgestellt worden ist, lediglich beispielmäßig, so daß die schutzfähigen Werke hierdurch nicht abschließend gekennzeichnet sind und hieraus auch nicht (vgl. oben S. 52) die Schutzberechtigung jedes zu diesen Gattungen gehörenden Gebildes gefolgert werden darf. Sollten also neue Werkgattungen entstehen, die sich in der Beispielhäufung des Art. 2 nicht vorfinden, so fallen diese, sind es Werke im Sinne der RBUe., unter Art. 2.

1. Wenn man schon den aufzählenden Katalog beibehält, so sollte man (so auch Da. 1933, 74) hierin die Werke der Filmkunst aufnehmen, die im Art. 14 genannt sind. Die auf der Romkonferenz dahin zielenden Anträge (Rom S. 226) sind abgelehnt worden, obwohl man sich eigentlich (Rom S. 185) darüber einig war, daß die Werke der Filmkunst in die Aufzählung des Art. 2 aufzunehmen seien.

2. Dagegen erscheint die Aufnahme folgender Werkarten überflüssig oder irrig:

a) Die im Art. 4 BUe. als geschützt aufgezählten nachgelassenen Werke sind schutzfähig, wie aus der Bestimmung des Art. 7 Abs. 3 (Berlin S. 233) erhellt.

b) Mit Unrecht hat man auf der Romkonferenz (franz. Antrag CDA. Nr. 56) die Hörspiele als besondere Gattung schutzfähiger Werke in Art. 2 aufnehmen wollen (irrig Plaisant-Pichot, die [S. 41] diese Werke für schutzfähig gemäß Art. 11 b halten, vgl. S. 169, da es sich hierbei lediglich um Schriftwerke handelt, die den Erfordernissen der rundfunkmäßigen Wiedergabe besonders angepaßt sind).

c) Fehl geht auch der von Irland auf der Romkonferenz gemachte Vorschlag (CDA. Nr. 25), den Schallstücken einen Urheberrechtsschutz (vgl. S. 215) zu verleihen.

d) Ob einem Titel eines Werkes ein Urheberrechtsschutz zukommen kann, ist sehr bestritten. Nach der deutschen Rechtsprechung (RGZ. 135, 209 vgl. Georg Müller in Ufita VII [1934] 121, für den Titelschutz beim Film KG. in Ufita V [1932] 201 und die Ausführungen in Ufita VI [1933] 124) ist urheberrechtlicher Schutz möglich; im Wesentlichen gleich die belg. Rechtsprechung (Da. 1925, 21). Eine Übersicht über die ältere franz. Rechtsprechung bringt Da. 1917, 106; neuere Urteile bejahen, wenn eine eigentümliche Bezeichnung vorliegt (Da. 1929, 93), den Urheberrechtsschutz (Ufita IV [1931] 429, Großbritannien lehnt einen urheberrechtlichen Schutz ab (GRUR. 1931, 136), ebenso der ital. Kass. bei Rabel VII [1933] 703; über das ital. Schrifttum hierzu vgl. Seiller in Ufita VI [1933] 90 und Urteil in Da. 1934, 120. Die Möglichkeit eines urheberrechtlichen Schutzes wird schließlich auch vom Österr. Ob. Gerichtshof (GRUR. 1933, 732) —

ungeachtet der von Seiller (in Ufita I [1928] 182) erhobenen Bedenken — bejaht. Für Ungarn vgl. § 6 Ziff. 8.

Die Normierung eines urheberrechtlichen Schutzes für den Titel in der RBUe. empfiehlt sich nicht, wohl aber (Da. 1934, 15) die Festlegung eines wettbewerbsrechtlichen Schutzes gegen die Gefahr einer Verwechselung eines eigentümlichen Titels, wobei die Möglichkeit eines urheberrechtlichen Schutzes des Titels aufgrund interner Rechtsfindung oder Rechtssatzung offen bleibt.

IX. Die im Abs. 1 für die Verbandsländer ausgesprochene Verpflichtung, den im Abs. 1 und 2 aufgezählten Werken einen Schutz zu gewähren (der durch Art. 9 Abs. 2 eingeschränkt ist), bedeutet, daß die Verbandsländer ihre Gesetzgebung auf einen Stand zu bringen und zu erhalten haben, daß ein gesetzlicher Schutz für diejenigen Werke gegeben ist, die überhaupt einen Verbandsschutz genießen. Im Gegensatz zu der Bestimmung des Art. 4 BUe., die diese Frage offen läßt, hat jetzt die Aufzählung des Abs. 1 und 2 obligatorischen Charakter, aber nur in dem Sinne, daß dieser Urheberrechtsschutz für „Werke" gegeben ist.

Über die Rechtsfolgen eines Verstoßes eines Verbandslandes gegen diese Verpflichtung vgl. S. 38. Wenn ein Verbandsland entgegen seiner Verpflichtung einem der aufgezählten Werke in seinem Landesgesetz nicht Schutz verleiht, kann der verbandsheimische Urheber in dem betr. Lande nicht zwecks Herbeiführung eines urheberrechtlichen Schutzes Art. 2 anrufen (Da. 1928, 144, a. A. Stolfi II 748). Denn der hier normierte Schutz ist nicht ein Schutz iure conventionis (a. A. Wauwermans S. 36), sondern er tritt nur ein, wenn das Verbandsland entsprechend seiner Verpflichtung diesen Schutz in seinem Gesetz normiert hat. Aus diesem Grunde hat man auch auf der Romkonferenz (S. 230) versucht, durch Änderung des Art. 2 Abs. 3 einen Schutz iure conventionis zu schaffen, was aber an dem Einspruch Schwedens gescheitert ist, das darauf hinwies, daß nach schwed. Staatsrecht (wie auch nach dän., großbrit. und norweg.) ein internationales Abkommen interne Rechtssatzung nicht abändern kann, so daß also, selbst wenn der Text der RBUe. einen solchen Schutz iure conventionis vorgesehen hätte, die Rechtslage in den genannten Verbandsländern sich darum doch nicht ändern würde.

Dabei ist lediglich die Verpflichtung der Schutzgewährung festgelegt worden, während über den Umfang, den Inhalt und die Dauer des Schutzes nichts gesagt ist. Es genügt also völlig, daß ein irgendwie gearteter Urheberrechtsschutz der betr. Werkgattung gewährt wird, so daß es den Verbandsländern freisteht, den Schutz der einzelnen Werkgattungen verschieden zu gestalten, insbesondere auch die zur Durchführung des Schutzes erforderlichen gesetzestechnischen Vorkehrungen zu treffen (Richter Ufita VII [1934] 343, so auch Da. 1934, 125). Nur soweit die RBUe. Sonderrechte (oben S. 6) festlegt, müssen diese Rechte an den im Abs. 1 und 2 aufgezählten verbandseigenen Werken gewährleistet sein.

1. Wie jedes Verbandsland hinsichtlich der von ihm geschützten Werke über den Katalog des Abs. 1 und 2 hinausgehen kann, so kann es auch einzelnen der hier aufgeführten Werke den Schutz kraft seines Hoheitsrechts (über Art. 17 hinaus) versagen, wenn dieses erforderlich erscheint, um eine weitestmögliche Verbreitung im Interesse der Volksgesamtheit sicherzustellen. So entkleiden die Verbandsländer regelmäßig Veröffentlichungen „de nature administrative" (Pillet II S. 15) des Urheberrechts, z. B. Gesetze, Verordnungen (doch steht nach ungar. Recht, Gesetz vom 29. 11. 1880, deren Abdruck allein dem Staate zu), Urteile (über richterliche Entscheidungen als Gegenstand des Urheberrechtsschutzes vgl. Löwenbach in SchuW. 1932, 112), amtliche Aktenstücke (über Urheberrecht an Schriftsätzen eines Rechtsanwalts vgl. schweizer Urteil in Schweiz. Jur. Zeit. 1934, 266, und Hoffmann DJZ. 1934, 532; anderer Auffassung dagegen das ungar. Recht, vgl. Ufita III [1930] 311), amtlich verfaßte Schriftwerke (§ 16 LUG., vgl. Elster Ufita IV [1931] S. 248 mit Nachweisungen über die Rechtsprechung; interessant KG. in JW. 1931, 1932, wonach ein Tarifvertrag, wenn er für verbindlich erklärt ist, als Gesetz anzusehen ist und demgemäß unter § 16 LUG. fällt, sonst aber Schriftwerkschutz genießt).

Andere Landesgesetze lassen die Frage des Urheberrechtsschutzes offen und gestatten den Abdruck solcher Veröffentlichungen (Bulgarien Art. 37, Dänemark § 8 Abs. 1, Deutsches Reich § 16 LUG., Finnland § 3, Großbritannien Art. 18, Italien Art. 7, Jugoslawien § 9, Japan Art. 11, Luxemburg Art. 11, Niederlande Art. 11 Abs. 1, Norwegen § 3 Ziffer 1, Österreich § 5 Abs. 1, Polen Art. 4, Portugal Art. 4, Rumänien Art. 42, Schweden § 9 Ziffer 1 LUG., Schweiz Art. 23, Spanien Art. 28, Syrien-Libanon Art. 142, Tschechoslowakei § 6 Abs. 1, Ungarn Ges. vom 29. 11. 1880).

Ferner kennen eine Reihe von Verbandsstaaten ein Enteignungsrecht (Italien Art. 55, Norwegen § 16, Portugal Art. 31).

Portugal (Art. 40) schließt überdies jedes Urheberrecht an unsittlichen und revolutionären oder verbrecherischer Propaganda huldigenden Schriftwerken oder solchen Schriftwerken aus, deren Einziehung verfügt worden ist.

2. Geht nun ein Verbandsland über den Katalog des Abs. 1 und 2 hinaus, schützt also auch dort nicht aufgezählte Werke, so kommt nach dem Grundsatz der Inländerbehandlung (vgl. S. 7) dieser interne Schutz den verbandsheimischen Werken dieser Gattung zugute. Das gilt z. B. für Gesetze, die nach belgischem Recht (Art. 11) Urheberrechtsschutz genießen, sodaß in Belgien die Gesetze der Verbandsländer gegen Nachdruck geschützt werden.

X. Die im Abs. 3 erwähnten Werke der angewandten Kunst („Erzeugnisse des Kunstgewerbes“) sind im Sinne der RBUe. nicht Werke der bildenden Künste; sie genießen deshalb weder einen Verbandschutz, noch sind die Verbandsländer verpflichtet, diesen Erzeugnissen einen Urheberrechtsschutz zu gewähren. Vielmehr besteht ein Schutz dieser verbandseigenen Erzeugnisse nur dann, wenn das Verbandsland, in dem der Schutz nachgesucht wird, nach seinem internen Gesetz diese Erzeugnisse urheberrechtlich schützt, unbekümmert darum, ob das Erzeugnis auch in seinem Ursprungslande urheberrechtlich geschützt ist, insbesondere auch dann, wenn das Erzeugnis im Ursprungslande nur musterrechtlich geschützt ist. Es ist also hier ein reiner Territorialschutz fakultativer Art ohne jede Reziprozität (so ausdrücklich Potu S. 158) eingeführt.

Das bedeutet nicht ein Abrücken vom allgemeinen Grundsatz der Inländerbehandlung der RBUe. (wie Belgien S. 8 andeutet), denn da das Erzeugnis des Kunstgewerbes nicht ein Werk ist, dem der Schutz der RBUe. zukommt, kann auch das Verbandsland nicht iure conventionis gezwungen sein, dem Erzeugnis den inländischen Urheberrechtsschutz zu gewähren.

Schützt dagegen ein Verbandsland diese Erzeugnisse nicht urheberrechtlich, so ist ein Schutz in diesem Verbandslande gemäß der RBUe. ausgeschlossen, auch wenn das Erzeugnis im Ursprungslande Urheberrechtsschutz genießt (Allfeld S. 413). Ob aber, sofern die lex fori einen Musterschutz vorsieht, dann dem verbandseigenen kunstgewerblichen Erzeugnis auch der Musterschutz zukommt, ist nicht im Rahmen der RBUe. zu entscheiden. Denn die RBUe. kann niemals dahin ausgelegt werden, daß sie zur Anwendung der Bestimmungen eines anderen zwischenstaatlichen Abkommens z. B. der Pariser Verbandsübereinkunft führt.

1. Der Urheberrechtsschutz der Erzeugnisse des Kunstgewerbes wird von folgenden Verbandsländern gewährt: Belgien (vgl. Coppieters S. 100 und 105), Brasilien (aus dem Gesetzestext nicht mit Sicherheit, wohl aber aus den Erklärungen

auf der Romkonferenz (S. 227) zu entnehmen), Estland (Ziff. 1 c), Frankreich (Art. 1 Ges. 19./24. 7. 1793 in Fassung des Ges. vom 11. 3. 1902), Tunis (Art. 3) (so Coppieters S. 170), Großbritannien (Art. 35) [Ebenso die Gesetzgebung der Dominien und Palästina], Italien (Art. 1 und 2), Jugoslawien (§ 3), Luxemburg (Art. 21), Franz. Marokko (Art. 5), Niederlande (Art. 10 Ziff. 10), Norwegen (§ 2 Ziff. 8), Österreich (§ 4 Abs. 1 Ziff. 6), Polen (Art. 1), Portugal (Art. 2) [vgl. jedoch Art. 87 § 1 c], Rumänien (Art. 24), Schweden (Art. 1 Abs. 2 in Fassung der Novelle vom 31. 3. 1926) [nicht geschützt werden Kleidungsstücke und Kleidungsstoffe], allerdings nur mit einem 10jährigen Schutz (Art. 14 KSchG.), Schweiz (Art. 2), Siam (Art. 4), Spanien (nicht mit Sicherheit aus dem Gesetzestext zu entnehmen [so Coppieters S. 145], jedoch aus Art. 2 des span.-mexik. Literaturabkommens vom 31. 3. 1924 [Da. 1925, 97], vgl. auch Potu S. 166), Syrien-Libanon (Art. 138), Tschechoslowakei § 4 Abs. 2 Ziff. 7), Ungarn (§ 66). Ein gesetzlicher Schutz fehlt in den Gesetzgebungen von Bulgarien, Griechenland, Haiti, Japan (zweifelnd Coppieters S. 169), Monaco (a. A. Coppieters S. 152). Nach japan. Anschauung — ähnlich den großbrit. Anschauungen — ist eine künstlerisch bemalte Vase ein Werk der bildenden Künste, welches Urheberrechtsschutz genießt, während das gleiche Stück dann als gewerbliches Produkt angesehen wird, wenn es in einer Mehrzahl von Exemplaren hergestellt wird (so Mittelstädt JW. 1928, 2059).

Zweifelhaft ist der Schutz in Siam. In der Aufzählung der geschützten Werke (im Art. 4) sind die kunstgewerblichen Erzeugnisse nicht aufgeführt. Wohl aber wird im Art. 20 II — der dem Art. 2 Ziff. 1 des großbrit. Urheberrechtsgesetzes nachgebildet ist — ausdrücklich die Wiedergabe eines artistic craftsmanship als erlaubt erwähnt, so daß hieraus der Schutz der kunstgewerblichen Erzeugnisse gefolgert werden kann. Das Berner Büro (in Da. 1932, 101) ist jedoch der Auffassung, daß ein Schutz nicht gewährt wird.

2. Daß die kunstgewerblichen Erzeugnisse gleichfalls Werke im Sinne der Ausführungen S. 52 sein müssen, wird durchweg anerkannt (so Da. 1921, 69, Anm. 2, Belgien S. 11, die schweizer [Da. 1915, 34] und ital. Rechtsprechung [für altes Recht Da. 1915 47, für geltendes Recht Kass. in Da. 1933, 127]). Sehr weit geht die franz. Rechtsprechung, die sogar einer Zimmereinrichtung in bekanntem historischen Stil Ludwig XVI. das Urheberrecht zubilligt, weil sie darin (Kass. Da. 1920, 41) „un travail vraiment personel et une véritable création“ erblickt (vgl. Da. 1909, 135; 1924, 23), und die ferner (Kass. in Anm. 1932, 324) auch Geweben

das Urheberrecht zubilligt, die sich von anderen Geweben durch die Anordnung von Linien und Farben unterscheiden „leur conférant un caractère de nouveauté et une physionomie propre et nouvelle“.

3. Neben diesem urheberrechtlichen Schutz kennen viele Verbandsländer einen musterrechtlichen Schutz. Nach großbrit. Recht (vgl. Belgien S. 9) sind vom Urheberrechtsschutz solche Muster und Modelle ausgeschlossen, die in mehr als 50 einzelnen Artikeln niedergelegt wurden, und wenn das Muster Verwendung finden soll für gedruckte Tapeten, Teppiche, Wachstücher und Textilartikel, die nach laufenden Stücken hergestellt werden, und nicht mit der Hand hergestellte Stickereien. Diese Grenzziehung des großbrit. Rechts erscheint außerordentlich glücklich, da hier zum Ausdruck kommt, daß ein Urheberrechtsschutz dann versagt wird, wenn es sich, mag auch das Muster oder Modell künstlerische Qualität besitzen, um Vorlagen für gewerbliche Erzeugnisse handelt, bei denen das Modell keinen Eigenwert, sondern lediglich die Funktion einer Vorlage für gewerbliche Herstellung hat. Denn während man bei Kunstwerken Original und Vervielfältigungsstücke unterscheiden kann, gibt es beim Geschmacksmuster nur Vorlage und Mehrstücke, von denen jedes gleichwertig ist.

Unklar ist die Abgrenzung nach deutschem Recht (für das franz. Recht ist sie nahezu unmöglich, Potu S. 160), wo das Reichsgericht in feststehender Rechtsprechung (RGZ. 76, 344; 135, 387; 142, 346) den Standpunkt vertritt, daß ein kunstgewerbliches Erzeugnis auch, sofern die sonstigen rechtlichen Voraussetzungen erfüllt sind, ein Geschmacksmuster sein kann, daß ein Geschmacksmuster aber dann ein Kunstwerk ist, wenn der ästhetische Überschuß, der zu dem Zweckmäßigen der Form hinzukommt, gleichgültig, welcher sein künstlerischer Wert ist, einen Grad erreicht, daß nach der im Leben herrschenden Anschauung von Kunst gesprochen werden kann. Daß diese Grenzlinie äußerst unbestimmt ist, daß dabei das Reichsgericht sehr weit geht (RGZ. 124, 72) wird insbesondere von Pinzger (Geschmacksmustergesetz S. 30) zugegeben. Richtig erscheint (Hoffmann GRUR. 1932, 132) die auf Kohler's Weltschöpfungslehre aufbauende Anschauung, daß Urheberrecht und Musterschutz einander ausschließen, oder wie Elster (Ufita VII [1934] 345) in Ausführung dieser Ideen darlegt: des Urheberrechtsschutzes ist nur fähig und soll teilhaftig werden, was ohne Vervielfältigung und Verwertung absolute Geltungskraft als Werk in sich birgt, so daß das Stück, welches erst durch seine Verwendung nach dem Muster oder Modell Geltung erhält, auch nur musterrechtlich geschützt werden soll.

4. Frankreich, Tunis und Siam haben gemäß Art. 27 den Vorbehalt gemacht und ihn auch bei der Ratifikation der RBUe. in Fassung der Romkonferenz aufrecht erhalten (Da. 1934, 13), hinsichtlich der Erzeugnisse des Kunstgewerbes durch Art. 4 BUe. anstelle von Art. 2 RBUe. gebunden zu bleiben. Nun werden im Art. 4 BUe. diese Erzeugnisse als geschützte Werke überhaupt nicht aufgeführt, so daß für den Bereich der Geltung dieser Bestimmung nachgeprüft werden muß, ob diesen Erzeugnissen in Frankreich (und den beiden anderen Ländern) der inländische Urheberrechtsschutz zusteht bzw. unter welchen Voraussetzungen. Kennt das Ursprungsland für das kunstgewerbliche Erzeugnis gleichfalls den Urheberrechtsschutz, so genießt dieses Erzeugnis auch in Frankreich den internen Schutz (Art. 2 Abs. 1 BUe.). Genießt dagegen das Erzeugnis im Ursprungsland keinen urheberrechtlichen Schutz, so hängt die Lösung der Frage nach dem Urheberrechtsschutz in Frankreich theoretisch davon ab, ob man (vgl. S. 8) Anhänger des Personalstatuts oder des Territorialstatuts ist. Für jene in der franz. Rechtsprechung (Kass. in Ann. 1899, 81) anerkannte Lehre ist der Urheberrechtsschutz im Ursprungslande nötig. Ist dieser aber gewährt, so „begleitet das statut personnel das Werk in die übrigen Verbandsstaaten, ohne daß ihm der Schutz abgesprochen werden darf" (so auch für das ältere ital. Recht. Röm. Kass. in Da. 1900, 145; vgl. auch die Finn. VO. vom 23. 1. 1931 in Da. 1932, 121). Den entgegengesetzten Standpunkt hat das Reichsgericht (RG. in GRUR. 1909, 309) eingenommen. Hiernach ist lediglich das Gesetz des Landes, in dem der Schutz nachgesucht wird, nicht das Gesetz des Ursprungslandes maßgebend.

Zu Unrecht nimmt Klauer (in Ufita I [1928] S. 368) an, daß das Deutsche Reich und alle anderen Verbandsländer, die die kunstgewerblichen Erzeugnisse nach internem Recht urheberrechtlich schützen, in Frankreich lediglich auf den Musterschutz mit dem durch die französische Gesetzgebung ausgesprochenen Zwang zur vorherigen Hinterlegung angewiesen seien. Diese Erzeugnisse genießen vielmehr in Frankreich urheberrechtlichen Schutz.

Der Vorbehalt Frankreichs ist, wie Maillard (Da. 1926, 129) betont hat, defensiver Natur: er bezweckt, die Verbandsstaaten, die einen wirklichen Urheberrechtsschutz der kunstgewerblichen Erzeugnisse noch nicht eingeführt haben, zu einer solchen gesetzgeberischen Lösung zu bringen. Der Vorbehalt hat also seine praktische Wirkung, und zwar auch gegenüber den Bestimmungen des französischen Gesetzes vom 28. 3. 1852 über

Nachdruck von Ausländern. Aber damit wird der tragende Pfeiler der RBUe. angegriffen, insofern hier an die Stelle des Grundsatzes der Inländerbehandlung derjenige der materiellen Reziprozität (vgl. S. 9) gesetzt wird.

5. Ob es überhaupt möglich sein wird, einen Verbandsschutz für die Erzeugnisse des Kunstgewerbes einzuführen, erscheint mit Rücksicht darauf, daß es bisher noch nicht möglich war (Da. 1909, 130), eine alle befriedigende Begriffsbestimmung dieser Werkgattung einzuführen, sehr fraglich. Die Bemerkung von Raestad (S. 141) verdient vollste Beachtung.

6. Der Kampf um eine Neuregelung des Schutzes des kunstgewerblichen Erzeugnisses war auf der Romkonferenz besonders lebhaft (S. 227). Während Italien in seinem Staatenvorschlag zusammen mit dem Berner Büro (Rom S. 64) unter Aufhebung des Art. 2 Abs. 4 einen Schutz iure conventionis vorgeschlagen hatte, war die ital. Delegation (deren Wortführer Giannini und Ghiron waren) von diesem Vorschlag abgerückt mit Rücksicht auf den besonderen Charakter der kunstgewerblichen Erzeugnisse, der für die Praxis eine scharfe Trennung zwischen Muster und Kunstwerk schwer gestatte. (Unrichtig ist der Hinweis von Olagnier II, 34, die Auffassung der ital. Delegation sei mit dem Wortlaut des ital. Gesetzes schwer vereinbar.) Frankreich bestand auf der materiellen Reziprozität, wenn es auf seinen Vorbehalt verzichten sollte, während die ital. Delegation (vergl. Giannini, Rom S. 289) mit Recht darauf verwies, daß dieses Verlangen der materiellen Reziprozität dem Geist der RBUe. zuwiderlaufe.

Schließlich wurde ein Vermittlungsvorschlag eines Art. 2c seitens der franz., großbrit. und norw. Delegation folgenden Inhaltes eingebracht (CDA. Nr. 93) mit auf Anregung Japans abgeändertem Schlußabsatz (vgl. Rom S. 229):

„Les oeuvres d'art appliqué à l'industrie sont protégées autant que permet de la faire la législation intérieure de chaque pays.
Toutefois il est reservé à la législation du pays où la protection est reclamée de déterminer les conditions sous lesquelles la protection est accordée à ces oeuvres.
Mais les pays de l'Union ne sont pas obligés d'accorder à ces oeuvres une durée de protection plus longue que celle dont elles jouissent dans le pays d'origine. Et la protection ne s'applique aux oeuvres visées par le présent article que si elles sont protégées sans formalitées par la loi du pays d'origine"

Aber auch dieser Kompromißvorschlag, der Frankreich den Verzicht auf seinen Vorbehalt gestattet hätte, wurde von Italien und Japan abgelehnt.

Der von Maillard im Namen Frankreichs ausgesprochene Wunsch, mit den Verbandsländern, die einen urheberrechtlichen Schutz der kunstgewerblichen Erzeugnisse eingeführt haben, eine union restreinte im Sinne von Art. 20 abzuschließen, ist nicht erfüllt worden. Die praktischen Bedenken, auf die Da. 1928, 124 aufmerksam machte, haben es anscheinend nicht erst zum Versuch eines solchen Abschlusses kommen lassen.

Art. 2 b.

(1) Der inneren Gesetzgebung jedes Verbandslandes bleibt das Recht vorbehalten, politische Reden und Reden in Gerichtsverhandlungen ganz oder teilweise von dem im vorigen Artikel vorgesehenen Schutz auszunehmen.

(2) Desgleichen bleibt der inneren Gesetzgebung jedes Verbandslandes das Recht vorbehalten, die Bedingungen festzusetzen, unter denen Vorträge, Reden, Predigten und andere Werke gleicher Art durch die Presse wiedergegeben werden dürfen. Zur Veranstaltung von Sammlungen solcher Werke ist jedoch ausschließlich der Urheber berechtigt.

I. Diese auf der Romkonferenz angenommene Bestimmung stellt eine Beschränkung des Schutzes der „oeuvres orales“ dar, die sich mit Rücksicht auf die reiche Zahl von Bestimmungen der internen Urheberrechtsgesetze nötig gemacht hat, die im Interesse der Allgemeinheit gewisse Wiedergabemöglichkeiten solcher Werke freigeben. Die Vorschrift gibt nach dem halbstarren System, das hierdurch zum ersten Male in der RBUe. in die Erscheinung tritt, der Landesgesetzgebung in dieser Beziehung drei verschiedene Verfügungsmöglichkeiten, legt ihr jedoch die Verpflichtung auf, ein scharf umrissenes Recht für den Urheber zu normieren. Grundsätzlich gilt auch hier, daß, wenn ein Verbandsland von dieser Verfügungsmöglichkeit nach irgend einer Hinsicht nicht Gebrauch macht, also insoweit das betr. Werk schützt, dieser Schutz den verbandseigenen Werken zukommt, gleichviel welchen Schutz diese in ihrem Ursprungslande genießen, und ob diese überhaupt nach der lex soli geschützt sind.

II. Die erste der Landesgesetzgebung vorbehaltene Verfügungsfreiheit ist die, den Urheberrechtsschutz für politische Reden nach freiem Ermessen festzusetzen. Jeder Verbandsstaat kann somit das Urheberrecht hieran, — und zwar sowohl dem Inhalte nach als nach der Dauer — ganz oder teilweise (a. A. Hermann-Otavsky SchuW. 1928, 109) ausschließen (ausgenommen das Recht auf eine Sammelausgabe). Ebenso ist es Sache der Landesgesetzgebung, festzulegen, was unter politischen Reden zu verstehen ist.

Die Abgrenzung kann nach zwei Gesichtspunkten erfolgen, nämlich nach dem Gegenstand der Rede und nach dem Ort, an dem sie gehalten worden ist, also Reden politischen Inhaltes, gleichviel wo sie gehalten worden sind, und alle Reden, die in politischen Versammlungen und bei den politischen (einschl. den kommunalen und kirchlichen) Vertretungen gehalten worden sind. Die Landesgesetzgebungen zeigen mannigfache Variationen.

III. Die gleiche Verfügungsfreiheit für die Landesgesetzgebung findet sich für Reden in Gerichtsverhandlungen, wobei es wieder Sache dieser Landesgesetzgebung ist, gegebenenfalls den Begriff der Gerichtsverhandlung nach ihrem Ermessen zu bedenken.

IV. Nach Abs. 2 besteht ein allgemeiner Vorbehalt für die Verbandsländer für alle oeuvres orales, jedoch lediglich hinsichtlich der Wiedergabe durch die Presse (Zeitungen, Zeitschriften und Flugblätter, Raestad S. 131), der man die rundfunkmäßige Wiedergabe angesichts der Bedeutung und teilweisen Gleichstellung des Rundfunks mit der Presse gleich erachten muß (Raestad S. 207, a. A. de Sanctis in JDA. V [1934] 419). Ob, wenn das Verbandsland eine solche Wiedergabe gestattet, diese wortgetreu oder nur im Auszug stattfindet, ist rechtlich ohne Bedeutung. Dagegen ist der Urheber eines solchen Werkes gegen eine andere Wiedergabe, aber auch hinsichtlich der Pressewiedergabe gegen eine Wiedergabe in bearbeiteter Form (ausgenommen die wortgetreue Übersetzung Raestad S. 82) geschützt. Die Pressewiedergabe kann auch in andere Presseorgane und vom Rundfunk übernommen werden, weil insoweit das Werk für die Wiedergabe freigegeben ist, gleichviel woher der Wiedergebende das betr. Werk entnimmt. Allerdings kann unter Umständen ein Schutz nach wettbewerbsrechtlichen Grundsätzen eintreten.

V. Dagegen hat der Urheber — ungeachtet dessen, was das Landesgesetz ihm für Rechte an dem oeuvre orale als Einzelwerk gibt — iure conventionis, also in Form eines Sonderrechtes, das Recht, eine Gesamtausgabe der in Abs. 2 — nicht der im Abs. 1 — genannten Werke zu veranstalten (was aber auch bezüglich der im Abs. 1 genannten Werke de lege ferenda mit Da. 1933, 76, Belgien S. 14 wünschenswert ist). Auch hier ist es Sache der Landesgesetzgebung bzw. der Rechtsprechung, die rechtlichen Voraussetzungen für eine solche Gesamtausgabe festzulegen, insbesondere nach der Richtung hin, ob sie alle Werke oder (so im Regelfalle: feststehende deutsche Rechtsprechung zu § 2 Abs. 2 VG. RG. in LZ. 1914, 1371, in GRUR. 1918, 34, in Ufita I [1928] S. 233 und VI [1933] 264 = RGZ. 139, 338) nur einzelne, besonders markante Werke der betr. Gattung vereinigen muß.

Demgemäß sind die Länder, die bisher diese Reden dem Abdruck freigegeben haben, und damit also auch den Abdruck in einer Gesamtausgabe gestattet haben, verpflichtet, diese über Art. 2b hinausgehende Einschränkung des Schutzes zu beseitigen.

Art. 3.

Diese Übereinkunft findet auch auf Werke der Photographie und eines ähnlichen Verfahrens Anwendung. Die Verbandsländer sind verpflichtet, diesen Werken Schutz zu gewähren.

Fassung von 1908 gleichlautend.

I. Mit Recht hat die Berliner Konferenz die Frage des Schutzes des Lichtbildes in einem besonderen Artikel geregelt, damit also schon äußerlich gekennzeichnet, daß die Lichtbilder nicht Werke der Literatur und Kunst im Sinne des Art. 2 sind.

Auch hier wird eine vertiefte urheberrechtliche Erkenntnis dazu führen, diesen Erzeugnissen grundsätzlich den Urheberrechtsschutz zu versagen und an dessen Stelle einen Leistungsschutz einzuführen, da es sich im Regelfalle lediglich, wie schon Osterrieth (in Studien S. 418), auf franz. Seite Morillot i. J. 1878 (in „De la protection accordée aux oeuvres d'art dans l'Empire d'Allemagne" S. 158) betont hat, um das Ergebnis eines mechanisch-chemischen Vorgangs, den der Photograph bestenfalls persönlich beeinflussen kann, handelt. Hierüber zusammenfassend Elster GRUR. 1934, 500.

In Übereinstimmung mit dem Schrifttum (vgl. außer den bei Elster a. a. O. Angeführten Hallermann in JW. 1931, 440) normieren deshalb E. u. Hoffmann lediglich einen Leistungsschutz (Hoffmann ausdrücklich [§ 48, vgl. S. 82 u. 89], E. lediglich in der Begründung [S. 41]).

Die franz. Rechtsprechung ist in der Frage des Urheberrechtsschutzes für Lichtbilder nicht einheitlich (vgl. Pouillet S. 127). Teils anerkennt sie, daß das Lichtbild ein Werk der bildenden Künste nicht ist, so insbesondere bei Flugzeugaufnahmen; teils ist sie entgegengesetzter Auffassung; teils läßt sie die Umstände des Einzelfalles entscheiden. Das Schrifttum spricht sich fast einhellig für den Urheberrechtsschutz aus.

II. Nur wenige Gesetze der Verbandsländer haben den Schutz nicht normiert und gewähren ihn nur durch die Rechtsprechung. Die Mehrzahl legt den Schutz des Lichtbildes im Rahmen des Urheberrechtsgesetzes fest, einzelne Länder haben (was der Natur der Sache am besten entspricht) ein eigenes Photographie-Schutzgesetz.

1. Keinen ausdrücklichen gesetzlichen Schutz sehen vor: Belgien, Brasilien, Frankreich, Haiti, Luxemburg, Monaco, Rumänien, Spanien, Tunis. Hier werden die Lichtbilder durchweg den Werken der bildenden Künste gleich geachtet; die Schutzfrist ist die gleiche.

2. Der Schutz im Rahmen des Urheberrechtsgesetzes findet sich (und zwar mit folgenden Schutzfristen) in: Bulgarien Art. 1 Ziffer 4, Art. 60 (5, 10 oder 30 Jahre), Deutsches Reich §§ 1, 3, 26 KSchG. (10 Jahre), Estland Ziff. 1 d, 59, 61 (10 Jahre), Griechenland Art. 14, 2 (50 Jahre), Großbritannien Art. 35, 21 (50 Jahre), (ebenso die Gesetzgebung der Dominien), Italien Art. 1 Abs. 2, 31 (20 Jahre), Japan Art. 23 (10 Jahre), Jugoslavien § 3 Ziffer 7, 44 (20 Jahre), Marokko Art. 6, 22 (50 Jahre), Niederlande Art. 10 Ziffer 9, 40 (50 Jahre), Österreich §§ 4 Abs. 2, 41 (10 Jahre), Polen Art. 1, 20 Abs. 4 (10 oder 50 Jahre), Schweiz Art. 2, 36 (30 Jahre), Siam Art. 4, 16 (30 Jahre), Syrien-Libanon Art. 138, 153 (50 Jahre), Tschechoslowakei §§ 4 Abs. 3, 41 (10 Jahre), Ungarn §§ 68, 69 (15 Jahre).

Eine besondere Erwähnung verdient Portugal, das zwar auch für die Photographie (Art. 2 e, 36) einen ewigen Urheberrechtsschutz kennt, diesen aber inhaltlich (Art. 92) sehr einschränkt. Über die großen Bedenken hinsichtlich der Auslegung dieses unklaren Textes vgl. Da. 1928. 92.

3. Besondere Photographieschutzgesetze haben erlassen Dänemark und Finnland (10 Jahre Schutzdauer, letzteres unter ausdrücklicher Vermeidung der Worte „Urheberrecht“ und „Urheber“), Norwegen (15 Jahre, jedoch voller Urheberrechtsschutz bei Lichtbildern nach Werken der bildenden Künste), Schweden (15 Jahre Schutzdauer).

Irrig Malaplate (S. 219), nach dem Schweden und Norwegen noch durch die Bestimmungen des Schlußprotokolls von 1886 Ziff. 1 gebunden sind. Das galt nur, solange diese Staaten nicht der Pariser Zusatzakte bzw. der RBUe. in Fassung der Berliner Konferenz beigetreten waren.

III. Den Lichtbildern werden durchweg gleich behandelt die Erzeugnisse, die durch ein der Photographie ähnliches Verfahren gewonnen werden, insbesondere die photomechanischen

Reproduktionsverfahren, Lichtdruck, Photogravüren, Heliogravüren, Autotypographie (Seiller S. 35). Über die Frage der photomechanischen Wiedergabe der Originalausgabe eines gemeinfreien Werkes vgl. für deutsches Recht Hoffmann MuW. XX, 103, hierzu ital. Rechtsprechung in Da. 1917, 143.

Lichtbild ist aber auch jener Film, der nur eine Summe von Einzellichtbildern bringt, also (vgl. S. 220) kein Filmkunstwerk ist. Andererseits kann eine Summe von Lichtbildern auch als Schriftwerk betrachtet und demgemäß geschützt werden (Da. 1928, 35).

IV. Da für die Verbandsländer lediglich die Verpflichtung der Schutzgewährung ausgesprochen, finden die S. 61 dargelegten Grundsätze hier Anwendung. Es steht also den Staaten frei, den Schutz der Lichtbilder nach Art und Umfang zu regeln (Finnland z. B. lediglich gegen photographische Wiedergabe [§ 2 vgl. Da. 1928, 38]), der Presse die Wiedergabe für Presseartikel freizugeben (Raestad S. 184), Träger und Dauer von sich aus frei zu bestimmen; der Schutz braucht auch nicht im Urheberrechtsgesetz ausgesprochen zu werden (Richter Ufita VII [1934] 343, vgl. Da. 1934, 125).

V. Eine besondere Beachtung verdienen die Rechtsbeziehungen zwischen Lichtbildschutz und Urheberrecht an dem (durch Lichtbild wiedergegebenen) Werke der bildenden Künste. Das Lichtbild eines geschützten Werkes der bildenden Künste darf während der Dauer seines Schutzes nicht vervielfältigt, wohl aber darf mit Zustimmung des Inhabers des Urheberrechts am Werke der bildenden Künste dieses erneut unmittelbar photographisch wiedergegeben werden. Dabei ist zu beachten, daß der Inhaber des Rechts am Lichtbild ein eigenes Recht hat, das zwar in dem Sinne als vom Urheber des Werkes der bildenden Künste abgeleitet bezeichnet werden darf, als er — ähnlich bei der Bearbeitung vgl. S. 58 — zur Ausübung der positiven Befugnisse am Lichtbild der Zustimmung jenes Urhebers bedarf, nicht dagegen hinsichtlich der negativen Befugnisse. Unrichtig ist es aber, mit Potu (S. 136) anzunehmen, daß ein Lichtbild, das ein Werk der bildenden Künste wiedergibt, den gleichen Schutz wie das Werk selbst genießt. Der Schutz des Lichtbildes läuft unabhängig von dem Schutz des abgebildeten Werkes. Ist aber der Lichtbildschutz abgelaufen, das Werk der bildenden Künste aber noch geschützt, so kann zwar nicht mehr der Lichtbildner die Vervielfältigung seines Lichtbildes verbieten, wohl aber der Inhaber des Urheberrechts am Werke der bildenden Künste.

VI. Auf der Romkonferenz (S. 231) wurde insbesondere über die Schutzdauer und die Förmlichkeiten des Schutzes verhandelt. Die Schweiz hatte (CDA. Nr. 44) einen Mindestschutz von 20 Jahren iure conventionis beantragt, fand hierbei aber Widerspruch, während Frankreich wünschte, daß im Interesse der Rechtssicherheit des Verkehrs auf den Lichtbildern Name des Lichtbildners und Datum der Veröffentlichung angebracht würden, deren Fehlen jede strafrechtliche Sanktion ausschließen sollte. Mit Recht macht Klauer a. a .O. S. 370 (vgl. Belgien S. 12) darauf aufmerksam, daß dieser Vorschlag unklar war, weil er nicht erkennen ließ, ob er die Verbandsländer ermächtigen sollte, bei den Lichtbildern vom Grundsatz der Freiheit von Förmlichkeiten (Art. 4 Abs. 2) abzugehen, oder ob er eine Bindung für die Verbandsländer darstellen sollte, den Formzwang einzuführen. Da weder über die Notwendigkeit einer solchen Maßnahme noch über ihre Tragweite Übereinstimmung erzielt werden konnte, verblieb es beim Text der Berliner Konferenz.

VII. Eine besondere Erwähnung verdient noch das Funkbild. Dieses (vgl. Elster Arch. Funk. II [1929] 503, Giesecke Die juristischen Probleme des Bildfunks, Diss. 1932 S. 86, Hoffmann Arch. Funk. II [1929] 175) bedeutet das Ergebnis des Bildfunks (vgl. S. 170), sei es, daß eine Aufzeichnung auf photographischem Wege erfolgt, sei es mit Hilfe einer Schreibvorrichtung. In beiden Fällen liegt ein Erzeugnis der Photographie vor.

Das Recht am Funkbild steht der Rundfunkgesellschaft zu, die den Bildfunk ausgesendet hat, da sie durch ihre im Bildfunk sich vollziehende Wiedergabe (des bildfunkmäßig wiederzugebenden Gegenstands) das Funkbild geschaffen hat (wegen Einzelheiten vgl. Giesecke S. 86 ff.). Das Eigentum an dem Funkbild steht dagegen dem Rundfunkteilnehmer zu. Über die Frage, inwieweit das Recht der Rundfunkgesellschaft am Funkbilde durch dessen Benutzung seitens des Rundfunkteilnehmers begrenzt wird, vgl. Giesecke S. 90 ff.

Art. 4.

(1) Die einem Verbandsland angehörigen Urheber genießen sowohl für die nicht veröffentlichten als für die zum erstenmal in einem Verbandsland veröffentlichten Werke in allen Verbandsländern mit Ausnahme des Ursprungslandes des Werkes diejenigen Rechte, welche die einschlägigen Gesetze den inländischen Urhebern gegenwärtig einräumen oder in Zukunft einräumen werden, sowie die in dieser Übereinkunft besonders festgesetzten Rechte.

(2) Der Genuß und die Ausübung dieser Rechte sind an die Erfüllung irgendwelcher Förmlichkeiten nicht gebunden. Sie sind vom Bestehen eines Schutzes im Ursprungsland des Werkes unabhängig. Soweit nicht diese Übereinkunft ein anderes bestimmt, richten sich demnach der Umfang des Schutzes sowie die dem Urheber zur Wahrung seiner Rechte zustehenden Rechtsbehelfe ausschließlich nach den Gesetzen des Landes, wo der Schutz beansprucht wird.

(3) Als Ursprungsland des Werkes wird angesehen: für die nicht veröffentlichten Werke das Heimatsland des Urhebers; für die veröffentlichten Werke das Land, wo die erste Veröffentlichung erfolgt ist, und für die gleichzeitig in mehreren Verbandsländern veröffentlichten Werke das Verbandsland, dessen Gesetzgebung die kürzeste Schutzdauer gewährt. Für die gleichzeitig in einem verbandsfremden Lande und in einem Verbandslande veröffentlichten Werke wird letzteres Land ausschließlich als Ursprungsland angesehen.

(4) Unter veröffentlichten Werken sind im Sinne dieser Übereinkunft die erschienenen Werke zu verstehen. Die Aufführung eines dramatischen oder dramatisch-musikalischen Werkes, die Aufführung eines Werkes der Tonkunst, die Ausstellung eines Werkes der bildenden Künste und die Errichtung eines Werkes der Baukunst stellen keine Veröffentlichung dar.

Fassung von 1908 gleichlautend.

I. Die Normierung des Art. 4 (und der beiden folgenden) ist eine der Großtaten der Berliner Konferenz gewesen. Bisher stand (Art. 2 und 3 BUe.) den einem der Verbandsländer zugehörenden Urhebern der inländische Schutz in den anderen Verbandsländern für alle in einem Verbandslande veröffentlichten oder nicht veröffentlichten Werk zu. Jedoch war dieser Schutz von der Erfüllung der Bedingungen und Förmlichkeiten abhängig, die in der Gesetzgebung des Ursprungslandes vorgeschrieben waren (RGSt. 30, 81), während die Pariser Zusatzakte einen solchen Schutz des veröffentlichten Werkes von der erstmalig in einem Verbandsland geschehenen Veröffentlichung abhängig gemacht hat. Die Berliner Konferenz hat den Verbandsschutz von der Erfüllung der Förmlichkeiten losgelöst.

II. Die Staatenvorschläge für die Romkonferenz.

Für den Art. 4 lagen zwar nicht formelle Anträge, aber doch eine Reihe von Anregungen vor, von denen die wichtigste die poln. ist (abgedruckt bei Giannini S. 132, 135). Sie bringt für die

Art. 4—6 eine neue Fassung, aus der (in Übereinstimmung mit der hier S. 3 vertretenen Auffassung) eindeutig hervorgeht, daß nicht der Urheber, sondern sein Werk den Verbandsschutz genießt, während die Sonderrechte lediglich insoweit als zwingend erklärt werden, als sie günstiger sind als die landesgesetzlichen Bestimmungen (also auch insoweit übereinstimmend mit der bisher aus der RBUe. zu entnehmenden Rechtsauffassung [vgl. S. 17 ff]).

Von großer Bedeutung sind die Erörterungen auf der Romkonferenz über die Tragweite der Bestimmungen des Art. 4 Abs. 1, verglichen mit Art. 19, worüber Klauer (S. 370) ausführlichere Erörterungen bringt, als sie die Romakten enthalten. Hierüber vgl. S. 244.

[Von den weiteren Anregungen zu den einzelnen Absätzen dieses Artikels, die sämtlich abgelehnt worden sind, sollen diejenigen, denen eine besondere Bedeutung zukommt, bei den Ausführungen über die betreffenden Absätze besprochen werden.]

III. Art. 4 steht, was in dem poln. Antrag gut herausgearbeitet worden ist, dadurch mit den vorausgegangenen Bestimmungen der Art. 2 und 3 in gedanklichem Zusammenhange, daß, nachdem in Art. 2 und 3 festgestellt worden ist, welche Werke durch die RBUe. geschützt sind, nunmehr zunächst die Voraussetzungen und zwar die sachlichen und die persönlichen, für diesen Verbandsschutz festgelegt werden und daß hierauf der Inhalt dieses Verbandsschutzes grundsätzlich normiert wird.

1. Die RBUe. schützt das Werk, und zwar dasjenige, das zum ersten Male im Verbandsgebiet veröffentlicht worden ist, und das unveröffentlichte Werk. Hinsichtlich des Schutzes unterscheidet die RBUe. zwischen dem Land der Veröffentlichung (Ursprungsland) und den anderen Verbandsländern.

Hinsichtlich des Schutzes, den die RBUe. für die veröffentlichten Werke gibt, ist die Staatsangehörigkeit des Urhebers gleichgültig (so mit aller Deutlichkeit Belg. Kass. in Da. 1931, 71). Der Verbandsschutz wird gewährt auch wenn die Verbandszugehörigkeit des Urhebers verloren gegangen ist, auch dem Werk eines verbandsfremden Urhebers. Demgemäß ist Art. 38 des belg. Urheberrechtsgesetzes (in Fassung der Novelle vom 5. 3. 1921), wonach die Staatsangehörigen eines fremden Landes, wenn festgestellt ist, daß die belg. Urheber in diesem Lande nur einen beschränkten Urheberrechtsschutz genießen, nur in gleichem Umfange den Schutz des belg. Urheberrechtsgesetzes für ihre im Auslande geschaffenen Werke genießen, dahin zu verstehen, daß es sich um Werke von Nichtbelgiern handelt, die zum ersten Male in Nichtverbandsländern veröffentlicht worden sind, da für die

Werke von Nichtbelgiern, die im Verbandsgebiete veröffentlicht worden sind, gemäß den Bestimmungen der RBUe. die materielle Reziprozität (vgl. oben S. 9) nicht verlangt werden kann.

Einen erweiterten Schutz bringt das deutsch-österr. Literaturabkommen vom 15. 2. 1930 (RGBl. 1930, II, 1078), da nach dessen Art. 6 der Urheberrechtsschutz für Werke von Staatsangehörigen des anderen Staats auch dann gewährt wird, wenn diese Werke zum ersten Male außerhalb des Verbandsgebietes der RBUe. veröffentlicht worden sind.

2. Nach dem Grundsatz des RBUe. braucht das Ursprungsland des Werkes, solange dieses nicht veröffentlicht ist, nicht das Ursprungsland des Werkes zu sein, wenn das Werk veröffentlicht worden ist. So z. B. ist Ursprungsland des Werkes eines österr. Urhebers, solange das Werk nicht veröffentlicht ist, Österreich; erscheint es dann in einem reichsdeutschen Verlag, ist das Deutsche Reich Ursprungsland. Schwierigkeiten können hieraus nicht entstehen, da das Ursprungsland des nichtveröffentlichten Werkes in dem Augenblick aufhört Ursprungsland zu sein, in dem das Werk veröffentlicht worden ist.

IV. Die Verbandsländer können in der Anwendbarkeit ihrer Urheberrechtsgesetze über die Normen der RBUe. hinausgehen. Sie können z. B. (so Polen Art. 5 Abs. 2) den Urheberrechtsschutz jedem unveröffentlichten Werke gewähren, gleichviel welche Staatsangehörigkeit der Urheber besitzt. Sie können, wie es § 1 Abs. 3 des jugoslav. Urheberrechtsgesetzes tut, allen in der betr. Landessprache (oder, wie bei Jugoslavien, in den drei Landessprachen) veröffentlichten Werken den Urheberrechtsschutz gewähren, gleichviel wo das betr. Werk veröffentlicht worden ist. Sie können schließlich — wie es Italien Art. 69 tut — nicht nur dem (im Sinne der RBUe.) veröffentlichten, sondern auch dem dort erstmalig aufgeführten Werke internen Urheberrechtsschutz verleihen.

Aber der dann gewährte Schutz beruht lediglich auf dem internen Recht, nicht auf der RBUe.

V. Der — erst durch die Pariser Zusatzakte Ziff. 2 in den Text des Abkommens — aufgenommene Begriff der Veröffentlichung wird im Art. 4 Abs. 4 von der RBUe. für deren Zwecke authentisch interpretiert, wie aus den Worten „dans le sens de la présente Convention" ersichtlich ist (vgl. auch Renault Berlin S. 241).

Das Verbandsurheberrechtsgesetz kann zwar den Begriff der Veröffentlichung anders umreißen (a. A. W. Wauvermans S. 73). Erweitert jedoch ein Verbandsland für die ihm unterworfenen Werke den Begriff der Veröffentlichung, so ist das Land weder verpflichtet (a. A. Raestad S. 67), noch überhaupt in der Lage, diesen Begriff des veröffentlichten Werkes insofern an die Stelle der Bestimmung des Art. 4 Abs. 4 zu setzen, daß es die — im Sinne seiner landesgesetzlichen Bestimmungen — veröffentlichten Werke von verbandsangehörigen Urhebern dem einheimischen Schutz als Verbandsschutz unterstellt.

Die Bestimmung des Art. 4 Abs. 4 hat wiederholt lebhaften Widerspruch gefunden. Aber man hat dabei regelmäßig übersehen, daß der Zweck dieser Bestimmung der war, die Veröffentlichung dort als geschehen zu betrachten, wo ein Vervielfältigungsstück des Werkes hergestellt worden ist, so daß also ein Nachweis einer solchen Veröffentlichungstätigkeit leichter erbracht werden kann (Da. 1933, 26). Diese Begriffsbestimmung ist keine „juristische Verbildung" (Röthlisberger in Studien S. 500), denn sie erreicht im Wesentlichen ihr Ziel. Allerdings paßt die Begriffsumreißung zwar für Schriftwerke, jedoch kaum für Werke der bildenden Künste (Stolfi II, 734). Dieser Begriff setzt voraus, daß das Werk vervielfältigt wird, was für Schriftwerke der Tonkunst und Werke der Filmkunst gilt, während beim Werke der bildenden Künste im Regelfall nur ein einziges Festlegungsexemplar vorliegt.

Dazu bringt diese Bestimmung noch den wesentlichen Vorteil für die Praxis, daß für den internationalen Verkehr feststeht, wo die Veröffentlichung vorgenommen ist, das Ursprungsland endgültig festgelegt ist.

1. Hauptbeispiel der Veröffentlichung ist das Erscheinen, d. h. die Herstellung einer für den Verkauf bestimmten, genügenden Anzahl von Vervielfältigungsstücken ohne täuschende Machinationen und deren Angebot an die Öffentlichkeit (so für deutsches Recht ROLG. 13, 19, vgl. auch RGZ. 111, 21, worin eine Notausgabe in wenigen Exemplaren nur angesichts der besonderen Umstände des Einzelfalles als ordnungsmäßiges buchhändlerisches Erscheinen des Werkes betrachtet worden ist, während RGZ. 130, 17 den Tatbestand dann nicht als erfüllt ansieht, wenn es sich nur um eine „förmliche Ausfolgung einiger weniger Stücke" handelt; für großbrit. Recht vgl. Da. 1915, 45). Daß der Begriff des Erscheinens im deutschen Recht eine andere Bedeutung hat (vgl. Hoffmann LZ. 1920, 817), will in diesem Zusammenhange nichts besagen. Ein Werk ist also nicht veröffentlicht, wenn (wie es bei den Bühnenhandschriften oft der Fall ist) es nur in einzelnen wenigen Schreibmaschinenabschriften an einzelne Interessenten abgegeben wird, wenn es ausdrücklich als „als Manuskript ge-

druckt“ bezeichnet und demgemäß auch nur einem kleinen Kreise zugänglich gemacht wird, oder wenn von ihm zwar Vervielfältigungsstücke hergestellt werden, diese jedoch nicht in den Handel kommen. Man wird schließlich auch einen Zeitungsabdruck als Veröffentlichung ansehen können, weil damit das betr. Werk, wenn auch nicht für sich allein, in Abzügen jedermann zugänglich gemacht wird, und aus dem gleichen Grunde genügt auch für ein Lichtbild oder eine Graphik die Veröffentlichung in einem Buche.

Gleichgültig ist, wo die Vervielfältigungsstücke hergestellt sind; es genügt, daß die Verbreitung vom Verbandsgebiet aus in einer in dem betr. Verlagsgewerbe üblichen Weise geschah. Ob es sich dabei um einen echten Verlag oder nur um einen Kommissionsverlag und dessen gewerbliche Niederlassung (Da. 1915, 120) oder Selbstverlag handelt, ist gleichgültig. Die Verbreitungstätigkeit eines Sortimenters genügt jedoch nicht (Da. 1927, 36); es muß (mit R a e s t a d S. 65) eine activité industrielle entfaltet werden. Die Staatsangehörigkeit des betr. Verlegers ist dabei ohne Einfluß.

Ein Film ist demgemäß erschienen, wenn Positivkopien in der üblichen Zahl den Verleihern vom Hersteller angeboten werden, während die Vorführung des Films keine Veröffentlichung im Sinne der RBUe. bildet. Dagegen bedeutet die Veröffentlichung des Films nicht gleichzeitig die Veröffentlichung des Schriftwerkes, falls es nach einem solchen hergestellt ist, insbesondere nicht des Drehbuches.

Ein Tonkunstwerk ist auch dann als erschienen anzusehen, wenn Vervielfältigungsstücke in Gestalt von Schallplatten hergestellt und in der Öffentlichkeit angeboten wurden, wobei darauf zu verweisen ist, daß die Herstellung solcher Schallstücke eine édition nach französischer Rechtsauffassung ist (Kass. in Ufita IV [1931] 200, a. A. R a e s t a d S. 67).

Hinsichtlich des Erscheinens von Lichtbildern vgl. R a e s t a d S. 66.

In Betracht kommt nach allgemeinen Grundsätzen jedoch nur ein Erscheinen, das der Berechtigte bewirkt hat (vgl. § 35 LUG.), auch wenn das Werk vermöge seiner Sprache oder seiner Abfassung nur für ein bestimmtes Verbandsland bestimmt ist.

2. Tatbestände, die nicht als Veröffentlichung im Sinne des Art. 4 Abs. 4 angesehen werden (vgl. Belgien S. 15):

a) die L a u t w i e d e r g a b e eines Bühnenwerkes oder Tonkunstwerkes, aber auch jedes Schriftwerkes (was die RBUe. nicht erwähnt, aber aus dem Sinne des Art. 4 Abs. 4 gefolgert werden muß, vgl. auch ital. Rechtsprechung in Da. 1914, 27), so daß also, selbst wenn eine öffentliche Aufführung eines Werkes außerhalb des Verbandsgebietes als erste Kundbarmachung des Werkes für die Öffentlichkeit erfolgt ist, das Werk doch als innerhalb des Verbandsgebietes veröffentlicht gilt, wenn es dann später, jedoch zum ersten Male, in einem Verbandslande erscheint. Es ist daher unrichtig, wenn (Da. 1916, 115) eine Oper von Donizetti aus dem Grunde als franz. Werk angesehen wird, weil diese Oper zuerst in Paris aufgeführt worden ist.

b) die Ausstellung eines Werkes der bildenden Künste, nämlich wenn das Werk im Originalstück dem Publikum zugänglich gemacht wird. Daher irrig die ital. Rechtsprechung (bestätigt durch Kass. Urt. 3/4. 1927 Rabel I [1927] 121 und IV [1930] 582), wonach im Sinne des Art. 4 ein Werk der bildenden Künste dort veröffentlicht ist, wo es zum Verkauf öffentlich ausgestellt worden war.

Handelt es sich dagegen (so wie z. B. bei Werken der Graphik, aber auch bei Werken der Plastik) um ein Werk, von dem Vervielfältigungsstücke hergestellt und der Öffentlichkeit angeboten werden, so liegt der Tatbestand des Erscheinens vor (Da. 1927, 27). Dagegen sieht das großbrit. Urheberrechtsgesetz (Art. 1 Ziff. 3 am Ende) gerade hierin den Tatbestand der Veröffentlichung nicht für gegeben.

Richtiger wäre es (Kohler S. 415), daß eine dauernde öffentliche Ausstellung als Tatbestand der Veröffentlichung angesehen würde.

c) die Errichtung eines Baukunstwerkes. Da die Errichtung die regelmäßige Form ist, in der ein Bauwerk der Öffentlichkeit kundgemacht wird, und zwar in einer Weise, die den Nachweis dieser Tatsache im Zweifel ohne Schwierigkeiten gestattet, erscheint diese Bestimmung nicht gerechtfertigt (Da. 1930, 119; 1933, 26).

d) die rundfunkmäßige Wiedergabe (was in der RBUe. nicht besonders erwähnt ist).

3. Fraglich erscheint, in welcher Festlegungsform das Werk der Öffentlichkeit kundgemacht sein muß, damit das Werk als veröffentlicht angesehen werden kann. Der Wille des Urhebers entscheidet nicht (a. A. Wauwermans S. 77), es muß vielmehr mit Willen des Urhebers das Formgut des Werkes für die Öffentlichkeit so wiedergegeben worden sein, daß diese das Werk selbst daraus kennen lernen kann. Ob dieser Fall gegeben ist, muß von den Umständen des Einzelfalles abhängig gemacht werden.

Gleichgültig erscheint, ob ein Schriftwerk in der Sprache, in der es sein Urheber geschaffen hat, oder in einer Übersetzung (vgl. § 55 LUG.) erscheint, denn es ist rechtlich bedeutungslos, welche Verbreitung innerhalb des Verbandsgebietes der Urheber hierdurch erstrebt, wenn die Übersetzung auch eine Bearbeitung des Werkes ist, so doch eine solche, die die innere Form des Werkes unberührt läßt, also das Werk in seiner Festlegungsform, lediglich geändert durch ein anderes sprachliches Ausdrucksmittel, der Allgemeinheit kenntlich macht.

Schwierig ist die Lösung bei Bearbeitungen, die die innere Form des Werkes verändern. Wenn z. B. von einem in Rußland zuerst veröffentlichten Roman im Verbandsgebiete zuerst eine Dramatisierung veröffentlicht wird, so genießt das Urwerk im Verbandsgebiete keinen Verbandsschutz. Es kann also in der Ursprache oder in einer Übersetzung oder auch in einer Bearbeitung (z. B. Dramatisierung) veröffentlicht werden. Andererseits genießt aber die im Verbandsgebiete zuerst veröffentlichte Dramatisierung als solche den Verbandsschutz, aufgrund dessen jedoch nicht verhindert werden kann, daß nach dem ungeschützten Urwerk andere Bearbeitungen, sogar andere Dramatisierungen im Verbandsgebiete veröffentlicht werden.

Schwieriger ist die Lösung bei Tonkunstwerken. Muß das Werk in seiner Originalfassung erscheinen? Genügt das Erscheinen der Partitur, um sämtliche Ausgaben als veröffentlicht anzusehen, genügt der Klavierauszug hierzu? Man wird hierbei davon ausgehen müssen, daß nur die Festlegungsform des Werkes, die durch die erschienene Ausgabe der Öffentlichkeit zugänglich gemacht worden ist, erschienen ist, so daß Ausgaben, die nur eine Abwandlung dieser Form sind, damit dem Recht an der erschienenen Festlegungsform unterliegen. Wenn also die Partitur im Verbandslande erschienen ist, so ist damit auch das Recht für alle Ausgaben gewahrt, während es regelmäßig anders der Fall sein wird, wenn lediglich ein Klavierauszug erschienen ist (was die deutsche Rechtsprechung in GRUR. 1927, 832 verkennt).

4. Hinsichtlich der im Verbandsgebiet veröffentlichten Werke gibt es folgende Möglichkeiten: Das Werk wird veröffentlicht lediglich in einem Lande und zwar entweder in dem Staat, dessen Staatsangehörigkeit der Urheber besitzt (Fall a), oder in einem anderen Verbandslande (Fall b); mehrfach, aber gleichzeitig erfolgende Veröffentlichung in verschiedenen Ländern, und zwar entweder gleichzeitig in mehreren Verbandsländern (Fall c) oder gleichzeitig in einem Verbandsland und einem Nichtverbandsland (Fall d) oder gleichzeitig in mehreren Verbandsländern und in einem Nichtverbandsland (Fall e).

a) Der Fall **a)**, daß ein Verbandsangehöriger Urheber in seinem Staat, also einem Verbandslande, ein Werk veröffentlicht, wird von der RBUe. nicht geregelt. Aus dem Grundsatz des Abs. 1 ergibt sich, daß hier das Land, dem der Urheber angehört, auch das Ursprungsland des Werkes ist. Dort genießt dieses mithin den einheimischen Schutz, in allen anderen Verbandsländern dagegen den Verbandsschutz. Dabei ist es durchaus möglich, daß der heimische Schutz ihn schlechter stellt als der Verbandsschutz, den sein Werk in den anderen Verbandsländern genießt, wenn ihm nämlich die Sonderrechte der RBUe. vom einheimischen Gesetz nicht gewährt werden.

b) Im Falle **b)** [daß ein verbandsangehöriger Urheber sein Werk in einem anderen Verbandslande als in dem Lande, dessen Staatsangehörigkeit er besitzt, veröffentlicht] ist Ursprungsland das Land der Veröffentlichung. Demgemäß hat das Werk in allen anderen Verbandsländern, also auch in dem Lande, dessen Staatsangehörigkeit der Urheber besitzt, den Verbandsschutz. Aber neben diesem Verbandsschutz in seinem Heimatlande genießt das Werk auch den inländischen Schutz, wenn dieser dem Werk der eigenen Staatsangehörigen zukommt, gleichviel wo das Werk veröffentlicht ist. In diesen Fällen hat der Urheber die Wahl, welche der beiden schutzgewährenden Normen er angewendet wissen will (Allfeld S. 421).

c) Fall **c)** [die gleichzeitige Veröffentlichung in mehreren Verbandsländern] wird durch den von Autorenseite angefeindeten Art. 4 Abs. 3 dahin geregelt, daß hier als Ursprungsland das Land gilt, dessen Gesetzgebung die kürzeste Schutzfrist gewährt. Ist aber die Veröffentlichung in zwei Verbandsländern erfolgt, die die gleiche Schutzfrist haben, so ist das Werk in zwei Verbandsländern als Ursprungsländern beheimatet. Auch hier kann dann der Urheber im Einzelfalle wählen, welches Landesgesetz er als Recht des Ursprungslandes angewendet wissen will, kann damit auch für sein Werk den Verbandsschutz bestimmen. Gleichzeitig sind aber Veröffentlichungen nur dann, wenn sie auf den Tag genau erfolgen. Es genügt nicht, daß die Maßnahmen, die zur Veröffentlichung führen, gleichzeitig erfolgt sind, sondern die Gleichzeitigkeit ist auf das Ergebnis dieser Maßnahmen, die Veröffentlichung im Sinne des Abs. 4, abzustellen.

Die Regel des Art. 4 Abs. 3 will jedoch nicht besagen, daß nur dasjenige Verbandsland das Ursprungsland sei, dessen Schutzfrist die kürzeste ist, so daß daraus zu folgern wäre, daß das Werk in den anderen Verbandsländern nicht einheimisch sei, sondern nur den Verbandsschutz genieße. Vielmehr bleibt es jedem Verbandslande überlassen, durch sein Gesetz zu bestimmen, welche Werke er als inländische schützt, so daß überall dort, wo das Gesetz des Verbandslandes das veröffentlichte Werk ohne Rücksicht auf die Staatsangehörigkeit des Urhebers schützt, das Werk den einheimischen Schutz genießt, so daß nur gegenüber anderen Verbandsländern die Regel der RBUe. eintritt (Röthlisberger S. 120, mit gleichem Ergebnis, a. A. Dungs S. 35, und Raestad Anm. 67). Es ist also irrig, wenn Raestad S. 148 meint, daß die RBUe. den Grundsatz der ausschließlichen Zugehörigkeit des Werkes zu einem Verbandslande mit der Wirkung vertritt, daß das Werk (in diesem Sinne) nur einem einzigen Verbandslande zugehören könne.

Auch kann die Landesgesetzgebung den Begriff der Gleichzeitigkeit weiter auslegen, somit auch Werke als gleichzeitig veröffentlicht ansehen, wenn die Veröffentlichungen innerhalb einer gewissen Frist erfolgt sind. Hiervon hat das großbrit. Urheberrechtsgesetz Gebrauch gemacht, das offenbar zur Erleichterung des Verkehrs zwischen Großbritannien und USA. (Da. 1927, 37) im Art. 35 Ziff. 3 bestimmt, daß ein Werk dann als gleichzeitig an zwei Orten veröffentlicht angesehen wird, wenn die Zwischenzeit zwischen diesen beiden Fristen nicht länger als 14 Tage beträgt. [Daß in Großbritannien die Frage entstanden ist, ob eine Aufrechterhaltung dieser Bestimmungen im großbrit. Interesse liegt, wird von Klauer S. 372 und Raestad S. 148 bemerkt.] Eine solche Erweiterung gilt lediglich jedoch nach inländischem Gesetz, d. h. in Großbritannien. Für die anderen Verbandsländer gilt die Bestimmung des Art. 4 Abs. 3, so daß, wenn die Veröffentlichung in USA. vorausgegangen, in Großbritannien dann innerhalb der 14 Tage nachgefolgt ist, das Werk für die anderen Verbandsländer nicht als in einem der Verbandsländer veröffentlicht gilt, somit den Verbandsschutz nicht genießt.

Zur Beseitigung dieser Unstimmigkeiten zwischen dem internen Gesetz und der Vorschrift der RBUe. sah das Programm der Romkonferenz (S. 68) vor, die Bestimmung des Art. 35 Ziff. 3 des großbrit. Urheberrechtsgesetzes in den Text der RBUe. aufzunehmen. Dieser Vorschlag fand aber nicht die Zustimmung aller Verbandsländer.

d) Der Fall **d)** liegt vor, wenn die gleichzeitige Veröffentlichung der Werke in einem Verbandslande und einem verbandsfremden Lande stattfindet. Hier gilt nach Art. 4 Abs. 3 Schlußsatz das betr. Verbandsland ausschließlich als Ursprungsland, die Veröffentlichung, die außerhalb des Unionsgebietes geschah, wird als nicht vorhanden betrachtet, so daß das betr. Verbandsland als Ursprungsland gilt, das Werk hier den internen Schutz, in den anderen Verbandsländern den Verbandsschutz genießt.

e) der Fall **e)** (gleichzeitige Veröffentlichung in mehreren Verbandsländern und im Nichtverbandsgebiete) wird durch die RBUe. ausdrücklich nicht geregelt. Die Lösung der Frage ergibt sich daraus, daß nach den Regeln des Falles **d)** die Veröffentlichung im Nichtverbandslande nicht existiert, so daß also dieser Fall nach dem Fall **c)** (gleichzeitige Veröffentlichung in mehreren Verbandsländern) zu lösen ist.

VI. Daß ein Urheberrecht auch an nicht-veröffentlichten Werken besteht, ist nicht zweifelhaft, denn das Urheberrecht entsteht mit der Formung des Werkes, unabhängig davon, ob das Werk durch die Veröffentlichung der Allgemeinheit kund gemacht wird. Allerdings ist die Verwertung des Rechts regelmäßig erst im Wege der Veröffentlichung (im weitesten Sinne des Wortes) möglich, so daß Art. 26 des ital. Urheberrechtsgesetzes den Beginn der Ausübung des Urheberrechts mit der ersten Veröffentlichung zusammenfallen läßt.

Unrichtig Blaubuch (S. 16) und zu beanstanden der nach kommerziellen Rücksichten entscheidende Art. 8 portug. Urheberrechtsgesetzes.

Für die nichtveröffentlichten (im Sinne von Art. 4 Abs. 4) Werke ist die Frage der Staatsangehörigkeit ihres Urhebers wesentlich. Nur das unveröffentlichte Werk, dessen Urheber im Augenblick, da der Schutz angerufen wird, Verbandsangehöriger ist, wird nach der RBUe. geschützt, wobei es gleichgültig ist, ob beim Entstehen des Werkes, insbesondere bei seiner Vollendung diese Verbandszugehörigkeit des Urhebers bereits vorhanden war. Nachgelassene Werke sind, weil sie zu Lebzeiten des Urhebers nicht veröffentlicht worden sind, während seiner Lebenszeit geschützt, sofern er Verbandsangehöriger ist, während für den Schutz, wenn sie nach dem Tode des Urhebers veröffentlicht werden, das unter V. Ausgeführte gilt. Ebenso gleichgültig ist der Wohnsitz des Urhebers wie auch die Staatsangehörigkeit des Rechtsnachfolgers (Allfeld S. 416).

Liegt eine Miturheberschaft (also ein untrennbares Werk) vor, so genügt es, daß einer der Miturheber im entscheidenden Zeitpunkte die Verbandsangehörigkeit besitzt (Kohler S. 399, Röthlisberger S. 138), anders dagegen bei trennbaren Beiträgen.

Besitzt dagegen der Urheber die Staatsangehörigkeit sowohl eines Verbandsstaats als auch eines Nichtverbandsstaats, so genügt die Verbandszugehörigkeit, um dem Werk den Schutz der RBUe. zu verschaffen, dabei ist mit Seiller (S. 214), wenn der Urheber mehreren Verbandsländern angehört, als Ursprungsland das Verbandsland anzusehen, das die kürzeste Schutzfrist normiert hat, und darüber hinaus gelten die unter V, 4 c entwickelten Regeln.

Rechtlich unbedeutsam ist auch der Wechsel der Staatsangehörigkeit des Urhebers, der jedoch bei der Frage der Schutzfrist (vgl. S. 134) von Bedeutung werden kann.

VII. Der nach obiger Darlegung zu gewährende Verbandsschutz hat positive wie negative Auswirkungen. Er besteht

A) positiv darin, daß die Werke den Schutz genießen, den die Gesetzgebung den inländischen Urhebern gegenwärtig oder in Zukunft einräumt einschl. der dem Urheber zur Wahrung seines Rechts am Werke zustehenden Rechtsbehelfe und darüber hinaus noch die in der RBUe. besonders festgesetzten Rechte („Sonderrechte"). Der Verbandsschutz besteht weiter (negativ) darin,

B) daß der Genuß und die Ausübung dieser Schutzrechte weder von der Erfüllung von Förmlichkeiten, noch vom Bestehen eines Schutzes in dem Ursprungslande des Werkes abhängig gemacht ist.

A) die positiven Auswirkungen.

1. Die Gleichstellung des verbandseigenen Werkes mit dem inländischen bedeutet die Durchführung des tragenden Grundsatzes der RBUe., der Inländerbehandlung. Der Schutz des inländischen Gesetzes A, den das Werk genießt, dessen Ursprungsland das Verbandsland B ist, wird gewährt, gleichgültig ob die Werke, deren Ursprungsland das Land A ist, im Lande B einen Urheberrechtsschutz von gleichem Ausmaße genießen, ja auch dann, wenn diese Werke dort nicht geschützt sein sollen. Dieser Verbandsschutz besteht in dem Genuß „derjenigen Rechte, die die einschlägigen Gesetze dem inländischen Urheber gegenwärtig einräumen oder in Zukunft einräumen werden."

Alle Schutzbestimmungen, zivilrechtlicher, strafrechtlicher und verwaltungsrechtlicher Art, die die Sicherung, Verfolgung oder Durchsetzung der Rechte oder Ansprüche des Urhebers am Werke betreffen (ausführlich hierüber Seiller S. 213) und zwar nicht nur des Urheberrechtsgesetzes, sondern aller Bestimmungen, gleichviel in welchem Gesetze sie enthalten sind, sofern sich ein Schutz des Urhebers ableiten läßt, auch die Bestimmungen allgemeinrechtlicher Natur, des droit commun, finden zugunsten des verbandsangehörigen Werkes Anwendung (so bezüglich § 1004 BGB. RGZ. 102, 134). Dieser Schutz ist im jeweiligen gesetzlichen Umfange ohne weiteres vorhanden, eine Erweiterung des Schutzes durch die Gesetzgebung des Verbandslandes kommt ohne weiteres auch den den Verbandsschutz genießenden landfremden Werken zugute.

Das verbandseigene Werk wird in Ansehung des Schutzes nicht nur dem inländischen Werke gleichgestellt, sondern es wird in Ansehung dieses Schutzes seines einheimischen Schutzes entkleidet, es wird losgelöst vom Schutz des Ursprungslandes (Da. 1921, 123). Die Gleichsetzung erfolgt nicht innerhalb des Territoriums des Verbandes, sondern innerhalb des Territoriums des Verbandslandes.

Die Durchführung des Grundsatzes der Inländerbehandlung zeigt sich namentlich bei der Grenzziehung zwischen geschüzten Interessen des Urhebers als Einzelnen und geschützten Interessen der Allgemeinheit am geschützten Werke. Weil diese Grenzziehung entsprechend der Einstellung des inländischen Gesetzgebers zu dieser Grundfrage des Urheberrechts ganz verschieden ausfällt, ist es durchaus möglich, daß ein Werk in einem Verbandslande weitergehend geschützt wird als in seinem Ursprungslande und zwar wieder verschieden weit in den einzelnen Verbandsländern, je nach der betreffenden Gesetzgebung.

a) Diese Begrenzungen des Rechts am Werke zeigen sich in einer Reihe von Bestimmungen, die entweder eine Begrenzung selbst enthalten, oder wenigstens die Möglichkeit dazu festhalten.

aa) Unter jene Gattung fallen die Vorschriften der Landesgesetze, die ein Enteignungsrecht vorsehen (die mit den Bestimmungen der RBUe. überhaupt nicht zu vereinbaren sind, wenn man nicht das Recht des Verbandsstaats anerkennt, im Interesse der Allgemeinheit das Urheberrecht zu begrenzen). So z. B. das Enteignungsrecht des Art. 31 des portug. Urheberrechtsgesetzes, welches voraussetzt, daß der Urheber oder der Rechtsnachfolger des vergriffenen Werkes, dessen Verbreitung im allgemeinen Interesse liegt, dieses nicht neu herausgibt; ähnlich § 16 des norweg., Art. 55 des ital. Urheberrechtsgesetzes und Art. 660 brasil. ZGB. Daß für das Deutsche Reich trotz der Reichsverfassung die gleiche Möglichkeit der Enteignung besteht, wird von M. Wolff (Reichsverfassung u. Eigentum S. 8) ausdrücklich zugegeben.

bb) Hierzu gehören die gesetzlichen Lizenzen, die — soweit ich sehen kann — ihren Ursprung in einer Verordnung von Sizilien vom 7. 11. 1811 haben und die (vgl. Hoffmann in Arch. Funk. II [1929] 247) in den verschiedensten Ausgestaltungen in den Urheberrechtsgesetzen anzutreffen sind. Aus der Fülle der Erscheinungen sollen angeführt werden:

Die gesetzliche Abdruckslizenz des Art. 4 des großbrit. Urheberrechtsgesetzes (die aus Art. 5 des alten großbrit. Urheberrechtsgesetzes von 1842 übernommen worden ist) setzt voraus, daß das Werk mit Zustimmung seines Urhebers vervielfältigt oder öffentlich aufgeführt worden ist, und gibt dem Judicial Committee of the Privy Council das Recht, eine Abdrucks- oder Aufführungslizenz zu bewilligen, wenn der Urheber eine solche ablehnt, damit auf diese Weise eine Beeinträchtigung der Allgemeinheit vermieden wird. Ob es genügt, daß der Urheber ein so hohes Entgelt fordert, daß die Wiedergabe zu diesen Bedingungen nicht in Betracht kommt, ist zweifelhaft (vgl. Copinger S. 87, der auch zweifelt, ob diese Lizenz auf verbandseigene Werke angewendet werden könne).

Über die viel genannte gesetzliche Lizenz des Art. 3 Abs. 2 des großbritannischen Urheberrechtsgesetzes vgl. S. 129.

Interessant sind die Lizenzen des canadischen Urheberrechtsgesetzes, die außer einer der großbrit. nachgebildeten Abdruckslizenz (Art. 13) und der allgemeinen gesetzlichen Lizenz des Art. 7 (entsprechend Art. 3 Abs. 2 des großbrit. Gesetzes) noch in Art. 14 eine besondere gesetzliche Lizenz kennen, in der das Wesen einer gesetzlichen Lizenz besonders klar zum Ausdruck kommt. Hiernach kann nämlich — und ähnliches gilt gemäß Art. 15 für ein in Fortsetzungen erscheinendes Werk — eine gesetzliche Lizenz auf die Dauer von 5 Jahren auf Antrag vom canad. Ministerium erteilt werden, wenn der Urheber eines urheberrechtlich geschützten Werkes dieses in Canada nicht druckt oder nicht in einer für den canad. Bedarf ausreichenden Zahl von Exemplaren herstellt. Diese gesetzliche Lizenz findet jedoch nicht auf verbandseigene Werke Anwendung, was in der Novelle vom 13. 6. 1923 ausgesprochen worden ist, nachdem das Berner Büro (in Da. 1921, 80) ausgeführt hatte, daß diese Lizenz mit den Bestimmungen der RBUe. in Widerspruch stehe.

Dabei ist zu beachten, daß, wenn ein canad. Staatsangehöriger sein Werk in franz. Sprache zuerst in Frankreich erscheinen läßt, für das Werk Frankreich das Ursprungsland ist, sodaß gemäß Art. 5 dieser Canadier sich in Canada auf den Verbandsschutz berufen kann, somit nicht der Zwangslizenz aus Art. 14—15 unterworfen ist (Da. 1923, 106).

Eine gesetzliche Lizenz kennt Rumänien (Art. 5), wonach das Ministerium der schönen Künste ein unveröffentlichtes Werk nach dem Tode des Urhebers herausgeben kann, wenn seine Rechtsnachfolger es nicht innerhalb von drei Jahren nach dem Tode des Urhebers erscheinen lassen.

Der Versuch, diesen Grundgedanken der gesetzlichen Lizenz auch im Recht der RBUe. durch eine Norm zu verankern, wurde auf der Romkonferenz durch Irland gemacht (S. 276). Der Antrag wurde abgelehnt.

cc) Von besonderer Wichtigkeit sind die vom Gesetzgeber im internen Landesgesetz getroffenen Begrenzungen, durch die der Allgemeinheit gewisse Benutzungen des Werkes von bestimmten Ausmaße gestattet werden.

Eine Darstellung dieser Begrenzungen geht über die Aufgabe dieses Erläuterungsbuches weit hinaus, nur einige Beispiele seien hier angeführt (vgl. auch S. 163):

Für den Schutz eines deutschen Werkes gegen seinen Vortrag in einem Verbandslande, das diesen Schutz kennt, ist es gleichgültig, ob der Vortragsschutz für Schriftwerke im Deutschen Reich gemäß § 11 Abs. 3 LUG. begrenzt ist (zweifelnd Da. 1926, 53), wie andererseits aber die verbandseigenen Werke im Deutschen Reich dieser Begrenzung unterliegen. Das Gleiche gilt hinsichtlich der im nordischen Recht ausgesprochenen Begrenzung des Schutzes gegen Wiedergabe von Tonkunstwerken (Dänemark § 14 h in Fassung der Novelle vom 26. 4. 1933, Finnland § 17 Ziff. 7, in Fassung der Novelle vom 31. 1. 1930, Norwegen § 9 Ziff. 5, Schweden § 10 Ziff. 3 in Fassung der Novelle vom 1. 7. 1931), so ausdrücklich für das finn. Beispiel Da. 1928, 131.

b) Aber auch alle Erweiterungen der lex fori kommen dem verbandseigenen Werk zugute, die das Gesetz des Ursprungslandes nicht kennt.

Insbesondere gilt das — oder richtiger gesagt: sollte dies gelten — für das sog. F o l g e r e c h t (droit de suite; vgl. Wunsch III), welches dem Künstler bzw. seinen Erben einen Anspruch auf einen Anteil am Verkaufserlös am Werke der bildenden Künste gewährt. Dieses Folgerecht ist in Frankreich (Gesetz vom 20. 5. 1920, vgl. V a u n o i s Da. 1920, 101), Belgien (Ges. vom 25. 6. 1921, vgl. W a u w e r m a n s Da. 1921, 72) und durch die Tschechoslowakei (§ 35 des Urheberrechtsgesetzes) gesetzlich geregelt, wobei Frankreich und Belgien die Anwendbarkeit dieser Bestimmung vom Vorliegen der Gegenseitigkeit abhängig gemacht haben.

Daß dies Erfordernis der Gegenseitigkeit dem Geist der RBUe. glatt zuwiderläuft, ergibt die Darlegung S. 9.

Es ist irrig, diese franz. und belg. Bestimmungen im Anschluß an V a u n o i s (Da. 1920, 106) damit zu rechtfertigen, daß dieses Recht in seinem Keim von den anderen Verbandsländern nicht anerkannt sei, so daß es nicht „viable“ sei (so Da. 19126, 52). Denn nach dem Recht der RBUe. erscheint es unbedeutsam, ob eine wirtschaftliche Verwertungsmöglichkeit von Urheberrechtsgut (als welches sich unbestreitbar dieses Folgerecht darstellt), die in einem Verbandsland gesetzlich normiert worden ist, auch in den anderen Verbandsländern zur Norm erhoben worden ist. Mag man auch das Folgerecht (mit Da. 1928, 6) nur als „dépendance toute facultative" des Urheberrechts ansehen, so bleibt dieses Recht doch eine Auswirkung des Urheberrechts, gehört also zum Inbegriff der Rechte und Ansprüche, die das Landesgesetz dem Urheber eines Werkes einräumt. Der die RBUe. tragende Grundsatz der Inländerbehandlung zwingt auch hier zur Anwendung der Rechtsnorm des Folgerechts auf die verbandseigenen Werke (wie Baum GRUR. 1928, 694, Koch Ufita II [1929] 298, Malaplate S. 240, Raestad S. 68, Seiller S. 220, so auch das Berner Büro in Da. 1932, 93, a. A. Wauwermans S. 91).

Unbegründet ist auch das weitere vom Berner Büro (in Da. 1929, 83) vorgetragene Bedenken hinsichtlich der praktischen Anwendung dieser Lehre mit Bezug auf Art. 7, daß nämlich, weil in den anderen Verbandsländern z. B. im Deutschen Reich dieses Folgerecht nicht bestehe, dieses Recht für die deutschen Künstler in Frankreich ein „droit mort-né" darstelle. Denn, da dieses Recht urheberrechtlicher Natur ist, gilt für dieses Recht, ebenso wie für jede urheberrechtliche Befugnis (vgl. S. 125), daß es besteht, solange die allgemeine Schutzfrist dauert; es entsteht und vergeht also mit dem Urheberrecht.

2. Der Verbandsschutz besteht ferner (Abs. 1 Schlußworte) in den „in dieser Übereinkunft besonders festgesetzten Rechten". Diese Sonderrechte hat das verbandseigne Werk in den anderen Verbandsländern iure conventionis, d. h. auch wenn das betr. Landesgesetz diese Rechte nicht besonders normiert haben sollte. Hierzu vgl. S. 17 ff. Das wird noch durch die Worte des Abs. 2 Satz 3 „Soweit nicht diese Übereinkunft ein Anderes bestimmt" besonders unterstrichen, insofern hiermit gesagt wird, daß diese Sonderrechte unabhängig von der Inländerbehandlung gewährt werden.

B) Die negativen Auswirkungen des Verbandsschutzes.

1. Gemäß Art. 4 Abs. 2 ist der Genuß und die Ausübung der Rechte aus diesem Verbandsschutz an die Erfüllung irgendwelcher Förmlichkeiten nicht gebunden.

Diese nach ihrem Wortlaut scheinbar eindeutige Bestimmung ist gerade in den letzten Jahren aufgrund von Einzelbestimmungen verschiedener Landesgesetze und im Hinblick auf die Vorschriften des deutschen Gesetzes vom 4. 7. 1933 Gegenstand von Untersuchungen gewesen (so Snijder van Wissenkerke in Ufita VI [1933] 1 hinsichtlich des niederl. Gesetzes vom 11. 2. 1930, Hoffmann hinsichtlich des deutschen Gesetzes vom 4. 7. 1933 in Ufita VI [1933] 373 und ganz allgemein Baum in GRUR. 1932, 921 und 1012), die übereinstimmend mit dem früheren Schrifttum (Dungs S. 35, Kohler S. 404, Potu S. 55, Röthlisberger S. 108, Wauwermans S. 70, nicht ganz genau Seiller S. 211, der die Verbandsangehörigen von jeder Förmlichkeit freistellt) zu dem Ergebnis gelangen [Baum a. a. O. S. 927]:

„Die Worte „Bedingungen und Förmlichkeiten" sind der Ausdruck für alle diejenigen Verpflichtungen, die erfüllt werden müssen, damit die Rechte des Urhebers in bezug auf sein Werk zur Entstehung gelangen.

Dagegen müssen die Wirkungen und Bedingungen des Schutzes, insbesondere hinsichtlich des Schutzumfanges, dem Grundsatz der Angleichung der Verbandsangehörigen an die Inländer unterworfen bleiben."

Es wird also hier scharf unterschieden zwischen Bedingungen und Förmlichkeiten, deren Einhaltung Voraussetzungen der Entstehung des Urheberrechtsschutzes überhaupt sind (formalités constitutives Da. 1925, 11, 1932, 102), und solchen, die zwar das Bestehen eines solchen Urheberrechtsschutzes essentiell voraussetzen, ihn aber virtuell von Einhaltung irgend welcher Äußerlichkeit abhängig machen. Daß der Ausdruck „formalité" des Berliner Textes sowohl die conditions wie auch die formalités der früheren Fassung umfassen, ist auf der Berliner Konferenz einstimmig festgestellt worden (vgl. auch Da. 1930, 91), a. A. Allfeld (S. 418, anders die erste Auflage S. 309), nach dem das betr. Recht nicht erst durch den Vorbehalt entsteht, dieser vielmehr lediglich hindert, daß das an sich auch in dieser Richtung geschützte Werk nach der Drucklegung diesen Schutz nicht verliert, eine Rechtsanschauung, die mit der ausdrücklichen Normierung des Gesetzes in Widerspruch steht.

Nur noch vereinzelt wird in Urheberrechtsgesetzen von Verbandsländern die Einhaltung von Förmlichkeiten zur Voraussetzung des Schutzes gemacht.

a) Zunächst kennen einige Verbandsländer Vorschriften, aufgrund deren die Erlangung des Urheberrechtsschutzes überhaupt von Erfüllung von Förmlichkeiten abhängig gemacht ist. So verlangt Brasilien Art. 673 ZGB. die Hinterlegung von zwei Exemplaren des Werkes zwecks Registrierung, wobei es fraglich ist, ob es sich lediglich um eine Vorschrift zur Sicherung des Rechts im Sinne des Art. 15 oder um eine Bestimmung rechtskonstitutiven Charakters handelt (Da. 1922, 41 u. 87. Vgl. jedoch auch Da. 1930, 47, wo ausgeführt wird, daß — selbstverständlich in unversöhnlichem Widerspruch zu Art. 4 Abs. 2 —

diese brasil. Vorschrift auch auf veröffentlichte verbandseigene Werke angewendet werden soll). Ebenso macht Haiti (Art. 2 und 3) die Entstehung des Urheberrechts von der Hinterlegung von drei Pflichtexemplaren abhängig. In Spanien ist (Art. 36—38) die Eintragung des Werkes ins Urheberrechtsregister und die Hinterlegung von drei Pflichtexemplaren zur Erbringung des Urheberrechtsschutzes notwendig und eröffnet erst die Möglichkeit der Rechtsverfolgung. Will der Urheber eines verbandseigenen Werkes wegen Verletzung seines Urheberrechts in Spanien gerichtliche Schritte unternehmen, so braucht er die Registrierung seines Werkes in Spanien nicht nachzuweisen, wie überhaupt der Verbandsschutz nicht davon abhängig gemacht werden kann, daß der Nachweis des Fehlens solcher Formvorschriften im Ursprungslande geführt wird (Da. 1934, 101). Das Gleiche gilt (Da. 1934, 124) für den Hinterlegungszwang in Syrien-Libanon (Art. 158).

Ebenso braucht, wenn ein Landesgesetz die Ablieferung von Pflichtexemplaren nicht als rechtsbegründende Voraussetzung normiert, sondern als eine den Verleger bzw. Urheber treffende Verpflichtung, die Erfüllung dieser Verpflichtung nicht zur Wahrung des Urheberrechts an einem verbandseigenen Werke in dem betr. Lande nachgewiesen zu werden, so bezügl. des franz. Gesetzes vom 19. 7. 1793 RG. in GRUR. 1900, 96 und die franz. Rechtsprechung Da. 1914, 38. [Übrigens ist Art. 6 des Gesetzes vom 19. 7. 1793 durch das Gesetz vom 19. 5. 1929 über das dépôt légal aufgehoben worden, welches die Hinterlegungspflicht für den Drucker und Verleger festlegt, das Bestehen des Urheberrechts aber gänzlich von jener Hinterlegungspflicht loslöst.]

Jedoch wird vom Art. 4 nicht eine solche Vorschrift getroffen, durch die (z. B. Art. 3 des franz. Gesetzes vom 10. 11. 1917 in Da. 1917, 133) lediglich dem Verleger zu Verwaltungszwecken die Verpflichtung auferlegt wird, Übersichten einzurichten, wobei die Unterlassung der Einrichtung in urheberrechtlicher Hinsicht ohne Belang ist (also anders als nach der canad. Urheberrechtsnovelle vom 11. 6. 1931, vgl. S. 94).

b) Daneben kennen noch einzelne Verbandsländer Förmlichkeitsvorschriften als Voraussetzung der Entstehung *einzelner urheberrechtlicher Befugnisse.*

aa) bei *Lichtbildern* (*Raestad* S. 111). Hier fordert Bulgarien (Art. 59), daß die Abzüge die Angabe des Lichtbildners und des Jahres des Erscheinens tragen, ebenso (im Wesentlichen) Dänemark (§ 1 Photogr. Ges.), Estland (Ziff. 60), Griechenland (Art. 14), Norwegen (§ 2 Photogr. Ges.) und Polen (Art. 3).

Anders würde es sein, wenn eine solche Förmlichkeitsvorschrift nicht die Entstehung des Schutzes an Lichtbildern bewirken soll, sondern lediglich zur Sicherung des Beweises der Urheberschaft im Sinne des Art. 15 dienen würde (vgl. auch die franz. Anträge auf der Romkonferenz oben S. 73).

bb) Für das Übersetzungsrecht fordern Bulgarien (Art. 34), Estland (Ziff. 33 Abs. 1) und Siam (§ 29 b) einen diesbezüglichen Vorbehalt.

cc) Der gleiche Vorbehalt wird von Estland auch bezüglich des Rechts der öffentlichen Aufführung von Tonkunstwerken gefordert (Ziffer 48).

[dd) Die dän. Förmlichkeitsvorschrift (§ 1 e), wonach der Vortrag von Schriftwerken von einem diesbezüglichen Vorbehalt abhängig gemacht worden ist, ist durch die Novelle vom 26. 4. 1933 aufgehoben worden.]

Für diese drei Arten von Förmlichkeiten gilt gleichmäßig, daß das Landesgesetz das Entstehen des Schutzes von ihrer Einhaltung abhängig macht, so daß also ohne diese Angaben die Lichtbilder schutzlos sind, ohne den Vorbehalt dem Werke der Übersetzungsschutz bzw. das Recht der öffentlichen Aufführung fehlt. Weil es sich hier um Voraussetzungen des Urheberrechtsschutzes überhaupt handelt, binden die aufgeführten internen Vorschriften die verbandseigenen Werke nicht, die also in den aufgeführten Ländern den vollen Schutz genießen, auch wenn diese Förmlichkeiten nicht gewahrt sind.

Eine Ausnahme von dem zu a) Ausgeführtem gilt lediglich hinsichtlich des Konventionsschutzes in Siam, das aufgrund eines besonderen Vorbehaltes hinsichtlich der Förmlichkeiten durch Art. 2 Abs. 2 BUe. gebunden bleibt. Um also in Siam den Konventionsschutz genießen zu können, müssen die formalités constitutives gewahrt werden.

Eine Ausnahme von der Regel des Art. 4 Abs. 2 ist die Bestimmung des Art. 9 Abs. 2, wonach gewisse Zeitungsartikel, die an sich in anderen Presseorganen vervielfältigt werden können, dann gegen diese Vervielfältigung geschützt sind, wenn sie mit einem ausdrücklichen Vorbehalt geschützt sind (so auch Malaplate S. 243, der jedoch in dieser Vorschrift eher eine „condition de la protection“ als eine „formalité“ sieht). Es ist hier das Entstehen des Schutzes von der Einhaltung einer Förmlichkeit abhängig gemacht (so Snijder van Wissenkerke a. a. O. S. 7). Die Wahrung dieser Förmlichkeit ist somit Schutzvoraussetzung. (Im gleichen Sinn Belgien S. 28.)

c) Mit Recht macht Raestad (S. 111) darauf aufmerksam, daß es jedem Verbandslande freisteht, mit zwingender Kraft auch hinsichtlich der Werke von Verbandsangehörigen den Schutz von Einhaltung von Förmlichkeiten dann abhängig zu machen, wenn es dem Landesgesetz freigestellt ist, ob es das Werk überhaupt schützen will (so z. B. hinsichtlich der Erzeugnisse des Kunstgewerbes [a. A. Seiller S. 203] und der im Art. 2b erwähnten oeuvres orales), und zwar gilt das auch, wenn diese Werke im Sinne des Art. 4 veröffentlicht worden sind.

d) Verschieden von diesen rechtsbegründenden Förmlichkeiten sind jene, die sich auf die Ausdehnung des Schutzes und die Rechtsbehelfe zum Schutz des Urheberrechts an Werken beziehen, und also, worauf die ital. Delegation auf der Berliner Konferenz (S. 284) aufmerksam machte, vom Art. 4 Abs. 2 nicht betroffen werden. Hierunter gehören Formvorschriften, die die Benennung des Urhebers auf dem Titel vorschreiben, über die Verwandlung eines anonymen und pseudonymen Werkes in ein orthonymes Werk (a. A. Da. 1917, 113; für das Deutsche Reich vgl. §§ 31, Abs. 2, 56 LUG., hinsichtlich der sog. Nebenluftausgaben vgl. RGZ. 86, 241; 139, 328).

e) Es fallen aber weiter unter die Vorschrift des Art. 4 Abs. 2 jene „inneren Bedingungen", auf die der deutsche Vorschlag auf der Berliner Konferenz hinwies (S. 39), nämlich Bestimmungen des Gesetzes, die sowohl als Voraussetzungen des Urheberrechtsschutzes überhaupt als auch irgend welcher seiner Auswirkungen gesetzt sind, bei denen es sich aber nicht um Förmlichkeiten handelt (so Raestad Anm. 53, Röthlisberger S. 108), z. B. nach deutschem Recht die Festlegung des Tanzkunstwerkes (§ 1 Abs. 2; vgl. oben S. 55), das Nicht-Öffentlich-Mitteilen und das Nicht-Erscheinen für den Schutz aus § 11 Abs. 1 Satz 2 bzw. § 11 Abs. 3.

Hierzu gehört auch die Möglichkeit, sich Rechte, die das interne Urheberrechtsgesetz nicht gewährt, z. B. das Verleihen oder das gewerbsmäßige Verleihen, durch besonderen Vorbehalt auf dem Vervielfältigungsstück zu sichern. Eine solche Förmlichkeit würde, wenn sie nach internem Recht die rechtsbegründende Wirkung hat, nicht unter Art. 4 Abs. 2 fallen, also auch von Unionsangehörigen zu wahren sein (Da. 1930, 91). (Für Dänemark vgl. Urteil vom 6. 1. 1930 in Ufita III [1930] 215.)

f) Eine besondere Erörterung macht sich hinsichtlich der für die Praxis wichtigen Frage nötig, ob, wenn die Übertragung des Urheberrechts oder einzelner urheberrechtlicher Befugnisse (diesen Unterschied machen Japan Art. 15 in Fassung der Novelle vom 14. 6. 1910 und Portugal Art. 102) von dem Landesgesetz von der Erfüllung gewisser Förmlichkeiten abhängig gemacht ist, hiervon die Verbandsangehörigen gemäß Art. 4 Abs. 2 befreit sind. So verlangt Art. 2 des niederl. Urheberrechtsgesetzes authentische Urkunden oder Privatverträge bei Übertragung des Urheberrechts, das bulg. Urheberrechtsgesetz (Art. 8) Schriftform für Übertragung des Urheberrechts oder einer einzelnen urheberrechtlichen Befugnis, Estland (Ziff. 8) fordert sowohl für die Übertragung des Urheberrechts, als auch des Verlagsrechts als auch einer einzelnen urheberrechtlichen Befugnis die Schriftform.

Die Einhaltung von Förmlichkeiten, die das Landesgesetz für den Übertragungsakt gewahrt wissen will, ist nicht eine gesetzliche Voraussetzung für die Entstehung des Urheberrechtsschutzes. Dieser existiert bereits, ja die Übertragungsverträge setzen gerade das Bestehen eines Urheberrechtsgutes und des daran haftenden Rechts voraus, das auf einen anderen als den Urheber übertragen werden soll. Somit handelt es sich nicht um eine von Art. 4 Abs. 2 getroffene Förmlichkeit, weil rechtsbegründende Voraussetzung des Schutzes, sondern um eine Förmlichkeit, deren Einhaltung bei bereits bestehendem Schutz für die Rechtswirkungen eines Rechtsgeschäftes gefordert wird, und der auch der Verbandsangehörige unterworfen ist (so B a u m GRUR. 1932, 930, W a u w e r m a n s S. 70, a. A. R a e s t a d S. 79, unentschieden das Berner Büro in Da. 1934, 101).

Bei der Besprechung der Formvorschriften des ital. Urheberrechtsgesetzes vom 7. 11. 1925 hinsichtlich der Übertragung des Urheberrechts (Art. 36 und 37, vgl. hierüber de lege lata und de lege ferenda d e S a n c t i s JDA. I [1930] 312, 450, insbesondere Rechtsprechung hierzu in JDA. V [1934] 39, und bezüglich des Tonfilms ebendort S. 59) hatte sich Da. (1926, 12) dahin ausgesprochen, daß die Verbandsangehörigen diesen Vorschriften nicht unterworfen seien; wegen der Hinterlegung nach Art. 58 vgl. Jannoni Sebastiani in JDA. V [1934] 289. Hinsichtlich der ähnlichen Vorschrift des großbrit. Urheberrechtsgesetzes Art. 5 Abs. 2 liegt, soweit ersichtlich, weder in der Rechtsprechung noch im Schrifttum eine Meinungsäußerung bezügl. der Anwendbarkeit auf Verbandsangehörige vor (hinsichtlich der Wirkung der Nichtbeachtung dieser Formvorschriften auf großbrit. Urheber bzw. ihre Rechtsnachfolger vgl. House of Lords Urteil vom 5. 11 1923 in Da. 1924, 128).

aa) Die Frage ist vor allem diskutiert worden angesichts der Vorschrift des c a n a d. U r h e b e r r e c h t s g e s e t z e s vom 4. 6. 1921 (Art. 12 Ziff. 2, Art. 37 ff.), wonach die Übertragung des Urheberrechts registriert sein muß. In zwei Urteilen haben die canad. Gerichte (Da. 1927, 133 und Da. 1929, 57) eine Klage der canad. Urheberrechtsgesellschaft abgewiesen, weil die Übertragung der in Frage stehenden Rechte auf die Klägerin nicht registriert worden war. Das Berner Büro (Da. 1924, 135) hält die Auffassung des canad. Gerichts nicht für vereinbar mit dem Geist der RBUe., will aber (Da. 1929, 57) gerade mit Rücksicht darauf, daß die Romkonferenz sich zu dieser Frage ausgeschwiegen hat, die Frage nicht lösen.

bb) Schwieriger liegt die Frage hinsichtlich der Canad. Novelle zum Urheberrechtsgesetz vom 11. 6. 1931 (durch die die soeben erwähnte Bestimmung des Art. 39 Ziff. 2 des Urheberrechtsgesetzes vom 4. 6. 1931 aufgehoben worden ist). Dort wird in Art. 10 bestimmt, daß jede Aufführungsgesellschaft in periodischen Zwischenräumen auf dem Urheberrechtsamt ein Verzeichnis der von ihr kontrollierten Werke und Übersichten über alle Einkünfte aus der Verwertung dieser Aufführungsrechte niederlegen muß, und daß, wenn das Ministerium die von der Aufführungsgesellschaft festgesetzten Lizenzsätze für zu hoch erachtet, oder falls es sonst glaubt, daß die Tätigkeit dieser Gesellschaft dem Interesse der Allgemeinheit zuwiderläuft, der Gouvernementsrat nach Gehör des Ministeriums die Sätze von sich aus festsetzen kann. Auch kann eine Aufführungsgesellschaft nur dann ihre Tätigkeit ausüben, wenn sie ordnungsgemäß diese Übersichten pp. eingereicht hat. Das Berner Büro (Da. 1932, 5) und der Londoner Kongreß der Autoren-Gesellschaften (London Mai 1931, vgl. Da. 1931, 69) halten diese Bestimmung für im unversöhnlichen Widerspruch zu Art. 4 Abs. 2 RBUe. stehend. Im gleichen Sinne Snijder van Wissenkerke in Ufita VI [1933] 8.

Der Auffassung des Berner Büros kann nicht zugestimmt werden. Denn es handelt sich dabei nicht um eine Formvorschrift (Niederlegung der Übersichten pp.), von deren Erfüllung die Begründung des Urheberrechts abhängig ist, vielmehr besteht das Urheberrecht an den von der Aufführungsgesellschaft kontrollierten Werken auch dann, wenn die Aufführungsgesellschaft den gesetzlichen Vorschriften nicht nachkommt. Es handelt sich vielmehr um Vorschriften aus dem Bereiche des ordre public, um Verpflichtungen kraft des Hoheitsrechts des Staats, kraft dessen er jede Gewerbeausübung beaufsichtigen und regeln kann. Das, was mit der Bestimmung des Art. 10 der canad. Novelle bezweckt wird, ist nicht eine Erschwerung der Ausübung des Berufs der gewerbsmäßigen Vermittlung von Aufführungsrechten, sondern lediglich die Verhinderung eines abus de droit im Sinne eines Schutzes der Interessen der Allgemeinheit (auf die in diesem Artikel ausdrücklich hingewiesen wird!). Ebenfalls sind die Bedenken gegen die Zulässigkeit der autoritativen Festsetzung der Tarifsätze (wie schon hier bemerkt werden darf) nicht begründet, denn auch diese Befugnis entspricht dem Kontrollrecht des Staats hinsichtlich Ausübung des Gewerbes. Über die gleichfalls in diesem Zusammenhang zu erwähnende Bestimmung des § 30 des tschechoslow. Urheberrechtsgesetzes vgl. S. 164.

Es verdient bemerkt zu werden, daß, soweit ersichtlich, bisher noch niemand auf den (unrichtigen) Gedanken verfallen ist, die vom ungar. Gesetzgeber (VO. des ungar. Innenministers vom 10. 10. 1924) erlassene Vorschrift, wonach jeder Musikveranstalter dem Polizeiorgan die Bestätigung der ungarischen Autorengesellschaft über die Zulässigkeit der Aufführung vorzulegen hat (welcher Gedanke dem deutschen Gesetzgeber als Vorbild gedient hat, und der von Da. 1933, 110 mit Recht ausdrücklich gebilligt wird), stehe mit den Grundsätzen der RBUe., insbesondere mit Art. 4 Abs. 2 in Widerspruch. Denn auch hier wird die Ausübung des Aufführungsrechtes von der Einhaltung einer Förmlichkeit abhängig gemacht.

cc) Ebenso besteht Übereinstimmung in der Auffassung bezügl. der niederl. Novelle zum Urheberrechtsgesetz vom 11. 2. 1932, welche (Art. 30 a) zur gewerbsmäßigen Ausübung der Vermittlung in Sachen des Urheberrechts an Tonkunstwerken die Zustimmung des Justizministers fordert. Zwar hatten anfangs die Sacem und auch die Gema Sturm gegen diese Gesetzesvorlage gelaufen, letztere (Snijder van Wissenkerke in Ufita VI [1933] 5) mit dem in diesen Fällen immer beliebten Hinweis auf eine „Eigentumskonfiskation, wie sie mit Rußland als einziger Ausnahme in keinem anderen Lande der Welt vorkomme", und daß die Vorlage gegen den Geist der RBUe. verstoße (hierzu Snijder van Wissenkerke a. a. O.). Aber man hat allgemein anerkannt, daß Bedenken gegen diese Regelung nicht bestehen (vgl. Hoffmann Ufita VI [1933] 377, Roeber Ufita VI [1933] 368). Das Berner Büro (Da. 1933, 110) äußert sich sehr vorsichtig dahin: „Il semble que l'opinion générale tende plutôt (nämlich entgegen der Auffassung von franz. Interessenten) à ne pas voir dans des mesures de ce genre une formalité interdite par l'article 4, alinéa 2 de la Convention".

dd) Und ebenso unterliegt es keinem Zweifel, daß die Bestimmungen des Reichsgesetzes vom 4. 7. 1933 (RGBl. 1933 I, 452, abgedruckt in Ufita VI [1933] 339) durchaus mit Art. 4 Abs. 2 vereinbar sind, was nach den obigen Ausführungen nicht mehr ausgeführt zu werden braucht (vgl. Hoffmann a. a. O., Klauer Ufita VI [1933] 291, Roeber a. a. O., beistimmend

Möhring GRUR. 1934, 333). Es verdient lediglich der besonderen Hervorhebung, daß die Gema, die noch i. J. 1931 mit dem Argument der Konfiskation den ähnlichen Bestimmungen der niederl. Gesetzesvorlage widersprach, i. J. 1933 dem Erlaß des deutschen Reichsgesetzes zugestimmt hat, wie aus der amtlichen Begründung des Gesetzes hervorgeht.

2. Ferner wird durch die ausdrückliche Bestimmung des Abs. 2 Satz 2 der dem Werke zukommende Verbandsschutz vom Bestehen eines Schutzes im Ursprungsland ausdrücklich unabhängig gemacht, so daß es also genügt, daß das Werk nach der lex fori geschützt wird. Aus welchen Gründen der Schutz im Ursprungsland fehlt, ist rechtlich gleichgültig. Nur bezüglich der Schutzfrist gilt die Bestimmung des Art. 7 Abs. 2, die insoweit das Werk noch an das Gesetz des Ursprungslandes bindet.

Art. 5.

Die einem der Verbandsländer angehörigen Urheber, die ihre Werke zum erstenmal in einem anderen Verbandsland veröffentlichen, genießen in dem letzteren Lande die gleichen Rechte wie die inländischen Urheber.

Fassung von 1908 gleichlautend.

I. Der hier von der RBUe. geregelte Fall ist der oben (S. 81) erwähnte: Das in einem anderen (als dem Lande, dessen Staatsangehörigkeit der Urheber besitzt) Verbandslande veröffentlichte Werk genießt im Lande der Veröffentlichung den dortigen internen Schutz als Verbandsschutz, jedoch nicht die durch die RBUe. festgesetzten Sonderrechte als solche, was aber nicht ausschließt, daß deren Inhalt auch in dem betr. Landesgesetz für den Urheber zum Umfang seines Rechts gehört. Dabei bleibt offen — denn diese Frage ist von der RBUe. nicht geregelt worden —, ob das Land, dessen Staatsangehörigkeit der Urheber besitzt, das Werk seines Staatsangehörigen auch dann als einheimisch betrachtet und demgemäß nach internem Recht schützt, wenn es in einem anderen Staat veröffentlicht worden ist. Das hängt von der betr. Landesgesetzgebung ab. Treffen in einem solchen Falle komulierend der Verbandsschutz und der Landes-Urheberrechtsschutz zusammen, so kann der Urheber in jedem Einzelfalle die Bestimmung angewendet wissen wollen, die ihm die günstigere ist (RGStr. 37, 388), z. B. wenn das Landesgesetz die von der RBUe. besonders festgelegten Rechte weiter ausgedehnt hat, diese weitergehenden Rechte für sich in Anspruch nehmen. Fehlt dagegen eine solche

Bestimmung des Landesgesetzes, so genießt das Werk in dem Lande, dessen Staatsangehörigkeit der Urheber besitzt (das aber in diesem Falle nicht Ursprungsland ist), den Verbandsschutz, also auch die Sonderrechte der RBUe. Anders ist es wieder, wenn das Landesgesetz den fremden Urheber dem einheimischen Urheber gleich behandelt. Denn dann kann auch in einem solchen Falle der inländische Urheber, der sein Werk im Auslande veröffentlicht hat, den inländischen Urheberrechtsschutz beanspruchen.

Der hiernach dem Werke nach der RBUe. gewährte Schutz kommt dem Urheber iure conventionis zu, es besteht also insoweit nicht nur eine Verpflichtung des Verbandsstaats, wie Allfeld S. 424 annimmt.

II. Über die Bestimmungen des Art. 5 hinaus schützt Siam in Art. 28 nicht nur alle Werke, deren Urheber Staatsangehörige eines Verbandslandes sind, sondern auch die Werke solcher Urheber, die — gleichviel welche Staatsangehörigkeit sie besitzen — ihren Wohnsitz im Verbandsterritorium haben. Dabei wird im Gesetzestext nicht eine Beschränkung des Schutzes dahin gemacht, daß die Werke im Verbandsgebiete veröffentlicht sein müssen, so daß — a. A. Da. 1932, 102 — anzunehmen ist, daß sowohl das veröffentlichte als auch das zum ersten Male außerhalb des Verbandsgebietes veröffentlichte Werk den inländischen Schutz in Siam genießt.

Art. 6.

(1) Die keinem der Verbandsländer angehörigen Urheber, die ihre Werke zum erstenmal in einem dieser Länder veröffentlichen, genießen dort die gleichen Rechte wie die inländischen Urheber und in den anderen Verbandsländern die durch diese Übereinkunft gewährten Rechte.

(2) Wenn jedoch ein verbandsfremdes Land die Werke der einem Verbandsland angehörigen Urheber nicht hinreichend schützt, so kann letzteres Land den Schutz der Werke einschränken, deren Urheber im Zeitpunkt der ersten Veröffentlichung dieser Werke Angehörige des verbandsfremden Landes sind und in keinem Verbandsland ihren wirklichen Wohnsitz haben.

(3) Keine Beschränkung auf Grund des vorstehenden Absatzes darf die Rechte des Urhebers an einem Werke beeinträchtigen, das vor dem Inkrafttreten dieser Beschränkung in einem Verbandsland veröffentlicht worden ist.

(4) Die Verbandsländer, die gemäß diesem Artikel den Schutz der Urheberrechte beschränken, sollen dies der Regierung der

Schweizerischen Eidgenossenschaft durch eine schriftliche Erklärung anzeigen; darin sind die Länder, denen gegenüber der Schutz beschränkt wird, wie die Beschränkungen anzugeben, denen die Rechte der diesen Ländern angehörigen Urheber unterworfen werden. Die Regierung der Schweizerischen Eidgenossenschaft wird hiervon alsbald allen Verbandsländern Mitteilung machen.

Fassung von 1908: lediglich Absatz 1.

I. Der gegenwärtige Text des Art. 6 entstammt der Romkonferenz, die den Inhalt des Zusatzprotokolls auf Vorschlag Großbritanniens, das wohl einer Anregung Canadas gefolgt ist, als Abs. 2—4 aufnahm.

Heftige Angriffe gegen diese Bestimmung erhebt Halpérine-Kaminsky in Bulletin Nr. 5 S. 132.

Anscheinend kann man in gewissen Urheberkreisen nicht vergessen, daß der Vorläufer des Art. 6 RBUe., nämlich Art. 3 BUe. einen — allerdings gänzlich aus dem Rahmen der BUe. fallenden — Verbandsschutz für den Verleger brachte, der auch jetzt noch bis zu einem gewissen Grade in Art. 6 RBUe. enthalten ist.

II. Art. 6 behandelt den Fall der Verbandseigenheit eines Werkes, die durch die Veröffentlichung des Werkes, das personell mit den Verbandsländern nicht verbunden ist, im Verbandsgebiet begründet wird.

1. Nur die erste Veröffentlichung in einem Verbandslande sichert den Schutz des Art. 6, was nach der deutschen Rechtsprechung (RGZ. 40, 109) negativ dahin ausgelegt wird, daß die Veröffentlichung nicht an einem früheren Tage in einem Nichtverbandsland stattgefunden haben darf, so daß also gleichzeitige Veröffentlichung in und außerhalb des Verbandsterritoriums nicht schadet. Diese Rechtsauffassung erscheint richtig, weil sie auf dem Boden der Anschauung steht, daß der Schutz der RBUe. dem Werke gilt.

Der Begriff der Veröffentlichung ist der gleiche wie in Art. 4 Abs. 4. Es schadet also für den durch Art. 6 gewährten Verbandsschutz nicht, wenn das Werk zuerst in einem Nichtverbandsland aufgeführt und erst dann im Verbandslande veröffentlicht wird. Ebenso macht das belg. Gesetz (Art. 38 in Fassung der Novelle vom 5. 3. 1921) den internen Urheberrechtsschutz eines nicht belg. Urhebers nur dann von der materiellen gesetzlichen Reziprozität abhängig, wenn das Werk im Ausland zum ersten Male erschien (also im Sinne von Art. 4 Abs. 4 RBUe.

„veröffentlicht“ ist), gibt also, ist das Werk im Auslande lediglich aufgeführt worden, den vollen inländischen Urheberrechtsschutz. Die franz. Rechtsprechung (Kass. 14. 9. 1857) gewährt dem ausländischen Werke den Schutz der VO. vom 28. 3. 1852 nur, wenn es im Ausland édité und nicht représenté ist; a. A. Trib. civil. Seine vom 14. 2. 1931 in Clunet 1932 S. 113 vgl. Boucher ebendaselbst S. 26.

2. Geschieht die erste Veröffentlichung eines solchen Werkes gleichzeitig in mehreren Verbandsländern, so gilt die Regel des Art. 4 Abs. 2: das Land mit der kürzesten Schutzfrist ist dann Ursprungsland im Verhältnis zu den beiden Veröffentlichungsländern; im Verhältnis zu einem anderen Verbandsland aber kann jedes der Veröffentlichungsländer als Ursprungsland in Betracht kommen.

3. Unter die nichtverbandsangehörigen Urheber gehören auch diejenigen Urheber, die staatenlos sind.

Bei Miturheberschaft genügt es, daß einer der Miturheber, mag auch das Werk untrennbar sein, Verbandsangehöriger ist, um die Möglichkeit der Anwendung des Art. 6 auszuschließen (Röthlisberger S. 142). Das Werk ist hier durch die Tatsache der Verbandszugehörigkeit eines untrennbaren Teils von ihm selbst verbandseigen geworden.

III. Der hiernach gewährte Schutz wird iure conventionis gewährt, es besteht also nicht nur eine Verpflichtung der Verbandsländer zur Schutzgewährung. Dieser Schutz bedeutet (wobei zu beachten ist, daß der Ausdruck „die gleichen Rechte“ des Art. 6 die gleiche Bedeutung hat wie die Förmelung im Art. 4 „diejenigen Rechte, welche die einschlägigen Gesetze den inländischen Urhebern gegenwärtig einräumen oder in Zukunft einräumen werden“):

1. im Lande der ersten Veröffentlichung wird der inländische Schutz gewährt, also nicht die Sonderrechte der RBUe..

2. für alle anderen Verbandsländer wird der Verbandsschutz gewährt (ein im Deutschen Reich zuerst i. J 1909 erschienenes Schriftwerk eines russ. Urhebers hat demgemäß in Italien den Verbandsschutz Da. 1925, 47).

3. Die unveröffentlichten Werke nichtverbandsangehöriger Urheber werden ebenso wenig geschützt wie diejenigen ihrer Werke, die sie im Nichtverbandslande zum ersten Male veröffentlichen. Solange das Werk eines nichtverbandsangehörigen Urhebers im Nichtverbandsland nur aufgeführt wird, ist es im Sinne der RBUe. unveröffentlicht.

IV. Die Abs. 2—4 stellen den leicht veränderten Inhalt des Zusatzprotokolls vom 20. 3. 1914 dar (Entstehungsgeschichte vgl. Seiller S. 260). Lediglich Canada hatte von der hiernach gegebenen Befugnis eine Beschränkung des Schutzes von Werken gemacht; es braucht diese Beschränkung bei der eidgenössischen Regierung nicht erneut anzuzeigen (Rom S. 197).

1. Die Möglichkeit der Einschränkung des Schutzes hängt von drei Voraussetzungen ab, die zusammentreffen müssen.

a) Der verbandsfremde Urheber darf nicht einen wirklichen Wohnsitz in einem Verbandslande im Augenblick der ersten Veröffentlichung haben (über den Begriff des wirklichen Wohnsitzes sehr ausführlich Da. 1914, 93—95). Ob der Wohnsitz im gleichen Lande begründet ist, in dem die erste Veröffentlichung stattfindet, ist gleichgültig.

b) Der Urheber muß im Augenblick der ersten Veröffentlichung Staatsangehöriger des betr. verbandsfremden Landes sein und

c) das betr. verbandsfremde Land muß die Werke eines bestimmten Verbandslandes nicht hinreichend schützen, wobei es rechtlich gleichgültig ist, ob das verbandsfremde Land vielleicht Urheber anderer Verbandsländer in zufriedenstellender Weise schützt.

2. Das Verbandsland kann dann den Schutz der Werke solcher verbandsfremder Urheber einschränken, und zwar in jeglicher ihm gutdünkenden Weise. Die Anschauung von Raestad (Anm. 68), daß der Übersetzungsschutz nicht eingeschränkt werden könne, weil die Bestimmungen des Zusatzprotokolls bei Art. 6, und nicht bei Art. 8 aufgenommen seien, ist nicht begründet. Denn, da Art. 6 Abs. 1 den vollen inländischen bzw. Verbandsschutz gibt, können die durch das inländische Gesetz und durch die RBUe. gewährten Schutzmöglichkeiten nach jeglicher Richtung hin beschränkt werden. Es ist auch nicht erforderlich, daß die Beschränkung nur gerade soweit reicht, als das Nichtverbandsland den Schutz beschränkt, so daß also dann materielle Reziprozität geübt würde. Allerdings hat dem Zusatzprotokoll der Gedanke der materiellen Reziprozität zugrunde gelegen. In dem Text der RBUe. selbst hat aber dieser Gedanke nicht unmittelbar Ausdruck gefunden (so wörtlich Seiller S. 264).

a) Die Beschränkung gilt nur für das die Beschränkung anordnende Land; in den anderen Verbandsländern genießen dagegen die betr. Urheber den Schutz gemäß Art. 6.

b) Die Beschränkung hat keine rückwirkende Kraft. Wer also inzwischen aufgrund der Tatsache, daß ein solches Werk in einem der Verbandsländer und damit im Gesamtgebiet des Verbands Schutz genossen hat, Rechte an diesem Werke erworben hat, bleibt geschützt und zwar in vollem Umfange des bereits erworbenen Rechts (auf die Möglichkeit von Schwierigkeiten macht Da. 1914, 81 mit Recht aufmerksam).

3. Die in Ziffer 2 des Zusatzprotokolls enthaltene Bestimmung ist mit Rücksicht auf Art. 26 Abs. 1 nicht aufgenommen worden.

V. Zweckmäßig erscheint — und zwar als berechtigte Kampfmaßnahme zum Schutze der verbandseigenen Werke und um die Einheit des Verbandes nach außen hin zu unterstreichen — (vgl. Belgien S. 17), Abs. 2 die Bestimmung hinzuzufügen, daß, wenn das Land der ersten Veröffentlichung von der Möglichkeit des Satzes 1 Gebrauch mache, die anderen Verbandsländer nicht verpflichtet sind, diesem Werk einen weitergehenden Schutz als den des Landes der ersten Veröffentlichung zu gewähren.

Art. 6 b.

(1) Unabhängig von den vermögensrechtlichen Befugnissen des Urhebers und selbst nach deren Übertragung verbleibt dem Urheber das Recht, die Urheberschaft am Werke für sich in Anspruch zu nehmen, sowie das Recht, sich jeder Entstellung, Verstümmelung oder sonstigen Änderung des Werkes zu widersetzen, die seiner Ehre oder seinem Rufe abträglich sein würde.

(2) Der inneren Gesetzgebung der Verbandsländer bleibt es vorbehalten, die Bedingungen für die Ausübung dieser Rechte festzusetzen. Die zu ihrer Wahrung dienenden Rechtsbehelfe werden durch die Gesetzgebung des Landes geregelt, wo der Schutz beansprucht wird.

I. Die Einfügung des Art. 6 b in den Berliner Text der RBUe. ist einer der großen Erfolge der Romkonferenz.

Mit Recht nennt Piola Caselli, dem das Hauptverdienst an der Aufnahme dieser Bestimmung in die RBUe. zuzuerkennen ist, den Art. 6 b (Ufita VII [1934] 238 Anm. 2) „vero rivolgimento costituzionale nella tutela delle opere dell'ingegno.“

In Art. 6 b ist zum ersten Male das Urheberpersönlichkeitsrecht (franz.: droit moral [le terme est impropre sagt Borchgrave S. 117] ital.: diritto morale) geregelt worden, ein Rechtsproblem, das nicht nur in Rechtslehre wie auch in Gesetzgebung bereits vielfach behandelt worden war, aber bisher einer Lösung im Rahmen der RBUe. nicht zugeführt werden konnte. Seinen Ursprung nimmt das Urheberpersönlichkeitsrecht (Ruffini S. 557) im Deutschen Reich. Dambach, Klostermann,

Kohler waren die ersten, die diese Lehre aufgestellt haben. Erst 1875 kam sie nach Frankreich durch Morrillot.

Der Begriff des Urheberpersönlichkeitsrechts kann eindeutig für alle Verbandsländer nicht festgestellt werden, da er wesentlich durch die Anschauungen über Urheberrecht und Persönlichkeitsrecht bedingt ist. Nach deutscher Rechtsauffassung (E. S. 45, beistimmend de Boor S. 36) ist Gegenstand des Urheberpersönlichkeitsrechts nicht die Person des Urhebers, sondern das urheberrechtlich geschützte Werk und die Verbindung dieses Werkes mit seinem Schöpfer, so daß es durchaus möglich ist, daß ein diesem Gegenstand gewidmeter Schutz im Interesse der Allgemeinheit auch dem frei gewordenen Werke zukommt. Nach französischer Auffassung, die von der Überzeugung ausgeht, daß dem Urheber am Werke zusteht „une haute souzerainité de telle sorte que l'homme est blessé lorsque l'oeuvre est atteinte“ (Plaisant-Pichot S. 50), ist es das Recht, unabhängig von der Übertragung des Urheberrechts über die Unversehrtheit des Werkes zu wachen, die Offenbarung der schöpferischen Persönlichkeit Dritten darzutun, also ein durchweg höchstpersönliches Recht, das zum Schutz persönlicher Interessen des Urhebers geeignet und bestimmt ist.

Was im Einzelnen zu diesem Urheberpersönlichkeitsrecht zu rechnen ist, ist durchweg bestritten. Für das deutsche Recht hat RGZ. 123, 320 von dem unveräußerlichen Persönlichkeitsrecht gesprochen, ohne aber „das etwas nebelhafte Urheberpersönlichkeitsrecht“ (Mittelstädt in GRUR. 1930, 48) näher darzulegen. Doch ist dies in meisterlicher Weise von Georg Müller in Ufita II [1929] 367 geschehen, wodurch für die Entwicklung des Urheberpersönlichkeitsrechts nach deutschem Recht die erforderliche Grundlage gegeben ist; hierzu noch de Boor in Da. 1934, 116.

Die Wichtigkeit der Bestimmung des Art. 6b läßt eine ausführliche Erläuterung dieses Artikels begründet erscheinen. Allerdings muß davor gewarnt werden, die Bedeutung dieses Urheberpersönlichkeitsrechts zu überschätzen, somit in die — nach der Romkonferenz — einsetzende „droit moral-Fanfare“ (Elster bei Rabel VI [1932] 906) einzustimmen oder gar die urheberpersönlichkeitsrechtlichen Bestimmungen zu einem Code de droit moral auszuweiten.

II. Im Rahmen der BUe. taucht das Problem des Urheberpersönlichkeitsrechts zum ersten Male auf der Berner Konferenz des Jahres 1884 auf, wo von dem Recht des Urhebers auf eine getreue Übersetzung seines Werkes gesprochen wird. Das Problem wurde auf der Pariser Konferenz greifbar. Dort hatte die franz. Regierung den Wunsch (S. 50) ausgesprochen, daß die Usurpation des Namens, die Nachahmung oder Unterdrückung der Urheberbezeichnung strafrechtlich durch die Landesgesetzgebungen verfolgt werde. Auf der Berliner Konferenz wurde das Urheberpersönlichkeitsrecht nicht behandelt, trotz der der Konferenz vorgelegten Wünsche (S. 112), lediglich Hervieu streift diese Frage in seiner Ansprache (S. 175). Aber bereits im Jahre 1899 schlug ein internationaler Buchdrucker-Kongreß in Rom (Stolfi II, 718, Anm. 2) vor, das Urheberpersönlichkeitsrecht im Rahmen der BUe. zu regeln.

1. Das Verdienst, den Anstoß zu einer solchen Regelung gegeben zu haben, gebührt der franz. Regierung, die der Romkonferenz (S. 103) den Wunsch vorgelegt hatte, daß die Verbandsländer das Urheberpersönlichkeitsrecht regeln möchten, und zwar als unübertragbares Recht, möglichst gleichmäßig.

Die ital. Regierung (S. 106) wies auf die überragende Bedeutung dieses Rechtsproblems hin, insbesondere im Hinblick auf Bearbeitungen des Werkes und auf die gesetzliche Lizenz für die mechanischen Musikinstrumente und sonstige Begrenzungen des Urheberrechts.

Dieser Hinweis wurde später (Rom S. 203) noch besonders betont, daß ausgeführt wird: das hier bestehende ausschließliche Recht des Urhebers würde durch die neuen Formen der Wiedergabe (Schallplatte, Film, Rundfunk) mit Rücksicht auf die Interessen der Allgemeinheit begrenzt, so daß das Urheberpersönlichkeitsrecht als eine Art Ausgleich zum Schutz der persönlichen Beziehungen des Schöpfers zum Werke normiert werden solle.

Die ital. Regierung schlug unter Hinweis auf die Normierung des Urheberpersönlichkeitsrechts im ital. Urheberrechtsgesetz folgende Regelung vor:

„Indépendamment de la protection des droits patrimoniaux réglée par les articles qui suivent et nonobstant toute cession, appartiennent a l'auteur en tout temps:

a. le droit de revendiquer la paternité de l'oeuvre;

b. le droit de décider si l'oeuvre doit paraître;

c. le droit de s'opposer à toute modification de l'oeuvre qui soit préjudiciable à ses intérêts moraux.

Il est réservé à la législation nationale des Parties contractantes d'établir des dispositions pour réglementer les droits cidessus indiqués et notamment pour concilier le droit exclusif de publication avec les exigences d'intérêt public, ainsi que pour concilier la faculté mentionnée à la lettre c. avec le droit de propriétaire de l'exemplaire matériel de l'oeuvre.

Les moyens de recours pour sauvegarder ces droits seront réglés par la législation du pays où la protection est réclamée."

2. Überdies war zu berücksichtigen, daß in einzelnen neuen Urheberrechtsgesetzen das Urheberpersönlichkeitsrecht bereits geregelt worden war. Unter diesen Gesetzen sollen hier die wichtigsten in zeitlicher Reihenfolger behandelt werden (weiteres Material bei Arndt Müller: Das „droit moral" in der europäischen Nachkriegsgesetzgebung. Leipzig Diss. 1930).

A. Rumänien (Gesetz vom 28. 6. 1923).

a) Das Gesetz sieht das Urheberrecht zwar als Vermögensrecht (Art. 2) an, gibt jedoch dem Urheber (Art. 18) das ausschließliche Recht der Veröffentlichung (Begriffsbestimmung in Art. 17). Darüber hinaus hat der Urheber ein — übertragbares und verzichtbares — Recht auf Rückruf seines Werkes nebst Anspruch auf Ersatz alles immateriellen und materiellen Schadens, falls das Werk nicht innerhalb von drei Jahren seit Abschluß des Vertrags und Überlassung der Handschrift veröffentlicht worden ist (Art. 14 Abs. 2).

Zahlreicher sind die negativen Auswirkungen geregelt. Wie üblich ist dem Verleger und jedem Rechtsnachfolger des Urhebers die Abänderung des Werkes verboten (Art. 13). Darüber hinaus aber hat der Urheber ein höchstpersönliches, also unübertragbares und unverzichtbares Abwehrrecht gegen jede unzulässige Abänderung seines Werkes, dessen Durchsetzung mit einem Rückrufsrecht nebst Schadensersatzansprüchen verbunden ist (Art. 3). Entsprechend § 28 VG. ist die Weiterübertragung des Rechts aus dem Verlagsvertrag an die Zustimmung des Urhebers gebunden, ausgenommen bei Übertragung des ganzen Verlagsgeschäftes.

b) Nach dem Tode gehen die urheberpersönlichkeitsrechtlichen Befugnisse, soweit sie nicht höchstpersönlicher Natur sind, auf die Erben über. Doch dürfen auch sie das Werk nur abändern, wenn sie die angebrachten Änderungen deutlich kennzeichnen (Art. 6 Abs. 3). Dagegen hat die Akademie der Künste ein ziemlich unbegrenztes Kontrollrecht hinsichtlich der unveränderten Wiedergabe von gemeinfreien Werken (Art. 6 Abs. 5).

B. Italien (Gesetz 7. 11. 1925).

Trotz der hier zum ersten Male erfolgten systematischen Regelung des Urheberpersönlichkeitsrechtes wird ein scharfer Gegensatz zwischen diesem und dem Vermögensrecht nicht gezogen (Elster bei Rabel VI [1932] 906). Vielmehr ist das Urheberrecht als Ganzes, wie auch in einzelnen seiner Befugnisse übertragbar (Art. 36, vgl. auch Art. 42).

a) Auch der ital. Gesetzgeber hat dem Urheber als wichtigste positive urheberpersönlichkeitsrechtliche Auswirkung die Befugnis der Veröffentlichung durch jegliche Art von Mitteln und

Verfahren (Art. 9 Abs. 4) gegeben. Der Urheber kann letztwillig diese Veröffentlichung bis zum Ablauf der Schutzfrist ausschließen (Art. 25). Darüber hinaus hat der Urheber (Art. 15) das Recht, sein Werk bei Vorliegen wichtiger persönlicher Gründe zurückzurufen, verbunden mit der Verpflichtung, dem Verleger oder Drucker Schadensersatz zu leisten. Dieses Recht ist höchst persönlich, also weder übertragbar noch verzichtbar.

Daneben steht dem Urheber jederzeit das Recht zu, sein Urheberrecht an einem annonym oder pseudonym erschienenen Werke später bekanntzumachen. Ob ein solches Recht mit Rücksicht auf schützenswerte Interessen des Verlegers verzichtbar oder übertragbar ist, erscheint fraglich.

Art. 16 bestimmt:

„Unabhängig von den in den vorangegangenen Artikeln anerkannten Vermögensrechten hat der Urheber jederzeit das klagbare Recht, zu verhindern, daß seine Urheberschaft am Werke mißachtet wird, oder daß das Werk auf eine Weise verändert oder entstellt wird, daß seine persönlichen Interessen in schwerer und ungerechter Weise beeinträchtigt werden.

Damit wird dem Urheber ein unabhängig von den übertragbaren vermögensrechtlichen Befugnissen am Werk bestehendes, jedoch als solches unübertragbar und unverzichtbar ausgestaltetes, persönliches Doppelrecht verliehen, nämlich das Recht auf Aufhellung der Urheberschaft an seinem Werke (aus welcher Grundlage sich eine Fülle von Einzelansprüchen in der Praxis ergibt) und das Recht, jede Änderung seines Werkes, wenn und sofern sie eine Verletzung seines Ausdruckswillens in sich schließt, abzuwehren.

Dabei ist aber die ital. Rechtsprechung (Kass. bei Rabel VII [1933] 704) weise genug, diese Bestimmung dahin auszulegen, daß sie sich nicht zu einer den gesellschaftlichen Interessen schädlichen Belästigung auswächst.

b) Nach Art. 24 und 33 sind die Rechte aus Art. 16 (nicht dagegen die aus Art. 15) von Todeswegen auf den Ehegatten und gewisse im Gesetz abschließend aufgezählte Verwandte übertragbar. Sind jedoch keine derartigen Verwandten vorhanden, oder (was rechtlich bedeutsamer) unterlassen diese einen wirksamen Gebrauch der ihnen anvertrauten Rechte, so werden die Rechte von der Staatsanwaltschaft im Namen des Staats ausgeübt. Dieser Schutz wird durch den Ablauf der Schutzfrist nicht berührt.

C. Polen (Urheberrechtsgesetz vom 29. 3. 1926) scheidet im Aufbau seines Gesetzes in völliger Anlehnung an die Lehre von Josef Kohler (Ruffini S. 565) scharf zwischen dem Urheberrecht und dem Urheberpersönlichkeitsrecht, welches es vom Bestehen eines Urheberrechts ausdrücklich loslöst (Art. 12 Abs. 2).

a) Dieses Persönlichkeitsrecht, dessen Gegenstand als „die persönlichen Beziehungen zu seinem Werke" in Art. 58 bezeichnet wird, wird in einer Reihe von beispielhaft, also nicht erschöpfend aufgezählten negativen Auswirkungen umschrieben, jedoch nicht festgelegt. Es sind im wesentlichen vier Gruppen: Das Recht auf Unterlassung der Verletzung der Urheberschaft, Schutz gegen Eingriff in das Recht der Veröffentlichung, Unterlassung unzulässiger Abänderungen des Werkes und Schutz gegen unberechtigte Kritik.

Dieses Persönlichkeitsrecht besteht nach polnischer Auffassung auch dann, wenn an dem Werke ein Urheberrecht überhaupt nicht bestanden hat, oder dieses durch Fristablauf untergegangen ist. Seine Verletzung wird strafrechtlich nicht verfolgt (Kass. in JDA. V [1934] 349).

b) Das Persönlichkeitsrecht geht nach dem Tode des Urhebers auf den Ehegatten und bestimmte im Gesetz aufgezählte Verwandte über. Ein ergänzender Schutz durch Organe des Staats ist nicht vorgesehen.

D. Die Tschechoslowakei (Gesetz vom 24. 11. 1926) sieht — ebenso wie der Vorläufer, das österreichische Urheberrechtsgesetz vom 26. 12. 1895 — das Urheberrecht als ein einheitliches Recht an (Löwenbach, Zeitschrift für Ostrecht 1928, 1108), unterscheidet sich aber in der urheberrechtlichen Lehre dadurch von seinem Vorbilde (und damit auch vom geltenden österr. Urheberrechtsgesetz), daß es die Übertragbarkeit des Urheberrechts als eines Ganzen oder einzelner seiner Befugnisse anerkennt, während aber dem Urheber „das Recht auf den Schutz der immateriellen Urheberinteressen nach den Bestimmungen dieses Gesetzes" verbleibt (§ 16). Dieses Urheberpersönlichkeitsrecht wird nun nach dem Gesetz dahin umrissen:

a) Als Recht urheberpersönlichkeitsrechtlichen Charakters ist das Recht der Veröffentlichung (§§ 21, 27, 31, 36, 37) geregelt, über das hinaus dem Urheber noch das Recht auf Veröffentlichung im § 20 gegeben ist. Ebenso kann nach § 17 der Urheber, der vertraglich über das Recht an künftigen Werken verfügt hat, einen solchen Vertrag kündigen. Das Kündigungsrecht ist unverzichtbar und einer Kündigungsfrist von höchstens einem Jahre unterworfen (dieser Rechtsgedanke ist, wenngleich in anderer Formulierung, vgl. de Boor S. 103, in E. § 25 aufgenommen worden).

Die negativen Auswirkungen sind die üblichen Abwehrrechte gegen unzulässige Änderungen (§ 16 Abs. 2).

b) Nach dem Tode des Urhebers geht das Urheberrecht, auch in seinen urheberpersönlichkeitsrechtlichen Bestandteilen, auf die Erben über.

Bedeutungsvoll, und zwar für die Fortentwicklung des Urheberpersönlichkeitsrechts überhaupt, ist § 16 Abs. 3 (für die äußerer Anlaß eine schlimme Verfilmung von Smetana „Die verkaufte Braut" gewesen ist).

E. Portugal gibt im Art. 15 c seines Gesetzes vom 27. 5. 1927 dem Urheber das Recht, seine geistige Persönlichkeit und die Unversehrtheit seines Werkes zu verteidigen und bringt neben dieser Förmelung eine Reihe von Einzelvorschriften (entsprechend der Neigung des portug. Gesetzgebers zur Fallregelung); so regelt Art. 6 und 45 das Recht auf Veröffentlichung, dem das Recht auf Rückruf beigegeben ist (Art. 34 und 29), Art. 89 und Art. 132 § 4 geben Schutz gegen Eingriffe in die Unversehrtheit des Werkes. Das Urheberpersönlichkeitsrecht ist nach Art. 75, 47 unübertragbar, während das Urheberrecht zeitlich unbegrenzt ist (Art. 36). Soweit also das Urheberpersönlichkeitsrecht zugleich mit einer urheberrechtlichen Befugnis ausgeübt wird, steht dies auch dem Erben zu.

Ein wichtiger Rechtsgedanke findet sich in Art. 47, wonach im Interesse der Allgemeinheit ein Werk, das für die nationale Kultur von besonderer Bedeutung ist, auch nachdem es gemeinfrei geworden ist, nicht mehr verändert werden darf (vgl. § 28 Abs. 3 NSJ-Entwurf in Ufita VII [1934] 394).

F. Finnland (Urheberrechtsgesetz vom 3. 6. 1927 in Fassung der Novelle vom 31. 3. 1930) hat außer den üblichen Vorschriften über das Recht der Veröffentlichung (§ 1) und das Verbot der Abänderung des Werkes (§ 22 Abs. 2, § 23 Abs. 3) noch zwei Einzelbestimmungen, die für die Fortbildung des Urheberpersönlichkeitsrechts interessieren, nämlich die Vorschrift des § 22 Abs. 3, daß der Urheber, selbst wenn er seine Zustimmung zur Abänderung seines Werkes gegeben hat, das — wohl höchstpersönliche — Recht hat, zu verlangen, daß das abgeänderte Werk entweder nicht unter seinem Namen veröffentlicht wird, oder daß bei der Wiedergabe des abgeänderten Werkes einwandfrei klargestellt wird, daß die Abänderungen nicht vom Urheber stammen. Auch kennt Finnland die Bestimmung, daß wenn ein Werk abgeändert herausgegeben wird, dabei deutlich angegeben werden muß, daß die Abänderungen nicht vom Urheber stammen (§ 23 Abs. 3).

3. Schon in der ersten Vollsitzung der Konferenz wies Piola Caselli namens der ital. Regierung (die noch eine besondere Denkschrift zur Frage des Urheberpersönlichkeitsrechts [Rom

S. 173] hatte verteilen lassen) auf die Bedeutung der internationalen Regelung des Urheberpersönlichkeitsrechts hin, und er unterstrich die Ausführungen der ital. Denkschrift, in denen dargelegt worden ist, daß die Regelung des Urheberpersönlichkeitsrechts notwendig sei mit Rücksicht auf das System der gesetzlichen Lizenz und das System des „domaine public payant", die (S. 161) „ont des raisons d'être que l'on aurait tort de ne pas apprécier".

In jener Denkschrift finden sich die Worte, in denen nach meiner Auffassung die Entwicklung des Urheberrechts vorweggenommen skizziert ist:

> „nous voulons établir tout simplement qu'il est tout au moins très probable que les systèmes de la licence obligatoire et du domaine public payant resteront en vigueur et auront peut-être à l'avenir une application plus large et répandue dans le territoire de l'Union".

In der Kommissionssitzung wünschte Rumänien (CDA. Nr. 37), den ital. Vorschlag (S. 103) dahin abzuändern, daß anstelle der letzten beiden Absätze der Rechtsgedanke des Art. 6 Abs. 5 des rum. Urheberrechtsgesetzes ausgedrückt würde.

Belgien (CDA. Nr. 51) schlug eine Fallregelung vor, während die deutsche und österr. Delegation darauf hinwiesen, daß das Urheberpersönlichkeitsrecht nach heimischer Rechtsauffassung (also entgegen der vereinzelt gebliebenen Anschauung in RGZ. 102, 140) gleich dem Urheberrecht auch hinsichtlich der Schutzfrist zu behandeln sei. Erhebliche Bedenken erhoben die Delegationen des angelsächsischen Rechts, welche der Auffassung waren, daß der ital. Vorschlag (S. 103) eine gesetzliche Festlegung des Persönlichkeitsrechts bezwecke (worauf der Vorschlag Polens (Rom S. 198) hindeutet), was mit den Grundregeln der großbrit. wie überhaupt der angelsächsischen Urheberrechtsgesetzgebung nicht in Einklang zu bringen sei. Es gelang der ital. Delegation, diese Bedenken durch eine besondere Denkschrift (die in den Romakten nicht abgedruckt, wohl aber auszugsweise bei Giannini S. 156 und in IDA. I [1930] 178 Anm. 1 veröffentlicht worden ist) zu zerstreuen. In dieser Denkschrift ist ausgeführt, daß nicht die Persönlichkeit des Urhebers als solche durch das Urheberpersönlichkeitsrecht geschützt wird, sondern das Recht des Urhebers am Werke, und daß ein solches Recht nach großbrit. Rechtsauffassung ein Recht auf der Grundlage des common law sei, daß diese Tatsache aber keinesfalls hindere, daß durch die RBUe. Rechte geschützt würden, wodurch das Urheberrechtsgesetz erweitert würde und daß schließlich diese urheberpersönlichkeitsrechtlichen Interessen nach großbrit. Recht durch die action of tort bereits geschützt würden. Mit diesen Ausführungen haben sich die großbrit. und die austral. Delegation einverstanden erklärt.

In Übereinstimmung mit der angelsächsischen Rechtsauffassung hat dann die ital. Delegation (CDA. Nr. 58) den jetzt geltenden Text des Art. 6 b formuliert, der einstimmig angenommen worden ist.

Ein Vergleich mit dem ursprünglichen ital. Antrag (oben S. 103) ergibt nun, was für die weiteren Ausführungen wichtig ist, daß das Recht auf Entscheidung, ob das Werk erscheinen soll, in dem Text gestrichen worden ist, weil (Rom S. 202) dieses Problem „sortait du cadre de la Convention", was wohl eine irrige Auffassung ist. Diese Streichung erklärt sich vielmehr daraus, daß man sich über die hierbei zu regelnden Einzelheiten nicht einig werden konnte.

Sehr glücklich wird von de Sanctis (in Ufita VII [1934] 238 Anm. 2) der Erfolg der ital. Lösung des Art. 6 b dahin gekennzeichnet, daß sie die glückliche Verbindung vollständig verschiedener Tendenzen darstellt. „In der Tat sieht die konservative Tendenz in dem Urheberpersönlichkeitsrecht nur eine Vorschrift zugunsten des Urhebers neben anderen; anders dagegen die neue Richtung, die hierin ein sich ergebendes neues Recht für den Urheber erblickt, das sich zwangsläufig aus der immer mehr fortschreitenden Begrenzung seiner auschließlichen vermögensrechtlichen Befugnisse ergibt. Piola Caselli in JDA. I [1930] 3."

4. Der Inhalt des Urheberpersönlichkeitsrechts gemäß der RBUe.

Die Formulierung des Art. 6 b, die der ital. Delegation auf der Romkonferenz zu danken ist (woran weder die Lobpreisungen der franz. Leistungen durch Plaisant-Pichot S. 28 noch dessen spitzige Bemerkungen zum Erfolge der ital. Delegation S. 26 rütteln können), ist der zweite Anwendungsfall des halbstarren Systems im Rahmen der RBUe.

Im Abs. 1 gibt der Text eine grundsätzliche Erklärung über den Inhalt des Urheberpersönlichkeitsrechts, die so geschmeidig ist, daß dieser Grundsatz wohl in allen Verbandsländern angenommen werden dürfte (Raestad S. 159). Nach Absatz 2 bleibt es der Landesgesetzgebung überlassen, die Bedingungen für die Ausübung des Ueheberpersönlichkeitsrechts festzusetzen. Damit wird für die Landesgesetzgebung weitester Spielraum geschaffen, um den Besonderheiten heimischer Rechtsauffassung auf der Grundlage des Abs. 1 Rechnung zu tragen. Die Fassung des Abs. 2 bedeutet nicht (wie Da. 1928, 126 sagt) eine atténuation der im Abs. 1 aufgestellten Grundsätze. Diese bleiben vielmehr für die Verbandsstaaten Richtschnur, ihre Auswirkung wird jedoch durch die Landesgesetze festgelegt. Nicht ganz richtig ist daher die Auffassung von Elster (GRUR. 1929, 72), wonach dieses „droit moral" lediglich ein Schlagwort darstelle, dessen rechtlicher Inhalt erst durch die angeregte Gesetzgebung der Verbandsländer geschaffen werden solle.

Müßig scheint die Erörterung, ob angesichts der Regelung des Abs. 1 die RBUe. von der Unität oder der Dualität des Urheberrechts ausgeht. Denn es handelt sich hierbei um Lehrmeinungen, die zur Lösung von Fragen der Praxis kaum geeignet sind. Andererseits aber will gerade die RBUe. dadurch, daß sie im Abs. 1 lediglich Grundsätze aufstellt, jedem Verbandsland freistellen, das bezüglich des Urheberpersönlichkeitsrechts zu normieren, was mit diesem Grundsatze verträglich ist, jedoch der in diesem Land herrschenden Meinung über Wesen, Inhalt und Gegenstand des Urheberpersönlichkeitsrechts entspricht. Es ist also nicht nur durchaus möglich, sondern es liegt geradezu im Sinne der Schöpfer des Art. 6 b, daß einzelne Staaten das Urheberrecht als ein in sich geschlossenes Ganze ansehen (so die herrschende ital. Auffassung, insbes. Piola Caselli JDA. I [1930] 31, a. A. Stolfi, der scharf zwischen vermögensrechtlichen Bestandteilen und persönlichen Rechten unterscheidet; für das alte Urheberrechtsgesetz vgl. Rechtsprechung in Da. 1918, 30 und Majno ebendort S. 36; für franz. Recht Olagnier I, 46), andere wieder (so Polen aufgrund der Lehre von Kohler) die Dualität des Urheberrechts lehren, also das Urheberpersönlichkeitsrecht als reines Persönlichkeitsrecht ansehen.

Art. 6 b setzt lediglich das Bestehen einer Befugnisgesamtheit des Urhebers an seinem Werke voraus (die als vermögensrechtliche im Art. 6 b Abs. 1) und der im Art. 6 b Abs. 1 festgelegten Befugnisse (die im Art. 11 b Abs. 2 [merkwürdigerweise nicht im Art. 6 b selbst] als Urheberpersönlichkeitsrecht bezeichnet werden). Daß allerdings im Sinne der Verhandlungen der Romkonferenz dieses Urheberpersönlichkeitsrecht kein reines Persönlichkeitsrecht ist, steht fest. Aber nichts hindert Polen daran, der Lehre von Zoll folgend, dieses Recht in Landesgesetz auf der Basis des Persönlichkeitsrechts zu errichten, also das vinculum spirituale zu schützen, nicht das Werk, somit das Urheberpersönlichkeitsrecht als Recht ohne Objekt anzusehen (vgl. Zoll Bulletin Nr. 3 S. 52ff.).

Dagegen ist aus den Eingangsworten des Abs. 1 (die eine wörtliche Übersetzung des Art. 16 des ital. Urheberrechtsgesetzes sind) mit Sicherheit zu entnehmen, daß der urheberpersönlichkeitsrechtliche Schutz nicht vermögensrechtlicher Natur ist (was gleichfalls aus dem von Destrée verfaßten Bericht des Unterausschusses [S. 181] mit aller Deutlichkeit hervorgeht).

Ferner wird durch die Fassung des Art. 6 b Abs. 1 festgestellt, daß das Urheberpersönlichkeitsrecht dem Urheber verbleibt, auch wenn er seine gesamten vermögensrechtlichen Befugnisse auf einen anderen übertragen hat. Damit wird also nicht eine Lehrmeinung der Schöpfer des Art. 6 b, sondern die Norm festgelegt, daß die Übertragung der rein urheberrechtlichen Befugnisse grundsätzlich nicht die Übertragung der urheberpersönlichkeitsrechtlichen Befugnisse im Gefolge hat.

Dagegen ist im Art. 6 b nichts darüber gesagt, ob das Urheberpersönlichkeitsrecht übertragbar ist. Zwar findet sich im Generalbericht von Piola Caselli (S. 203) die Bemerkung, daß aus Art. 6 b deutlich zu ersehen sei, daß es sich um ein Recht der Persönlichkeit handelt, und daß dieses somit unübertragbar sei, aber Piola Caselli gibt darin lediglich seine persönliche Auffassung wieder. Denn dieser Auffassung haben die austral. und auch die norw. Delegation ausdrücklich widersprochen, so daß also Einheitlichkeit der Auffassung aller Delegationen über diesen Punkt weder bestand noch besteht.

Verfügungsfreiheit haben die Verbandsländer auch hinsichtlich der Regelung des Urheberpersönlichkeitsrechts nach dem Tode des Urhebers. Wenn auch die Auffassung, daß die Bestimmung des Art. 6 b sich nur auf die Lebenszeit des Urhebers bezieht, nicht mit der in der ital. Denkschrift geäußertenSchärfe im Romtext hervortritt, so besagt doch die Tatsache, daß man es für nötig gefunden hat, im Voeu I (S. 270) den Verbandsländern die Regelung des Urheberpersönlichkeitsrechts nach dem Tode des Urhebers anzuempfehlen, zur Genüge, daß die im Art. 6 b getroffene Regelung sich nur auf die Lebenszeit des Urhebers bezieht. Darüber hinaus hat man eine Regelung auf der Romkonferenz nicht treffen können.

Schließlich ist vor der Anschauung zu warnen (wie sie bei Vaunois in Da. 1930, 30 und bei Raestad S. 176 anklingt), als sei das Urheberpersönlichkeitsrecht dazu bestimmt, alle Lücken der Gesetzgebung auszufüllen, so daß also dort, wo die urheberrechtliche Norm fehlt, sich das Urheberpersönlichkeitsrecht als eine Art Lückenbüßer einfindet.

A. Träger des Schutzes ist der Urheber, d. h. derjenige, der nach der lex fori als Urheber angesehen wird, auch wenn ihm im Ursprungsland nicht das Urheberrecht zuerkannt wird.

Liegt Miturheberschaft vor, so ist jeder der Miturheber Träger des Rechts, jedoch geht sein Recht dann nur auf Anerkennung der Miturheberschaft, wobei — so bei der Oper, beim Film —

Komponist und Textdichter als solche genannt werden; bei ununterscheidbarer Miturheberschaft werden die Urhebernamen alphabetisch aufgezählt.

B. Der Inhalt des Urheberpersönlichkeitsrechts wird von der RBUe. nach zwei Auswirkungen hin bestimmt, in positiver Richtung dahin, daß der Urheber das Recht hat, die Urheberschaft am Werke für sich in Anspruch zu nehmen und negativ, daß er ein Abwehrrecht gegen Veränderung seines Werkes hat. Es ist mit Recht davon abgesehen worden, eine beispielhafte Aufzählung von Einzelfällen dieser beiden Auswirkungen zu bringen, um der hieraus entstehenden Gefahr einer einschränkenden Auslegung vorzubeugen.

a) Das Recht aus der Urheberschaft ist die aus der Tatsache der Schöpfung des Werkes folgende faculté primaire et élémentaire (ital. Denkschrift Rom S. 177) des Urhebers, dort überall, wo sein Werk wiedergegeben wird, als Urheber genannt zu werden, aber auch das Recht, daß sein Wille beachtet wird, wenn er überhaupt nicht oder mit fremdem Namen als Urheber bezeichnet werden will (letzteres eine dem alten chinesischen Urheberrechtsgesetz vom 13. 12. 1915, [vgl. Soulie de Morant in Clunet 1920, 454 und 779] im Gegensatz zum geltenden Gesetz vom 14. 5. 1928 §§ 8, 24 unbekannte Norm). So hat der Urheber das Recht, aus einem pseudonymen Werk ein orthonymes Werk zu machen (unrichtig Raestad Anm. 31, der diesen Fall nicht als durch Abs. 1 gedeckt ansieht); hinsichtlich etwa bestehender Formvorschriften vgl. S. 92. Allerdings macht er sich dem Verleger schadenersatzpflichtig, wenn er als bekannter Autor auf pseudonymer Veröffentlichung seines Verlagswerkes besteht, ohne das im Verlagsvertrag ausdrücklich vereinbart zu haben (Mittelstädt GRUR. 1930, 52). Die Nennung bzw. Anbringung des Namens hat bei jeder körperlichen und unkörperlichen Wiedergabe des Werkes (für älteres canad. Recht vgl. Rechtsprechung in Da. 1917, 58), bei Wiedergabe von Bildwerken (franz. Rechtsprechung in Da. 1928, 56 und in Anm. 1931, 383) und bei Bearbeitungen zu erfolgen; bei gestatteter (Art. 10) Anführung des Werkes muß zur Wahrung des Urheberpersönlichkeitsrechts die Quelle angegeben werden (Rom S. 173, Da. 1933, 99). Die Pflicht zur Anbringung des Namens gilt insbesondere (franz. Rechtsprechung Ann. 1931, 183) für den Architekten eines Werkes der Baukunst. Die deutsche Rechtsprechung (RGZ. 110, 397) hat einem angestellten Architekten das Recht zugesprochen, auf einer von ihm für seinen Arbeitgeber geschaffenen Inneneinrichtung seinen Namen anzubringen, hat dagegen in RGZ. 82, 333 einem Architekten dieses Recht versagt, weil in diesem Falle der

Architekt nur als unselbständiger Gehilfe seines Arbeitgebers tätig geworden war. So stellt es eine Verletzung des Urheberpersönlichkeitsrechts des Komponisten dar, wenn von dessen Filmbegleitmusik nur ein Teil in dem Film verwendet worden ist, während der Rest von einem anderen Komponisten stammt, und er dessenungeachtet als Urheber der Musik bezeichnet wird (ital. Rechtsprechung Da. 1918, 108). Dagegen ist das Recht am Pseudonym, an der Benutzung dieser Kennzeichnung als Namen und damit der Bezeichnung seiner Persönlichkeit ein reines Persönlichkeitsrecht und wird nicht durch Art. 6 b geregelt (hierüber vgl. für deutsche und österr. Rechtsauffassung Adler, Der Namen 1921 S. 128, für franz. Rechtsprechung Da. 1923, 35 und 1925, 131 betr. Verbot der Benutzung eines eingeführten Pseudonyms durch die Erben eines der Miturheber [hier irrig als Verletzung des Urheberpersönlichungkeitsrechts angesehen]).

Hierunter fällt auch die Veröffentlichung eines Werkes durch den dazu Berechtigten, falls die Veröffentlichung so lange Zeit nach Abschluß des Vertrages erfolgt, daß dieses Werk nicht mehr in den Rahmen des gegenwärtigen Schaffens des Urhebers sich einfügt, „dem jetzigen Ich darf nicht ohne weiteres das frühere Ich gleichgestellt werden“ (Kohler S. 464). Fall Anatole France Ann. 1912, 98.

Verletzung des Urheberpersönlichkeitsrechts ist das Plagiat d. h. das Ausgeben eines fremden Gedankens als eines eigenen (Engländer Ufita III [1930] 20, über das interessante, im juristischen Schrifttum kaum behandelte musikalische Plagiat ebendort S. 33; für schweizer Recht Röthlisberger Zeitschrift für schweiz. Recht Bd. 58 S. 131). Über das Selbstplagiat bei Werken der Malerei vgl. RGZ. 119, 408 und das von Georg Müller Ufita II [1929] S. 401 Anm. 110 angegebene Schrifttum, für niederl. Recht vgl. Art. 25 des Urheberrechtsgesetzes. Die ital. Rechtsprechung gibt (Kass. Clunet 1928, 210) unbekümmert darum, ob die Formvorschriften des amerikanischen Urheberrechtsgesetzes gewahrt sind, Schadensersatzansprüche wegen eines Plagiats, welches durch unberechtigte Veröffentlichung eines Werkes ohne den Namen des Urhebers begangen worden ist.

Im Verhältnis zum Eigentümer des Werkes der bildenden Künste gibt die ital. Rechtsprechung (JDA. IV [1933] 61) dem Urheber das „diritto d'accesso“ d. h. die Befugnis, daß ihm der Eigentümer den Zutritt zwecks Ausübung seiner urheberrechtlichen Befugnisse gestatte. Im gleichen Sinne E. § 24 S. 73. Die deutsche Rechtsprechung (JW. 1932, 3777) gestattet sogar dem Architekten eines öffentlichen Gebäudes, Führungen durch dieses zu veranstalten, soweit das mit den Zwecken des Gebäudes vereinbar ist. Vgl. hierzu auch Art. 9 des großbrit. und Art. 23 des canad. Urheberrechtsgesetzes.

b) Die negative Auswirkung des Urheberpersönlichkeitsrechts ist das Abwehrrecht gegen jede Entstellung des Werkes. Hier unterscheidet der Text der RBUe. zwei Fälle, die verschieden behandelt werden. Er gibt ein absolutes Abwehrrecht, wenn es sich um eine Entstellung oder Verstümmelung des Werkes handelt, weil hier der Eingriff in die Unversehrtheit des Werkes und damit in das Recht am Werk so groß ist, daß das Recht unbedingt verletzt ist. Es gibt gegen sonstige Änderungen des Werkes aber ein relatives Abwehrrecht, nämlich nur dann, wenn diese Änderungen der Ehre oder dem Rufe des Urhebers abträglich sein würden.

Die im Schrifttum und in der Rechtsprechung behandelten Fälle sind unübersehbar. Die reichsgerichtliche Rechtsprechung (hierüber Elster in „Die Reichsgerichtspraxis im deutschen Rechtsleben“ Bd. IV S. 252), die erst im Urteil vom 26. 1. 1929 (GRUR. 1929, 509) von „Urheberpersönlichkeitsrecht“ spricht, kennt folgende Tatbestände eines solchen Abwehrrechts: Abänderung des Textes eines Schulbuches durch einen Bearbeiter (RGZ. 4, 133); Abänderung des Textes in einer neuen Auflage durch den Verleger (RGZ. 12, 58); Titelblattänderung eines Liederbuches (RGZ. 18, 10); mangelhafte Wiedergabe eines Werkes der bildenden Künste (RGZ. 36, 46); Änderung eines Freskos durch den Eigentümer des Grundstücks (RGZ. 79, 397); Weglassung auch unwesentlicher Stellen eines Romans von Strindberg (RGZ. 102, 140). Eigenartig der Tatbestand des RG. vom 26. 1. 1929 in GRUR. 1929, 509, wonach es zwar nicht als unzulässig erachtet wird, daß ein Verleger ohne Zustimmung des Verfassers ein Vervielfältigungsverfahren benutzt, welches Änderungen des Verfassers bei der Neuauflage ausschließt, wonach aber der Verleger, um dem Verfasser das Recht zur Anbringung von Änderungen zu geben, bei Veranstaltung der neuen Auflage Letterndruck verwenden muß. Dagegen liegt kein Eingriff in das Urheberpersönlichkeitsrecht vor, wenn (RGZ. 69, 242) der Lesezirkelinhaber, der berechtigterweise Zeitschriftenhefte vermietet, diesen Heften Prospekte mit Inseraten beilegt.

Daß die Eingriffe in die Unversehrtheit des Werkes auch durch eine mangelhafte Übersetzung, durch eine entstellende unkörperliche Wiedergabe erfolgen können, bedarf nicht der Ausführung. Ebenso kann ein solcher Eingriff durch Verwendung der Wiedergabe erfolgen, z. B. durch Wiedergabe eines Kriegerdenkmals auf Käsebüchsen (Da. 1924, 59) und durch Veränderung des Titels (Da. 1929, 81; 1930, 30).

5. Nach Abs. 2 ist es der Gesetzgebung der Verbandsländer vorbehalten, die Bedingungen für die Ausübung des Urheberpersönlichkeitsrechts festzusetzen.

a) Aus der Entstehungsgeschichte des Art. 6 b ist zu entnehmen, daß, wie auch der Wortlaut dieses Absatzes 2 besagt („est réservé . . . la faculté" gegenüber dem Wortlaut des Art. 2 Abs. 3 „sont tenus d'assurer la protection"), die Verbandsländer zwar verpflichtet sind, auf der Grundlage des Abs. 1 das Urheberpersönlichkeitsrecht im einzelnen durch interne gesetzliche Bestimmungen zu regeln, soweit nicht diese Grundsätze bereits in der Gesetzgebung festgelegt oder in der Rechtsprechung anerkannt sind. Aber Schranken für diese Verpflichtung sind der Landesgesetzgebung nicht gesetzt. Das Landesgesetz kann nicht nur über die beiden im Art. 6 b ausdrücklich genannten urheberpersönlichkeitsrechtlichen Befugnisse hinaus noch weitere normieren, es kann auch in grundsätzlicher Anerkennung dieser beiden urheberpersönlichkeitsrechtlichen Befugnisse diese irgendwie zur Wahrung der Interessen der Allgemeinheit begrenzen (Rom S. 179).

So anerkennt Da. 1931, 66 die Möglichkeit einer Begrenzung im Hinblick auf den Zweck, der mit der Übertragung des Urheberrechts bzw. der urheberrechtlichen Befugnis verfolgt wird, insbesondere im Hinblick auf die Verfilmung eines Bühnenwerkes (für welchen Fall M a i l l a r d Da. 1928, 140 ausdrücklich die Übertragbarkeit des Urheberpersönlichkeitsrechts anerkennt). Die Möglichkeit einer Begrenzung des Urheberpersönlichkeitsrechts ergibt sich bei einem öffentlichen Denkmal, das aus zwingenden Gründen an einem anderen öffentlichen Platz errichtet werden muß (vgl. OLG. Hamburg in Ufita VI [1933] 158) oder welches infolge einer Geschmackveränderung der Allgemeinheit nicht mehr gefällt.

Ebenso geht die Rechtsprechung vielfach über die Grundsätze des Art. 6 b Abs. 1 hinaus. So sieht die ital. Rechtsprechung (Kass. 22. 11. 1931 in Da. 1932, 35) von dem Erfordernis ab, daß die Veränderung des Werkes der Ehre oder dem Ruf des Urhebers abträglich sein wird, sondern hält jeden Eingriff in den Formbestand des Werkes für eine Verletzung des Urheberpersönlichkeitsrechts. Man wird dieser Auffassung — vgl. auch norw. Urheberrechtsgesetz unten S. 122 — zustimmen müssen, sofern man sich dabei dessen bewußt wird, daß durch das Urheberpersönlichkeitsrecht der Formwille des Urhebers, so wie er in dem Werke in die Erscheinung trat, geschützt werden soll, so daß also geringfügige

Abänderungen, die diese Willensäußerung des Urhebers nicht beeindrucken, ausscheiden können. Im gleichen Sinne Diess GRUR. 1929, 458, der mit Recht darauf hinweist, daß die Grenze dort vom Richter zu ziehen ist, wo die Ausübung des Urheberpersönlichkeitsrechts im Einzelfalle gegen Treu und Glauben verstößt.

b) Gesetzgebung wie Rechtsprechung der Verbandsländer anerkennen vielfach urheberpersönlichkeitsrechtliche Befugnisse, die der RBUe. noch fremd sind.

aa) Das Recht der Veröffentlichung wird von Malaplate (S. 232) nicht mit Unrecht gekennzeichnet als das Recht „qui est à la base de tout le droit d'auteur et constitue à notre avis, la prérogative essentielle et primordiale de ce droit". Tatsächlich handelt es sich hierbei um die wichtigste positive Auswirkung des Urheberpersönlichkeitsrechts, die gleichzeitig dartut, daß urheberpersönlichkeitsrechtliche und urheberrechtliche Befugnisse so eng miteinander verbunden sind, daß ihre Ausübung voneinander kaum zu trennen ist.

Die Veröffentlichung bedeutet das Entlassen des Werkes aus der Geheimsphäre seines Schöpfers und damit die Verwandlung des Werkes aus einem höchstpersönlichen Gut eines Einzelnen zu einer Ware, d. h. einer jedem Einzelnen zugänglichen Sache. Die Befugnis der Veröffentlichung, die mit ihrer einmaligen Ausübung erloschen ist (denn es gibt kein Recht der Wiederveröffentlichung, Seiller S. 76), kann mit jeder urheberrechtlichen Befugnis ausgeübt werden, solange das Werk noch unveröffentlicht ist. Der Inhaber einer urheberrechtlichen Befugnis am unveröffentlichten Werke erhält also mit Übertragung dieser Befugnis gleichzeitig und ohne daß dies irgendwie besonders normiert werden müßte, die Berechtigung, das Werk zu veröffentlichen.

Das Recht der Veröffentlichung ist durch verschiedene Landesgesetze normiert worden, sei es als solches, sei es durch das Verbot der Zwangsvollstreckung in unveröffentlichte Werke. Dieses Recht der Veröffentlichung gibt dem Urheber das Recht, zu bestimmen, ob das Werk überhaupt veröffentlicht werden soll bzw. wann, wo und zu welchen Bedingungen. Lehrreich das dänische Urteil (bei Rabel II [1928] 896), wonach es nicht gestattet ist, die Handlung eines Films in Form einer verkürzten novellistischen Wiedergabe ohne Erlaubnis des Inhabers der Rechte am Filmkunstwerke zu veröffentlichen, da diese Art der Wiedergabe über das nach § 12 des dän. Urheberrechtsgesetzes gestattete Referat hinausgeht.

Das Veröffentlichungsrecht schützt den Urheber gegen vorzeitige oder verspätete Veröffentlichung durch den zur Veröffentlichung Berechtigten. Das Schulbeispiel eines Konfliktes zwischen Urheberpersönlichkeitsrecht und Eigentum bildet der von der franz. Rechtsprechung (Da. 1928, 7 und 1932, 47) entschiedene Fall, daß ein Maler ein Bild zerschnitt, der Eigentümer die Teile der Leinwand zusammensetzte und dann der Öffentlichkeit zugänglich machte.

Ob mit Olagnier (I, 59) die Veröffentlichung von Entwürfen usw. nach dem Tode des Urhebers als Eingriff in dessen Urheberpersönlichkeitsrecht zu betrachten ist, wenn dieser seinen Willen offenbart hat, daß sein Werk nur in der Form, in der er es veröffentlicht hat, der Allgemeinheit zugänglich bleiben soll, erscheint fraglich. Die Umstände des Einzelfalles dürften entscheidend sein.

Das österr. Urheberrechtsgesetz hat in § 23 Abs. 1 das Recht der Veröffentlichung in Verkennung von dessen Wesen als vermögensrechtliche Befugnis normiert und sieht demgemäß (in § 24 Ziff. 1) die Veröffentlichung eines noch nicht veröffentlichten Werkes als Eingriff in das Urheberrecht an (ihm folgte E. § 13 Abs. 1, ohne den Begriff der Veröffentlichung zu normieren oder auszudeuten, anders Hoffmann § 7 Abs. 2 Ziff. 1 und S. 38).

Daß Art. 6 b durch Nichtnormierung des Rechts der Veröffentlichung eine bedeutende auf der Brüsseler Konferenz auszufüllende Lücke aufweist, wird allgemein zugegeben (vgl. Da. 1931, 79).

Von diesem Recht der Veröffentlichung ist das Recht auf Veröffentlichung zu unterscheiden, nämlich der aufgrund eines Vertragsverhältnisses bestehende obligatorische Anspruch des Urhebers, daß sein Vertragsgegner seiner Verpflichtung nachkomme, das Werk entsprechend dem Inhalt des Vertrags der Öffentlichkeit kund zu machen. So grundsätzlich beim Verlagsvertrag, wo dieser Anspruch gesetzlich normiert ist (vgl. die rechtsvergleichende Darstellung von Hoffmann in Ufita IV [1931] S. 5).

Der gleiche Anspruch ergibt sich, wenn die Vertragsparteien mit der Übertragung einer urheberrechtlichen Befugnis die Veröffentlichung des Werkes in der hiernach gebotenen Weise bezwecken.

Als Rechtsfolgen der Nichterfüllung dieser Verpflichtung kennen einzelne Gesetzgebungen (bei Hoffmann a. a. O. S. 42) ein Rücktrittsrecht des Urhebers mit durchweg schuldrechtlichen

Folgen, das jedoch auch vom Gesetzgeber in Form eines Rückrufs (de Boor S. 65) dinglich ausgestaltet werden kann.

bb) Die negative Auswirkung dieses Rechts der Veröffentlichung ist das von der franz. Lehre vertretene droit au repentir (vgl. Gesetzentwurf von Plaisant aus dem Jahre 1921 in Da. 1921, 58 und 1922, 19), d. h. das Recht des Urhebers, in bestimmten vom Gesetz geregelten Fällen das bereits veröffentlichte Werk aus dem Verkehr zurückzuziehen (so Italien Art. 15, Tschechoslowakei § 17, Ungarn § 3 Abs. 2, für großbrit. Recht vgl. Chancery Court in Da. 1917, 143).

cc) Das Recht auf Unterlassung der Zerstörung ist, soweit ich sehen kann, in keinem Landesgesetz anerkannt. Es wird von der Tschechoslowakei § 19 ausdrücklich und von der ital. Rechtsprechung (für das ältere Urhebergesetz vgl. Rabel I [1928] 121, für geltendes Recht Rechtsprechung in Da. 1929, 46) abgelehnt, dagegen de lege ferenda in Da. 1927, 65 und vom Blaubuch S. 47 (m. E. zu Unrecht) gefordert.

c) Über die Ausübung des Urheberpersönlichkeitsrechts, nämlich hinsichtlich der Übertragbarkeit durch Rechtsgeschäft unter Lebenden einschl. der Verzichtsmöglichkeit und von Todes wegen gehen die Rechtsanschauungen in den einzelnen Verbandsländern noch so weit auseinander, daß im Augenblick die Herbeiführung einer gleichmäßigen Auffassung unmöglich erscheint und wohl auch in nächster Zukunft nicht erreicht werden kann. Denn, weil über das Wesen des Urheberpersönlichkeitsrechts keine Übereinstimmung der Auffassungen zu erzielen ist, ist es auch nicht möglich, die Frage seiner Übertragbarkeit, die sich aus der Natur dieses Rechts ergibt, für alle Verbandsländer gleichmäßig und eindeutig zu lösen.

aa) Die eine Auffassung geht dahin, daß das Urheberpersönlichkeitsrecht höchstpersönlich, also grundsätzlich weder übertragbar noch vererblich ist (Da. 1925, 77, RGZ. 123, 320; mit besonderer Hervorhebung die ital. Denkschrift (Rom S. 177), ferner Piola Caselli in Kass. 5. 4. 1930 GRUR. 1930, 1135 u. Da. 1931, 94, ferner Rechtsprechung in JDA. IV [1933] 61).

Dabei wird aber, wie klar aus dem Urteil des Röm. Kass. hervorgeht, zwischen der Übertragbarkeit des Urheberpersönlichkeitsrechts als solchem und der Übertragung der Ausübung einzelner seiner Befugnisse geschieden. So erklärt Da. 1926, 93 das Urheberpersönlichkeitsrecht in seinen positiven Funktionen, nämlich das Recht auf Vornahme von Änderungen am Werke, das Recht auf repentir (das Recht auf Anerkennung der Urheberschaft wird dabei nicht genannt) als droit strictement personnel und demgemäß für unübertragbar, während es das Abwehrrecht für übertragbar durch Rechtsgeschäft unter Lebenden und von Todes wegen hält. Dagegen ist dieses Recht nach Art. 3 des rumän. Urheberrechtsgesetzes höchstpersönlich. Anders wieder der Röm. Kass. (Urteil vom 22. 11. 1931 in Da. 1932, 35), welcher ausführt, daß das Urheberpersönlichkeitsrecht nur persönlich bzw. nach seinem Tode durch die in Art. 24 des Gesetzes genannten Personen ausgeübt werden könne (so auch das obenerwähnte Urteil vom 5. 4. 1930), daß insbesondere eine Ausübung durch den Verleger selbst dann unmöglich ist, wenn der Verleger der Teilhaber des Urhebers ist, weil das Urheberpersönlichkeitsrecht ein unübertragbares Recht ist. (Dagegen ist nach altem ital. Recht der Verleger zur Ausübung des Urheberpersönlichkeitsrechts für die Zeit des sogen. domaine public payant legitimiert, vgl. Da. 1918, 30.) So kennzeichnet auch die ital. Rechtsprechung manche Verträge hinsichtlich der Nichtausübung des Urheberpersönlichkeitsrechts (Da. 1925, 35) mit „tomber assez bas pour consentir à faire de son nom l'objet d'un marché", und man wird grundsätzlich anerkennen müssen, daß ein „droit moral", welches zuläßt, daß ein Eingriff in seinen Bestand durch Zahlung einer Geldsumme ungeschehen wird, ein „unmoralisches" Recht ist.

Die herrschende deutsche Auffassung hält eine Übertragbarkeit des Urheberpersönlichkeitsrechts für möglich. Auch das Reichsgericht (RGZ. 112, 180) anerkennt dies, insofern es einen Vertrag für gültig erklärt, durch den ein Anderer als der Verfasser zur Vornahme von Änderungen eines Werkes in kommenden Auflagen ermächtigt wird. Allerdings wird man hier dem Urheber auch nach deutschem Recht das Recht zuerkennen müssen, daß die Abänderungen als solche deutlich kenntlich gemacht werden (vgl. oben S. 107). In Übereinstimmung hiermit steht Art. 28 des schweizer Urheberrechtsgesetzes, das dem Erwerber der Aufführungsbefugnis (am Bühnenwerke) das Recht zu Änderungen und Kürzungen gibt, wie sie für die Aufführung sich als nötig erweisen (ein Rechtsgedanke, der in der deutschen Bühnenpraxis schon seit langem Anwendung gefunden hat). Dagegen dürfte das Änderungsrecht des Verlegers (§ 13 Abs. 2 VG.) nicht als übertragbare urheberrechtliche Befugnis anzusehen sein, weil es sich hierbei (RGZ. 125, 174) nur um eine Ausnahmebestimmung handelt, die gemäß herrschender Verkehrssitte geringfügige Eingriffe, namentlich Beseitigung von Schreibfehlern und offensichtlichen Versehen, zuläßt.

Im gleichen Sinne bewegt sich aber auch die franz. Rechtsprechung. Denn wenn Vaunois (in Da. 1929, 101) das droit moral nach der Rechtsprechung als presque inaliénable erklärt, so scheint doch — gerade in Übereinstimmung mit der Auffassung von Maillard (oben S. 115) die neue Rechtsprechung (Da. 1933, 104) dahin zu gehen, das droit moral — gemäß dem Zweck, der mit der Übertragung der urheberrechtlichen Befugnis verfolgt wurde — als wohl der Ausübung nach übertragbar anzusehen.

So anerkennt auch der belg. Kass. (vgl. Destrée-Guislain Ziff. 165), daß, gleichviel ob das Anbringen einer Inschrift an einem Baukunstwerk ein Eingriff in das Urheberpersönlichkeitsrecht ist, dieses Recht doch vertraglich der Ausübung nach übertragbar sei, soweit nicht durch die vom Eigentümer des Grundstücks vorgenommenen Änderungen das Ansehen des Architekten untergraben wird.

Wenn also Belgien (S. 18) diesen Erwägungen dadurch Rechnung tragen will, daß es unter allen Umständen die „intérêts spirituels" des Urhebers gewahrt wissen will, so erscheint der Rechtsgedanke beifallswürdig, wenn auch die Förmelung nicht befriedigt.

bb) Die Verzichtbarkeit (oder Abdingbarkeit) einzelner Auswirkungen des Urheberpersönlichkeitsrechts kann schon aus den Verhandlungen der Romkonferenz (S. 239) gefolgert werden. Hierfür spricht auch, wie Raestad S. 158 bemerkt, der Unterschied im Text, der im ital. Vorschlag zunächst lautete „indépendamment de toute cession" gegenüber der späteren Fassung „même après la cession des droits patrimoniaux". So läßt auch die franz. Rechtsprechung einen solchen Verzicht zu (Ann. 1931, 194). Zustimmend die franz. Doktrin in Blaubuch S. 45 ff., die gegebenenfalls mit der Lehre vom abus du droit dem Urheber helfen will.

d) Auch hinsichtlich der Dauer des Urheberpersönlichkeitsrechts gehen die Auffassungen weit auseinander, so daß zur Regelung dieser Fragen die Romkonferenz den Wunsch I gefaßt hat (vgl. S. 271). Nach franz. Auffassung (Gesetzentwurf Plaisant aus dem Jahre 1921 vgl. Da. 1922, 19, Olagnier I, 53) ist das Urheberpersönlichkeitsrecht unzerstörbar. Die actio iniuriarum überlebt (wie Pouillet S. 192 zitiert) das Urheberrecht. Die gleiche Auffassung muß für das poln. Urheberrecht gelten (Zoll in Bulletin Nr. 3 S. 62).

Die Auffassung der Mehrheit der Verbandsländer, insbesondere die im Deutschen Reich, setzt jedoch die Dauer des Urheberpersönlichkeitsrechts der Urheberrechtsschutzfrist gleich, sieht also das Urheberpersönlichkeitsrecht gleich den vermögensrechtlichen Befugnissen als von Todes wegen übertragbar an.

Doch finden sich Ansätze zu einer Entwicklung des Urheberpersönlichkeitsrechts zu einem Urheberpersönlichkeitsschutz bzw.

Werkschutz aufgrund der Erwägung, daß, mag auch zu Lebzeiten der Gedanke im Vordergrund stehen, der Schutz gelte dem Urheber, seiner Verbindung mit dem Werk, nach seinem Tode dieser Schutz insofern entpersönlicht wird, daß das Interesse der Allgemeinheit dann in den Vordergrund tritt, daß der Ausdruckswille des Urhebers, der sich in diesem Werke ausspricht, rein erhalten bleibe. So gilt in Rumänien ein diesbezügl. Kontrollrecht der Akademie (Art. 51), Italien (Art. 24 Abs. 2) läßt das Schutzrecht vom Staatsanwalt ausüben; sehr ausführlich und richtunggebend die Regelung in der Tschechoslowakei (§ 16 Abs. 3), wonach Werke, die eine allgemeine Bedeutung für die nationale Kultur haben, nicht in einer die Interessen der Allgemeinheit beeinträchtigenden Weise abgeändert wiedergegeben werden dürfen, worüber die Urhebergesellschaften zu wachen haben, Norwegen gibt dem zuständigen Ministerium die Pflicht, in dieser Richtung über die allgemeinen kulturellen Interessen zu wachen (§ 17), und ähnlich schon seit der Novelle vom 19. 8. 1920 das japanische Urheberrechtsgesetz (Art. 41), das irgend eine Abänderung des gemeinfreien Werkes mit Strafe bedroht.

Im Deutschen Reich fand dieser Gedanke zunächst Ablehnung (Elster GRUR. 1928, 34; Heymann DJZ. 1928, 278), er gewann aber (vgl. Dieß in GRUR. 1929, 456) an Boden und scheint jetzt, nachdem in den Standesorganen der Schaffenden die bislang fehlenden Organe geschaffen worden sind, die zu einer wirklichen Wahrung dieser kulturellen Interessen der Allgemeinheit berufen und befähigt sind, obgesiegt zu haben (vgl. § 28 des NSJ.-Entwurfs in Ufita VII [1934] 394), (hierzu Belgien S. 19).

e) Auch bezüglich des Urheberpersönlichkeitsrechts muß ein Ausgleich der Interessen des Urhebers als eines Einzelnen und der Interessen der Allgemeinheit gesucht werden und zwar etwa auf der Grundlage, daß das Urheberpersönlichkeitsrecht grundsätzlich weder übertragbar noch verzichtbar ist, daß jedoch die Übertragbarkeit und Verzichtbarkeit einzelner seiner Auswirkungen anerkannt wird. Aber diese Übertragbarkeit und Verzichtbarkeit wird ihre Grenzen an den Erfordernissen der Rechtsmoral finden, d. h. würde dem Urheber als dem Schöpfer des Werkes dadurch ein unverhältnismäßig schwerer Nachteil zugefügt, daß in dem betr. Einzelfall die Übertragbarkeit oder Abdingbarkeit anerkannt würde, so muß das persönliche Interesse des Urhebers den Vorrang haben, so daß ein solcher Vertrag des Urhebers als nichtig anzusehen ist.

Diese Auffassung stimmt auch mit den Ergebnissen der Romkonferenz überein, da es (Rom S. 239) der Rechtsprechung und damit auch der Gesetzgebung des Verbandslandes überlassen bleiben soll, festzulegen, unter welchen Umständen z. B. ein Vertrag nichtig sein soll, durch den ein Urheber Änderungen seines Werkes zustimmt, die seinem Ansehen schaden.

6. Die Bestimmung des Schlußsatzes von Abs. 2, wonach die Rechtsbehelfe zur Wahrung des Urheberpersönlichkeitsrechts durch die lex fori bestimmt werden, bedeutet die Anwendung des Art. 4 Abs. 2 auf das Urheberpersönlichkeitsrecht.

III. Nur einzelne wenige Verbandsländer haben im Hinblick auf die Verpflichtung aus Abs. 1 ihr Urheberrechtsgesetz neu kodifiziert oder wenigstens novelliert.

1. Canada hat durch die Novelle zum Urheberrechtsgesetz vom 11. 6. 1931 die Fassung des Art. 6 b Abs. 1 RBUe. als Art. 12 Ziff. 5 in das geltende Urheberrechtsgesetz aufgenommen. Ein in JDA. I [1930] 258 veröffentlichter Gesetzentwurf ist nicht Gesetz geworden.

2. Dänemark hat gleichfalls sein geltendes Urheberrechtsgesetz novelliert (durch Gesetz vom 26. 4. 1933) und hat in §§ 9 Abs. 4, 27 Abs. 4 die Bestimmung des Art. 6 b Abs. 1 RBUe. aufgenommen, die Abänderung des Werkes aber — weitergehend als der Text der RBUe. — dann für einen Eingriff in das Urheberpersönlichkeitsrecht erklärt, wenn dadurch eine wesentliche Beeinträchtigung des Werkes gegeben ist; es hat auch dieses Recht zeitlich unbefristet und läßt es nach dem Tode des Urhebers vom Unterrichtsministerium wahrnehmen.

3. Dagegen bringt das — auch in anderer Beziehung — vorbildliche Urheberrechtsgesetz von Norwegen (6. 6. 1930) eine umfassende Regelung des Urheberpersönlichkeitsrechts (§§ 13, 14, 17). Es ist ein unverzichtbares Recht, daß bei der Veröffentlichung der Name des Urhebers in der üblichen Weise angegeben wird (§ 13 Abs. 4 Satz 3), daß bei Änderung des Werkes durch den Erwerber des Urheberrechts, sofern hierdurch persönliche oder künstlerische Interessen des Urhebers verletzt werden, das Werk entweder überhaupt nicht unter dem Namen des Urhebers veröffentlicht, oder daß klar ersichtlich gemacht wird, daß die angebrachten Änderungen nicht vom Urheber stammen (§ 13 Abs. 4 Satz 2). Durch letztwillige Verfügung kann der Urheber, soweit das durch berechtigte persönliche oder künstlerische Interessen begründet ist, über die künftige Veröffentlichung oder Nichtveröffentlichung seiner Werke verfügen, insbesondere einen Dritten mit Wahrnehmung des Urheberpersönlichkeitsrechts (vgl. den gleichen Vorschlag für das deutsche Recht bei de Boor S. 43) betrauen (§ 14 Abs. 2). Nach dem Tode des Urhebers ist die Ver-

öffentlichung des Werkes in wesentlich veränderter Formgebung seitens der Erben oder des Treuhänders nur dann zulässig, wenn deutlich kenntlich gemacht worden ist, daß die Änderungen nicht vom Urheber stammen. Die Durchführung dieser Bestimmungen überwacht das Ministerium (§ 14 Abs. 3). Dieses hat auch schließlich (§ 17 Abs. 3) noch die Aufgabe, darüber zu wachen, daß gemeinfreie Werke nicht in einer solchen Weise abgeändert werden, daß hierdurch die kulturellen Interessen der Allgemeinheit leiden.

4. Da das Deutsche Reich durch die Rechtsprechung das Urheberpersönlichkeitsrecht weit über die Grundlinien des Abs. 1 hinaus schützt, lag eine Verpflichtung für das Deutsche Reich zur Novellierung seiner Urheberrechtsgesetze nicht vor (unentschieden gelassen bei Klauer a. a. O. S. 375). Im gleichen Sinne Mittelstädt GRUR. 1930, 51.

5. Das Gleiche gilt für die Schweiz, wo das Bundesgericht in Übereinstimmung mit der schweizer Regierung (Bundesblatt 1930, II, 117) der Auffassung ist, daß die durch Art. 6 b geregelten urheberpersönlichkeitsrechtlichen Befugnisse bereits durch Art. 44 und Art. 43 Ziff. 1 gewährleistet sind (Bundesger. in Da. 1934, 59).

6. Obwohl Siam sich — zum Zwecke des Beitritts zur RBUe. — ein neues Urheberrechtsgesetz (vom 16. 6. 1931) gegeben hat, finden sich darin keine Bestimmungen über das Urheberpersönlichkeitsrecht. Ob etwa dieser Schutz aufgrund des common law gewährt wird, ist nicht bekannt (Da. 1932, 102).

IV. Über den Schutz des Urheberpersönlichkeitsrechts in USA. vgl. Swarts in Ufita IV [1931] 515.

Art. 7.

(1) Die Dauer des durch diese Übereinkunft gewährten Schutzes umfaßt das Leben des Urhebers und fünfzig Jahre nach seinem Tode.

(2) Doch richtet sich für den Fall, daß diese Frist nicht gleichmäßig von allen Verbandsländern angenommen werden sollte, die Dauer des Schutzes nach dem Gesetz des Landes, wo er beansprucht wird; sie kann aber die im Ursprungsland festgesetzte Dauer nicht überschreiten. Die Verbandsländer sind daher nur in dem Maße verpflichtet, die Vorschrift des vorhergehenden Absatzes anzuwenden, als sich dies mit ihrer inneren Gesetzgebung in Einklang bringen läßt.

(3) Für Werke der Photographie und eines ähnlichen Verfahrens, für nachgelassene, für anonyme oder pseudonyme Werke

richtet sich die Schutzdauer nach dem Gesetz des Landes, wo der Schutz beansprucht wird, ohne daß diese Dauer die im Ursprungslande des Werkes festgesetzte überschreiten kann.

Fassung von 1908: gleichlautend.

I. Der Abs. 1 enthält lediglich einen Wunsch über die Dauer der Schutzfrist, wobei es den Verbandsländern überlassen bleibt, ob sie in ihrer Gesetzgebung diesen Wunsch zur Norm erheben wollen. Irgend eine Verpflichtung hierzu besteht nicht. Das ist ausdrücklich auf der Berliner Konferenz, die Art. 7 Abs. 1 geschaffen hat, festgelegt worden (Berlin S. 243), wobei die großbrit. Delegation trotz Unterzeichnung des Berliner Textes sich für ihre Regierung Freiheit nach jeglicher Richtung hin vorbehalten hat. Es bedeutet eine völlige Verkennung des Wesens des Urheberrechts und der Aufgaben der urheberrechtlichen Gesetzgebung, wenn man die Güte eines Urheberrechtsgesetzes rein ellenmäßig nach der Länge der Schutzfrist bemessen, somit ein Urheberrechtsgesetz mit kürzerer Schutzfrist als rückständig bezeichnen wollte. Die Bemessung der Schutzfrist, wie auch ihre Ausgestaltung, ist einzig und allein Sache jedes Verbandslandes, das damit die von ihm als schützenswert betrachteten Interessen wahrt.

Hierfür spricht die vom Berner Büro in Da. 1926, 53 angestellte Erwägung, daß, wenn Art. 7 Abs. 1 eine materiell-rechtliche Norm iuris cogentis wäre, im Verhältnis zwischen Brasilien und Spanien die 50jährige Schutzfrist gelten müßte (sofern nicht Art. 20 einschlagen würde).

Daß es zu begrüßen wäre, wenn eine einheitliche Schutzfrist eingeführt würde, braucht nicht begründet zu werden. Namentlich der Hinblick auf die Verfilmung und rundfunkmäßige Wiedergabe (O p e t in Bl. Fr. S. 141) läßt eine solche Regelung als wünschenswert erscheinen.

1. Ebensowenig wie eine Verpflichtung zur Einführung der 50-jährigen Schutzfrist besteht überhaupt eine Verpflichtung für die Verbandsländer — wenigstens nach dem Wortlaut der RBUe. —, eine zeitlich irgendwie bemessene Schutzfrist einzuführen. Doch kann aus Art. 7b Abt. 1 und Abs. 3 entnommen werden, daß die Schutzfrist mindestens bis zum Tode des Urhebers dauern muß, und das Gleiche gilt für den Schutz des Urheberpersönlichkeitsrechts.

Den Verbandsländern steht es ferner frei, die urheberrechtlich geschützten Werke, sei es nach ihren Schöpfern, sei es nach Werkgattungen, in ihrer Schutzdauer verschieden zu behandeln.

1. Das, was als Schutz im Sinne des Abs. 1 anzusehen ist, wird von der RBUe. nicht erläutert. Wie nun ein jedes Werk in verschiedener Weise ausgewertet werden kann, so besteht auch ein Schutz gegen diese verschiedenen Verwertungsmöglichkeiten. Dieser Schutz ist entsprechend diesen technischen Verwertungsformen verschieden ausgebildet, sowohl dem Umfange nach als auch nach seiner Dauer. Und es gibt auch jetzt noch Verbandsländer, die nicht eine einheitliche Schutzfrist für alle Verwertungsmöglichkeiten des Werkes normiert haben, sondern — neben Sonderschutzfristen für einzelne Werkgattungen (z. B. Lichtbilder, nachgelassene Werke usw.) — noch die Schutzfristen für die einzelnen Verwertungsarten verschieden bemessen. So wird das Übersetzungsrecht besonders bemessen in Estland (Ziff. 33 Abs. 2), in Griechenland ([auch hinsichtlich des Aufführungsschutzes und des Rechts der Wiedergabe des Werkes in Sammelwerken] Art. 6, Art. 7 Abs. 2), in Irland (Art. 154 Ziff. 2a), in Japan (Art. 7), in Jugoslavien (§ 6 Abs. 3).

[Dagegen ist in Italien seit 1. 8. 1931 Art. 27 des geltenden Urheberrechtsgesetzes aufgehoben, der den vollen Übersetzungsschutz bei wissenschaftlichen Werken davon abhängig macht, daß innerhalb von 10 Jahren seit der Veröffentlichung eine Übersetzung erschienen war (vgl. hierzu Piola Caselli in JDA. II [1931] 145). Ebenso haben die Niederlande durch Gesetz vom 9. 7. 1931 die alte Regelung des Art. 39 des Urheberrechtsgesetzes aufgehoben, nachdem sie bei der Ratifikation des Romtextes den alten Vorbehalt hinsichtlich des Übersetzungsschutzes nicht aufrecht erhalten hatten (vgl. unten S. 266)].

2. Der vom Art. 7 Abs. 1 gewährte Schutz ist der allgemeine Schutz des Werkes gegen seine Wiedergabe, körperliche oder unkörperliche. Nur dieser Schutz ist gemeint, wo immer in RBUe. von einer Schutzfrist gesprochen wird, so daß alle Besonderheiten in der Schutzbemessung einzelner Befugnisse (vgl. die ausführlichen Darlegungen in Da. 1925, 98, 113, 122; 1926, 15, 26, 38) hier ausscheiden. Inwieweit Vorbereitungshandlungen zur Herstellung von Vervielfältigungstücken nach Ablauf der Schutzfrist noch während der Schutzfrist erlaubt sind, ist nach der Landesgesetzgebung bzw. Rechtsprechung zu entscheiden. Für deutsches Recht vgl. RGZ. 107, 277, Da. 1914, 135.

Die Schutzfrist[1] beträgt:

30 Jahre

in Bulgarien, Danzig, Deutsches Reich, Japan, Rumänien, Schweden, Schweiz, Siam;

[1] Das Reichsgesetz vom 13. 12. 1934 konnte bei diesen Ausführungen nicht mehr berücksichtigt werden.

50 Jahre

in Belgien, Dänemark, Estland, Frankreich, Griechenland, Großbritannien und Dominien, Italien, Jugoslawien, Marokko, Monaco, Niederlande, Norwegen, Österreich (seit Gesetz vom 15. 12. 1933, in Ufita VII [1934] 102; über das Zwischengesetz vom 19. 12. 1929 vgl. Adler in JW. 1930, 1655), Polen, Syrien-Libanon, Tschechoslowakei, Tunis, Ungarn;

60 Jahre

in Brasilien;

80 Jahre in Spanien (die Ansicht Olagnier's II, 124, daß im Falle des Art. 6 Abs. 3 — Übertragung des Urheberrechts und Hinterlassung von Pflichterben —, der Schutz nur 50 Jahre betrage, ist irrig);

sie ist unbeschränkt in Portugal.

In Haiti für Lebenszeit des Urhebers, für direkte Abkömmlinge 20 Jahre, für andere Erben oder Rechtsnachfolger 10 Jahre.

Der Kampf um die Schutzfrist, der noch vor Jahren im Deutschen Reich mit großem Aufwand an Druckerschwärze und Lungenkraft geführt worden ist, ist verstummt. Mit Recht. Denn die im Deutschen Reich jetzt herrschende Erkenntnis, daß das Urheberrecht ein sozial-gebundenes Recht ist, läßt die Bemessung der Schutzfrist als unwesentlich erscheinen, wenn nur dafür gesorgt ist, daß die Interessen der Allgemeinheit in genügender Weise gewahrt sind, und daß durch Übergangsbestimmungen Härten bei der Durchführung einer etwaigen Verlängerung der Schutzfrist vermieden werden. Trotzdem darf eines nicht verkannt werden: die 30jährige Frist, die auf der Berliner Konferenz für das Deutsche Reich herausgekämpft worden ist, um dem Parsifal-Monopol zu entgehen, entspricht der deutschen Auffassung, und zwar jetzt nach der deutschen Revolution mehr noch als früher. Denn nicht nur, daß die 50jährige Schutzfrist mit Recht die romanische Schutzfrist genannt wird (Heymann a. a. O. S. 112) (denn sie ist zuerst in Frankreich normiert worden), sie ist — und das ist das Ausschlaggebende in diesem Zusammenhange — aus einer stark individualistischen Mentalität heraus erwachsen, steht also, für sich gemessen, im schroffen Widerspruch zur Auffassung des Urheberrechts als eines sozial gebundenen Rechts.

3. Man darf damit rechnen, daß die Verbandsländer, die die 50jährige Schutzfrist noch nicht eingeführt haben, nunmehr zu dieser Frist übergehen werden. Wem die Rechte aus einer solchen Verlängerung zufallen, bestimmt sich nach der Gesetzgebung des Verbandslandes. Nach der franz. Rechtsprechung (vgl. Vau-

n o i s in Da. 1926, 103, auch Da. 1930, 45 und Da. 1931, 46) kommt die Verlängerung den Erben des Urhebers, nicht demjenigen zugute, dem das Urheberrecht seitens des früheren Urhebers übertragen worden ist; im gleichen Sinne ital. Kass. in Da. 1931, 94 und in Da. 1934, 47. Für das Deutsche Reich ist die Frage noch nicht praktisch geworden. Hier haben sich jedoch hinsichtlich der durch die Novelle von 1910 zu den beiden Urheberrechtsgesetzen und der durch die Rechtsprechung anerkannten neuen Wiedergabemöglichkeiten folgende Grundsätze in der Rechtsprechung entwickelt: Inwieweit trotz der Übertragung des Urheberrechts neu entstehende Verwertungsmöglichkeiten und neue gesetzlich festgesetzte Befugnisse dem Inhaber des übertragenen Urheberrechts oder dem Urheber zufallen, wird durch den mit der Übertragung verfolgten Zweck bestimmt (Zweckübertragungstheorie vgl. H o f f m a n n Ufita IV [1931] 359; RGZ. 118, 282; 123, 213, 140, 231; 140, 255).

Verlängert ein Verbandsland seine Schutzfrist, so braucht es sie auf die inzwischen frei gewordenen Werke nicht auszudehnen; es steht ihm frei, einer solchen Verlängerung keine rückwirkende Kraft zu verleihen. Inwieweit etwa inzwischen erschienene Vervielfältigungsstücke der gemeinfrei gewordenen Werke dann weiter verbreitet werden dürfen, wird dann zweckmäßig durch Übergangsvorschriften bestimmt. Dagegen kann der Verbandsschutz der RBUe., ist das Werk einmal frei geworden, nicht erneut erworben werden (Art. 18 Abs. 2), auch wenn die Schutzdauer durch das Ursprungsland verlängert wird, das Werk also dort wieder Inlandsschutz genießt. Ist dagegen die Schutzfrist im Ursprungsland noch nicht voll abgelaufen, so kommt diese Verlängerung dem Werke in den anderen Verbandsländern nach Maßgabe des Art. 7 zugute.

II. Aber es besteht auch keinerlei Verpflichtung für die einheimischen Verbandsstaaten, den internen Schutz für Werke inhaltlich irgendwie zu normieren. Die RBUe. greift in diesen Schutz überhaupt nicht regelnd ein, während der Schutz des verbandseigenen Werkes in anderen Verbandsländern als dem Ursprungslande durch Art. 4 ff. geregelt wird.

1. Mit der Festlegung eines Sonderrechts zur Regelung eines bestimmten Tatbestandes der Verwertung von Urheberrechtsgut ist aber noch nichts über den Umfang dieses Rechts gesagt, auch wenn die RBUe., so wie sie es bei dem Übersetzungsrecht, dem Recht der rundfunkmäßigen Wiedergabe und dem Recht der mechanisch-musikalischen Wiedergabe und dem Recht der Verfilmung tut, dies als „ausschließlich" bezeichnet. Denn der Begriff der Ausschließlichkeit ist danach zu bemessen, was die lex

fori als ausschließlich im Sinne ihres Urheberrechtsgesetzes versteht. Es ist durchaus falsch, als ausschließliches Recht lediglich ein solches anzusehen, das dem Inhaber das Recht gibt, Dritte von jeglicher Verwertung seines Werkes auszuschließen. Einmal ist es mit dem Begriff der Ausschließlichkeit durchaus vereinbar, daß das Verbandsland gewisse Verwertungen im Interesse der Allgemeinheit gestattet (vgl. oben S. 28 ff.), so daß also das, was dem Urheber als urheberrechtliche Befugnis verbleibt, ihm ausschließlich zusteht.

Zu der inhaltlichen Begrenzung hat sich eine — im Laufe der letzten Jahre immer an Bedeutung wachsende — Begrenzung der Wirkung nach gesellt (man könnte auch in Anwendung eines Modewortes von statischer und dynamischer Begrenzung sprechen). Der eigentliche Sinn des ausschließlichen Rechts, das Verbot jeglicher Benutzung des Werkes, ist längst verloren gegangen. Nur in seltesten Fällen will der Urheber einen Dritten ausschließen. Sein Ziel geht vielmehr auf Verwertung seines Werkes, auf Erlangung von Entgelt seitens dessen, der das Werk irgendwie verwertet hat. Darum überläßt er sein Werk der Autorengesellschaft, die über die Zahlung des Entgeltes seitens der Verwerter wacht, und in deren Hand der Unterlassungsanspruch das schärfste Mittel ist, den Verwerter zur Zahlung der geforderten Beträge zu bringen. So erscheint es richtig, in den Fällen, wo die Verletzung des Werkes minimal erscheint gegenüber dem Schaden, der durch einen solchen Unterlassungsanspruch angerichtet werden kann, insbesondere in den Fällen, daß der Hersteller eines Films, ohne daß ihn ein Verschulden trifft, bei der Herstellung ein noch geschütztes Werk verwendet hat, den Unterlassungsanspruch des verletzten Urhebers ganz auszuschließen und ihn auf den Schadensersatzanspruch zu verweisen (H o f f m a n n § 59 Abs. 3 S. 98).

2. Noch verwandter ist eine solche V o r s c h r i f t der Bestimmung des § 30 des tschechoslow. Urheberrechtsgesetzes, wonach der Komponist, der weder Mitglied der tschechoslow. Urhebergesellschaft (OSA.) noch einer durch diese vertretenen ausländischen Urhebergesellschaft ist, im Falle einer unzulässigen Aufführung seines Tonkunstwerkes statt des Schadensersatzanspruches nur den Tarifsatz für die betr. Aufführung verlangen kann (eine Bestimmung, deren Aufnahme dem Vertreter der tschechoslowakischen Urheber, L ö w e n b a c h, zu danken ist). Soweit ich sehen kann, sind gegen diese Vorschrift — außer von G e l l n e r in GRUR. 1926, 424 — keinerlei rechtliche Bedenken erhoben worden. Und doch schränkt sie die Wirkung des ausschließlichen Aufführungsrechts am Tonkunstwerke, welches § 27

Abs. 1 des tschechoslow. Urheberrechtsgesetzes audrücklich festlegt, stark ein: das Gesetz gibt dem Komponisten anstelle des unbeschränkten Rechts den Anspruch auf das, was der Gesetzgeber als angemessenes Entgelt für die betreffende Wiedergabe ansieht.

Daher war auch (Da. 1930, 15) die großbrit. musical Copyright Bill (vgl. S. 31) nur insoweit mit den Vorschriften der RBUe. unvereinbar, als sie das Aufführungsrecht auf einen Vorbehalt gestützt hat; soweit sie dagegen das Recht des Komponisten in ein solches auf ein bestimmtes Entgelt wandelt, war sie mit den Bestimmungen der RBUe. durchaus vereinbar.

3. Auf der Romkonferenz war nun der Kampf ganz besonders um das großbrit. System des sogen. domaine public payant entbrannt (das in Wirklichkeit eine gesetzliche Lizenz darstellt, so jetzt das Berner Büro in Da. 1933, 92), so daß Raestad (S. 35) mit vollem Recht von einem Kampf der propriété littéraire gegen das System der gesetzlichen Lizenzen spricht. Daß dabei die deutsche Delegation auf Seiten der Franzosen focht, erscheint uns heute, die wir in dem großbrit. System einen der Anwendungsfälle des Grundsatzes des sozial-gebundenen Rechts erblicken, nicht recht begreiflich, sofern man nicht beachtet, daß es der deutschen Delegation (vgl. Klauer a. a. O. 376) darum zu tun war, festgestellt zu sehen, welcher Urheberrechtsschutz dem großbrit. System zukomme. Denn in deutschen Regierungskreisen trug man sich damals noch mit der Absicht, daß großbrit. System zum Ausgleich zwischen 30jähriger und 50jähriger Schutzfrist einzuführen.

Die Debatten um dieses großbrit. System sind für die Fortentwicklung des internationalen wie nationalen Urheberrechts von großer Bedeutung, so daß hierauf näher eingegangen werden muß (vgl. auch die kritischen Darlegungen von Baum JW. 1928, 2061).

Das großbrit. System (ebenso das der Dominien) besteht [ausführlich bei Heymann S. 8] darin, daß ein unbedingter Schutz 25 Jahre p. m. a. besteht, für weitere 25 Jahre aber jedermann berechtigt ist, das Werk zu vervielfältigen, wenn er seine Absicht dem Inhaber des Urheberrechts kundgibt und eine Tantieme von 10 v. H des Ladenpreises zahlt (Art. 3 Abs. 2 vgl. auch Reglement Nr. 532 vom 7. 6. 1912). Um aber eine Gewähr dafür zu haben, daß dem Erben des Urhebers auch tatsächlich diese Einnahmen aus der gesetzlichen Lizenz zufließen, hat das großbrit. Urheberrechtsgesetz nach dem Vorbild des Art. 6 des span. Urheberrechtsgesetzes vom 10. 1. 1879 in Art. 5 Ziff. 2 bestimmt, daß Übertragungen von Urheberrecht keine Wirkung haben über die Frist von 25 Jahren p. m. a. hinaus. Dieses großbrit. System erklärt sich historisch daraus, daß das frühere großbrit. Urheberrechtsgesetz einen Urheberrechtsschutz vorsah, der 7 Jahre p. m. a. betrug oder 42 Jahre nach der ersten Veröffentlichung des ersten Werkes, und man nun nicht ohne Weiteres zur reinen Schutzfrist von 50 Jahren übergehen wollte. Diese gesetzliche Lizenz war bis zum Jahre 1927 in Frankreich als Urheberschutzfrist angesehen worden; niemand hat, soweit ich sehen kann, in diesen 15 Jahren seit Inkrafttreten des großbrit. Urheberrechtsgesetzes diese Rechtsanschauung bestritten. So stellt Da. 1926, 52 (ebenso Da. 1926, 129) das großbrit. System in Ansehung der Schutzfrist nach Art. 7 der normalen Schutzfrist gleich, eine Rechtsauffassung, der sich von deutscher Seite das OLG. Hamburg in MuW. 1917/1918, 86 angeschlossen hat. Im gleichen Sinne auch das franz. (Potu S. 208 Anm. 3) und das großbrit. Schrifttum (Copinger S. 85).

Diese einheitliche Auffassung wurde i. J. 1927 auf dem Kongreß der Ass. in Lugano von Maillard bekämpft (vgl. Hoffmann GRUR. 1927, 666). Dieser auf der Romkonferenz fortgesetzte Kampf ging aber weniger (wie Maillard Da. 1928, 140 ausführt), darum, die Ausbreitung dieses Systems zu verhindern, als um die franz. These, daß Urheberrecht nur ein ausschließliches Recht des Urhebers sein könne. Daß dieser franz. Standpunkt unbegründet ist, ist augenscheinlich. Wäre nämlich diese Auffassung richtig, so müßte, da das großbrit. System des Art. 3 Abs. 2 nahezu völlige Übereinstimmung mit dem Rechtsgedanken der Schallplattenlizenz des Art. 19 Abs. 2 zeigt, die franz. Doktrin dann auch folgern, daß in Großbritannien überhaupt kein Urheberrechtsschutz besteht, da die mechanisch-musikalische Vervielfältigung von vornherein der Allgemeinheit „freigegeben" worden ist.

Die ital. Regierung hatte zusammen mit dem Berner Büro für die Romkonferenz vorgeschlagen, in Art. 7 Abs. 2 eine Bestimmung aufzunehmen, wonach ein Unterschied im Schutzumfang zwischen Ursprungsland und dem Land der lex fori die Anwendung des Abs. 2 nicht hindere, wobei sie (Rom. S. 69) ausdrücklich auf das großbrit. System hinwies, somit also die Auffassung vertrat, daß die großbrit. Werke in Frankreich volle 50 Jahre p. m. a. zu schützen seien. Dem stimmte die schwed. Delegation zu (Rom S. 122), wobei sie darauf hinwies, daß nach ihrer Auffassung das großbrit. System ein Urheberrechtsschutz auch im Sinne der RBUe. sei, weil die — hierbei allein betroffenen — vermögensrechtlichen Interessen des Urhebers ausreichend geschützt seien.

Dieser Vorschlag wurde von der deutschen Delegation sehr stark befürwortet und in der Diskussion sah es aus, als ob Übereinstimmung hierüber auf folgender Grundlage erzielt werden könnte.

„Si dans un Pays de l'Union le délai de protection comporte, après la mort de l'auteur, une période où, à condition qu'il soit versé une redevance aux ayants droit de l'auteur la reproduction de l'oeuvre, pour la vente, est licite, les autres Pays de l Union ne sont tenus, pendant cette période, que d'appliquer aux oeuvres originaires dudit pays, un traitement correspondant à celui qui est prévu dans ce pays. Toutefois la durée du droit exclusif ne peut jamais être inférieure à vingt-cinq ans."

Hiergegen erhob sich der Widerspruch der norweg. Delegation, die ihren Standpunkt in einer besonderen Denkschrift (Rom S. 319) niedergelegt hat. Hier wird ausgeführt, daß wie sich aus ausdrücklichen Erklärungen auf der Pariser und Berliner Revisionskonferenz ergäbe (Paris S. 176, Berlin S. 255), eine Bindung der Verbandsländer auf Anerkennung eines ausschließlichen Rechts des Urhebers als dasjenige System, welches seit der BUe. bzw. RBUe. als Urheberrechtsschutz vorausgesetzt wird, nicht erfolgt sei, daß aber weiter jener Vorschlag dem Art. 4 zuwiderlaufe, weil er anstelle der Gleichstellung der verbandseigenen Werke mit den einheimischen den Grundsatz der Reziprozität einführt; daß durch die RBUe. das großbrit. System als Urheberrechtsschutz bereits anerkannt sei, und daß schließlich die Romkonferenz den jetzt zuguterletzt gemachten Vorschlag in seinen Folgen noch nicht übersehen könnte.

In der Vollsitzung der Konferenz wurde dann der Vorschlag mit den Stimmen von Japan, Norwegen, Neu-Seeland und Polen abgelehnt (Rom S. 243). Auch hier hielt die franz. Delegation den Abschluß eines besonderen Abkommens für wünschenswert (ein solches ist aber bis jetzt noch nicht erfolgt), und die poln. Delegation wies (Rom S. 293) ausdrücklich darauf hin, daß ihr ablehnendes Votum lediglich erfolgt sei, weil der Vorschlag mit dem Geist der RBUe., dem Grundsatz der Inländerbehandlung, unvereinbar sei.

Mit vollem Recht hat Ostertag (in Da. 1928, 125 und 126) auf die (von Maillard in Da. 1928, 140 abgestrittenen) Folgen hingewiesen, die die Annahme des franz. Standpunktes gebracht hätte. Denn wenn das System der gesetzlichen Lizenz nicht als ein dem ausschließlichen Recht des Urhebers gleichwertiges angesehen wird, könnte Frankreich den deutschen Werken einen Schutz gegen die mechanisch-musikalische Wiedergabe verweigern, und das Deutsche Reich könnte dann im Wege der reziproken Behandlung den franz. Werken den Schutz gegen die mechanisch-musikalische Wiedergabe verweigern. Und Gleiches könnte für jede Art der Begrenzung des Urheberrechts geschehen, die das Landesgesetz hinsichtlich einzelner urheberrechtlicher Befugnisse vorsieht.

Man sieht, daß der franz. Standpunkt, wenn man ihn bis zum Ende durchdenkt, zur Auflösung der RBUe. führt und führen muß.

Es standen auf der Romkonferenz demgemäß zwei Anschauungen schroff einander gegenüber, die eine ist von Raestad dahin festgelegt worden (Rom S. 320):

„Il est certain que, d'après la Convention actuelle, le régime de tantièmes (pourvu que le taux adopté soit équitable) constitue une protection dans le sens de la Convention, non seulement lorsqu'il s'agit de la reproduction, mais aussi lorsqu'il s'agit de l'exécution et de la représentation d'une oeuvre".

Ein Mitglied der franz. Delegation hat dagegen die franz. Auffassung dahin geförmelt (Da. 1928, 81):

„Le domaine public payant n'est pas une protection c'est une simple indemnisation".

Nach dem was S. 32 u. 127 ausgeführt worden ist, kann es einem Zweifel nicht unterliegen, daß nach deutscher Rechtsauffassung Raestad Recht hat. Nicht die Intensität des Schutzes entscheidet, nicht die Tatsache erscheint ausschlaggebend, ob der Urheber kraft seines Rechts am Werke Andere von der Benutzung seines Werkes ausschließen kann, sondern einzig und allein die Tatsache, daß das Gesetz dem Urheber als Schöpfer des Werkes einen Schutz verleiht, bestehe dieser nun in einem ausschließlichen Recht gegenüber jedwedem Dritten, bestehe er in einem obligatorischen Anspruch auf Zahlung irgend eines vom Gesetzgeber als gleichwertig festgelegten Entgeltes.

Der von Frankreich verfochtene Standpunkt ist aber um so bedenklicher, als man nämlich (wie dargestellt) im Lauf der Verhandlungen versucht hat, durch Einführung der materiellen Reziprozität einen Ausgleich zwischen dem großbritannischen System und dem franz. Standpunkt herbeizuführen (vgl. S. 10).

Es ist deshalb abzulehnen, daß diese Auffassung nach dem belgischen Vorschlag für die Brüsseler Konferenz (Belgien S. 21) Norm der RBUe. werden soll. Vestigia terrent!

III. An die Spitze aller Ausführungen über die Bedeutung des Art. 7 — über den Grundsatz des Abs. 1 hinaus — muß der Satz gestellt werden, daß hinsichtlich der Schutzdauer die Gleichstellung des verbandseigenen Werkes mit dem inländischen Werke durch die RBUe. erfolgt ist, also grundsätzlich ohne Berücksichtigung der Schutzdauer im Ursprungslande. Diese Gleichsetzung ist auf der Berliner Konferenz erreicht worden. Schon der deutsche

Vorschlag (Berlin S. 38) erweist mit aller Deutlichkeit, daß hier der Grundsatz der Inländerbehandlung auch hinsichtlich der Schutzfrist durchgeführt werden sollte, und der Kommissionsbericht (S. 239) unterstreicht das noch.

Drei Lösungsmöglichkeiten waren auf der Berliner Konferenz zur Regelung dieser wichtigen Frage vorgeschlagen worden. Am weitesten ging der franz. Vorschlag, der eine Vereinheitlichung auf der Grundlage der 50 Jahre vorsah (wodurch also Art. 7 Abs. 1 ius cogens geworden wäre und zwar entsprechend der Tendenz dieses Vorschlages ius cogens minimum). Der deutsche Vorschlag sah die lex fori als ausschlaggebend an, während die BUe. die lex soli entscheiden ließ. Aus praktischen Gründen nahm man das gemischte System des Art. 7 Abs. 2 an.

Zur Anwendung des Art. 7 ist also erste Voraussetzung, daß festgestellt wird, welche Schutzfrist (im oben S. 125 dargelegten Sinne) für diese Art von Werken das Urheberrechtsgesetz des Ursprungslandes vorsieht. Dabei bleibt die Intensität des Schutzes völlig außer Acht (vgl. oben S. 127). Die so festgestellte Schutzdauer ist dann mit der Schutzdauerbestimmung nach den Gesetzen des Landes, in dem der Schutz angerufen werden soll, zu vergleichen, wobei wieder rechtlich ohne Bedeutung ist, ob die Schutzausdehnung auch bezüglich dieser Werkkategorie wie nach der lex fori die gleiche ist wie im Ursprungslande. Es muß also hierbei ganz scharf zwischen Dauer (durée) und Umfang (étendue) des Schutzes geschieden werden (vgl. Da. 1929, 60). So die einmütige Auffassung der Rechtsprechung: Deutsches Reich RGZ. 102, 139; 111, 14; Italien Da. 1916, 115; Spanien Da. 1914, 123; Tschechoslowakei Da. 1927, 12. Beistimmend Raestad S. 98; Seiller S. 212, zweifelnd Da. 1927, 124 (das diese Ansicht jedoch de lege ferenda für wünschenswert erachtet), a. A. Potu S. 222 und Wauwermans S. 89.

Sind nun die Schutzfristen verschieden, so gilt folgende Regelung:

1. Die Dauer des Schutzes wird nach der lex fori bestimmt, so daß die Schutzdauer dieses Verbandslandes grundsätzlich entscheidet. Dieses gilt, auch für den Fall, daß das Werk im Ursprungsland überhaupt nicht geschützt ist. Wenn z. B. ein Erzeugnis des Kunstgewerbes im Ursprungslande überhaupt keinen urheberrechtlichen Schutz genießt (vielmehr nur einen musterrechtlichen), wird es im anderen Verbandsland nach dessen Urheberrechtsgesetz geschützt, kann also dort den 50jährigen Urheberrechtsschutz genießen, ist aber, besteht nach der lex fori lediglich eine kurze Urheberschutzfrist, für diese Erzeugnisse, auch

gemäß der Zeitdauer diesen Vorschriften unterworfen, wobei wieder, wenn das Ursprungsland überhaupt den Urheberrechtsschutz kennt, Art. 7 Abs. 2 gilt.

Diese Regel gilt auch dann, wenn die beiden in Betracht kommenden Länder eine längere Schutzdauer als die von der RBUe. gewünschte von 50 Jahren kennen.

Beispiele für Schwierigkeiten, die sich aus der Verschiedenheit der Schutzfristen ergeben können, bringt Da. 1933, 91.

2. Grundsätzlich soll die Schutzdauer der lex fori diejenige der lex soli nicht übersteigen, jedoch steht es jedem Verbandslande frei, das verbandseigene Werk länger zu schützen als sein Ursprungsland (so Paris S. 112 und 161). Die Vorschrift des Art. 7 Abs. 2 Satz 1 normiert somit keinen Maximalschutz (vgl. S. 24). Übrigens ist insbesondere von franz. Seite diese Bestimmung stark angefochten worden mit der Begründung, daß sie jeden Versuch, durch Ausbau der internen Gesetzgebung, insbesondere durch Verlängerung des Urheberrechtsschutzes die Lage der Urheber zu verbessern, zunichte mache. Mit anderen Worten, die Anhänger dieser Auffassung glauben auch die Gewährung eines erweiterten inländischen Urheberrechtsschutzes von der materiellen Gegenseitigkeit abhängig machen zu müssen.

Inwieweit für die Bestimmung des Ursprungslandes und damit die Schutzfrist für die betr. Werkgattung die Staatsangehörigkeit des Urhebers wesentlich ist, vgl. oben S. 99. Mit Recht macht Wauwermans (S. 93) hierbei auf die Schwierigkeiten aufmerksam, die daraus entstehen können, daß das Ursprungsland verschieden sein kann, je nachdem, ob das Werk veröffentlicht ist oder nicht (oben S. 76). Solange das Werk nicht veröffentlicht ist (im Sinne des Art. 4 Abs. 4), ist Ursprungsland das Verbandsland, dem der Urheber angehört. Wenn also ein Lichtbild, das von einem Deutschen hergestellt worden ist, nicht erschienen ist, ist Ursprungsland das Deutsche Reich. Es genießt hier den inländischen Schutz, nämlich 10 Jahre seit dem Erscheinen (§ 26 KSchG.), wobei der Begriff des Erscheinens sich mit dem der Veröffentlichung im Sinne des Art. 4 Abs. 4 deckt. Ist das Lichtbild aber zu Lebzeiten des Herstellers nicht erschienen, endet der Schutz 10 Jahre p. m. a. Wird nun das Lichtbild innerhalb dieser Frist in einem Verbandslande veröffentlicht, so ist dieses Verbandsland nunmehr Ursprungsland, und seine Schutzfrist kommt nach Maßgabe des Art. 7 in Betracht. Das gilt aber nicht, wenn der deutsche Schutz durch Fristablauf erloschen ist, denn dann kann gemäß Art. 18 Abs. 2 das Lichtbild nicht erneut Schutz in einem anderen Verbandslande erlangen.

3. Wenn nun auch Art. 7 Abs. 1 keine Verpflichtung zur Einführung der 50jährigen Schutzfrist darstellt, sondern lediglich einen Wunsch de lege ferenda, so hat man auf der Berliner Konferenz noch die Vorsicht walten lassen, durch Art. 7 Abs. 2 ausdrücklich die Verbandsländer, auch wenn sie die 50jähr. Schutzfrist eingeführt haben und gegebenenfalls auf ein verbandseigenes Werk anwenden, zur Gewährung dieses 50jährigen Schutzes nur in dem Maße zu verpflichten, als dies mit ihrer internen Gesetzgebung im Einklang steht.

Damit werden, wie Renault (Berlin S. 244) klarstellt, Fälle getroffen, daß ein Verbandsland zwar die 50jährige Schutzfrist hat, für gewisse Werkarten oder für einzelne urheberrechtliche Befugnisse nach Ablauf einer gewissen Zeit innerhalb der Schutzfrist Begrenzungen vorsieht; so Dänemark (§§ 14 b, 14 c, 14 f in Fassung der Novelle vom 26. 4. 1933), Finnland (§ 17 Ziff. 4), Norwegen (§ 9 Ziff. 2 und Ziff. 6).

Das Gleiche gilt aber auch — und es ist eigenartig, daß dieses Argument bei der Diskussion auf der Romkonferenz nicht in die Wagschale geworfen worden ist — bezüglich der gesetzlichen Lizenz nach Art. 3 Abs. 2 des großbrit. Systems. Auch hier tritt eine Begrenzung des Schutzumfanges 25 Jahre p. m. a. ein, so daß es der großbrit. Gesetzgebung freisteht, dieses System für ein verbandseigenes Werk, das 50 Jahre in Großbritannien zu schützen ist, anzuwenden.

IV. Die Vorschrift des Abs. 1 gilt nicht für bestimmte Werkarten, die erschöpfend im Abs. 3 aufgezählt sind, d. h., diese Werkarten werden, gleichviel ob die 50jährige Schutzfrist einheitlich in den Verbandsländern eingeführt worden ist, geschützt in Anwendung des Grundsatzes des Abs. 2 nach der lex fori, jedoch nicht über die vom Ursprungsland festgesetzte Schutzdauer hinaus. Praktisch bietet also heute die Bestimmung des Abs. 3 nichts Besonderes.

Diese Werkarten sind:

1. Lichtbilder.

2. Die anonymen und pseudonymen Werke. Die RBUe. bringt keine Begriffsbestimmung hierfür, überläßt die Abgrenzung somit den Verbandsländern. Danach ist also zu bestimmen, ob das Werk als pseudonym anzusehen ist, das zwar nicht unter dem bürgerlichen Namen seines Urhebers veröffentlicht worden ist, dessen Deckname aber so bekannt ist, daß jedermann weiß, wer der Urheber ist z. B. Lenau, Molière, vgl. auch Da. 1917, 103. (Über die Schutzdauer dieser Werke im Einzelnen vgl. die Zusammenstellung in Da. 1917, 88, 100, 111.)

Gibt sich der wahre Urheber nach Ablauf der Schutzfrist für das anonyme oder pseudonyme Werk zu erkennen, so ist das Werk gemeinfrei geworden, es kann nicht ein neuer Urheberrechtsschutz beginnen (Da. 1917, 113).

3. Die nachgelassenen Werke, die also zu Lebzeiten des Urhebers nicht veröffentlicht worden sind. Auch hier entscheidet das Landesgesetz über den Begriff ‚nachgelassen", so daß also, wenn die Landesgesetzgebung den Begriff der Veröffentlichung weiter faßt als Art. 4 Abs. 4, der Begriff der nachgelassenen Werke damit eingeschränkt wird gegenüber einem solchen, wie er sich aus Abs. 4 ergibt.

Handelt es sich um ein in Miturheberschaft geschaffenes Werk, so genügt die Namhaftmachung eines Miturhebers bzw. die Veröffentlichung zu Lebzeiten eines der Miturheber, um das Werk vor den Folgen der Anonymität, Peusonymität zu bewahren, bzw. es nicht als nachgelassenes Werk anzusehen.

V. Von der zu IV dargetanen Regelung werden die Werke, deren Urheberrecht juristischen Personen zusteht (vgl. S. 48), nicht betroffen, da diese im Art. 7 Abs. 3 nicht aufgezählt worden sind. Daß die RBUe. auch solche Werke schützt, ist mit der herrschenden Meinung (Röthlisberger S. 85, Seiller S. 265, Da. 1927, 123, a. A. Wauwermans S. 58, zu eng Raestad S. 174) anzunehmen.

1. Auf der Romkonferenz hatte Frankreich für diese Werke den Schutz der anonymen und pseudonymen Werke vorgeschlagen, während Polen den 50jährigen Schutz wünschte, wenn es sich um solche Werke handelte, deren originäres Urheberrecht der juristischen Person zusteht.

Aber die tschechoslowakische Delegation widersprach im Hinblick auf die einheimische Gesetzgebung.

2. Die Rechtslage des Schutzes der juristischen Person als Urhebers ergibt sich sonach gemäß der lex fori.

a) Anerkennt die lex fori ein solches Urheberrecht, so wird, wenn das Ursprungsland im gleichen Falle der juristischen Person das Urheberrecht zuspricht, gleichgültig ob durch gesetzliche Bestimmungen oder aufgrund der Rechtsprechung, die juristische Person nach der lex fori geschützt.

b) Anerkennt zwar die lex fori das Urheberrecht der juristischen Person, dagegen nicht das Ursprungsland, so genießt, da der Schutz der RBUe. dem Werk gilt, den Schutz nach der lex fori derjenige, der nach dem Gesetz des Ursprungslandes als Urheber jenes Werkes angesehen wird.

c) Aus dem gleichen Grunde wird das Werk, wenn zwar die lex fori nur das Urheberrecht bestimmter physischer Personen anerkennt, im Gegensatz zum Ursprungsland, das hier das Urheberrecht einer juristischen Person normiert hat, in der Person des physischen Urhebers geschützt, die sich nach der lex fori bestimmt.

Art. 7 b.

(1) Die Dauer des Urheberrechts an einem Werke, an dem Miturheberschaft besteht, berechnet sich nach dem Zeitpunkt des Todes des letzten überlebenden Miturhebers.

(2) Die Angehörigen von Ländern, die eine geringere Schutzdauer als die im Absatz 1 vorgesehene gewähren, können in den übrigen Verbandsländern keinen Schutz von längerer Dauer verlangen.

(3) In keinem Fall endet die Schutzdauer vor dem Tode des letzten Miturhebers.

Die einem französischen Kompromißvorschlag (CDA. Nr. 92) entstammende Fassung ist auf der Romkonferenz angenommen worden und auf diesen Kompromißcharakter ist es wohl auch zurückzuführen, daß die Förmelung des Rechtsgedankens verunglückt ist (vgl. R a e s t a d S. 176, Berner Büro in Rom S. 245, Belgien S. 24).

1. Abs. 1 hat überhaupt nur einen Sinn, wenn man beachtet, daß nach dem großbrit. Gesetz der Schutz eines in Miturheberschaft geschaffenen Werkes die längere der folgenden Perioden dauert, entweder 50 Jahre p. m. a. des Erstversterbenden oder während der Lebensdauer des Zuletztversterbenden. Demgemäß ist die im Abs. 2 vorgesehene kürzere Schutzfrist (nämlich kürzer als die im Abs. 1 vorgesehene) die des großbrit. Gesetzes, die wiederum der Vorschrift des Abs. 3 entspricht.

2. Gänzlich verfehlt ist die Vorschrift des Abs. 2, daß die „Angehörigen" der Verbandsländer nur die in ihrem Lande bestehende Schutzfrist verlangen können. Gemeint ist hier der Werkschutz für diejenigen Werke, deren Ursprungsland ein Verbandsland ist, das eine kürzere Schutzdauer als wie im Abs. 1 vorgesehen ist, einräumt (Belgien S. 24). Was Ursprungsland ist, bestimmt sich nach Art. 4—6 (Da. 1928, 126, 1933, 93).

3. Die Vorschrift des Art. 7 b bezieht sich nicht auf die im Art. 7 Abs. 3 genannten Werke, während, falls die Schutzdauer für in Miturheberschaft geschaffene Werke nicht gleichmäßig

in allen Verbandsstaaten auf 50 Jahre festgesetzt wird, auch hier die Grundregeln des Art. 7 Abs. 1 und 2 gelten, d. h., der Verbandsurheber kann in Großbritannien nur die Urheberschutzfrist des Art. 16 des großbrit. Urheberrechtsgesetzes für sich in Anspruch nehmen.

4. Die RBUe. überläßt es der Landesgesetzgebung, festzulegen, wann eine Miturheberschaft (collaboration) vorliegt (Klauer a. a. O. S. 378). Eine kurze Übersicht hierüber bringt Da. 1926, 100. Nach belg. Recht (Da. 1929, 101) besteht ein Gesamturheberrecht für Komponisten und Librettisten einer Oper, aber selbst wenn beide Miturheber ihren Beitrag gesondert verwerten, bestimmt sich die Schutzfrist nach miturheberrechtlichen Grundsätzen (die Bedenken von Da. a. a. O. sind wohl gerechtfertigt). Über deutsches Recht vgl. §§ 5 und 6 LUG. (vgl. auch § 8 und S. 41 des Entwurfs). Nach franz. Recht verlangt die collaboration (die bei Opern regelmäßig angenommen wird, vgl. Da. 1920, 34 und Lapie in Ufita I [1928] 621) eine certaine simultanité dans le travail lequel aboutit à une manifeste indivisibilité du résultat (Da. 1925, 80). Hierzu vor allem aber Vaunois und Da. 1925, 104, franz. Kass. 1926, 20. Schärfer ist Joubert (Bulletin Nr. 3, S. 105): une véritable collaboration consiste dans une opération complète, concomitante et conjointe (zwischen den Miturhebern), so daß nach dieser Lehre wohl im Regelfalle bei der Oper ein Miturheberrecht nicht anzunehmen sein würde. Dabei ist es aber nach der franz. Rechtsprechung (Ann. 1923, 191) gleichgültig, ob die Tatsache einer Miturheberschaft bekannt wird; auch wenn der Name des Miturhebers nicht veröffentlicht wird, soll ein Verzicht dieses Miturhebers auf die Miturheberschaft nicht angenommen werden.

Die feine Unterscheidung von Seiller (S. 40) zwischen Miturheberschaft und Mitarbeiterschaft gilt nicht nur für österr. Urheberrecht.

Art. 8.

Die einem der Verbandsländer angehörigen Urheber nicht veröffentlichter Werke und die Urheber von Werken, die zum erstenmal in einem dieser Länder veröffentlicht worden sind, genießen in den übrigen Verbandsländern während der ganzen Dauer ihres Rechts am Originalwerk das ausschließliche Recht, ihre Werke zu übersetzen oder die Übersetzung zu gestatten.

Fassung von 1908 gleichlautend:

I. Das ausschließliche Recht des Urhebers, sein Werk zu übersetzen, oder durch Dritte übersetzen zu lassen (so legte richtiger Weise die tschechoslow. Delegation auf der Romkonferenz (CDA. Nr. 71) den Übersetzungsschutz aus, ohne daß es jedoch erforderlich ist, dies ausdrücklich im Text der RBUe. zu erwähnen), ist eines der Sonderrechte der RBUe. (Belgien S. 26), oben S. 17. Demgemäß werden die Werke, die den Verbandsschutz genießen, in allen Staaten außer dem Ursprungsland, hinsichtlich dessen die einheimische Gesetzgebung gilt, gegen Übersetzung iure conventionis geschützt, gleichviel ob das betr. Verbandsland einen solchen Schutz vorsieht. Ein interner Übersetzungsschutz fehlt lediglich in Brasilien (vgl. Da. 1917, 53; 1922, 38).

II. Bereits in der Konferenz von 1884 hatte Frankreich die Gleichstellung des Übersetzungsrechts mit dem allgemeinen Wiedergaberecht durchzusetzen versucht und hatte mit Recht darauf hingewiesen, daß es in einzelnen seiner zwischenstaatlichen Abkommen zum Schutze des Urheberrechts bereits diese Gleichstellung durchgeführt hatte (vgl. Röthlisberger S. 119), während es in anderen, damals bereits abgeschlossenen Abkommen, so mit Italien (9. Juli 1884) und mit Österreich (11. Dezember 1866) nur einen zeitlich beschränkten Übersetzungsschutz vereinbart hatte, mit Rücksicht auf den Stand der dortigen Gesetzgebung.

Dieses war auch der Grund, weshalb auf Betreiben der deutschen und schweizerischen Delegierten, obwohl diese mit dem franz. Vorschlag übereinstimmten, der Schutz des Übersetzungsrechts in der Formulierung des Artikels 5 BUe. angenommen wurde. Doch dauerten die Anstrengungen Frankreichs für Gleichstellung des Übersetzungsrechts mit dem Vervielfältigungsrecht auf den nächsten Konferenzen (1885 und 1886) an, ohne aber Erfolg zu haben.

Eben der zurückgebliebenen Gesetzgebungen einzelner Verbandsländer wegen hat sich die BUe. notgezwungen deren Rechtsanschauungen zu eigen gemacht, daß die Übersetzung keine Wiedergabe des Werkes, somit das Übersetzungsrecht nicht eine ausschließliche Befugnis des Urhebers, sondern lediglich eine zwar aus dem Urheberrecht entspringende, aber neben den Befugnissen der Wiedergabe und öffentlichen Aufführung laufende Befugnis eigenen juristischen Charakters sei, bzgl. deren die Schutzfrist verschieden von der allgemeinen urheberrechtlichen Schutzfrist zu normieren sei. Diese rechtliche Auffassung wurde geteilt von Dänemark: Nachdruckgesetz vom 29. Dezember 1857 und Urhebergesetz vom 19. Dezember 1902. Dieses bestimmte in Anlehnung an das norwegische Urhebergesetz vom 4. Juli 1893 eine einjährige Benutzungsfrist (Artikel 4 Abs. 2), im übrigen (Art. 4 Abs. 3) einen zehnjährigen Übersetzungsschutz. Durch Novelle vom 29. März 1904 wurde ein allgemeiner Übersetzungsschutz mit zehnjähriger Schutzfrist eingeführt. Die Gleichstellung des Übersetzungsrechts mit dem Wiedergaberecht wurde erst durch § 4 des Urheberrechtsgesetzes vom 1. 4. 1912 erreicht. Ebenso kannte Großbritannien die zeitliche Befugnis des Urheberrechts in Artikel 5 des Urheberrechtsgesetzes von 1886, während es die Gleichstellung erst im Gesetz vom 16. Dezember 1911, Artikel I Ziffer 2 vollzogen hat. Ferner fand sich zeitliche Befristung in Italien (§ 12 des Gesetzes vom 19. September 1885), Japan (Art. 7 des Gesetzes vom 3. März 1899), Luxemburg (Art. 12 des Gesetzes vom 10. Mai 1898) und Norwegen. Hier hatte das Urhebergesetz vom 4. Juli 1893 Art. 4 zunächst eine einjährige Benutzungsfrist und zehnjährige Schutzfrist gebracht, während die Gleichstellung erst durch die Novelle vom 25. Juli 1910 erreicht worden ist. Die Niederlande kannten die 10jährige Befristung des Übersetzungsschutzes (Art. 39 des Gesetzes vom 23. September 1912), während Schweden den Schritt zur Gleichstellung des Übersetzungsrechtes erst mit dem Gesetz vom 30. Mai 1919 vollzogen hat.

Gerade weil nun die Organisationen der Interessenten, Verleger, Buchhändler und Urheber, immer wieder mit guten Gründen darauf drangen, die Gleichstellung, die die inländische Gesetzgebung von Belgien, Deutschland, Monaco, Portugal, Spanien, Tunis und die französische Rechtsprechung bereits vollzogen hatte, auch in der BUe. durchzuführen, wurde auf der Berliner Konferenz die Gleichstellung des Übersetzungsrechts mit dem Vervielfältigungsrecht (übrigens trotz Vorstellungen Japans [Berlin S. 201]) beschlossen: Es wurde anerkannt, daß das Übersetzungsrecht zu den ausschließlichen Befugnissen gehört, die dem Urheber zustehen, solange Urheberrechtsschutz überhaupt gewährt wird. Statt eines besonderen Rechts mit Sonderschutzfrist ist das Übersetzungsrecht jetzt eine der ausschließlichen urheberrechtlichen Befugnisse und als solche der allgemeinen Urheberrechtsschutzfrist unterworfen.

III. Die Gewährung des Übersetzungsschutzes iure conventionis ist, sofern überhaupt das Werk gemäß Art. 4—6 (so eindeutig klar Belgien S. 25) den Schutz der RBUe. genießt, an keinerlei Voraussetzungen geknüpft. Weder wird (wie nach Art. 5 BUe. in Fassung der Pariser Zusatzakte) die Ausübung des Übersetzungsrechts innerhalb einer bestimmten Frist verlangt, noch ist die Gewährung des Übersetzungsschutzes von der Erfüllung irgendwelcher Förmlichkeiten abhängig gemacht.

1. Das Recht zu der Übersetzung wird in Art. 8 als ein ausschließliches Recht ausdrücklich bezeichnet. Damit ist aber nicht gesagt, daß dieses Übersetzungsrecht unbegrenzt sein muß. Vielmehr ist es jedem Lande gestattet, auch hier zum Schutz der Interessen der Allgemeinheit Begrenzungen gesetzlich zu bestimmen, genau so wie ihm das Recht zusteht, die urheberrechtliche Befugnis der Wiedergabe des Werkes (körperliche oder unkörperliche) gemäß den heimischen Anschauungen zu begrenzen. Wenn also gewisse tonliche Wiedergaben unter bestimmten Voraussetzungen gestattet sind, so gilt das auch hinsichtlich der Übersetzung eines verbandseigenen Werkes. Der Urheber eines französisch geschriebenen Werks, dessen Ursprungsland Frankreich ist, kann somit, wenn überhaupt eine Übersetzung im Deutschen Reich erlaubterweise geschaffen worden ist, nicht verbieten, daß diese Übersetzung, wenn sie erschienen ist, öffentlich vorgetragen wird (§ 11 Abs. 3 LUG.).

2. Die Schutzdauer des Übersetzungsschutzes hängt von der allgemeinen Schutzfrist des Urwerkes ab. Grundsätzlich läuft der Übersetzungsschutz so lange, wie diese allgemeine Schutzfrist läuft, so daß also, wenn die etwa im Landesgesetz vorgesehene kürzere Frist für den Übersetzungsschutz geendet haben sollte, das Werk in den Verbandsstaaten doch den vollen Übersetzungsschutz genießt, sofern das Urwerk überhaupt noch urheberrechtlich geschützt ist. So wurde ein ital. wissenschaftliches Werk auch vor dem 1. 8. 1931 (S. 125) in Deutschland für die volle Dauer des Urheberrechtsschutzes gegen Übersetzungen geschützt, trotz des damals noch geltenden Art. 27 des italienischen Urheberrechtsgesetzes. Diese Auffassung wird allein der urheberrechtlichen Erkenntnis gerecht, daß der Urheberrechtsschutz am Werke seinem Wesen nach einheitlich ist, daß das Urheberrecht aber entsprechend den den menschlichen Sinnesorganen angepaßten Verwertungsmöglichkeiten sich in eine Reihe von Befugnissen begrifflich scheiden läßt, die sowohl ihrem Umfang wie ihrer Schutzdauer nach verschieden ausgestaltet sein können, deren Einzelbestand aber nicht für den allgemeinen Schutz des Werkes gegen Wiedergabe rechtlich bedeutsam ist. So ausdrücklich RGZ. 102, 139, für tschechoslowak. Recht Ob. Gerichtshof Da. 1927, 11, und in SchuW. II [1929] 49, für ungar. Recht Königl. Kurie in Da. 1933, 23; im gleichen Sinne A l l f e l d S. 431, R ö t h l i s b e r g e r S. 222, S e i l l e r S. 222; a. A. W a u w e r m a n s S. 99). Daraus folgt, daß, wenn ein Verbandsland der RBUe. neu beitritt, und Werke, deren Ursprungsland das betr. Verbandsland ist, nunmehr

den vollen Übersetzungsschutz iure conventionis erlangen, die bisher in den Verbandsländern erlaubter Weise erschienenen Übersetzungen im Bereich der RBUe. zu unerlaubten werden. Doch steht es den Verbandsländern frei, hierfür Übergangsvorschriften zu erlassen (für das Deutsche Reich vgl. Ausführungs-Verordnung vom 12. 7. 1910, RGBl. 1910, 989, vgl. S. 240).

Anders wird jedoch die Rechtslage hinsichtlich der Staaten, die einen Vorbehalt bezüglich des Übersetzungsschutzes gemacht haben (vgl. unter VI).

IV. Die Übersetzung als solche, sofern sie ein Werk im Sinne des S. 52 Dargelegten ist, hat urheberrechtlichen Schutz (wie jede Bearbeitung), gleichviel ob sie erlaubt ist. Dagegen hängt die Ausübung der positiven urheberrechtlichen Befugnisse von der Autorisation des Urhebers des Werkes ab. Die Vorschrift des Art. 6 Abs. 1 des jugoslaw. Urheberrechtsgesetzes und des Art. 28 des portug. Urheberrechtsgesetzes, die das Recht an der Übersetzung von der Ermächtigung des Urhebers des Originalwerkes abhängig macht, gelten nur für Übersetzungen, deren Ursprungsland Portugal bzw. Jugoslawien sind, nicht aber für Übersetzungen, die den Verbandsschutz der RBUe. genießen. Eine Übersetzung liegt nur dann vor, wenn das Urwerk in der Originalsprache bereits veröffentlicht worden ist (im weitesten Sinne des Wortes). Wird dagegen zuerst eine Übersetzung der Öffentlichkeit vorgelegt (was regelmäßig aus der Veröffentlichung zu ersehen ist), so ist diese Form die Urform, und die Sprachform des Originals wird dann, wenn sie später veröffentlicht wird, als Übersetzung angesehen. Erscheint gleichzeitig das Werk in den verschiedenen Verbandsländern in mehreren Sprachen, ist das Originalwerk die Ausgabe, in der das Werk tatsächlich vom Urheber geschrieben ist, die anderen Ausgaben stellen Übersetzungen dar (für Einzelheiten vgl. Röthlisberger S. 122).

Verschieden von diesem Recht an der Übersetzung, das dem Übersetzer als deren Urheber zusteht, ist das Recht des betr. Übersetzers, das Original zu übersetzen, das er von dem Urheber des Urwerkes ableitet. Ob dieses Recht, zu übersetzen ausschließlich ist, d. h. ob er aufgrund dieses Rechts jeden Dritten daran hindern kann, eine Übersetzung des Originals erscheinen zu lassen, hängt davon ab, ob ihm ein ausschließliches Recht auf Übersetzung oder lediglich eine Lizenz übertragen worden ist. Die Übertragung eines ausschließlichen Rechts ist überall dort anzunehmen, wo dem Übersetzer gleichzeitig eine Verpflichtung zur Veröffentlichung seiner Übersetzung vertraglich auferlegt worden ist, da gemäß der Zweckübertragungstheorie hier anzunehmen ist, daß dem Übersetzer das volle Nutzungsrecht an seiner Übersetzung eingeräumt werden sollte. Dann kann der Übersetzer aber auch die Einführung von solchen Übersetzungen verhindern, die außerhalb des Verbandsgebietes erlaubterweise erschienen sind (Röthlisberger S. 191).

Ob ein Urheber sich dadurch schadensersatzpflichtig macht, daß er den Verleger bzw. Übersetzer nicht darauf hinweist, daß er noch andere Übersetzungen gestattet hat, hängt von den Umständen des Einzelfalles ab (im bejahenden Sinne die belg. Rechtsprechung Destrée-Guislain Ziff. 83).

Zu beachten ist schließlich dabei noch, ob, falls das betr. Land mehrsprachig ist, das Recht der Übersetzung für einzelne oder für alle diese Sprachen erteilt ist. So ist hinsichtlich der Tschechoslowakei zwischen der tschechoslow. und slow. Sprache zu scheiden (GRUR. 1928, 473); hinsichtlich der Landessprachen von Jugoslawien vgl. S. 145.

V. Für die Romkonferenz war übereinstimmend der Wunsch ausgesprochen worden, daß die Vorbehalte der einzelnen Verbandsländer fallen gelassen werden möchten. Irland (CDA. Nr. 42) beantragte, dem Landesgesetz die Befugnis der Einführung einer gesetzlichen Lizenz hinsichtlich solcher Werke zu geben, die nicht in einer der Sprachen der Verbandsländer übersetzt worden seien, während Siam (Rom S. 246) darauf hinwies, daß für jedes Verbandsland, die Möglichkeit, altes Kulturgut erlaubterweise in die heimatliche Sprache zu übersetzen, wertvoll ist, so daß man, wenn man weitere Beitritte von noch außenstehenden Staaten wünsche, gut täte, einen Vorbehalt hinsichtlich Übersetzungsschutz zuzulassen (hierüber vgl. Art. 25 Abs. 2).

VI. Von den Verbandsländern haben Japan den diesbezügl. Vorbehalt bei der Ratifikation der RBUe. in Fassung der Romkonferenz (Art. 27 Abs. 2 RBUe.), Griechenland beim Beitritt zur RBUe. in Fassung der Romkonferenz aufrecht erhalten, Jugoslawien ist unter diesem Vorbehalt beigetreten. Für Estland, Irland und Siam gilt noch die Berliner Fassung der RBUe. mit dem von diesen Staaten gemachten Vorbehalt. Lediglich Italien und die Niederlande haben bei der Ratifikation der Romfassung der RBUe. ihren früheren Vorbehalt fallen gelassen.

Hierüber gilt im Einzelnen:

1. Für Griechenland gilt anstelle des Art. 8 RBUe. der Art. 5 BUe. Hiernach werden verbandseigene Werke in Griechenland gegen Übersetzungen auf die Dauer von 10 Jahren seit der Veröffentlichung des Werkes (im Sinne von Art. 4 Abs. 4) geschützt, wobei für Werke, die in Lieferungen, Bänden, Heften veröffentlicht werden, noch die Einzelvorschrift dieses Art. 5 gilt. Irgendwelche Förmlichkeiten brauchen nicht gewahrt zu werden.

2. Für die anderen Staaten, die bezüglich des Übersetzungsschutzes Vorbehalte, sei es hinsichtlich der Romkonferenz, sei es hinsichtlich des Berliner Textes, an den sie noch gebunden sind, gemacht haben, gilt anstelle des Art. 8 RBUe. Art. 5 BUe. in Fassung der Pariser Zusatzakte von 1896.

Hiernach wird der Übersetzungsschutz dem allgemeinen Urheberrechtsschutz gleichgestellt, jedoch nur unter der Voraussetzung, daß von diesem Übersetzungsschutz dadurch Gebrauch gemacht wird, daß innerhalb von 10 Jahren seit der Veröffentlichung des Urwerkes eine Übersetzung in einem Verbandslande veröffentlicht worden ist, wobei Veröffentlichung im Sinne der Deklaration zur Pariser Zusatzakte Ziff. 2 zu verstehen ist. Durch die rechtzeitige Veröffentlichung einer Übersetzung in einem Verbandslande wird hinsichtlich dieser Sprache der volle Übersetzungsschutz für das gesamte Verbandsgebiet (mit Ausnahme des Ursprungslandes) erworben. Für alle anderen Sprachen erlischt der Übersetzungsschutz, so daß also nach diesem Vorbehalt rechtzeitig in allen den Sprachen autorisierte Übersetzungen veröffentlicht werden müssen, bezüglich deren das Werk gegen Übersetzungen geschützt werden soll.

Für eine solche Übersetzung ist aber lediglich der Text frei geworden, der am Beginn dieser 10jährigen Verschweigungsfrist vorlag. Änderungen dieser Formgebung in späteren Auflagen werden dadurch nicht berührt, sondern ihrerseits gegebenenfalls erst nach 10 Jahren schutzlos. Das ist wesentlich beim Abdruck von verbandseigenen wissenschaftlichen Werken in diesen Vorbehaltsländern. Auch kann der Urheber eines solchen schutzlos gewordenen Werkes gemäß Art. 6 b verlangen, daß bei der Übersetzung in einer dieser Sprachen das Jahr des Erscheinens der Originalauflage hinzugefügt wird, wenn nämlich inzwischen neue Auflagen erschienen sind, die dem Stand der Wissenschaft entsprechen.

Eine Besonderheit gilt noch für Jugoslawien. Obwohl dieses Land den Vorbehalt gemacht hat, den Übersetzungsschutz — anstelle durch Art. 8 RBUe. — durch Art. 5 BUe. in Fassung der Pariser Zusatzakte zu geben, findet doch für Werke, deren Ursprungsland das Deutsche Reich, Frankreich, Österreich, Polen und die Tschechoslowakei ist, Art. 8 RBUe. Anwendung. Denn nach Art. 28 des deutsch-jugoslaw. Handels- und Schiffahrtsvertrags vom 6. 10. 1927 (RGBl. 1927 II 1125) und nach Art. 28 des gleichlautenden tschechoslow.-jugoslaw. Handels- und Schiffahrtsvertrags vom 14. 11. 1928 finden die Bestimmungen der RBUe. in Fassung der Berliner Konferenz auf den gegenseitigen Urheberrechtsschutz Anwendung, so daß also hinsichtlich der Werke, deren Ursprungsland das Deutsche Reich und die Tschechoslowakei ist, gemäß Art. 20 RBUe. die Vorschrift des Art. 8 RBUe. angerufen werden kann, die weitergehend ist als der Übersetzungsschutz nach Art. 6 Abs. 3 des jugoslav. Urheberrechtsgesetzes (oben S. 125). Da nun aber sowohl Frankreich wie Österreich wie Polen in ihrem Vertrag mit Jugoslavien die Meistbegünstigungsklausel haben, können sie für Werke, deren Ursprungsland sie sind, den gleichen Urheberrechtsschutz wie das Deutsche Reich und die Tschechoslowakei, also den vollen Übersetzungsschutz gemäß Art. 8 RBUe., fordern. So auch Löwenbach SchuW. III [1930] 48, Da. 1930, 49, Abel GRUR. 1930, 1027, der die entgegengesetzte Auffassung von Suman GRUR. 1930, 830 widerlegt.

Hier gilt noch eine weitere Besonderheit. Art. 6 Abs. 3 des jugoslavischen Urheberrechtsgesetzes verlangt die fristgerechte Veröffentlichung einer Übersetzung in „unserer Landessprache". Nun hat aber Jugoslavien drei Landessprachen, so daß Da. 1930, 55 mit Recht die Frage aufwirft, ob die rechtzeitige Veröffentlichung einer Übersetzung in einer der drei Landessprachen dem Urheber des Urwerkes auch den Übersetzungsschutz hinsichtlich der beiden anderen Sprachen sichert. Das ist mit dem Berner Büro (a. a. O.) zu verneinen. Denn der Vorbehalt bezweckt im Interesse der Allgemeinheit dieses Staates, den Übersetzungsschutz an eine rechtzeitige Veröffentlichung der Übersetzung in der Sprache zu binden, die diese Volksgemeinschaft spricht, den Übersetzungsschutz also auszuschließen, wenn das Werk der Volksgemeinschaft innerhalb dieser Zeit in seiner Sprache nicht zugänglich gemacht wird.

Aber es genügt nach den Bestimmungen der Pariser Zusatzakte, daß die Übersetzung in den Landessprachen Jugoslaviens im Verbandsterritorium fristgerecht veröffentlicht wird, die Veröffentlichung braucht nicht innerhalb von Jugoslavien zu geschehen. Ist dagegen Jugoslavien das Ursprungsland des Werkes, so fällt die Beschränkung des Art. 6 Abs. 3 weg, wenn es in einer der drei Landessprachen geschrieben ist; sie bleibt aber bestehen, wenn das Werk in Jugoslavien in einer anderen als den drei Landessprachen veröffentlicht wird, wobei dieser Abs. 3 ausdrücklich voraussetzt, daß das Werk in einer anderen Sprache als der heimischen Sprache abgefaßt ist.

3. Die Wirkung des Vorbehaltes hinsichtlich der Werke, deren Ursprungsland eines derjenigen Verbandsländer ist, die einen solchen Vorbehalt gemacht bezw. aufrecht erhalten haben, ist nun die, daß das betr. Verbandsland im Verhältnis zu den anderen Verbandsländern, sei es durch den Romtext, sei es, solange es

diesen noch nicht ratifiziert hat bzw. ihm nicht beigetreten ist, durch den Berliner Text gebunden ist, während an die Stelle des Art. 8 RBUe. die vorbehaltene Bestimmung tritt. Die Verbandsländer, die hinsichtlich des Übersetzungsschutzes einen solchen Vorbehalt nicht gemacht haben, müssen jedoch gemäß Art. 4 RBUe. (Allfeld S. 433) den vollen Übersetzungsschutz den Werken aus anderen Vorbehaltsländern gewähren, was also praktisch wird gegenüber griech. Werken, da Griechenland (oben S. 125) nur den 10jährigen Übersetzungsschutz kennt, und auch dann, wenn etwa das Werk, das zwar in Jugoslavien, aber in einer anderen als einer der drei Landessprachen veröffentlicht worden ist, in Jugoslavien gemäß Art. 6 Abs. 3 keinen Übersetzungsschutz genießt. Somit erscheint die finn. VO. vom 23. 1. 1931 (Da. 1932, 122), die den Übersetzungsschutz jugoslav. Werke in Finnland auf 10 Jahre normiert, sofern nicht sein Urheber in einem Verbandslande innerhalb dieser Frist eine Übersetzung hat erscheinen lassen, unrichtig (abgesehen von der vom Berner Büro a. a. O. bereits festgestellten Ungenauigkeit).

Auch ist noch folgendes zu beachten:

Ist in einem der Verbandsländer, z. B. Siam, der Schutz gegen Übersetzung bezüglich eines Werkes, dessen Ursprungsland ein anderes Verbandsland, z. B. Frankreich ist, erloschen, so bedeutet das nicht, daß nun in Frankreich Übersetzungen dieses Werkes in siames. Sprache veröffentlicht werden dürfen. Vielmehr bleibt für Frankreich — ungeachtet des minderen Schutzes aufgrund der RBUe. in den anderen Verbandsländern — der volle Übersetzungsschutz (so die franz. Rechtsprechung Clunet 1910, 188).

Art. 9.

(1) Feuilletonromane, Novellen und alle anderen Werke aus dem Bereich der Literatur, Wissenschaft oder Kunst, gleichviel was ihr Gegenstand ist, die in Zeitungen oder periodischen Zeitschriften eines Verbandslandes veröffentlicht sind, dürfen in den übrigen Ländern ohne Ermächtigung der Urheber nicht abgedruckt werden.

(2) Artikel über wirtschaftliche, politische oder religiöse Tagesfragen können durch die Presse abgedruckt werden, wenn ihre Wiedergabe nicht ausdrücklich vorbehalten ist. Jedoch muß die Quelle in allen Fällen deutlich angegeben werden; die Rechtsfolgen der Nichterfüllung dieser Verpflichtung richten sich nach der Gesetzgebung des Landes, wo der Schutz beansprucht wird.

(3) Der Schutz dieser Übereinkunft findet keine Anwendung auf Tagesneuigkeiten oder vermischte Nachrichten, die sich als einfache Zeitungsmitteilungen darstellen.

Fassung von 1908: Abs. 1 und Abs. 3 gleichlautend.

Abs. 2: „Mit Ausnahme der Feuilletonromane und der Novellen kann jeder Artikel aus einer Zeitung in einer anderen Zeitung abgedruckt werden, wenn die Wiedergabe nicht ausdrücklich untersagt worden ist. Es ist jedoch die Quelle anzugeben; die Rechtsfolgen der Nichterfüllung dieser Verpflichtung richten sich nach der Gesetzgebung des Landes, in welchem der Schutz beansprucht wird."

I. Art. 9 bringt den Schutz der Presseartikel gegen ihre Presse-Wiedergabe und regelt die Zulässigkeit der Wiedergabe solcher Beiträge. Nach beiden Richtungen hin ist die Vorschrift des Art. 9 zwingendes Recht, das weder zugunsten noch zuungunsten der Urheber oder der Allgemeinheit abgeändert werden kann. Soweit es sich dabei um einen Schutz dieser Pressebeiträge handelt, liegt ein Sonderrecht der RBUe. im Sinne des Art. 4 Abs. 1, soweit es sich um die Wiedergabefreiheit handelt, dagegen ein Maximalschutz (S. 24) vor.

Es handelt sich hierbei um eine Spezialvorschrift, die nur gewisse Werkkategorien trifft und auch nicht allgemein einen Schutz dieser Werke gegen ihre Wiedergabe bringt, sondern lediglich gegen den Presseabdruck. Daher ist es nicht richtig, Art. 9 so erweiternd auszulegen, daß hieraus ein Verbandsschutz gegen die Wiedergabe überhaupt wird.

II. 1. Die BUe. gestattete den Abdruck von Artikeln aus Zeitungen und Zeitschriften grundsätzlich, verbot ihn, auch in der Übersetzung, jedoch dann, wenn der Abdruck ausdrücklich verboten war, was bei Zeitschriften auch in Form eines allgemeinen Verbotes geschehen konnte. Auf alle Fälle aber waren Artikel politischen Inhaltes, Tagesneuigkeiten und vermischte Nachrichten abdruckfrei. Diese Bestimmung wurde nun erweitert durch die Pariser Zusatzakte von 1896. Damals wurde ein vorbehaltloser Schutz für Feuilletonromane und Novellen geschaffen, welch beide Kategorien in der BUe. überhaupt nicht erwähnt waren. Ferner wurden — wieder mit Ausnahme der Artikel politischen Inhalts und der vermischten Nachrichten — die Zeitungs- und Zeitschriftenartikel bei einem diesbezüglichen Vorbehaltsvermerk geschützt, bei dessen Fehlen der Abdruck nur mit Quellenangabe

(d. h. Bezeichnung der Zeitung bzw. der Zeitschrift und des Urhebers) gestattet war.

Der Fortschritt in den Ergebnissen der Berliner Konferenz ist unverkennbar: Zunächst wird ausdrücklich festgestellt, daß jedes an sich schutzwürdige Schrift- oder Kunstwerk seinen Schutz behält, auch wenn es in Zeitungen oder Zeitschriften abgedruckt ist; ferner wird der Zeitschrifteninhalt völlig geschützt, während für Zeitungsartikel die Regelung der Pariser Zusatzakte geblieben ist, nur ist die freie Benutzung der Artikel politischen Inhaltes gefallen.

2. Die auf der Romkonferenz getroffene Änderung des Abs. 2 bringt als Neues

a) daß die Abdrucksfreiheit beschränkt wird auf Erörterungen über wissenschaftliche, politische oder religiöse Fragen,

b) daß die Abdrucksfreiheit erweitert wird, und zwar sowohl hinsichtlich der Entnahmen als auch der Wiedergabe, ganz allgemein für die Presse,

beides jedoch unter der Voraussetzung, daß kein Vorbehalt gemacht ist.

Einer Änderung des § 18 LUG. bedarf es nicht, da dessen Inhalt sich mit Art. 9 deckt (Klauer a. a. O. S. 380; Da. 1929, 84).

III. Ein voller Schutz gegen die Pressewiedergaben wird den in Abs. 1 aufgezählten Werkarten als Sonderrecht gegeben, sofern sie überhaupt Werke im Sinne des S. 52 Dargelegten sind und in der Presse veröffentlicht sind. Handelt es sich dagegen um Werke, die dieser Kategorie zwar angehören, jedoch nicht in der Presse veröffentlicht worden sind, oder um andere Werkgattungen, so genießen diese Werke den inländischen Schutz in den Verbandsländern, es kann jedoch der Schutz iure conventionis kraft eines Sonderrechts der RBUe. für sie nicht geltend gemacht werden.

1. Iure conventionis sind lediglich die im Art. 9 aufgezählten Werke „der Literatur und Kunst" im Sinne von Art. 2 Abs. 1 und 2 geschützt. Es scheiden also sowohl die Erzeugnisse des Kunstgewerbes als auch die Lichtbilder aus. Für diese kommt iure conventionis ein Schutz gegen die Pressewiedergabe nicht in Frage, sie werden also, wenn sie in Zeitungen und Zeitschriften veröffentlicht worden sind, nur den Bestimmungen der lex fori gemäß geschützt.

2. Der Schutz der im Abs. 1 genannten Werke iure conventionis als Sonderrecht:

a) „Feuilletonromane" sind Romane, die in einer Zeitung abgedruckt sind, und zwar auch dann, wenn der Abdruck als Beilage, jedoch im Zusammenhang mit dem betr. Presseorgan stehend, geschieht. Liegen der Zeitschrift aber in losen Bogen Teile eines Romans bei, so handelt es sich nicht um einen Feuilletonroman.

Novellen sind kleinere Romane und Erzählungen, sowie Aufsätze, die mit Zutaten aus der Phantasie des Erzählers ausgeschmückt sind.

b) Die im Abs. 1 genannten Werke müssen in Zeitungen oder Zeitschriften eines Verbandslandes veröffentlicht sein. Das bedeutet gegenüber dem Ausdruck „Presse" des Abs. 2 insofern eine Abänderung, als das Werk im Rahmen der Zeitung oder Zeitschrift abgedruckt sein muß, also nicht als Sonderausgabe einer solchen Zeitung oder Zeitschrift und auch nicht als Flugblatt veröffentlicht werden darf.

c) Der „Abdruck" bedeutet die unveränderte Wiedergabe, sei es in Originalsprache, sei es in einer Übersetzung.

3. Zu bedenken ist dabei noch, daß Feuilletonromane und Novellen ihrem Wesen nach keine Presseartikel sind, daß sie also in ihrem Wesen dadurch nicht verändert werden, daß sie zufällig in der Presse, sei es ganz oder teilweise, veröffentlicht werden (Berlin S. 251).

IV. Einen bedingten, nämlich von der Wahrung einer besonderen Förmlichkeit (oben S. 91) ausdrücklich abhängig gemachten Verbandsschutz genießen gewisse Presseartikel (Abs. 2).

Die ital. Regierung hatte mit dem Berner Büro für Abs. 2 folgenden Wortlaut vorgeschlagen:

> „Les articles de discussion politique, économique, religieuse et autres du même genre pourront être reproduits de périodique à périodique, si la reproduction n'en est pas expressément interdite."

Die franz. Delegation hatte Bedenken gegen die Ausweitung dieser Abdrucksfreiheit durch die Worte „et autres du même genre". Nach einiger Diskussion (Rom S. 248) einigte man sich auf die jetzige Fassung des Textes.

1. In Betracht kommen lediglich aktuelle Artikel über wirtschaftliche, politische oder religiöse Fragen, so daß Werke von größerem Umfange, gleichviel welchen Stoff sie behandeln, nicht unter Abs. 2 fallen. Aber auch Artikel über diese Stoffgebiete werden von der Bestimmung des Abs. 2 nur betroffen, wenn sie als Hauptfrage eine Frage aus diesem Gebiete behandeln, die im Augenblick die öffentliche Meinung beschäftigt. Lediglich die Aktualität, die den Artikeln den Charakter einer Augenblickserscheinung gibt, läßt die Abdrucksfreiheit verstehen, weil man glaubt, daß hierdurch der Gedankenaustausch und darüber hinaus die Bildung einer öffentlichen Meinung gefördert würde (vgl. aber unter VII). Es genügt also nicht bereits (wie Klauer a. a. O. S.

379 annimmt) ein „zeitungsgemäßer Charakter" des Artikels selbst, vielmehr muß zu diesem dem Charakter des betreffenden Presseorgans angepaßten Wesen noch der besondere Inhalt des „für den Tag Geborenen" hinzutreten, soll die Voraussetzung des Abs. 2 gegeben sein.

Was eine Tagesfrage ist, ist im Einzelfalle festzustellen. Dabei wird je nach dem Erscheinungsort, der Erscheinungszeit und dem Leserkreis, an den das betr. Presseorgan sich richtet, die Entscheidung darüber, ob eine Tagesfrage vorliegt, ausfallen. Auf die hier entstehenden großen Schwierigkeiten weist mit besonderem Nachdruck Giannini S. 208 hin. (Das norweg. Urheberrechtsgesetz vom 6. 6. 1930 [§ 9 Ziff. 4] weicht hier insofern von der zwingenden Vorschrift der RBUe. ab, als es Artikel über wirtschaftliche, politische oder religiöse Fragen überhaupt zum Ausdruck freigibt, so daß verbandseigene Artikel dieser Art besser geschützt sind, da sich deren Urheber auch gegenüber dem Abdruck in Norwegen auf Art. 9 Abs. 2 berufen können.)

2. Im Text kommt nicht zum Ausdruck — es ergibt sich das aber aus der Entstehungsgeschichte des Abs. 2 —, daß lediglich solche Artikel von dieser Bestimmung getroffen werden, die in der Presse veröffentlicht worden sind und zwar zum ersten Male in der Presse eines der Verbandsstaaten. Was „Presse" (im Sinne des Art. 9) bedeutet, ist von den Verbandsländern in Rechtsnormen festzulegen oder der richterlichen Ausdeutung zu überlassen. Die Auffassung von Raestad (S. 184), daß das Wort „Presse" einheitliche Bedeutung für alle Verbandsländer habe, ist nur in dem Sinne richtig, daß unter allen Umständen (wie sich aus der Entstehungsgeschichte ergibt) hierzu Zeitungen und Zeitschriften gerechnet werden müssen, weil diese im Sinne des Art. 9 als Presse anzusehen sind (a. A. Plaisant-Pichot S. 61, die die Auffassung vertreten, je nach der Rechtsprechung des Landes könne „Presse" nur Zeitungen [so auch Klauer a. a. O. S. 372] oder auch periodische Sammelwerke aller Art bedeuten). Daher gehören Nachrichten, die der Rundfunk oder der Tonfilm wiedergibt, nicht hierher, so de Sanctis JDA. V [1934] 417.

3. Diese Artikel können durch die Presse abgedruckt werden, wobei die Art dieser Vervielfältigung völlig freigestellt ist. Daher kann ein Presseorgan den Artikel auch in Sonderabdrücken und Flugblättern veranstalten, sofern diese äußerlich als Teile des betr. Presseorgans gekennzeichnet sind. Dagegen ist die lautliche Wiedergabe des Artikels in Form eines Vortrags oder eine rundfunkmäßige Wiedergabe nicht gestattet.

Die Abdrucksfreiheit versagt, und es tritt voller Schutz der Artikel ein, wenn die Wiedergabe ausdrücklich vorbehalten ist. Befugt zu diesem Vorbehalt ist grundsätzlich der Urheber, der also, überträgt er das Abdrucksrecht auf den Zeitungsverleger, ausdrücklich dieses Vorbehaltsrecht sich vorbehalten kann. Ist dagegen das Zeitungsabdrucksrecht ohne diese Begrenzung auf den Verleger übertragen worden, steht es in dessen Belieben, ob er von dem Recht des Vorbehaltes Gebrauch machen will. Eine Form ist für diesen Vorbehalt nicht bestimmt; es genügt, daß aus der Bekanntmachung der Wille ersichtlich wird, daß die Befugnis des Presseabdrucks für den Berechtigten vorbehalten werden soll. Dagegen muß das Verbot in dem betreffenden Stück des Presseorgans abgedruckt sein, wobei es genügt, daß dieser Vorbehalt für alle in dem betr. Stück enthaltenen Artikel geltend gemacht wird. Der Vorbehalt wird regelmäßig in der Sprache des Ursprungslandes ausgedrückt; es ist nicht notwendig, daß dieser Vorbehalt auch noch in anderen Sprachen formuliert wird — obwohl man das öfters sehen kann — (Wauwermans S. 109). Ein bestimmter Platz für diesen Vorbehalt ist nicht vorgeschrieben.

Fehlt dagegen ein Abdrucksverbot — gleichviel aus welchen Gründen (Dungs S. 45) —, so ist bei dem demgemäß gestatteten Abdruck die Quelle deutlich anzugeben. Unter allen Umständen muß das Presseorgan angegeben werden, aus dem der Abdruck erfolgt ist. Dagegen ist es nicht erforderlich, daß die Nummer der Zeitung angegeben wird, weil die Quellenangabe nur auf die Quelle hindeuten will, der der Artikel entnommen ist, nicht aber eine so genaue Bezeichnung enthalten soll, daß dem Leser die Nachprüfung möglich ist.

Daß Titel und Name des Verfassers beim Abdruck in gleicher Weise wie beim Original angegeben werden muß, folgt aus Art. 6 b.

Die Rechtsfolgen der unterlassenen Quellenangabe richten sich nach der lex fori. Für das Deutsche Reich gilt Art. IV des Gesetzes vom 22. 5. 1910 (RGBl. 1910, 797), der diesen Fall als Plagiat gemäß § 44 LUG. behandelt; nach französischem Recht ist es contre façon.

4. Die Verbandsländer können zwar diese Abdrucksfreiheit einschränken (so Siam Art. 7 Abs. 3, was lediglich die Artikel über politische Tagesfragen abdrucksfrei gemacht hat), z. B. sie abhängig machen von der besonderen Zustimmung des Urhebers (bzw. desjenigen, der das Zeitungs-Abdruckrecht an dem betr. Artikel besitzt) oder auch gänzlich aufheben. Jedoch haben diese Bestimmungen, da es sich hierbei um eine zwingende Norm der RBUe. handelt, nur Wirkung für Artikel, deren Ursprungsland das betr. Verbandsland ist. Für die Artikel, deren Ursprungsland

ein anderes Verbandsland ist, gilt trotzdem die zwingende Vorschrift des Art. 9 Abs. 2.

V. Nicht geschützt sind Tagesneuigkeiten und vermischte Nachrichten in Gestalt einfacher Zeitungsmitteilungen (Abs. 3). Diese vom Deutschen Reich (§ 18 LUG.) als „vermischte Nachrichten tatsächlichen Inhaltes und Tagesneuigkeiten" bezeichneten Pressemeldungen sind von jeglichem Urheberrechtsschutz frei, weil sie keine Werke im Sinne des S. 52 Dargelegten sind, sondern Tatsachenmitteilungen, denen jede eigenpersönliche Formgebung fehlt. Die Begriffe Tagesneuigkeiten und vermischte Nachrichten, die sich als einfache Zeitungsmitteilungen darstellen, gehen ineinander über.

Wenn auch bezüglich dieser Pressemeldungen jeglicher Urheberrechtsschutz, insbesondere auch derjenige gegen die rundfunkmäßige Wiedergabe versagt, so kann doch unter gewissen Umständen ein wettbewerblicher Schutz gegeben sein (R ö t h l i s b e r g e r in Da. 1924, 62, S t o l f i II, 763 Anm. 1; R e n a u l t s Bemerkungen [Berlin S. 252] hierüber sind ganz allgemein gehalten), sei es, daß (RGZ. 128, 341) der planmäßige Abdruck von Meldungen aus Zeitungen durch eine andere als Tatbestand des unlauteren Wettbewerbs angesehen wird (vgl. z. B. die Rechtsprechung in USA. in Da. 1920, 70, aber auch die schweizer in Da. 1931, 81), sei es, daß, nach dem Vorbild der großbrit. Kolonialgesetzgebung (in M a g n u s, Tabellen zum Urheberrechtsgesetz S. 99), des Art. 40 des bulgar., § 14 des isländ., § 3 Ziff. 3 des norweg. Urheberrechtsgesetzes die Priorität für solche auf schnellstem Wege übermittelte Pressemitteilungen für die Nachrichtensammlung in Form eines Leistungsschutzes geschützt wird (vgl. H ä n t z s c h e l GRUR. 1932, 834, H o f f m a n n § 51, S. 95).

Ein solcher wettbewerblicher Schutz ist von Belgien auf der Berliner Konferenz (S. 179, 215) beantragt worden. Ein gleicher Antrag von Jugoslavien auf der Haager Konferenz der Pariser Konvention blieb unerledigt (O s t e r r i e t h, Die Haager Konferenz 1925, S. 89), und ein gleicher auf der Londoner Konferenz der Pariser Konvention vom Deutschen Reich und der Tschechoslowakei gestellter Antrag hat zur Annahme eines Wunsches geführt.

Über die Stellung der Internationalen Handelskammer zu diesem Problem vgl. den Bericht in GRUR. 1933, 611.

VI. V o r b e h a l t e hatten hinsichtlich Art. 9 RBUe. folgende Verbandsländer gemacht: Dänemark, Finnland, Griechenland, Niederlande, Norwegen, Rumänien, Schweden, Siam, und zwar hatten Griechenland, Norwegen, Rumänien und Schweden die Bestimmung des Art. 7 BUe., Dänemark, Finnland, Niederlande und Siam die Bestimmung des Art. 7 BUe., jedoch in der Fassung der Pariser Zusatzakte, an die Stelle des Art. 9 RBUe. kraft ihres Vorbehaltes gesetzt.

1. Norwegen hat nicht nur auf den Vorbehalt hinsichtlich des Art. 9 verzichtet, sondern hat diesen Verzicht gemäß Art. 30 RBUe. auch allen Verbandsländern gegenüber, auch solchen, die noch durch einen solchen Vorbehalt gebunden sind, zum Ausdruck gebracht.

2. Von den anderen Verbandsländern haben Finnland, die Niederlande und Schweiz den Romtext ohne Vorbehalt ratifiziert, Dänemark und Griechenland sind ihm, ohne ihren Vorbehalt aufrecht zu erhalten, beigetreten.

3. Es bleiben somit die Vorbehalte von Rumänien und Siam übrig, von denen derjenige Rumäniens nicht recht begründet erscheint. Zwar geht Art. 46 des rumän. Urheberrechtsgesetzes über Art. 9 RBUe. hinaus, da hiernach an signierten Presseartikeln, gleichviel was ihr Inhalt ist, volles Urheberrecht dem Urheber zusteht. Diese Bestimmung ist mit Art. 7 BUe. nur dann in Übereinstimmung zu bringen, wenn man die Signierung als allgemeines Abdrucksverbot ansieht; sonst würde ja Rumänien gegen die zwingende Vorschrift verstoßen. Wenn also Rumänien jetzt bei seinem Vorbehalt beharrt, dürfen die nicht signierten Presseartikel und gemäß Art. 47 Artikel von politischem Charakter sowie solche, die Fragen von allgemeinem Interesse behandeln, in Rumänien mit Quellenangabe abgedruckt werden. Irgendwelche materiellen Opfer sind also von Rumänien bei Aufgabe seines Vorbehaltes nicht zu bringen.

Dagegen ist im Augenblick der Verzicht Siams auf den Vorbehalt nicht zu erwarten, da Art. 7 seines Urheberrechtsgesetzes vom 16. 6. 1931, die Bestimmung von Art. 7 BUe. in Fassung der Pariser Zusatzakte übernommen hat.

4. Die durch den Vorbehalt anstelle von Art. 9 tretenden Vorschriften unterscheiden sich in folgendem von dieser Vorschrift:

a) Art. 7 BUe. schützt die in Zeitungen und Zeitschriften erschienenen Artikel, auch wenn sie der Form nach nicht Artikel, sondern Romane, Novellen, Dramen sind, nur bei ausdrücklichem Abdrucksvorbehalt. Dagegen bleiben gemäß Art. 7 Abs. 2 schutzlos die Artikel politischen Inhalts (auch wenn sie gemäß ihrer Formgebung Werke sind) und die Tagesneuigkeiten und vermischten Nachrichten.

b) Kompliziert ist die Regelung nach der Pariser Zusatzakte von 1896:

aa) Wie nach Art. 9 RBUe. sind Feuilletonromane und Novellen, auch wenn sie in der Presse veröffentlicht worden sind, geschützt;

bb) Artikel in Zeitungen und Zeitschriften bedürfen zum Schutz gegen Abdruck eines besonderen Vorbehaltes, der bei jedem Zeitungsartikel gesondert erklärt werden muß, während bei Zeitschriften ein Vorbehalt für jede Nummer genügt;

cc) Der Abdruck politischer Artikel kann auch nicht durch einen Vorbehalt verboten werden.

VII. Die Regelung des Art. 9 befriedigt nicht. Denn wenn man auch das intérêt public als Grund der Freistellung gewisser Presseartikel bezeichnet (so die Denkschrift der belgischen Delegation auf der Berliner Konferenz [Berlin S. 205]), so erscheint dies doch nicht durchschlagend, denn mit den gleichen Gründen könnte man die Abdrucksfreiheit für viele Werke fordern, auch dann oder gerade dann, wenn sie nicht in der Presse veröffentlicht worden sind. Ebensowenig sind die weiteren (von Olagnier II, 179 angeführten) Argumente durchschlagend, daß nämlich diese Artikel regelmäßig von fest angestellten Urhebern stammen, und daß der demokratische Gedanke ihre weitestmögliche Verbreitung fordere. Die Rechtsnorm des Art. 9 ist vielmehr noch der Rest alter Anschauungen über die mindere Qualität von Presse und Presseartikeln.

Mit Recht hat sich Feder in seinem dem Internationalen Kongreß für Rechtsvergleichung im Haag 1932 erstatteten Gutachten über das Urheberrecht der Journalisten (abgedruckt in Sonderheft von Rabel VI [1932] 6) gegen diese Schlechterbehandlung des journalistischen Schriftums gewendet, und es ist erfreulich, daß dieser Kongreß (vgl. den Generalbericht von Piola Caselli und Raymond Weiß in IDA. III [1932] 394) zum gleichen Ergebnis gekommen ist, und daß Belgien (S. 28) — mit nicht geglückter Förmelung — dieser Erkenntnis sich angeschlossen hat.

Artikel 10.

Für die Befugnis, Auszüge oder Stücke aus Werken der Literatur oder Kunst in Veröffentlichungen, die für den Unterricht bestimmt oder wissenschaftlicher Natur sind, oder in Chrestomathien aufzunehmen, sollen die Gesetzgebungen der Verbandsländer und die zwischen ihnen bestehenden oder in Zukunft abzuschließenden besonderen Abkommen maßgebend sein.

Fassung von 1908: gleichlautend.

I. Die dem Art. 8 BUe. fast wörtlich entsprechende Bestimmung erscheint (mit Dungs S. 46) überflüssig, weil sie einen materiellen Rechtssatz nicht enthält (RGZ. 80, 78), insbesondere nicht den hier zu erwartenden Rechtssatz eines Verbandsschutzes gegen die Wiedergabe des Werkes (so auch Belgien S. 30). Die im Art. 10 ausgesprochene Norm, daß der Umfang der zulässigen Benutzung des Werkes sich nach der lex fori bestimmt, ist lediglich eine Anwendungsform des Grundsatzes der Inländerbehandlung.

Dieser Grundsatz gilt aber nicht nur für die im Art. 10 erwähnten Fälle des großen Zitatenrechts (das Kleinzitatenrecht ist nicht erwähnt (Belgien S. 31) und die Aufnahme in Chrestomathien (in der Originalsprache wie auch in einer Übersetzung, Raestad S. 186). Es ist also irrig, wenn Malaplate (S. 217) in Art. 10 den fakultativen Schutz von Unterrichtswerken oder Chrestomathien sieht.

Weil es sich dabei um Begrenzungen des Rechts des Einzelnen gegenüber dem Interesse der Allgemeinheit handelt, kann man grundsätzlich diese Bestimmungen der Landesgesetzgebung nicht als Ausnahmebestimmungen (so Rom S. 251) betrachten und demgemäß eng auslegen. Wie weit das Landesgesetz bei dieser Festlegung der Interessen der Allgemeinheit und damit in der Zurückdrängung des Schutzes des Einzelnen geht, ist vielmehr ausschließlich seine Angelegenheit. Und lediglich von einem einseitigen pro autore Standpunkt aus kann man sprechen von der „atteinte portée à l'esprit de la Convention, atteinte morale plutôt que strictement juridique“ (Da. 1932, 5).

Das Berner Büro ist (in Da. 1922, 136) dem tragenden Gedanken dieser Bestimmung nahe, da es ausführt, daß jedem Recht auch eine Pflicht entspricht, auch dort, wo von dieser Pflicht nicht gesprochen wird. Wenn also die RBUe. das Recht an dem Werke anerkennt und schützt, so muß es gleichzeitig auch die Verpflichtung auferlegen, diese Werke trotz — oder besser gerade wegen — dieses Schutzes anderen, nämlich der Allgemeinheit, in beschränkter Auswirkung zwecks Kenntnisnahme zur Verfügung zu stellen.

Die Gesetzgebung der Verbandsländer in dieser Grenzziehung wird durch die RBUe. lediglich dadurch eingeschränkt, daß an die Stelle dieser Vorschriften die Bestimmungen aus Sonderabkommen treten sollen, die zwischen einzelnen Verbandsländern abgeschlossen sind und diese Frage behandeln, gleichgültig ob diese Vorschriften weitergehend sind als die Bestimmungen der Landesgesetze, also den Urheber oder die Allgemeinheit mehr begünstigen. Abkommen über solche Fragen sind bis jetzt zwischen Verbandsländern nicht getroffen worden.

II. Für die Romkonferenz hatte die ital. Regierung zusammen mit dem Berner Büro, von der Überzeugung ausgehend, daß es zweckmäßig sei, den jetzigen Rechtszustand, der an Uneinheitlichkeit seines Gleichen sucht, durch eine Regelung im Rahmen der RBUe. zu ersetzen, Vorschläge gemacht. Wenn aber hierbei darauf hingewiesen wird, daß die Regelung hinsichtlich der Sonderabkommen insofern dem Geist der RBUe. zuwiderlaufe, als hierdurch die Grundsätze der Inländerbehandlung nicht befolgt würden, da der betr. Verbandsstaat nicht verpflichtet sei, Werken aus anderen Verbandsländern die gleichen weitgehenden Vergünstigungen hinsichtlich der Benutzung einheimischer Werke zuteil werden zu lassen, so geht dies fehl. Denn es handelt sich hierbei nicht um Vorschriften des internen Gesetzes, die die Inländerbehandlung gestalten, sondern um Bestimmungen aus einem Sonderabkommen, die nur für die vertragschließenden Länder maßgebend sind.

Das Deutsche Reich und Großbritannien wünschten nur geringe Abänderungen am geltenden Text, während Frankreich und Japan eine weitgehende Fallregelung vorgeschlagen hatten.

Wenn auch allgemein der Wunsch auf Regelung dieser Wiedergabefreiheit, sei es im Ganzen, sei es nur eines Teils davon, geteilt wurde, so war es doch nicht möglich, Einstimmigkeit bezüglich eine der Anträge zu erzielen. Es blieb also beim Berliner Text. Lediglich der Voeu II (S. 270) wurde angenommen.

III. Die Landesgesetze kennen folgende Anwendungsfälle der Begrenzung des Urheberrechts:

1. Das kleine Zitatenrecht ist ganz allgemein anerkannt (Da. 1926, 103, Rom S. 250) und zwar auch dort, wo das Gesetz es nicht ausdrücklich auspricht. Mit Recht führt Da. 1924, 41 Anm. 1 aus: „le droit de citation est pour tout ouvrier de l'esprit une sorte de droit naturel, dont il ne saurait être privé", nämlich das Recht, einzelne Stellen aus einem erschienenen Werke in einem anderen Werke anzuführen, so daß ein innerer Zusammenhang des Zitats mit dem eigenen Werke vorhanden ist, das seinem Wesen nach nicht nur etwas Anderes, sondern etwas Selbständiges gegenüber der Summe der Zitate ist. Dieses Recht wird von folgenden Gesetzen der Verbandsländer anerkannt: Belgien Art. 13, Brasilien Art. 666 Ziff. 5, Bulgarien Art 39, Deutsches Reich § 19 Abs. 1 Ziff. 1, § 21 Ziff. 1 LUG., Estland Ziff. 39, Finnland § 17 Ziff. 1, Griechenland Art. 9, Japan Art. 30 Ziff. 2, Jugoslavien § 26 Ziff. 1, 28 Ziff. 1, Luxemburg Art. 13, Norwegen § 9 Ziff. 1, Österreich §§ 25 Ziff 1, 30 Ziff. 2, Polen

Art. 14 Ziff. 1, Portugal Art. 20, Rumänien Art. 20 Ziff. 1, Schweden § 11 Ziff. 1, § 12 Ziff. 1, Syrien-Libanon Art. 149, Tschechoslowakei § 23 Ziff. 2, § 29 Ziff. 2, Tunis Art. 3, Ungarn § 9 Ziff. 1, § 47 Abs. 1.

2. Das große Zitatenrecht bedeutet die vom Gesetzgeber gestattete Aufnahme erschienener abgeschlossener kleinerer Werke in Einzelarbeiten. Hier muß, weil die Entlehnung von größerem Umfange ist als beim Kleinzitat, mit besonderem Nachdruck gefordert werden, daß die Aufnahme nicht zum Selbstzweck wird, sondern lediglich zur Unterstreichung, Untermalung eigenen selbständigen Schaffens dienen soll. Das Großzitatenrecht ist von folgenden Landesgesetzgebungen geregelt: Brasilien Art. 666 Ziff. 1, Dänemark § 14 a, Deutsches Reich § 19 Abs. 1 Nr. 2, § 21 Nr. 2 LUG., Finnland § 17 Ziff. 2 Abs. 2, Griechenland Art. 9, Jugoslavien § 26 Ziff. 1, Österreich § 25 Ziff. 2, § 30 Ziff. 3, Polen Art. 13, Ziff. 3, Portugal Art. 19, Tschechoslowakei § 23 Ziff. 3, (vgl. Ob. Gerichtshof in SchuW. 1934, 150) § 29 Ziff. 3, Ungarn § 9 Ziff. 1, § 47 Abs. 1.

In den Niederlanden wird das Großzitat (Rom S. 251) durch vertragliche Abmachung zwischen den beteiligten Interessenkreisen geregelt.

3. Aufnahme in Unterrichtswerke. In dieser Bestimmung findet der Rechtsgedanke seinen Ausdruck, daß der Urheber als Schöpfer von Geisteswerken mit dazu beitragen muß, daß die Volksgemeinschaft im Sinne des nationalen Gedankens erzogen wird, so daß die Verwendung eines Teils seines Werkes in einem für den Unterricht bestimmten Werk gestattet ist. Dem Unterrichtszweck werden vielfach literarische oder wissenschaftliche Zwecke gleichgestellt, insbesondere wenn es sich hierbei um Sammlungen handelt.

Hierüber enthalten die folgenden Verbandsländer Bestimmungen: Brasilien Art. 666 Ziff. 1, Bulgarien Art. 39, Dänemark § 14 b und 14 c, Deutsches Reich § 19 Abs. 1 u. 4 (vgl. RGZ. 80, 78), § 21 Ziff. 3, Estland Ziff. 39, Finnland § 17 Ziff. 4, Großbritannien Art. 2 Ziff. 1 IV, Italien Art. 22, Japan Art. 30 Ziff. 3, Jugoslavien § 26 Ziff. 2 und § 28 Ziff. 2, Niederlande Art. 16 Abs. 1 und 2, Norwegen § 9 Ziff. 2, Österreich § 25 Ziff. 2 und § 30 Ziff. 3, Polen Art. 13 Ziff. 3, Portugal Art. 19, Rumänien Art. 20 Ziff. 4, Schweden § 11 Ziff. 3 und § 12 Abs. 1 Ziff. 2, Schweiz Art. 27, Siam § 20 Abs. 2 III, Syrien-Libanon Art. 149, Tschechoslowakei § 23 Ziff. 3 und § 29 Ziff. 3, Ungarn § 9 Ziff. 1 und § 47 Abs. 1.

4. Vielfach gestattet die Landesgesetzgebung unter bestimmten Voraussetzungen den Abdruck von Liedertexten,

um hierdurch das Tonkunstwerk zum besseren Verständnis der Hörer zu bringen: Bulgarien Art. 45, Dänemark § 14 d und e, Deutsches Reich § 20 LUG., Estland Ziff. 45, Finnland § 17 Ziff. 5, Jugoslavien § 27, Norwegen § 9 Ziff. 3, Österreich § 25 Ziff. 5, Polen Art. 48, Portugal Art. 30, Schweden § 11 Abs. 1 Ziff. 2, Schweiz Art. 32, Tschechoslowakei § 23 Ziff. 5, Ungarn § 47 Abs. 2. Ob de lege ferenda diese Abdrucksfreiheit auch bei rundfunkmäßiger Wiedergabe gestattet werden kann, hängt im wesentlichen von der Stellung der Rundfunkgesellschaft im öffentlichen Leben des betr. Staates ab.

5. Bei Werken der bildenden Künste wird regelmäßig die Wiedergabe gestattet, sofern die Werke an öffentlichen Wegen oder Plätzen aufgestellt sind. Der tatsächlich gegebenen Möglichkeit, vom Werke Kenntnis zu nehmen, entspricht hier die vom Gesetz normierte rechtliche Zulässigkeit der Wiedergabe. Dieser Fall ist von folgenden Landesgesetzgebungen geregelt: Brasilien Art. 666 Ziff. 9, Bulgarien Art. 55 Ziff. 3, Dänemark § 31 Abs. 2, Deutsches Reich § 20 KSchG., Estland Ziff. 56 Nr. 3, Finnland § 18 Ziff. 3, Großbritannien Art. 2 Ziff. 1 III, Jugoslavien § 30, Niederlande Art. 18, Norwegen § 10 Ziff. 2, Österreich § 34 Ziff. 3, Polen Art. 15 Ziff. 4, Rumänien Art. 27 Ziff. 1, Schweden § 7 KSchG., Schweiz Art. 30 Ziff. 3, Siam Art. 20 II, Tschechoslowakei § 33 Ziff. 4, Ungarn § 62 Ziff. 2 (Einschränkend die franz. Rechtsprechung in Da. 1915, 115 u. Da. 1924, 59, wo jede nutzbringende Verwertung eines solchen Werkes der bildenden Kunst als unzulässig bezeichnet wird; für ital. Recht vgl. Stolfi JDA. IV [1933] 1).

6. Der gleiche Rechtsgedanke kehrt bei der Gestattung der Wiedergabe von Werken der bildenden Künste wieder, die sich in öffentlichen Sammlungen befinden (Hierzu Dommange in Bulletin Nr. 5 S. 63); Bulgarien § 53, Estland Ziff. 54, Finnland § 18 Ziff. 1 u. 2, Norwegen § 10 Ziff. 1, Polen Art. 15 Ziff. 3, Portugal Art. 93, Rumänien Art. 27 Ziff. 1, Schweiz Art. 30 Ziff. 2.

7. Auch bei Werken der bildenden Kunst gibt es eine Art von Zitatenrecht, nämlich wenn die Wiedergabe des Werkes in einem selbständigen Schriftwerk lediglich zur Erläuterung des Inhaltes erfolgt. So Brasilien Art. 666 Ziff. 7, Bulgarien Art. 55, Ziff. 2, Dänemark § 31 Abs. 1, Deutsches Reich § 19 KSchG. (vgl. RGZ. 139, 339), Estland Ziff. 56 Nr. 2, Finnland § 18 Ziff. 2, Griechenland Art. 9, Japan Art. 30 Ziff. 5, Jugoslavien § 29 Ziff. 1, Niederlande Art. 16 Abs. 2, Norwegen § 9 Ziff. 1, Österreich § 34 Ziff. 4, Rumänien Art. 27 Ziff. 2 u. 3, Schweden § 6 KSchG., Schweiz Art. 30 Ziff. 1, Tschechoslowakei § 33 Ziff.

5, Ungarn § 62 Ziff. 3 (Ebenso die franz. Rechtsprechung Da. 1925, 30, Kass. vom 19. 3. 1926 bei Rabel I [1927] 315).

8. Einzelne Verbandsländer anerkennen auch das Recht des Eigentümers am Werke der bildenden Künste, dieses auszustellen. Man wird jedoch die Ausübung dieses Rechts erst dann für zulässig erachten, wenn der Urheber von seiner urheberpersönlichkeitsrechtlichen Befugnis der Veröffentlichung des Werkes (oben S. 116) Gebrauch gemacht hat. Das Recht der Ausstellung wird anerkannt von Bulgarien Art. 53 Ziff. 5, Estland Ziff. 56 Nr. 5, Finnland § 18 Ziff. 4, Griechenland Art. 9, Niederlande Art. 23, Norwegen § 10 Ziff. 3, Polen Art. 15 Ziff. 1, Tschechoslowakei § 33 Ziff. 7 (für belg. Recht vgl. Rechtsprechung in Da. 1932, 117).

9. Besondere Anwendungsfälle sind geregelt für Liederbücher im Deutschen Reich (§ 19 Abs. 1 Ziff. 3 LUG., vgl. RGZ. 122, 66; 128, 102, gilt jedoch nicht, wenn die Abdrücke für Rundfunkhörer bestimmt sind, KG. in JW. 1925, 2501). Parodien (Brasilien Art. 665 § 1; anders nach großbrit. Recht Da. 1918, 103, ebenso schützt die franz. Rechtsprechung Da. 1931, 32 Zeichnungen gegen die karikaturmäßige Wiedergabe), Polemik (Portugal Art. 26 gestattet hierbei auch den Abdruck der Antwort als Ganzes), Ausführung von Bauwerken oder von Kunstgeräten nach herausgegebenen Modellzeichnungen (Finnland § 17 Ziff. 7, ausgenommen bei ausdrücklichem Vorbehalt).

IV. Art. 10 gestattet nur die unveränderte oder — entsprechend dem Zweck der Entlehnung — abgeänderte Wiedergabe der Formgebung des älteren Werkes, während Art. 12 den Fall regelt, daß Änderungen dieser Formgebung geschahen. Ebenso bezieht sich Art. 10 nicht auf solche Wiedergaben eines geschützten Werkes, deren Zulässigkeit sich aus den Sondervorschriften der RBUe. (Art. 2b, 9 Abs. 2, 11b Abs. 2, 13 Abs. 2) ergibt.

Art. 11.

(1) Die Bestimmungen dieser Übereinkunft finden auf die öffentliche Aufführung dramatischer oder dramatisch-musikalischer sowie auf die öffentliche Aufführung von Werken der Tonkunst Anwendung, gleichviel ob diese Werke veröffentlicht sind oder nicht.

(2) Die Urheber von dramatischen oder dramatisch-musikalischen Werken werden während der Dauer ihres Rechts am Originalwerk gegen die öffentliche, von ihnen nicht gestattete Aufführung einer Übersetzung ihrer Werke geschützt.

(3) Die Urheber genießen den Schutz dieses Artikels, ohne daß sie verpflichtet wären, bei der Veröffentlichung des Werkes dessen öffentliche Aufführung zu untersagen.

Fassung von 1908: gleichlautend.

I. 1. Der den Schutz des Werkes gegen die öffentliche Aufführung behandelnde Artikel ist, soweit Abs. 1 in Frage kommt, nahezu unverständlich. Der Sinn wird erst klar, wenn man den Text des Abs. 2 zur Erläuterung mit heranzieht. Denn wenn man vom Wortlaut des Abs. 1 ausgeht, müßte man die Aufführung eines Werkes als schutzfähig ansehen, so daß ein findiger Kopf hieraus den Urheberrechtsschutz für den „Urheber" der Aufführung, also den nachschaffenden Künstler herleiten könnte. Gemeint ist aber etwas ganz anderes, nämlich daß ein Werk, soweit seine öffentliche Aufführung in Frage kommt, Schutz hiergegen gemäß den allgemeinen Bestimmungen der RBUe. genießen soll. Der Text des Abs. 1 ist also dahin zu verstehen, daß der Verbandsschutz auch gegen öffentliche Aufführungen der hier aufgezählten Werke gewährt werden soll.

2. Die RBUe. enthält aber k e i n e N o r m (unrichtig O l a g n i e r II, 13) über den Schutz des aufführungsfähigen Werkes gegen seine öffentliche Aufführung. Sie verweist vielmehr hinsichtlich dieses Schutzes auf das in Frage kommende Landesgesetz (so ganz eindeutig Da. 1933, 112 und Belgien S. 33), gibt also auch in Ansehung der Aufführung dem verbandseigenen Werke den Inländerschutz, so daß Art. 11 Abs. 1 lediglich eine Anwendungsform des Art. 4 darstellt.

Es ist deshalb unrichtig, wenn Da. 1922, 102 von einem „droit impératif et strict" spricht, weil hierunter Sonderrechte oder Maximalrechte zu verstehen sind. Zwingend in diesem Sinne ist jedoch lediglich die Vorschrift des Abs. 3. Mit Recht führt Da. 1933, 114 — ganz im Gegensatz zu der früheren Auffassung — aus, daß, weil die RBUe. die Aufführungsbefugnis nicht als Recht, welches iure conventionis gegeben ist, anerkennt, jedes Verbandsland diese Befugnis nach seinem Gutdünken einengen kann. Darum geht auch M a l a p l a t e (S. 236) fehl, der die Aufführung dem Grundrecht der Wiedergabe hinsichtlich des Verbandsschutzes gleichstellt, wobei er überdies noch übersieht, daß auch hinsichtlich des allgemeinen Rechts der Wiedergabe (Vervielfältigung im weitesten Sinne des Wortes) ein Verbandsschutz nicht gegeben ist.

II. Für den Aufführungsschutz kommen lediglich die aufführungsfähigen Werke in Betracht. Das sind nach dem Text des

Abs. 1 die dramatischen und dramatisch-musikalischen Werke, Werke, deren lautliche Wiedergabe „représentation" genannt wird, während die Aufführung des reinen Tonkunstwerkes „exécution" nach dem franz. Sprachgebrauch heißt.

Dagegen werden vom Wortlaut des Art. 11 Abs. 1 nicht betroffen die Tanzkunstwerke, denn deren Wiedergabe ist nicht Aufführung im Sinne dieses Artikels, der lediglich die lautliche Wiedergabe behandelt, während die Wiedergabe des Tanzkunstwerkes sich an das Auge wendet. Trotzdem sind auch diese Werke geschützt, nämlich als Schutzgegenstand des Art. 2, bezüglich dessen gemäß Art. 4 die lex fori angewendet wird (vgl. auch Ziff. 2 des Schlußprotokolls vom 9. 9. 1886).

Das Gleiche gilt für die gleichfalls im Abs. 1 nicht erwähnten Tonkunstwerke mit Text. Auch diese werden, weil im Art. 2 ausdrücklich aufgeführt, nach der lex fori geschützt, gleichviel ob man diese Werke als ein unteilbares Ganze und somit als Tonkunstwerke im Sinne des Abs. 1 oder als Verbindung zweier Werke ansieht.

Das Gleiche gilt schließlich auch für die lautliche Wiedergabe von Schriftwerken („Vortragen" oder „Vorlesen"), für die ein Verbandsschutz nicht vorgesehen ist (Da. 1928, 134). Auch hier ist die lex fori entscheidend (für franz. Recht vgl. Da. 1933, 100).

III. Art. 11 spricht von einer öffentlichen Aufführung.

1. Der Begriff des „öffentlichen" in diesem Sinne bestimmt sich gleichfalls nach der lex fori. Die Rechtsprechung der Verbandsländer geht übereinstimmend dahin, daß eine Aufführung dann öffentlich ist, wenn jedermann Zutritt hat (franz. Rechtsprechung in Da. 1922, 9, 1932, 54; ungar. Rechtsprechung in Da. 1932, 21). Nach deutscher Rechtsauffassung — so die feststehende Rechtsprechung des RG. — liegt Öffentlichkeit dann vor, wenn der in sich geschlossene, nach außen hin bestimmt abgegrenzte Kreis innerlich verbundener Personen überschritten wird. Hinsichtlich Vereinsvorstellungen vgl. § 27 Ziff. 3 LUG. und Art. 14 Ziff. 2 des poln. Urheberrechtsgesetzes. Im gleichen Sinne verlangt der franz. Kass. (Da. 1922, 118), daß bei Vereinsvorstellungen nur persönlich eingeladene Gäste zugegen sind, die sich ausweisen müssen. Im gleichen Sinne die Rechtsprechung von Syrien-Libanon (Da. 1934, 71). Schärfer dagegen die span. Rechtsprechung (Ob. Gerichtshof in Da. 1917, 10, der dann bereits eine öffentliche Aufführung annimmt, wenn der aufführende Verein Beiträge erhebt).

Öffentlich ist die Aufführung auch dann, wenn sie anläßlich eines Gottesdienstes in einer Kirche stattfindet, oder durch Militärkapellen, es sei denn, es handelt sich um eine rein militärische Veranstaltung (so für franz. Recht P o u i l l e t S. 799).

Richtiger würde es sein, den Schutz des Werkes nicht von der „Öffentlichkeit" der Aufführung abhängig zu machen. Denn die Öffentlichkeit des Vorgangs hat mit der lautlichen Wiedergabe nichts zu tun, da hierdurch lediglich der Kreis bezeichnet wird, dem die Möglichkeit der Wahrnehmung gemäß den Bestimmungen dieser Wiedergabe offen steht. Es würde dann Sache des Aufführenden sein, darzutun, daß es sich lediglich um eine für eigenpersönliche Zwecke erfolgende und bestimmte Wiedergabe handelt, die grundsätzlich jedem freisteht.

2. Auch der Begriff „Aufführung" als die lautliche Wiedergabe bestimmt sich nach Landesrecht. Nur gehört im Sinne der RBUe. die rundfunkmäßige Wiedergabe nicht hierzu, weil für diese die Sonderbestimmung des Art. 11 b erlassen worden ist. Dagegen bleibt es der Landesgesetzgebung überlassen, ob sie die Vernehmbarmachung der Rundfunksendung durch einen Lautsprecher als neue Aufführung ansieht (vgl. S. 180). Eine Aufführung liegt auch dann vor, wenn die lautliche Wiedergabe anderen Personen als denjenigen, die am Ort der Wiedergabe zusammengeschlossen sind, mittels besonderer Vorrichtung, Lautsprechern oder ähnlichen Einrichtungen (z. B. mittels Fernsprechleitungen bei sogen. Fernkonzerten oder mittels des Theatrophons (vgl. Belgien S. 36) vernehmbar gemacht wird; es finden dann mehrere Aufführungen gleichzeitig statt. Dagegen liegt dann keine neue Aufführung vor, wenn der Lautsprecher lediglich zum Zwecke der Verstärkung der lautlichen Wiedergabe an dem Ort dient, wo diese Wiedergabe stattfindet.

Wer Inhaber des Aufführungsrechts ist, bestimmt sich gleichfalls nach der lex fori. So schaffen manche Gesetzgebungen im Interesse der Verkehrssicherheit hinsichtlich der Erteilung der Aufführungserlaubnis von Opern eine gesetzliche Vertretung des Textdichters durch den Komponisten. So mit einzelnen Abarten Brasilien Art. 655, Bulgarien Art. 46, Deutsches Reich § 28 Abs. 2, Estland Ziff. 46, Italien Art. 19 Abs. 3, Jugoslavien § 36, Schweden § 18 Abs. 3,Tschechoslowakei § 11 Abs. 3, Ungarn § 53. Anders nach franz. und belg. Recht auf Grund der These der indivisibilité des dramatisch-musikalischen Werks franz. Kass. in Da. 1925, 80 vgl. auch Vaunois in Da. 1925, 104; für belg. Recht Da. 1925, 92).

IV. Der Umfang des Schutzes gegen die öffentliche Aufführung wird ausschließlich durch die lex fori begrenzt. Die RBUe. besagt nichts darüber, welcher Schutz von den Verbandsländern zu gewähren ist, auch nicht hinsichtlich der Aufführung einer Übersetzung (Da. 1933, 113).

1. Die Verbandsländer sind in der Festlegung dieses Schutzumfanges gänzlich frei; Art. 11 spricht demgemäß nicht von einem droit exclusif. So kennen fast alle Verbandsländer die Begrenzung des Rechts der lautlichen Wiedergabe im Interesse der Allgemeinheit, die Ostertag (Da. 1928, 126) „petites négations du droit d auteur" nennt, für deren Abgrenzung gegenüber dem Recht des Urhebers Da. 1922, 102 in Übereinstimmung mit Ergebnissen des Pariser Kongresses (Paris S. 145 und 172) eingetreten ist.

a) Die erste Gruppe dieser Grenzziehung bilden jene Vorschriften, die die Aufführung eines Tonkunstwerkes dann gestatten, wenn mit dieser Wiedergabe keine Gewinnabsicht verbunden ist. So Bulgarien Art. 49, Dänemark § 14h Ziff. 2, Deutsches Reich § 27, Estland Ziff. 50, Finnland § 17 Ziff. 6, Griechenland Art. 9, Monaco Art. 11 Ziff. 3, Norwegen § 9 Ziff. 5.

b) Damit eng verbunden ist der Rechtsgedanke, daß die Aufführung zu Wohltätigkeitszwecken gestattet ist, wenn die Aufführenden unentgeltlich mitwirken. So mit teilweise geringen Änderungen: Bulgarien Art. 49, Dänemark § 14h Ziff. 3, Deutsches Reich § 27, Estland Ziff. 50, Griechenland Art. 9, Monaco Art. 11 Ziff. 3, Österreich § 30 Ziff. 6, Rumänien Art. 23, Ziff. 3.

c) Oft findet sich die Norm, daß die Wiedergabe auf Volksfesten gestattet ist: Bulgarien Art. 49, Dänemark § 14h, Deutsches Reich § 27 (hinsichtlich der Münchener Oktoberfeste vgl. OLG. München in JW. 1932, 890, hinsichtlich der Breslauer Jahrhundert-Ausstellung 1913, wie überhaupt hinsichtlich Ausstellungen Allfeld S. 267), Estland Ziff. 50, Finnland § 17 Ziff. 6, Norwegen § 9 Ziff. 5, Polen Art. 14 Ziff. 2 (diese Bestimmung führt Olagnier II- 14 irrig als Schulbeispiel eines offenbaren Widerspruchs zu Art. 11 Abs. 1 RBUe. an), Rumänien Art. 23 Ziff. 3.

d) Einige Sonderfälle sind besonders normiert

aa) allgemein für Unterrichtszwecke gestattet Dänemark (§ 14h Ziff. 1) die Aufführung,

bb) die Aufführung durch Armee-Musikkapellen läßt Italien (Art. 50) zu,

(im gleichen Sinne die franz. Rechtsprechung Kass. in Da. 1922, 47),

cc) eine besonders ausführliche Regelung trifft Österreich in § 30 Ziff. 6, wonach die Aufführung bei kirchlichen (anders die ital. und franz. Rechtsprechung in Da. 1928, 142 und 1932, 108) und bürgerlichen Feierlichkeiten und militärdienstlichen Anlässen gestattet ist, zu denen die Zuschauer ohne Entgelt zugelassen werden.

e) Über die Vorschriften der Verbandsländer, nach denen die öffentliche Aufführung von Tonkunstwerken mittels Schallplatte gestattet ist vgl. S. 206 ff.

2. Wichtiger ist noch, daß die Landesgesetzgebung nach freiem Ermessen die Auswirkung des Schutzes gegen unberechtigte Aufführungen festsetzen darf.

Es würde also mit der RBUe. (Raestad S. 108) durchaus vereinbar sein, wenn ein Verbandsland das Aufführungsrecht völlig für den Staat beanspruchen würde. Demgemäß stehen die Bestimmungen des § 30 des tschechoslow. Gesetzes nicht im Widerspruch zu RBUe. (so Gellner in GRUR. 1926, 424, weniger bestimmt in seinen Erläuterungen zum tschechoslowakischen Urheberrechtsgesetz Prag 1927 S. 23). Vielmehr liegt in dieser Vorschrift der Keim zu einer gesetzgeberischen Entwicklung, die im Interesse der Volksgemeinschaft zu begrüßen ist, denn sie bedeutet den Ansatz zu einer gesetzlichen Lizenz.

Nur eine Anwendung des gleichen Rechtsgedankens ist es, wenn (so Deutsches Reichsgesetz vom 4. 7. 1933 § 4) die Tarifsätze für öffentliche Musikveranstalter durch ein Schiedsgericht festgesetzt werden sollen, also nicht mehr einseitig vom Urheber bezw. von der Urhebergesellschaft. Mit Recht weist Da. 1933. 110 darauf hin, daß es unmöglich sei, einen Widerspruch dieses § 4 mit dem Art. 11 zu konstruieren, daß aber dieser Widerspruch in dem Augenblick entstehen wird, wo (hypothetisch gesprochen) die RBUe. das ausschließliche Aufführungsrecht des Urhebers anerkennen wird.

Dieser Rechtsgedanke findet sich erweitert in der Novelle zum austral. Urheberrechtsgesetz von 1933, nach deren Art. 13 a sowohl der Urheber wie derjenige, der ein Werk tonlich wiedergeben will, beantragen kann, den Streit über die Höhe des Entgelts oder die Bedingungen der Ausübung der Aufführungsbefugnis durch einen Schiedsspruch zu schlichten.

Ebenso steht — das Berner Büro anerkennt und begründet dies ausdrücklich in Da. 1932, 5 im Gegensatz zur Auffassung des Londoner Kongresses der Confédér. der Urhebergesellschaften (Da. 1931, 69) — Ziff. 10 der canad. Urheberrchtsgesetznovelle vom 11. 6. 31 (vgl. oben S. 94) durchaus im Einklang mit der Bestimmung der RBUe. Wenn es aber (Da. 1932, 5) heißt, daß die Machtbefugnis der canad. Regierung, gegebenenfalls von sich aus die Höhe des angemessenen Entgeltes für eine Aufführung festzusetzen, sei „en tous cas contraire à l'esprit de la Convention“ so kann dem nicht zugestimmt werden, und umso weniger als auf der Romkonferenz ausdrücklich (Rom S. 254) anerkannt worden ist, daß es durchaus zulässig sei, das Entgelt für die Aufführung durch eine gesetzliche Lizenz (a. A. Wauwermans in Da 1921, 14; vgl. auch Da. 1922, 104; 1930, 108) festzulegen, indem auf das Beispiel der Schweiz bis zum Inkrafttreten des neuen Urheberrechtsgesetzes vom 7. 12. 1922 ausdrücklich hingewiesen wird. Bedeutungsvoll erscheint es auch in diesem Zusammenhang, daß die Zwangslizenz des Art. 4 des großbrit. Urheberrechtsgesetzes als nicht im Widerspruch zu den Bestimmungen oder dem Geist der RBUe. stehend auf der Romkonferenz angesehen worden ist (Da. 1933, 113).

Ansätze zur Reglementierung der Honorarsätze für eine öffentliche Aufführung von Bühnenwerken oder Tonkunstwerken finden sich auch im span. Urheberrechtsgesetz (Art. 20 in Verbindung mit der VO. vom 3. 9. 1880).

Aber auch das Recht der Kontrolle des Staats über die Aufführungsgesellschaften (Canada in der Novelle vom 11. 6. 1931, Niederlande in der Novelle vom 11. 2. 1932 und Deutsches Reich im Gesetz vom 4. 7. 1933, vgl. auch Entwurf einer Novelle [vom 20. 7. 1934] zum belg. Urheberrechtsgesetz in „Inter-Auteurs" 1934 Nr. 45 S. 777) kann nicht zweifelhaft sein, ist doch die Verhinderung der Ausnutzung jeder Monopolstellung seitens des Staats von den verschiedensten Verbandsländern der Romkonferenz als Aufgabe des Staats bezeichnet worden (so Großbritannien, Australien, Neu-Seeland, Schweiz, Niederlande). Während in Da. 1930, 108 sogar das Recht eines Verbandslandes bestritten wird, „à instituer une juridiction qui trancherait la question de savoir si les sociétés de perception se livrent ou non à des abus", vertritt das Berner Büro nunmehr (in Da. 1933, 114) ausdrücklich die Auffassung, daß eine diese Rechte der Länder normierende Bestimmung dem Art. 11 hinzugefügt werden könnte. Dagegen wird diese Frage im belgischen Vorschlag für Brüssel (Belgien S. 239) offen gelassen, was die Aussicht auf Annahme des entsprechenden Vorschlags einer belgischen Novelle (Inter-Auteurs Nr. 45 [vom September 1934] S. 777) nicht günstig erscheinen läßt (über die Verhandlungen im Ausschuß des Austral. Staatenbundes i. J. 1933 über diese Frage vgl. Arch. Funk VI [1933] 455).

V. Dagegen gibt Art. 11 Abs. 2 iure conventionis, also mit zwingender Kraft als Sonderrecht den Schutz von verbandseigenen dramatischen oder dramatisch-musikalischen Werken (nicht dagegen auch hinsichtlich der unter IV. d angeführten Werkgattungen) gegen die öffentliche Aufführung einer Übersetzung, solange der Schutz am Original dauert.

Diese Bestimmung erscheint überflüssig, weil dieser Schutz sich bereits aus dem Übersetzungsschutz des Art. 8 ergibt. Denn besteht dieser Schutz gegen die Übersetzung, so auch dagegen, daß diese Übersetzung lautlich wiedergegeben wird. Das von Raestad S. 192 vorgetragene Bedenken, daß aus der Fassung des Art. 11 der wahre Sinn schwer zu erkennen sei, daß nämlich das Aufführungsrecht unabhängig vom Übersetzungsrecht sei, erscheint nicht begründet, wenn man bedenkt, daß sowohl das Übersetzungsrecht als auch das Aufführungsrecht einzelne urheberrechtliche Befugnisse sind, die auf der Grundlage des Urheberrechts erwachsen, daß aber die Übersetzung lediglich ein Beispielfall der Bearbeitung des Werkes ist, die für ihren Urheber ein (abgeleitetes) Urheberrecht gewährt, so daß der Übersetzer an seiner Übersetzung auch das Aufführungsrecht hat.

Rechtlich ohne Bedeutung ist im Hinblick auf den zwingenden Charakter des Abs. 2, ob das Ursprungsland auch das Urwerk gegen Übersetzung schützt. Auch wenn der Übersetzungsschutz des Urwerks, nicht dagegen dessen allgemeine Schutzfrist im Ursprungslande abgelaufen ist, hat, sofern die lex fori noch den Übersetzungsschutz normiert, das Urwerk in diesem Lande den Schutz gegen die Aufführung der Übersetzung (Da. 1928, 123). Das Gleiche gilt, wenn die lex fori das Urwerk nicht mehr gegen die Aufführung schützt. Dann ist zwar dessen Aufführung gestattet, dagegen nicht die Aufführung einer Übersetzung, weil das Werk noch gegen Bearbeitung und deren Wiedergabe geschützt ist (a. A. Seiller S. 226).

VI. Die Bestimmung des Abs. 3 ist gleichfalls zwingendes Recht, aber gleichfalls überflüssig, weil sie lediglich einen Anwendungsfall der allgemeinen Norm des Art. 4 Abs. 2 RBUe. darstellt. Selbst wenn ein Verbandsland die Wahrung irgend einer Förmlichkeit zur gesetzlichen Voraussetzung des Schutzes gegen eine Aufführung machen würde, würde hiervon das verbandseigene Werk nicht betroffen, das also insoweit eine Besserbehandlung erführe als das einheimische Werk. War ein Werk infolge Fehlens eines Aufführungsverbotes vor Inkrafttreten der RBUe. in den Verbandsländern nicht gegen Aufführung geschützt, so erlangt es mit Inkrafttreten der RBUe. vollen Schutz, sofern es noch den allgemeinen Urheberrechtsschutz genießt.

VII. Vorbehalte hinsichtlich des Art. 11 haben Estland, Griechenland, Italien, Japan, Niederlande und Siam gemacht. Da alle diese Länder auch Vorbehalte hinsichtlich Art. 8 machen, scheint Übereinstimmung zu bestehen, daß der Vorbehalt zu Art. 8 nicht genügt, um Wirkungen auch hinsichtlich des Art. 11 auszuüben.

1. Diese Vorbehalte sind inhaltlich verschieden.

a) Griechenland hat an die Stelle des Art. 11 den Text des Art. 9 BUe. gesetzt und damit das verbandseigene Werk der

Inländerbehandlung unterworfen. Griechenland schützt diese Werke gegen Aufführung von Übersetzungen nur auf 10 Jahre seit der Veröffentlichung (Art. 6 griech. Urhebergesetz). Wenn es dagegen gemäß Art. 9 Abs. 3 BUe. den inländischen Schutz gegen Aufführung bei dem Originaltonkunstwerk von einem ausdrücklichen Verbotvermerk auf dem Titelblatt oder an der Spitze des Werkes abhängig macht, so behandelt es die verbandseigenen Werke schlechter als die einheimischen, für die ein solches Verbot nicht verlangt wird. Dieser Vorbehalt wird jedoch nur für ein Tonkunstwerk gefordert, gilt also nicht für dramatische und dramatisch-musikalische Werke. Soll dagegen ein Teil eines dramatisch-musikalischen Werkes (z. B. die Ouvertüre oder sonst eine Nummer aus einer Oper) gegen die Aufführung geschützt werden, so bedarf es des besonderen Vorbehalts, weil in einem solchen Falle diese Teile des dramatisch-musikalischen Werkes ein Sonderdasein führen und für sich getrennt, also im Gegensatz zu dem dramatisch-musikalischen Werke, als Ganzes betrachtet werden müssen (Röthlisberger S. 227 mit Nachweisung aus der Rechtsprechung; a. A. Allfeld S. 442).

b) Siam hat gleichfalls sich für Anwendung des Art. 9 BUe. entschieden, jedoch ergänzt durch Ziff. 2 des Schlußprotokolls (der Sonderbestimmung für choreographische Werke). Es gilt hier das über Griechenland Ausgeführte.

c) Estland, Italien und die Niederlande setzen an die Stelle von Art. 11 lediglich den Art. 9 Abs. 2 BUe., d. h. sie machen den Schutz gegen eine Aufführung der Übersetzung davon abhängig, daß innerhalb der Dauer des Übersetzungsrechtes nach estnischem, italienischem und niederländischem Recht (vgl. die Ausführungen zum diesbezüglichen Vorbehalt zu Art. 8 S. 143) von diesem Übersetzungsrecht Gebrauch gemacht worden ist.

d) Japan hat an Stelle von Art. 11 lediglich Art. 9 Abs. 3 BUe. gesetzt, macht also lediglich für reine Tonkunstwerke den Schutz von einem ausdrücklichen Verbot abhängig, obwohl es nach seinem Urheberrechtsgesetz die Wahrung dieser Förmlichkeiten für einheimische Werke nicht verlangt. Dagegen genießen die dramatischen und dramatisch-musikalischen Werke den vollen inländischen Schutz sowohl gegen Aufführung des Originals, als auch gegen Aufführung einer Übersetzung, letzteren allerdings nach Maßgabe des japanischen Vorbehalts zu Art. 8 (oben S. 143).

2. Da Estland und Siam dem Romtext noch nicht beigetreten sind, Griechenland beim Beitritt zum Romtext seinen Vorbehalt auch hinsichtlich des Art. 11 BUe. aufrecht erhalten hat, gilt im Verhältnis zu diesen Staaten das unter 1 Ausgeführte.

3. Dagegen haben Italien, Japan und die Niederlande bei der Ratifikation des Romtextes die Vorbehalte hinsichtlich Art. 11 nicht aufrecht erhalten, so daß also im Verhältnis dieser Länder zu denen, die Verbandsländer der RBUe. in Fassung der Romkonferenz sind, Art. 11, dagegen im Verhältnis zu Verbandsländern, die noch durch den Berliner Text gebunden sind, noch die alten Vorbehalte gelten.

VIII. Für die Romkonferenz lag ein ital.-Berner Vorschlag nicht vor, weil man hoffte, durch einen Verzicht auf die Vorbehalte vorwärts zu kommen.

Die Verhandlungen bezogen sich im Wesentlichen auf zwei Fragen, die bereits in den Ausführungen zu IV 2 (S. 164) aufgeworfen worden sind, auf das Problem der Verhinderung eines abus und auf die Frage der gesetzlichen Lizenz.

1. Zur Frage des Schutzes gegen die Ausnutzung einer Monopolstellung hatte — ausgehend von der gesetzlichen Lizenz des Art. 4 des großbrit. Urheberrechtsgesetzes (oben S. 165) — die großbrit. Regierung in ihrem Staatenvorschlag einen neuen Abs. 4 zu Art. 11 vorgeschlagen (Rom S. 93), welcher für dramatische und dramatisch-musikalische Werke (durch CDA. Nr. 14 dann auch auf reine Tonkunstwerke erstreckt) ausdrücklich die Machtvollkommenheit der Verbandsländer festlegt, von diesem Gesichtspunkt aus die Aufführungsbefugnis zu regeln. Im gleichen Sinne ging die Anregung von Australien und Neu-Seeland (CDA. Nr. 28) und von der Schweiz (CDA. Nr. 26). Diese Vorschläge scheiterten jedoch am Widerspruch Italiens (Giannini S. 232).

Zu erwähnen ist noch eine Bemerkung der niederländ. Regierung, die auf die Schwierigkeiten hinwies, die aus dem Bestehen mehrerer Einziehungsgesellschaften in einem Verbandslande entstehen könnten (Klauer a. a. O. S. 381). (Daß sich hierin bereits die niederl. Novelle vom 11. 2. 1932 ankündigt, ist nicht zu verkennen.)

Daraufhin versuchte Großbritannien, diesen Rechtsgedanken im Art. 17 Aufnahme zu verschaffen, fand aber auch hier nicht die einmütige Zustimmung, so daß Großbritannien zusammen mit Canada, dem Australischen Staatenbund, Neu-Seeland, Irland und Indien folgende programmatische Erklärung (CDA. Nr. 90) abgab:

> „Les dispositions de la présente Convention ne peuvent porter préjudice au droit qui appartient aux Gouvernements d'édicter, pour cause d'utilité publique, des mesures d'un caractère général,“

(Über die weiteren ergebnislosen Verhandlungen siehe die ausführliche Darstellung bei Raestad S. 194).

2. Die Frage, ob mit Art. 11 zu vereinbaren ist, daß ein Verbandsland anstelle des ausschließlichen Aufführungsrechts eine gesetzliche Lizenz einführt, ist von Raestad in seiner Denkschrift (aufgrund eindringlichster Kenntnis der Vorgeschichte des Art. 11 [abgedruckt bei Giannini S. 224, leider verbietet sich ein Abdruck dieser interessanten Urkunde infolge ihres Umfanges] dahin beantwortet worden (vgl. auch Rom S. 320):

„En somme, ni l'ancien art. 9 ni l'art. 11 actuel n'excluse que l'exécution et la représentation publiques soient autorisées par la législation du pays, moyennant payement de tantièmes, en l'absence du consentement de l'auteur (domaine public payant, licence obligatoire)."

Daß man (mit Klauer a. a. O. S. 381) als Ergebnis der Romkonferenz zu buchen hat, daß das System der Tantiemen (wie es Raestad nennt) als ein Urheberrechtsschutz anerkannt worden ist, ist bereits S. 33 ausgeführt worden.

Art. 11 b.

(1) Die Urheber von Werken der Literatur und Kunst haben das ausschließliche Recht, zu gestatten, daß ihre Werke durch funkelektrische Verbreitung*) der Öffentlichkeit mitgeteilt werden.

(2) Der inneren Gesetzgebung der Verbandsländer steht es zu, die Bedingungen für die Ausübung des im vorhergehenden Absatz bezeichneten Rechts aufzustellen; die Wirkung dieser Bedingung beschränkt sich jedoch ausschließlich auf das Gebiet des Landes, das sie festgesetzt hat. Sie dürfen keinesfalls das Urheberpersönlichkeitsrecht beeinträchtigen oder sein Recht auf ein angemessenes Entgelt, das mangels gütlicher Einigung durch die zuständige Behörde festzusetzen ist.

I. Mit Art. 11 b hat der Rundfunk seinen Einzug in die RBUe. gehalten. Daß der Berliner Text den Rundfunk nicht erwähnt, bedarf kaum der Begründung. Erst nach dem Weltkrieg setzt die Entwicklung der Rundfunks ein, die einen in der Geschichte der Technik wie auch in der Geistesgeschichte beispiellosen Siegeszug bedeutet. (Eine Übersicht über die Organisation des Rundfunks in Europa bringt Thurn in Arch. Funk. VI [1933] 119.)

Mit der Förmelung „rundfunkmäßige Wiedergabe", wie im Art. 11 b geschehen, wird in zutreffender Weise auf die Doppelnatur des Rundfunks hingewiesen. In der Zeit des Aufkommens

* Die Übersetzung ist sehr unglücklich, entspricht weder dem französischen Text noch dem deutschen Sprachgebrauch. Richtig muß es heißen: „Durch rundfunkmäßige Wiedergabe".

des Rundfunks überwog im Deutschen Reich die technische Betrachtung. Man unterschied Funk und Rundfunk kaum, sondern sah im Rundfunk eine neue technische Begebenheit, die ein die Regelung durch die Rechtsordnung nicht dringend verlangendes novum im Gesamtkomplex der menschlichen Begebenheiten sei, daneben aber eine neue Vermittlungstechnik, die ergänzend, vielleicht auch verdrängend, neben andere Vermittlungstechniken trete. Dieser technische, insbesondere von Neugebauer vertretene Standpunkt war rechtshistorisch richtig, insofern der Funktelegraphenverkehr aus dem Leitungstelegraphenverkehr sich entwickelt hat.

Wenn nun schon die Kennzeichnung des Rundfunks als Nachrichtenübermittelung insofern nicht paßt, als hier ein Austausch zwischen der aussendenden Stelle und dem Empfänger der Sendung weder stattfindet noch stattfinden kann, so erschöpft auch die Kennzeichnung des Rundfunk als ein Wiedergabemittel dessen Wesen nicht völlig. Denn wenn auch mittels des Rundfunk eine lautliche Wiedergabe des Werkes an die Rundfunkteilnehmer stattfindet, so unterscheidet sich diese Wiedergabe doch grundlegend dadurch von jeder anderen lautlichen Wiedergabe, daß hier und hier allein die Möglichkeit gegeben ist, eine unbegrenzte Zahl von Hörern an der Wiedergabe des Werkes so teilnehmen zu lassen, als erfolge die Wiedergabe unmittelbar vor ihnen. Und das Gleiche gilt vom Bildfunk (dessen technische Entwicklung z. Zt. noch nicht so weit gediehen ist, daß er jetzt schon in größerem Ausmaße praktisch wird), mittels dessen ein Bild durch Zerlegung in eine Anzahl von Bildpunkten wiedergegeben wird, deren Helligkeitswerte in proportionale Stromwerte umgewandelt werden. Auch hierbei nimmt eine unbegrenzte Zahl von Zuschauern an dieser Wiedergabe teil. (Die Sonderbetrachtung des Bildfunk unterbleibt aus dem angegebenen Grunde.)

Aus dieser Betrachtung ergibt sich also, daß der Rundfunk — im Gegensatz zum Funkverkehr, der den Bedürfnissen und Interessen des Einzelnen dient — der Allgemeinheit dient. Der Gang in die Runde, den die Hertz'schen Wellen antreten, schließt es aus, daß diese irgend einem bestimmten Einzelnen dienstbar gemacht werden, der Ruf geht an Alle. Und so war es verständlich, daß man angesichts der Zwischenräume und Grenzen nicht kennenden Natur des Rundfunk seinen internationalen Wert erkannte und betonte, und also versuchte, internationale Rechtsnormen zu schaffen, die den gesamten Fragenkomplex regeln sollten. Aber schon bei den ersten Versuchen einer solchen Regelung zeigte es sich, daß von einer solchen internationalen Rundfunkregelung vielleicht, aber auch höchstens, der technische Teil des Rundfunkbetriebs erfaßt werden konnte, daß es aber unmöglich war, die privatrechtlichen Verhältnisse, die durch den Rundfunkbetrieb beeinflußt werden, in einer einzigen internationalen Konvention zu regeln. Die Lösung aller anderen und zwar gerade der wichtigeren urheberrechtlichen, gewerbeschutzrechtlichen, pressrechtlichen Probleme, die durch die Rundfunkpraxis bald aufgeworfen worden sind, mußte der Fortbildung der diesbezügl. internationalen Abkommen überlassen bleiben.

Eine rechtsvergleichende Betrachtung von Rundfunk, Rundfunkbetrieb und Rundfunkrecht in den einzelnen Staaten ergibt aber weiter, daß es sich bei diesen Erscheinungen um etwas wesentlich national (so zuerst List in Arch. Funk. V [1932] 1) Bedingtes handelt. Es ist zwar richtig, daß die Darbietungen des Rundfunk der ganzen Menschheit zugute kommen, daß also deutsche Sendungen in der Arktis und in der Antarktis empfangen werden können. Aber der Rundfunk findet das Zentrum seiner Wirksamkeit in den Grenzen seines Landes, seines Sprachgebietes, mag er auch — insoweit technische Erscheinung — darüber hinausstrahlen. Hieraus ergibt sich, daß beim Rundfunk der Inhalt dessen, was die Hertz'schen Wellen tragen, die Sendung, das Entscheidende ist. Aus einem Nachrichtenvermittelungsmittel ist er das allmächtigste Massenbeeinflussungsinstrument geworden; an die Stelle einer technischen Errungenschaft ist das Kulturinstrument getreten, und so steht im Vordergrund allen Rundfunkbetriebs nicht die Technik, die Zivilisation (wie beim Funk), sondern der Geist, die Kultur.

Damit ist dann auch die Stellung des Rundfunk zum Urheberrecht gegeben. Das Urheberrechtsgut ist für den Rundfunk lediglich ein Mittel zur Erreichung seines Zwecks, der Mobilisierung des nationalen Geistes. Der Rundfunk — im schönsten Sinne des Wortes ein Tendenzbetrieb — benötigt das Urheberrechtsgut, will er seine Mission, seine Sendung (im übertragenen Sinne) erfüllen.

Die rundfunkmäßige Wiedergabe umschließt ein Doppeltes: die Tätigkeit des Senders, nämlich das Projizieren Hertz'scher Wellen in die Unendlichkeit, welche Tätigkeit für sich allein urheberrechtlich unbedeutsam ist, und eine tonliche Wiedergabe des Werkes, die für sich allein urheberrechtlich gleichfalls ohne Bedeutung ist. Erst wenn diese beiden Tätigkeiten vereint sind, sich dergestalt verbinden, daß die tonliche Wiedergabe durch die Hertz'schen Wellen ins All getragen wird, liegt eine rundfunkmäßige Wiedergabe vor. Die durch die tonliche Wiedergabe entstehenden Lautwellen wirken auf die Hertz'schen Wellen ein, diese ihrerseits aber auf die Empfangsgeräte, die hierdurch nun wieder Lautwellen erzeugen, die denjenigen entsprechen, die durch die tonliche Wiedergabe entstanden sind.

Mit dieser Kennzeichnung ist der Wesensunterschied dieser Wiedergabe von anderen Wiedergabearten festgelegt. Die rundfunkmäßige Wiedergabe ist eine tonliche Wiedergabe, jedoch longissima et altissima manu, weil vermöge der Hertz'schen Wellen der Aufnahmekreis bis zur größtmöglichen Ausdehnung ausgeweitet, der Radius der Vernehmbarkeit ins Unendliche erstreckt wird.

Mit Recht wird diese lautliche Wiedergabe als besondere urheberrechtliche Befugnis behandelt. Nicht nur der überragenden wirtschaftlichen Bedeutung halber, sondern auch weil die anderen tonlichen Wiedergabearten eine Vernehmbarkeit haben, die sich auf einen räumlichen und daher auch zahlenmäßig begrenzten Kreis erstreckt. Wenn dieser Wirkungskreis sich durch das Wesen der rundfunkmäßigen Wiedergabe zur Unendlichkeit erweitert, so bewirkt diese Verunendlichung der Vernehmbarkeit zugleich eine der Wirkungsart nach wesentlich verschiedene Wiedergabe. Kommt der Bildfunk zu praktischer Wirkung, so ist damit auch die Verunendlichung der sichtbaren Wiedergabe erreicht.

Aber aus dieser Begriffsumreißung erhellt noch ein Weiteres. Eine rundfunkmäßige Wiedergabe liegt auch dann vor, wenn niemand die Sendung aufnimmt, weil lediglich die gepaarte Doppeltätigkeit, das Senden Hertz'scher Wellen und die tonliche Wiedergabe, rechtlich bedeutsam ist. So ist es also auch für die Frage, ob durch die rundfunkmäßige Wiedergabe in das Urheberrecht am gesendeten Werke eingegriffen worden ist, gleichgültig, ob die Sendung vermittels eines Empfangsgeräts aufgenommen worden ist (Belgien S. 38). Ist die rundfunkmäßige Wiedergabe eines Werkes gestattet, so wird sie nicht dadurch unerlaubt, daß die Sendung durch irgend jemand aufgenommen worden ist, der hierzu nicht berechtigt ist. (Die Frage, ob unberechtigter Empfang den Empfänger einer anderen Person als dem Urheber des gesendeten Werkes verantwortlich macht, so wegen unberechtigten Betriebes einer Empfangsanlage gegenüber demjenigen, dem das Recht zum Betrieb einer Empfangsanlage erteilt worden ist oder wegen Eingriffs in das Recht der Sendung gegenüber der Rundfunkgesellschaft, bleibt hier außer Betracht). Es kann also, auch wenn die rundfunkmäßige Wiedergabe des Werkes unerlaubt wäre, der Urheber dieses Werkes niemals Ansprüche aus seinem Urheberrecht dem Empfänger der Sendung gegenüber herleiten. Auf seiten des Empfängers wird keine urheberrechtlich bedeutsame Tätigkeit entfaltet.

1. Die Lösung der rein urheberrechtlichen Probleme, inwieweit der Urheberrechtsschutz eines Werkes gegen die rundfunkmäßige Wiedergabe gegeben ist, war einfach für diejenigen Urheberrechtsgesetzgebungen, die ein umfassendes droit d'auteur (vgl. oben S. 29) kennen, bei denen also dem Urheber jegliche Verwertungsmöglichkeit seines Werkes von Gesetzes wegen zusteht. Daraus ergab sich bereits vor der Romkonferenz der Schutz gegen die rundfunkmäßige Wiedergabe in folgenden Verbandsländern, ohne daß ein Eingreifen des Gesetzgebers sich nötig machte:

Belgien (Art. 1, Rechtsprechung in Arch. Funk. V [1932] S. 351), Brasilien (Art. 649 ZGB.), Bulgarien (Art. 2), Estland (Ziff. 2), Frankreich (Rechtsprechung in Bl. Fr. 225, Arch. Funk. II [1929] 566, IV [1931] 504, ebenso — allerdings nicht mit einheitlicher Begründung — Bollecker S. 62, Olagnier II, 240, a. A. Saudemont S. 123), Griechenland (Art. 1), Luxemburg (Art. 1), Marokko (Art. 9), Monaco (Art. 3), Rumänien (Art. 2 und 19 Ziff. 6), Spanien (Art. 5 in Verbindung mit Art. 428 ZGB.).

2. Schwieriger war die Frage in den Verbandsländern zu lösen, die das droit d'auteur in ihren Urheberrechtsgesetzen nicht kennen:

a) Für das dänische Urheberrechtsgesetz vom 1. 4. 1912 war der Schutz gegen die rundfunkmäßige Wiedergabe eines Werkes zweifelhaft, da § 1 e die Befugnis der lautlichen Wiedergabe eines Werkes von einem ausdrücklichen Vorbehalt auf dem Titelblatt oder an der Spitze des Werkes abhängig gemacht worden war (vgl. oben S. 91, vgl. jedoch Kruse, Eigentumsrecht Berlin 1931, S. 555). Doch hat (Zahle in Bl. Fr. S. 143) der dän. Rundfunk den Schutz gewährt.

b) Für das Deutsche Reich ist durch die Urteile des Reichsgerichts (RGZ. 113, 413 und in GRUR. 1926, 343) ausgesprochen worden, daß der Schutz des Werkes gegen die rundfunkmäßige Wiedergabe durch das geltende Urheberrechtsgesetz gegeben sei. Wenn diese Urteile auch vom rechtssystematischen Standpunkt aus verfehlt sind (Hoffmann GRUR. 1926, 373), da die von RG. in diesen beiden Urteilen vorgenommene Ausdeutung des urheberrechtlichen Begriffes des Verbreitens in unversöhnlichen Widerspruch zur bisherigen Rechtsprechung der Zivil- und Strafsenate des Reichsgerichts steht, so hatte doch diese Rechtsprechung das Gute, daß sie die vorhandene Lücke im Gesetz sofort schloß.

c) Auch für Großbritannien war die Frage des Schutzes gegen die rundfunkmäßige Wiedergabe bestritten, so daß sie durch die Rechtsprechung geklärt werden mußte, die (Bl. Fr. 210 und

Arch. Funk I [1928] 248) die rundfunkmäßige Wiedergabe als representation made by means of any mechanical instruments, im Sinne von Art. 1 Ziff. 2 in Verbindung mit Art. 35 erklärt hat. Im gleichen Sinne auch die austral. Rechtsprechung (Bl. Fr. 212); über Canada vgl. S. 187.

Nicht hierher gehört das Gesetz vom 31. 7. 1925, welches lediglich einen strafrechtlichen Schutz gegen die rundfunkmäßige Wiedergabe der Leistung von ausübenden Künstlern, besonders aber gegen die Festlegung dieser Leistung auf Schallplatten oder ähnliche zur mechanischen Wiedergabe geeigneten Vorrichtungen gewährt.

d) In Japan scheint ein gesetzlicher Schutz nicht zu bestehen, wofür die Tatsache spricht, daß der japanische Gesetzgeber durch Erlaß der Novelle vom 14. 6. 1910 eine Gesetzeslücke als vorliegend ansah hinsichtlich des Schutzes des Werkes gegen die kinematographische Wiedergabe.

e) Das niederländische Urheberrechtsgesetz kennt zwar kein droit d'auteur, hat aber in Art. 12 Abs. 3 eine ausschließliche Aufführungs- und Vortragsbefugnis normiert, so daß damit der Schutz gegen die rundfunkmäßige Wiedergabe gegeben ist.

f) Der Ob. Österr. Gerichtshof hat im Urteil vom 28. 9. 1927 (Bl. Fr. 227) im Anschluß an die Auffassung von Seiller (Österr. Gerichtszeitung 1925, 180) ausgesprochen, daß die rundfunkmäßige Wiedergabe erschienener Schriftwerke erlaubt ist (beistimmend Preuschel-Haldenburg Arch. Funk. I [1928] 36). Dagegen zahlt die österr. Rundfunkgesellschaft auch dem Urheber erschienener Schriftwerke ein angemessenes Entgelt (Arch. Funk. IV [1931] 19).

g) Schweden hat zwar eine ausschließliche Aufführungsbefugnis (§ 2 Abs. 2—4) und eine ausschließliche Vervielfältigungsbefugnis (§ 2 Abs. 1), worunter jedoch lediglich eine körperliche Wiedergabe vermittels Festlegungsexemplaren zu verstehen ist. Ein Schutz gegen die rundfunkmäßige Wiedergabe fehlt also (so auch die herrschende Auffassung vgl. Eberstein Arch. Funk. I [1928] 241).

Diese Lücke wollte eine Novelle vom 31. 3. 1927 (abgedruckt in Arch. Funk. I [1928] 259) schließen. Die Novelle wurde jedoch vom schwedischen Reichstag abgelehnt (GRUR. 1927, 365, 693).

h) Auch die Schweiz (Art. 12 Ziff. 1 und 3) kennt sowohl die ausschließliche Befugnis für jegliche Art der Wiedergabe als auch die ausschließliche Aufführungs- und Vortragsbefugnis dieser beiden Befugnisse. Diese beiden Befugnisse schließen jedoch einander aus. Der Begriff der Wiedergabe (Art. 12 Ziff. 1) setzt die

Herstellung von Festlegungsexemplaren voraus (Da. 1924, 112 vgl. eidgenössisches Bundesblatt 1931, II 703, Röthlisberger-Mentha S. 20), so daß die rundfunkmäßige Wiedergabe unter Art. 12 Ziff. 3 fällt. Buser (S. 173) stimmt dieser Auffassung zu, hält es jedoch auch für möglich, die rundfunkmäßige Wiedergabe als Wiedergabe im Sinne des Art. 12 Abs. 1 zu betrachten. Dann würde man aber — im Gegensatz zur Grundauffassung des schweizer Urheberrechtsgesetzes — die Befugnis der Wiedergabe zu einem droit d'auteur im romanischen Sinne ausweiten.

Über die Regelung des Rundfunks in der Schweiz vgl. Bericht des Schweizer Bundesrates vom 27. 11 1931 bei Rabel VI [1932] 764.

i) Für Ungarn ist mit Szalai (in „Jogallam" 1926, 108 und Bl. Fr. 129) ein Schutz gegen die rundfunkmäßige Wiedergabe aufgrund der Rechtsprechung anzunehmen.

3. Neuere, vor der Romkonferenz erlassene Gesetze behandeln das Rundfunkurheberrecht, wenn auch nicht in durchweg umfassender Weise.

a) Für Finnland (Ges. v. 3. 6. 1927) nehmen Hille (Arch. Funk. 1. Sonderheft S. 15) und Da. 1928, 38 (denen sich Neugebauer S. 816 Anm. 6 anschließt) an, daß jedes erschienene Werk rundfunkmäßig wiedergegeben werden könne, indem sie sich auf die franz. Übersetzung des Gesetzes in Da. 1928, 29 beziehen. Klar wird der Gesetzestext jedoch durch den schwedischen Text (in Finnlands Författningssamling 1927 Nr. 174). Denn hier heißt es eindeutig und klar in § 9 Ziff. 4 „att offentligen föredraga musikaliskt verk, tidigare icke utgiven skrift eller föredrag eller tal medelst . . . genom radioanordning". Die Worte „tidigare icke utgiven" (noch nicht erschienen) beziehen sich also nicht auf Tonkunstwerke, so daß also lediglich hiernach die rundfunkmäßige Wiedergabe gegeben (Litauer-Kachel Bl. Fr. S. 123).

b) Italien anerkennt ausdrücklich in Art. 9 Abs. 3 die Befugnis der rundfunkmäßigen Wiedergabe (Ghiron Bl. Fr. S. 170).

c) Da das polnische Urheberrechtsgesetz (vom 29. 3. 1926) ein droit d'auteur anerkennt, ist damit der Schutz gegen die funkmäßige Wiedergabe der erschienenen Schriftwerke gestattet.

d) Auch Portugal (Ges. v. 3. 6. 1927) hat ein allgemeines Wiedergaberecht (Art. 15), so daß damit der Schutz gegen die rundfunkmäßige Wiedergabe gewährleistet ist.

e) Das tschechoslowakische Urheberrechtsgesetz (vom 24. 11. 1926) schützt nach § 21 den Urheber eines Schriftwerkes gegen die rundfunkmäßige Wiedergabe nur, solange das

Werk nicht herausgegeben ist, hat sich also zu der von Hoffmann vertretenen Vortragstheorie bekannt (vgl. Gellner Bl. Fr. S. 124). Dagegen besteht der Schutz hinsichtlich der Tonkunstwerke und sogar (Löwenbach in Arch. Funk. I [1928] 538) hinsichtlich der Werke der bildenden Künste — also gegen die bildfunkmäßige Wiedergabe —, weil diese nach internem Recht als Übertragung bzw. Vorführung durch mechanische und optische Einrichtungen anzusehen ist.

f) Für USA. vgl. Simpson in Arch. Funk. V [1932] 332.

II. Als Programm für die Romkonferenz hatte die ital. Regierung zusammen mit dem Berner Büro den Antrag gestellt, einen Art. 11 b folgenden Inhaltes aufzunehmen:

(1) „Les auteurs d'oeuvres littéraires ou artistiques jouissent du droit exclusif d'autoriser la communication de leurs oeuvres au public par la télégraphie ou la téléphonie avec ou sans fil, ou par tout autre moyen analogue servant à transmettre les sons ou les images."

(2) „Les artistes qui exécutent des oeuvres littéraires ou artistiques jouissent du droit exclusif d'autoriser la diffusion de leur exécution par l'un des moyens prévus à l'alinéa précédent."

Der Vorschlag ging mit Recht davon aus, daß es genügen würde, wenn die RBUe. den Grundsatz des Schutzes des Werkes gegen die rundfunkmäßige Wiedergabe enthielte, während die Regelung aller Einzelheiten der internen Gesetzgebung überlassen bleiben solle. Ferner wollte man mit dem Ausdruck „communication au public" auch den Fall des rebroadcasting treffen, der in der Praxis bereits zu Erörterungen Anlaß gegeben hatte (Rom S. 76).

1. Frankreich erweiterte diesen Vorschlag durch Einbeziehung der Verwertung der Rundfunksendung (CDA. Nr. 7). Dagegen hielt Norwegen (Rom S. 111) den Zeitpunkt einer Regelung dieser Frage iure conventionis noch nicht für gekommen, wies aber schon in seinem Staatenvorschlag darauf hin, daß die Rechtsverhältnisse zwischen Rundfunkgesellschaft und Urheber auch unter dem Gesichtspunkt betrachtet werden müßten, daß jeder Mißbrauch der Monopolstellung der Urhebergesellschaft hier, wo es sich um ein Kulturinstrument von stärkstem Ausmaße handele, verhindert werde. Norwegen erwog deshalb folgende Formulierung:

„Les auteurs d'oeuvres littéraires et artistiques jouissent du même droit exclusif d'autoriser la présentation de leurs oeuvres par la radiophonie dont ils jouissent à l'égard du même genre de présentation lorsqu'elle a lieu directement au public dans un but commercial. Cependant, pour ce qui concerne les oeuvres littéraires et artistiques publiées depuis un an, la législation de chaque pays pourra permettre aux entreprises de radiophonie, ou à certaines d'entre elles, de les radiodiffuser librement contre payement d'une rémunération équitable à fixer, faute d'accord à l'amiable, par la voie de l'arbitrage ou par le Ministère compétent. L'auteur gardera le droit de s'opposer à la radiodiffusion de son oeuvre pour des raisons spéciales tirées du caractère de l'oeuvre."

2. Aus der Fülle der in den Verhandlungen gemachten Anträge erscheinen folgende bemerkenswert:

Dänemark erklärte (CDA. Nr. 20), daß es dem ital.-Berner Vorschlag zwar zustimme, jedoch mit Rücksicht auf das Interesse der Allgemeinheit nur dann, wenn Dänemark die Möglichkeit bliebe, unter Wahrung des Urheberpersönlichkeitsrechts von sich aus die Begrenzungen des Urheberrechts in dieser Beziehung mit Rücksicht auf die Interessen der Allgemeinheit festzulegen.

Auch die Tschechoslowakei unterstrich das staatliche Interesse am Rundfunk (CDA. Nr. 23) und wies (CDA. Nr. 52) noch besonders darauf hin, daß die geplante Regelung die vermögensrechtlichen wie urheberpersönlichkeitsrechtlichen Interessen des Urhebers auf der einen Seite und das unbestreitbare öffentliche Interesse am Rundfunk auf der anderen Seite ausgleichen muß.

Der Schweizer Vorschlag suchte die Staatsautorität gegenüber der Urhebergesellschaft besonders festzulegen (CDA. Nr. 26).

Noch schärfer der Vorschlag von Australien und Neu-Seeland gegen jede Ausübung der Monopolstellung der Autorengesellschaft (CDA. Nr. 28 und 64).

3. Für die Verhandlungen über das Rundfunk-Urheberrecht wurde schon in der ersten Vollversammlung der Konferenz ein Unterausschuß unter dem Vorsitz von Giannini eingesetzt. Hier prallten die gleichen Gegensätze auf einander wie schon bei den Verhandlungen über den Schutzumfang (oben S. 130).

Die Auffassung, daß das Urheberrechtsgesetz die Interessen des Einzelnen und die Interessen der Allgemeinheit auszugleichen habe, daß somit der Staat die Macht habe, dort, wo Interessen der Allgemeinheit in Frage ständen, die ausschließliche Befugnis des Urhebers durch eine gesetzliche Lizenz bei Wahrung seines Urheberpersönlichkeitsrechts zu ersetzen, wurde vor allem durch Raestad vertreten, dem sich insbesondere Dänemark, die Tschechoslowakei, die Schweiz, Schweden, Australien und Neu-Seeland anschlossen. Dagegen wurde von der franz. Delegation im Verein mit Belgien und Finnland auch hier die Auffassung des ausschließlichen Rechts verfochten. Großbritannien, Italien und Japan sprachen sich gegen eine starre Fassung aus, um den Landesgesetzgebungen genügend Spielraum zu lassen.

Da die Gegensätze unüberbrückbar erschienen, versuchte man eine Verständigung anhand des austral.-neuseel. Vorschlages (CDA.

Nr. 64) herbeizuführen, also das intérêt public als Maßstab der Begrenzung der ausschließlichen urheberrechtlichen Befugnis anzuführen. Die franz. Delegation sprach sich zwar gegen die Anerkennung dieses intérêt public aus, weil das zur gänzlichen Aufhebung des Urheberrechts führen könne, doch erklärte sie sich mit der Formel „ordre public“ einverstanden, die von Australien und Neu-Seeland abgelehnt wurde.

Endlich — in den letzten Tagen der Konferenz — gelang es den fortgesetzten Bemühungen von Giannini, die Verständigung auf der Grundlage des heutigen Textes des Art. 11 b herbeizuführen. Daß eine Einigung — die, wie Maillard (Bulletin Nr. 6 S. 55) mit Recht bemerkt, ein Meisterstück an Geschicklichkeit ist — gelungen ist, ist neben den unermüdlichen Bemühungen von Giannini der Erkenntnis der Delegationen zu danken, daß, wenn nicht diese brennende Frage des zwischenstaatlichen Urheberrechts gelöst werden würde, man niemals von einem Erfolg der Romkonferenz hätte sprechen können.

Wenn behauptet worden ist, mit der Einführung des Art. 11 b Abs. 2 habe Neuseelands „Raubinstinkt“ gesiegt, so verrät diese Beurteilung (die bereits von Neugebauer und Raestad gebührend gekennzeichnet und zurückgewiesen worden ist) eine völlige Unkenntnis der Verhandlungen auf der Romkonferenz. Nicht auf den Einspruch oder das Verlangen eines einzigen Verbandslandes ist diese Förmelung erfolgt, sondern die Mehrzahl der Delegationen sprach sich in richtiger Erkenntnis des Wesens des Rundfunks für eine Wahrung der Interessen der Allgemeinheit aus, so daß auch die von Olagnier II, 243, ausgesprochene Vermutung, Art. 11 b Abs. 2 sei auf das Betreiben der Vertreter des (in Wirklichkeit nicht existierenden) „Welttrusts des Rundfunks“ aufgenommen worden, jeder Begründung entbehrt, wobei aber interessant ist, daß Olagnier (als Antagonist aller verlegerischer Interessen) die Einführung der gesetzlichen Lizenz (ebenso auch bei der Schallplatte S. 205) in gewissem Umfange für gerechtfertigt hält mit Rücksicht auf die hohen Forderungen der Musikverleger (II 246).

Mit Recht hebt Neugebauer (Arch. Funk. I [1928] S. 302 Anm. 6), eines der Mitglieder der deutschen Delegation auf der Romkonferenz, hervor, daß gerade Raestad [dessen tiefgründige Untersuchung in CDA. Nr. 103 (vgl. oben S. 131) für immer eine Quelle urheberrechtlicher Erkenntnis bilden wird] mit besonderer Sachkunde, Erfahrung und Gründlichkeit die wichtige Staats- und Volksbildungsaufgabe des Rundfunks geltend gemacht hat.

III. Giannini hat die Bedeutung des Textes des Art. 11 b in seinem Bericht über die Tätigkeit des Unterausschusses klar folgendermaßen formuliert:

„Dans le premier alinéa, l'article susdit confirme énergiquement le droit de l'auteur; dans le second, il laisse aux lois nationales la faculté de régler les conditions d'exercice du droit en question, tout en admettant qu'en considération de l'intérêt public général de l'Etat, des limitations au droit d'auteur peuvent être établies; mais il est entendu qu'un Pays ne doit faire usage de la possibilité d'introduire de telles limitations que dans le cas où leur nécessité a été constatée par l'expérience de ce Pays même; ces limitations ne peuvent en tout cas pas amoindrir le droit moral de l'auteur; elles ne peuvent non plus porter atteinte à son droit à une compensation équitable qui serait établie soit à l'amiable, soit, faute d'accord, par les autorités compétentes. La Sous-Commission a voulu ainsi mettre en harmonie les droits de l'auteur avec les intérêts publics généraux de l'Etat, auxquels les intérêts particuliers doivent uniquement se soumettre."

Dem oberflächlichen Blick erscheint Art. 11 b als eine Kompromißlösung mit zwei einander widersprechenden Absätzen. In Wirklichkeit aber bedeutet diese Förmelung ein Sieg der germanisch-ital. Auffassung gegenüber der franz. Es ist nicht die sehr elastische Förmelung, die bemerkenswert erscheint (Da. 1928, 82), sondern daß hier das Interesse der Allgemeinheit als eines der beiden die gesetzlichen Normen des Urheberrechts bestimmenden Interesse-Inbegriffs anerkannt worden ist. In diesem Sinne ist Art. 11 b, als Ganzes genommen, ein Wegweiser für die Zukunft. Vermöge des hier abermals angewendeten halbstarren Systems wird es allen Verbandsländern ermöglicht, dem Romtext beizutreten, gleichviel ob das Urheberrechtsgesetz individualistisch, kollektivistisch oder dualistisch ist. Die halbstarre Fassung gibt allen Verbandsländern die Gelegenheit, dort, wo der Rundfunk wirklich die so oft hervorgehobene überragende soziale und kulturelle Rolle ausfüllt, die Rechtsstellung der Rundfunkgesellschaft demgemäß festzulegen.

1. Die RBUe. löst die Streitfrage nach der Rechtsnatur der rundfunkmäßigen Wiedergabe dadurch, daß sie — zweckentsprechend und also Richtung gebend für die interne Gesetzgebung — diese als besondere urheberrechtliche Befugnis normiert. Damit ist also klargestellt, daß im Sinne der RBUe. die rundfunkmäßige Wiedergabe weder Aufführung im Sinne des Art. 11 noch Übertragung im Sinne des Art. 13 ist. Eine Begriffsumreißung dieser „communication au public" fehlt im Text der RBUe., so daß es der Rechtsprechung der Verbandsländer überlassen bleibt, festzustellen, was rundfunkmäßige Wiedergabe im Sinne der RBUe. ist, so daß also — entsprechend dieser Ausdeutung — der Begriff sich ändern kann. Man darf also nicht

fordern, daß von allen Verbandsländern gleichmäßig lediglich die Sendetätigkeit als urheberrechtlich bedeutsam angesehen wird; vielmehr steht es den Verbandsländern frei, auch das Empfangen als urheberrechtlich wesentlich zu betrachten und demgemäß (so die belg. Rechtsprechung Da. 1933, 59 und durchweg das franz. Schrifttum) das Empfangen der Sendung mittels eines Rundfunkempfangsgeräts als Eingriff in das Urheberrecht zu bezeichnen.

Jedoch ergeben sich aus der Entstehungsgeschichte des Abs. 1 eine Reihe von Einzelheiten für die Begriffsbestimmung der communication au public.

a) Die communication au public muß par la radiodiffusion gewährleistet sein, d. h. vermittels der Hertz'schen Wellen muß die lautliche Wiedergabe der Öffentlichkeit unbegrenzt verlautbart werden. Daher werden (so auch Belgien S. 36) durch Art. 11 b jene lautliche Wiedergaben, die vermittels leitungsgerichteter elektrischer Ströme weitergeleitet werden, nicht betroffen. (Hirmondò in Budapest schon vor dem Weltkriege; Telefonübertragung von Aufführungen aus der Münchener Staatsoper). Unter Art. 11 b fallen auch jene Erscheinungen nicht (a. A. Da. 1933, 130), bei denen die Sendung mit Hilfe von Leitungen Dritten wahrnehmbar gemacht wird, z. B. der Danziger Drahtfunk (Arch. Funk. VI [1933], 329). Unter Art. 11 b fällt gleichfalls nicht die Vernehmbarmachung der Rundfunksendung durch einen Lautsprecher (Raestad S. 205), da hier zwar Hertz'sche Wellen zur Hervorbringung der Sendung verwendet wurden, jedoch nicht zum Betrieb des Lautsprechers. Ob aber die Verwendung eines Lautsprechers zur Vernehmbarmachung gesendeter urheberrechtlich geschützter Werke in das Urheberrecht an diesen Werken eingreift, ist nach Landesrecht zu beurteilen (während de lege ferenda Da. 1933, 122 u. Belgien S. 40 für eine Regelung durch die RBUe. eintritt). Für das Deutsche Reich hat das RG. in RGZ. 136, 377 das Vorliegen eines solchen Eingriffs verneint (hierzu Hoffmann Arch. Funk. V [1932] 144). Die gleiche Rechtsauffassung vertritt der Röm. Kass. in Ufita VIII [1935] 114. Dagegen ist der Eingriff von der Rechtsprechung folgender Verbandsländer bejaht worden: Belgien (Da. 1933, 58, Kass. in Inter-Auteurs 1934, Nr. 46, S. 795), Dänemark (Arch. Funk. III [1930] 505), Finnland (Kass. in Inter-Auteurs 1934 Nr. 46 S. 797), Frankreich (Arch. Funk. IV [1931], 107, Da. 1931, 93), Großbritannien (Arch. Funk. VI [1933] 392, 480), Rumänien (Arch. Funk. VI [1933] 333), Schweden (Da. 1934, 120) und Tschechoslowakei (SchuW. 1933, 31 = Da. 1933, 71).

[Der Oberste Gerichtshof der Vereinigten Staaten von Amerika hat in dieser Frage (Arch. Funk. IV [1931] 324; vgl. Caldwell in Arch. Funk. V [1932] 521) den Tatbestand einer

Urheberrechtsverletzung dann für gegeben erachtet, wenn die Rundfunkgesellschaft, deren Sendung vom Lautsprecher vermittelt wurde, keine Erlaubnis vom Inhaber des Urheberrechts besaß. Es hat sich also zu dem Falle nicht geäußert, ob auch dann, falls die Rundfunkgesellschaft die Erlaubnis vom Urheber besessen hatte, eine Urheberrechtsverletzung vorliege.]

Wohl aber gehört der Bildfunk hierher, weil auch hier sich die (optische) Wiedergabe des Bildes mit der Aussendung der Hertz'schen Wellen verbindet (Neugebauer S. 858, a. A. Raestad S. 197, der im Bildfunk nur eine neue Wiedergabemethode erblickt, dabei aber übersieht, daß dies Argument ganz allgemein für den Rundfunk gilt, während für Bildfunk und Rundfunk [Rundspruch] gemeinsam und kennzeichnend die Verwendung Hertz'scher Wellen ist). Das Gleiche gilt für das Fernsehen (Bollecker S. 95, Raestad S. 197 u. 205).

b) Die Sendung muß als Empfänger die Öffentlichkeit als solche („le public") haben, während es rechtlich unerheblich ist, ob die Sendung tatsächlich von irgend jemand empfangen, also wahrgenommen worden ist.

c) Schwierigkeiten ergeben sich bei dem sogen. rebroadcasting (vgl. die Schaubilder bei Neugebauer S. 840 und 846). Beim echten rebroadcasting finden zwei rundfunkmäßige Wiedergaben statt (Belgien S. 38), nämlich die erste durch die erste Rundfunkgesellschaft, die zweite durch die aufnehmende (zweite) Rundfunkgesellschaft, wobei keine erneute lautliche Wiedergabe zu verzeichnen ist. Dabei ist es gleichgültig, ob diese frühere Lautwiedergabe durch Draht- oder Funkweg oder vermittels eines Lautsprechers der zweiten Rundfunkgesellschaft übermittelt wird. Wesentlich für den Rechtsbegriff des rebroadcasting ist, daß die zweite Rundfunkgesellschaft erneut Hertz'sche Wellen aussendet, vermittels deren die Lautwiedergabe ins All getragen wird.

Dagegen liegt bei der — irreführend so genannten — rédiffusion (bei der von einem einzigen Studio aus zwei Sender gespeist werden) entsprechend der Natur dieses Vorganges — denn Hauptsender und Nebensender benutzen die gleiche akustische Quelle als Grundlage ihrer sich gleichbleibenden Sendung — nur eine einzige rundfunkmäßige Wiedergabe im Sinne des Art. 11 b vor.

Anders ist aber der Fall bei den sog. Rundfunk-Vermittelungsanlagen, die die Sendung aufnehmen und an ihre Teilnehmer durch Drahtleitungen weiterleiten. Hier liegt echte rundfunkmäßige Wiedergabe hinsichtlich der aufnehmenden Zentrale vor. Das, was auf der Empfängerseite, also ableitend von dieser Zentrale aus, mit der Sendung geschieht, gehört einerseits nicht mehr zur rundfunkmäßigen Wiedergabe (weil diese nur die Senderseite betrifft), kann aber auch nicht erneute rundfunkmäßige Wiedergabe sein (weil hier ein Entsenden neuer Hertzscher Wellen nicht stattfindet; beistimmend Da. 1933, 121, Belgien S. 39). Zur Regelung dieser Frage ist also Raum für die Landesgesetzgebung. Im gleichen Sinne das niederl. Urteil in Arch. Funk. III [1930] 63.

d) Rechtlich unerheblich ist schließlich, ob die gesendete Lautwiedergabe eine unmittelbare oder mittelbare ist, so daß also das Schallplattenkonzert des Rundfunks, soweit es sich um den Verbandsschutz handelt, unter Art. 11 b fällt (Buser S. 195, Neugebauer S. 879, Raestad S. 205).

Dabei ist aber zu beachten, daß es dem Verbandslande überlassen ist, wie es den Schutz des Werkes gegen die rundfunkmäßige Wiedergabe normiert. Wenn z. B. ein Verbandsland diese Befugnis als tonliche Wiedergabe ansieht, so unterliegt damit dieser Schutz allen jenen Begrenzungen, denen diese urheberrechtliche Befugnis ausgesetzt ist (oben S. 163), so daß also, wenn die in einer Schallplatte festgesetzten Tonkunstwerke zulässigerweise vermittels dieser Schallplatte aufgeführt (tonlich wiedergegeben) werden dürfen, dann auch diese Wiedergabe durch den Rundfunk erlaubt (vgl. Da. 1933, 131) ist.

Über das Schallplattenkonzert nach franz. Recht vgl. Abraham in Arch. Funk. VI [1933] 25.

e) Was rundfunkmäßig wiedergegeben wird, ist rechtlich gleichgültig. Solange ein Werk überhaupt noch urheberrechtlich geschützt ist, hat es den Verbandsschutz gegen die rundfunkmäßige Wiedergabe. Schutzfähig sind also nicht nur die Werkgattungen des Art. 2, sondern grundsätzlich auch die oeuvres orales des Art. 2 b.

f) Fraglich erscheint, ob die Freiheit der Pressewiedergabe (Art. 9 Abs. 2) auch für die rundfunkmäßige Wiedergabe gilt. Der Bericht der Unterkommission auf der Romkonferenz (S. 184) hat das ausdrücklich bejaht, und Klauer (a. a. O. S. 383) ist dem beigetreten (a. A. Bollecker S. 95 Anm. 1. Neugebauer S. 837). Der Sinn des Art. 9 Abs. 2 spricht für die Wiedergabefreiheit, weil hierdurch die Verbreitung solcher Artikel am besten gewährleistet ist.

Über Rundfunk und Presse (de lege ferenda) vgl. Häntzschel in Ufita VI [1933] 100.

g) Nicht durch Art. 11 b wird die Frage geregelt (anders Belgien S. 42), ob es der Rundfunkgesellschaft wie jedem Dritten gestattet ist, die Sendungen festzulegen (z. B. auf Schallplatten).

Die Beantwortung dieser Frage hängt davon ab, inwieweit nach dem Gesetz des Landes die Rundfunkgesellschaft die Herstellung von Vervielfältigungsstücken für den eigenen Gebrauch vornehmen darf. Daß jeder darüber hinausgehende Gebrauch ein Eingriff in die urheberrechtliche Befugnis der Vervielfältigung ist, bedarf nicht der Ausführung.

2. Durch Abs. 2 wurde den Verbandsländern die Möglichkeit gegeben, nach ihrem Ermessen eine gesetzliche Lizenz zugunsten der Rundfunkgesellschaften von einem nach internem Recht zu bestimmenden Ausmaße einzuführen. Das ist — wie einhellig festgestellt wird — der Sinn des Abs. 2. Ob ein Verbandsland davon Gebrauch macht, ist in sein Belieben gestellt, und nicht etwa von der im Bericht des Unterausschusses (Rom S. 183) erwähnten Notwendigkeit einer solchen Einführung abhängig.

Da gerade beim Rundfunk wichtigste Interessen der Allgemeinheit auf dem Spiele stehen, soll (vgl. insbesondere die Begründung zum norweg. Urheberrechtsgesetz in Arch. Funk. III [1930] 602) die im Dienst des Staatsvolks stehende Rundfunkgesellschaft kraft gesetzlicher Bestimmungen in die Lage versetzt werden, nicht nur aus möglichst reichen Quellen zu schöpfen, sondern auch zu angemessenem Entgelt der nationalen Volksgemeinschaft diese Geistesgüter darzubieten. „Die Bedeutung des Rundfunk als Kulturspender und als ein Mittel, die breitesten Schichten an den Werten des Geisteslebens teilhaftig werden zu lassen, kann sicherlich kaum unterschätzt werden, und jede Maßnahme, die dazu beitragen kann, diese Entwicklung zu hemmen, ist in sich selbst bedenklich."

Es ist aber auch nicht richtig, wenn Da. 1930, 35 die Lizenz nur à titre subsidiaire gelten lassen will, d. h. für sie nur dann Raum gibt, wenn eine gütliche Verständigung in jedem Einzelfalle zwischen Urheber, also Urhebergesellschaft, und Rundfunkgesellschaft nicht erfolgt ist. Vielmehr sind die Verbandsländer auch hierin gänzlich frei; sie können durch die Normierung einer solchen gesetzlichen Lizenz die im Abs. 1 normierte ausschließliche Befugnis des Urhebers, sein Werk rundfunkmäßig wiederzugeben, begrenzen in zeitlicher Hinsicht (anhebend von einem gewissen Zeitpunkte an, sei es nach der Veröffentlichung, sei es nach einer Anzahl von Aufführungen des Werkes), sachlich (so daß die Lizenz sich nur auf gewisse Werkarten bezieht), persönlich (also hinsichtlich der Bestimmung des durch die gesetzliche Lizenz Begünstigten, so daß z. B. nur besonders qualifizierte Rundfunkgesellschaften hiervon Gebrauch machen können, worauf Herman-Otavsky [Rom S. 294] mit besonderem Nachdruck hinweist).

Über die inzwischen eingeführten gesetzlichen Lizenzen vgl. unten S. 188.

Dabei wird aber für die Verbandsländer als Verpflichtung hinsichtlich aller geschützten Werke, gleichviel welcher Werkgattung sie angehören, der Satz aufgestellt, daß durch die gesetzliche Lizenz das Urheberpersönlichkeitsrecht und der Anspruch des Urhebers auf ein angemessenes Entgelt nicht angetastet werden dürfen.

Die Fassung dieser Bestimmung ist eigenartig. Sie enthält keine Norm, auf die der verbandsländische Urheber sich stützen könnte, so daß er iure conventionis für sich dieses Recht bzw. diesen Anspruch geltend machen könnte. Denn wenn dies der Wille einer Bestimmung der RBUe. ist, wird dies eindeutig durch die Förmelung „les auteurs d'oeuvres littéraires et artistiques jouissent du droit exclusif . . . ." (vgl. den Wortlaut des Abs. 1) klargelegt. Es wird also zwar eine Verpflichtung für die Verbandsländer aufgestellt, im Landesgesetz eine solche Norm unter Anerkennung des Urheberpersönlichkeitsrechts und des obligatorischen Anspruches auf ein angemessenes Entgelt zu erlassen. Im übrigen aber ist das Landesgesetz, weil das halbstarre System dieses Sonderrecht regelt, gänzlich freigestellt, es kann über dieses Minimum an Schutz und zwar sowohl was das dingliche Recht als auch der obligatorische Anspruch anlangt, hinausgehen, aber dieser weitergehende Schutz — gleichviel auch worin er besteht —, kommt den verbandseigenen Werken nicht zugute, weil es sich um ein, wenn auch durch das halbstarre System geregeltes Sonderrecht der RBUe. handelt.

Trotzdem also im Abs. 1 ein Sonderrecht zugunsten der verbandseigenen Werke festgelegt ist, kann sich der Urheber eines solchen Werkes nicht auf diese Bestimmung in einem Verbandslande berufen, weil im Abs. 2 lediglich ein Minimalrecht festgelegt worden ist, das darüber hinausgehende Plus an landesgesetzlichem Schutz aber, da es sich um ein Sonderrecht handelt, lediglich dem einheimischen Werke zugute kommt (vgl. S. 20).

a) Das Urheberpersönlichkeitsrecht soll gewahrt bleiben (nur an dieser Stelle spricht der franz. Text der RBUe. von „droit moral"), d. h. die im Art. 6 b erwähnten urheberpersönlichkeitsrechtlichen Befugnisse. Da (vgl. oben S. 115) nicht jegliche Abänderung des Werkes einen solchen Eingriff in das Urheberpersönlichkeitsrecht darstellt, ist auch nicht jede von einer Rundfunkgesellschaft in Ausübung der gesetzlichen Lizenz vorgenommene Abänderung des Werkes ein Eingriff in das Urheberpersönlichkeitsrecht. Vielmehr muß im Einzelfalle nachgeprüft werden, ob die vorgenommene Änderung im Hinblick auf die rundfunkmäßige Wiedergabe des Werkes notwendig, dann aber auch so beschaffen war, daß hierdurch das Ansehen des Urhebers nicht beeinträchtigt wird. In der Praxis haben sich Schwierigkeiten, soweit ich sehen kann, nicht ergeben (Den Fall der unzulässigen, dem Vertrag zuwider erfolgten Verkürzung eines Schriftwerkes bei der rundfunkmäßigen Wiedergabe behandelt das franz. Urteil in Ann. 1934, 58).

Da (vgl. oben S. 116) die Befugnis der Veröffentlichung im Art. 6 b nicht zur Norm der RBUe. erhoben worden ist, könnten grundsätzlich die Verbandsländer die gesetzliche Rundfunklizenz auch auf nichtveröffentlichte Werke erstrecken (zweifelnd Neugebauer S. 871). Aber eine solche Bestimmung würde dem Sinn der gesetzlichen Lizenz zuwiderlaufen, da das Interesse der Allgemeinheit, welches vor allen Dingen gerade durch die Rundfunk-Lizenz sichergestellt werden soll, nur dann anzuerkennen ist, wenn der Urheber dadurch, daß er sein Werk veröffentlicht, seinen Willen kundgetan hat, dieses sein Werk den Weg zur Allgemeinheit gehen zu lassen.

b) Unberührt soll der Anspruch (die deutsche Übersetzung „Recht" ist unrichtig) des Urhebers auf ein angemessenes Entgelt für die Verwertung seines Werkes durch dessen rundfunkmäßige Wiedergabe bleiben. Mit weiser Beschränkung haben die Schöpfer des Art. 11 b lediglich den Grundsatz aufgestellt. Was angemessen ist, hängt also gänzlich von den Anschauungen jedes Verbandslandes ab. In erster Linie dürften hierfür die Tarifsätze maßgebend sein, die aufgrund der Verständigung der Interessenten aufgestellt werden. Kommt eine Einigung über die Höhe des Entgelts nicht zustande, so soll — so will es die RBUe. — die zuständige Behörde dieses Entgelt festlegen. Welche Behörde zuständig ist, entscheidet gleichfalls das Gesetz jedes Verbandslandes, wobei diesem hinsichtlich der Bestimmung dieser Behörde jegliche Freiheit gelassen ist. Daß nicht nur die Gerichte, sondern auch Schiedsgerichte, ja auch die Verwaltungsbehörden zur Festlegung der Höhe dieses Entgeltes nach der RBUe. befugt sind, ergibt sich aus der Wahl des Wortes „autorité". Der von Herman-Otavsky (Rom S. 294) ausgesprochene Wunsch, daß lediglich das Gericht mangels einer gütlichen Einigung das Entgelt festzusetzen habe, erscheint nicht begründet. Vielmehr verdient eine Befriedung dieser Verhältnisse durch ein gesetzgeberisches Eingreifen den Vorzug. Ostertag (Da. 1928, 127, vgl. auch Da. 1933, 28) will dagegen diese Festlegung durch den Gesetzgeber nicht zulassen; nach seiner Auffassung steht dies mit dem Text der RBUe. in Widerspruch. Seine Bedenken erscheinen nicht begründet, denn wenn irgend eine Behörde von der RBUe.

als zu dieser sachlichen Regelung befähigt angesehen wird, so dürfte hierzu der Gesetzgeber noch viel eher befähigt sein. Tatsächlich wird in Norwegen und in Neu-Seeland die Höhe des Entgeltes durch den Gesetzgeber festgesetzt. Wenn es also (in Da. 1929, 47) heißt, daß mit dem Gedanken der gesetzlichen Lizenz des Art. 11 b Abs. 2 das System einer vom Gesetzgeber festgelegten Tantieme für den Urheber des rundfunkmäßig wiedergegebenen Werkes unvereinbar sei (im gleichen Sinne Da. 1930, 14, 79; 1933, 27; dem schließt sich B o l l e c k e r S. 98 an), so ist das nicht allein unrichtig, sondern eine solche Ausdeutung würde eine praktische Anwendung der gesetzlichen Lizenz sehr begrenzen, da dann in jedem Einzelfalle erst die Entscheidung der zuständigen Behörde herbeigeführt werden müßte, so daß diese Bestimmung Ursprung unzähliger Differenzen und Prozesse sein würde.

Ebenso ist nichts im Texte der RBUe. darüber gesagt, ob zu fordern ist, daß der Urheber eines gesendeten Werkes die Einwilligung zur öffentlichen Wiedergabe vorher erteilt haben muß, so daß es also auch dem Verbandslande freisteht, die Ausübung der gesetzlichen Lizenz von der Erteilung einer solchen Einwilligung frei zu machen (N e u g e b a u e r S. 873).

3. Die W i r k u n g e n der gesetzlichen Lizenz sollen sich nach dem Wortlaut des Abs. 2 ausschließlich auf das Gebiet des Verbandslandes beschränken. Wenn man diese Förmelung ihrem Wortlaute nach betrachtet, ist sie unverständlich. Denn es ist unmöglich, eine rundfunkmäßige Wiedergabe, die aufgrund einer gesetzlichen Lizenz vorgenommen wird, in ihren Wirkungen, also in ihrer Vernehmbarkeit, auf das Sendeland zu beschränken. Der Kommissionsbericht enthält nichts, was zur Ausdeutung dieses Ausdruckes beitragen könnte.

So erscheint (H o f f m a n n Arch. Funk. II [1929] 258) die Ausdeutung dieser Bestimmung dahin berechtigt, eine solche gesetzliche Lizenz solle sich nicht auf Werke anderer Verbandsländer erstrecken, umso mehr als sie sich mit der Auslegung des Art. 13 Abs. 3 RBUe. — aus dem die Förmelung übernommen ist — deckt (vgl. unten S. 203).

Allerdings widerspricht dieser Ausdeutung, die zum mindesten den Vorzug hat, jener Fassung einen Sinn zu unterlegen, daß eine solche Norm nicht in den Rahmen der RBUe. gehört, weil diese lediglich den Schutz der verbandsländischen Werke in anderen als ihrem Ursprungslande regelt.

Man wird sich also mit der von N e u g e b a u e r (S. 874, beistimmend R a e s t a d Anm. 86) vorgenommene Erklärung abfinden müssen, daß mit dieser Klausel nur die aus Art. 4 herzuleitende Ansicht ausgesprochen werden soll, daß die Rechtswirkungen der Rundfunklizenz sich nur auf das Verbandsland erstrecken, das sie eingeführt hat, so daß also ein Verbandsland, das diese gesetzliche Lizenz nicht kennt, auch den Werken von Angehörigen eines Verbandslandes, das diese gesetzliche Lizenz normiert hat, den vollen Schutz des Abs. 1 geben muß.

4. Es bedeutet eine volle Anerkennung des hier vertretenen Standpunktes (daß Regelung von Sonderrechten durch die RBUe. lediglich im halbstarren System [S. 12] erfolgen sollte), daß Giannini in Arch. Funk. VI [1933] 285 rückblickend feststellt, daß die Bestimmung des Art. 11 b sich bewährt hat. Weder haben sich Schwierigkeiten bei der Durchführung gezeigt, noch sind neue Probleme aufgetaucht.

So ist es auch nicht verwunderlich, daß auch der Fünfte Internationale Funkrechtskongreß in Warschau (April 1934) den Art. 11 b auch in seinem Absatz 2 gutgeheißen hat und lediglich zum Ausbau dieser Bestimmungen Vorschläge gemacht hat (Da. 1934, 54).

IV. Art. 11 b und die Gesetzgebung der Verbandsländer.

1. Die Regelung des Rundfunk-Urheberrechts:

a) Canada hat in seiner Novelle zum Urheberrechtsgesetz vom 11. 6. 1931 den Art. 3 Ziff. 1 des geltenden Gesetzes dahin abgeändert, daß das Urheberrecht nunmehr auch die Befugnis umfaßt, ein Schriftwerk, Bühnenwerk, Tonkunstwerk oder ein Werk der bildenden Künste rundfunkmäßig wiederzugeben (Art. 3 Ziff. 1 f). Gleichzeitig ist aber die gesetzliche Begriffsausdeutung von „Aufführung" dahin erweitert worden (Art. 29), daß sie jetzt die lautliche und optische Wiedergabe eines Werkes auch vermittels des Rundfunks umfaßt. Unzuträglichkeiten scheinen sich aus dieser Unklarheit nicht ergeben zu haben.

b) In Dänemark ist bei der Neukodifikation (Ges. vom 26. 4. 1933, vgl. Graae in Da. 1933, 94) durch die Neufassung des Art. 1 zum Ausdruck gekommen, daß dem Urheber ein Vollrecht der Veröffentlichung gegeben worden ist, so daß die im Gesetz angeführten Möglichkeiten der Veröffentlichung des Werkes nur Beispiele sind. Eine solche Möglichkeit stellt also auch die rundfunkmäßige Wiedergabe dar.

c) Jugoslavien hat in seinem Urheberrechtsgesetz vom 26. 12. 1929 die Befugnis der rundfunkmäßigen Wiedergabe ausdrücklich normiert (§ 22 Ziff. 8), wobei nicht ganz klar ist, ob derselbe Schutz nicht bereits aus § 21 hergeleitet werden kann, insofern die rundfunkmäßige Wiedergabe auch als öffentliche Aufführung des Werkes angesehen wird.

d) N o r w e g e n hat im Urheberrechtsgesetz vom 6. 6. 1930 § 1 Abs. 1 ein allgemeines Recht des Urhebers, über sein Werk zu verfügen, festgelegt, worin die ausschließliche Befugnis der rundfunkmäßigen Wiedergabe liegt, während die Rechtsprechung aufgrund des früheren Urheberrechtsgesetzes einen Schutz des Schriftwerkes gegen die rundfunkmäßige Wiedergabe verneint hatte (Urteil des Obergerichts Oslo vom 17. 10. 1929 in Arch. Funk. III [1930] 602).

Wegen der gesetzlichen Lizenz für die Rundfunkgesellschaft vgl. unten.

e) S i a m normiert im Urheberrechtsgesetz vom 6. 6. 1930 zwar die Befugnis der rundfunkmäßigen Wiedergabe nicht ausdrücklich, aber man darf in der Befugnis (§ 4) der Aufführung bei Tonkunstwerken und des öffentlichen Vortrags bei Schriftwerken auch die Befugnis der rundfunkmäßigen Wiedergabe erblicken (so Da. 1932, 103).

2. G e s e t z l i c h e L i z e n z e n für die Rundfunkgesellschaft.

a) N o r w e g e n (§ 9 Ziff. 6). Die gesetzliche Lizenz gilt für alle Werke, sofern ein Jahr seit ihrer Veröffentlichung verstrichen ist; jedoch müssen Bühnenwerke und Tonkunstwerke in Norwegen bereits aufgeführt worden sein. Besonders stark ausgeprägt ist der Schutz des Urheberpersönlichkeitsrechts, insofern die Einwilligung des Urhebers stets gefordert wird, wenn das Werk in veränderter Form rundfunkmäßig wiedergegeben werden soll. Bei Wiedergabe in einer abgeänderten Form kann der Urheber verlangen, daß angegeben wird, daß die Änderungen nicht von ihm stammen (vgl. oben S. 123).

b) N e u s e e l a n d (Arch. Funk. II [1929] 442) hatte eine nur auf Tonkunstwerke Anwendung findende gesetzliche Lizenz für die Dauer vom 1. 10. 1927 bis 31. 8. 1929 eingeführt.

c) I t a l i e n hat unmittelbar nach der Romkonferenz, nämlich bereits am 14. 6. 1928, ein Gesetz erlassen (Arch. Funk. I [1928] 399), welches sich auf die im Art. 55 des Urheberrechtsgesetzes vorgesehene Enteignungsmöglichkeit (so ausdrücklich G i a n n i n i Arch. Funk. I [1928] 603 und P i o l a C a s e l l i in JDA. I [1930] 131) gründet. Das Gesetz gibt dem Rundfunk-Konzessionar das Recht, die rundfunkmäßige Wiedergabe von „öffentlichen Orten“ aus (vgl. VO. vom 28. 8. 1928) vorzunehmen, doch erstreckt sich das Recht nicht auf Uraufführungen und nicht auf neue Werke. Um dem Urheberpersönlichkeitsrecht am rundfunkmäßig wiedergegebenen Werke Genüge zu tun, bestimmt die VO. vom 28. 8. 1928, daß die Rundfunkübertragung technisch einwandfrei sein müsse.

Wenn nun auch Giannini (a. a. O.) mit besonderem Nachdruck die Auffassung vertritt, daß das italienische Gesetz sich hierbei den Grundsatz der gesetzlichen Lizenz oder des domaine public payant nicht zu eigen gemacht, vielmehr hier eine teilweise Enteignung des Urheberrechts vorgenommen habe, so ist das lediglich ein Streit um Worte. Denn tatsächlich wirkt diese teilweise vorgenommene Enteignung wie eine gesetzliche Lizenz (so auch Da. 1934, 84).

3. In einer ganzen Reihe von Verbandsländern sind nach der Romkonferenz Vorschläge auf Einführung einer gesetzlichen Lizenz zugunsten des Rundfunks gemacht worden, die bisher noch nicht zum Gesetz erhoben worden sind.

a) In der Tschechoslowakei liegt ein amtlicher Gesetzentwurf vor (Arch. Funk. V [1932] 438), der im § 16a eine Rundfunklizenz vorsieht. Bemerkenswert ist auch, daß die Urheber in der Tschechoslowakei (vgl. Löwenbach Arch. Funk. IV [1931] S. 44) der Einführung einer solchen gesetzlichen Lizenz zugestimmt haben.

b) In der Schweiz ist die Auffassung über die Einführung einer gesetzlichen Lizenz nicht einheitlich. Während Buser (S. 189) sich für die Einführung erklärt, wird sie von Röthlisberger-Mentha (S. 20) abgelehnt. Bereits im Jahre 1929 hat hier der Abgeordnete Vallotton im Nationalrat einen Gesetzentwurf eingebracht, der die gesetzliche Lizenz vorsah. Der Bundesrat hat sich i. J. 1931 (BBl. 1931 II, 676 insbesondere 703) grundsätzlich für die Einführung der gesetzlichen Lizenz erklärt, hat aber, da ein praktisches Bedürfnis für eine solche gesetzliche Regelung im Augenblick noch nicht anzuerkennen sei, aufgrund von Art. 1 und 3 des Schweizer Telegraphen- und Telephonverkehrsgesetzes vom 14. 10. 1922 ein fakultatives Schiedsgericht zur Schlichtung von Honorarstreitigkeiten vorgesehen. Die Einführung einer gesetzlichen Rundfunklizenz soll dagegen (so ausdrücklich Buser a. a. O. S. 192) dann erfolgen, wenn übertriebene Forderungen der Urhebergesellschaften dies nötig machen sollten.

c) In Österreich (Arch. Funk. IV [1931] 17) liegt ein Vorschlag auf Einführung der gesetzlichen Lizenz vor, doch ist über dessen Schicksal nichts bekannt geworden.

d) Im Deutschen Reich (vgl. die ausführliche Darstellung bei Guzatis Arch. Funk. V [1932] 440) hatte Osterrieth schon i. J. 1923 die Einführung von gesetzlichen Lizenzen im künftigen Urheberrechtsgesetz gefordert (GRUR. 1923, 25). Hoffmann hat bereits i. J. 1925 die Normierung einer gesetzlichen Rundfunklizenz vorgeschlagen, und diesem Vorschlag ist das Schrifttum nahezu einmütig gefolgt (vgl. insbesondere Gutachten der Deutschen Studiengesellschaft für Funkrecht (Arch. Funk. VI [1933] 1).

Irrig erscheint die Auffassung (Klauer in Ufita VI [1933] 291), als sei für diese gesetzliche Rundfunklizenz nach Erlaß des Gesetzes vom 4. 7. 1933 (oben S. 95) kein Raum mehr. Diese Auffassung würde richtig sein, wenn man die Rundfunklizenz lediglich als Abwehrmaßnahme gegen den Mißbrauch der Monopolstellung seitens der Urhebergesellschaft ansehen wollte. Zwar dient das Gesetz vom 4. 7. 1933 zum Teil einem solchen Zweck. Aber die Rundfunklizenz verfolgt — wenigstens nach der herrschenden Auffassung im deutschen Schrifttum — darüber hinaus noch einen weiteren Zweck: Sie will im Interesse des Volksganzen alle veröffentlichten Werke der Kulturarbeit des deutschen Rundfunk freigeben, so daß von dieser gesetzlichen Lizenz auch diejenigen Urheber getroffen werden sollen, die die Befugnis der rundfunkmäßigen Wiedergabe nicht an eine Urhebergesellschaft übertragen haben. Daß dadurch eine Beeinträchtigung der Urheber nicht stattfindet, ist von Kopsch in grundlegenden Ausführungen (Arch. Funk. I [1928] 201) dargelegt worden. Kopsch hat mit seiner Förmelung: „die gesetzliche Lizenz ist eine Maßnahme zur sozialen Befreiung des schaffenden Künstlers“ bahnbrechend für die Erkenntnis des Wesens der gesetzlichen Lizenz auf dem Gebiete des Urheberrechts gewirkt.

Gerade in Anerkennung der Bedeutung des deutschen Rundfunk erscheint die Einführung der gesetzlichen Rundfunklizenz unentbehrlich. Denn der Rundfunk ist das wichtigste kulturelle Instrument in der Hand der Regierung, das einzige unmittelbare Einwirkungsmittel auf das gesamte Staatsvolk, das unfehlbare Mittel zur Mobilisierung des nationalen Geistes, zur Verwirklichung einer deutschen Geistigkeit, die nicht im luftleeren Raume lebt, sondern Sinnerfüllung des deutschen Daseins und Wirkens im deutschen Lebensraum sein soll.

e) Die Niederlande haben sich durch Art. 17b (eingeführt durch die Novelle vom 9. 7. 1931) ausdrücklich das Recht vorbehalten, durch allgemeine Verwaltungsmaßnahmen die Wahrnehmung des Rechts des Urhebers auf rundfunkmäßige Wiedergabe genauer zu regeln, wobei das Urheberpersönlichkeitsrecht und der Anspruch auf angemessene Entschädigung anerkannt werden soll.

f) In Polen sieht der Entwurf einer Novelle zum Urheberrechtsgesetz des Jahres 1934 eine gesetzliche Lizenz zugunsten der polnischen Rundfunkgesellschaft nach Muster der diesbezügl. norwegischen Bestimmung (Da. 1934, 91) vor.

V. Über das R e c h t a n d e r S e n d u n g, nämlich das Leistungsschutzrecht der Rundfunkgesellschaft vgl. H o f f m a n n in Arch. Funk. V [1932] 285 und Berner Büro in Da. 1933, 55. Ferner für Canada C l a x t o n in Arch. Funk. VI [1933] 5, das Deutsche Reich E l s t e r, Handbuch S. 190, G i e s e c k e Arch. Funk. III [1930] 1, für Frankreich T a b o u i s Arch. Funk. VI [1933] 311, für Österreich H a r t w i c h Arch. Funk. IV [1931] 115, für die Schweiz B u s e r S. 16, für Ungarn B a l á s Arch. Funk. III [1930] 459.

Für USA. überdies C a l d w e l l in Arch. Funk. V [1932] 485.

Art. 12.

Zu der unerlaubten Wiedergabe, auf die diese Übereinkunft Anwendung findet, gehört insbesondere auch die nicht genehmigte mittelbare Aneignung eines Werkes der Literatur oder Kunst, wie Adaptationen, musikalische Arrangements, Umgestaltung eines Romans, einer Novelle oder einer Dichtung in ein Theaterstück sowie umgekehrt u. dgl., sofern die Aneignung lediglich die Wiedergabe dieses Werkes in derselben oder einer anderen Form mit unwesentlichen Änderungen, Zusätzen oder Kürzungen darstellt, ohne die Eigenschaft eines neuen Originalwerkes zu besitzen.

Fassung von 1908: gleichlautend.

I. Der Wortlaut dieses Artikels ist nahezu unverständlich (wozu noch die in der deutschen Übersetzung fälschlich und sinnstörend erfolgte Beifügung des Wortes „auch“ nach „insbesondere“ beiträgt); sein Sinn ist aber klar: die RBUe. will dem verbandseigenen Werke gegen gewisse Arten von Wiedergabe Schutz gewähren, nicht also gegen jede Wiedergabe schlechthin, aber ein materieller Schutz wird durch Art. 12 nicht gegeben (Da. 1934, 7, Belgien S. 49). Es bleibt vielmehr den Verbandsländern überlassen, inwieweit sie diesem Willen der RBUe. Rechnung tragen wollen. Insbesondere enthält Art. 12 kein Sonderrecht (a. A. A l l f e l d S. 444, zweifelnd S e i l l e r S. 228).

Art. 12 gewährt also weder einen Verbandsschutz gegen Nachdruck, d. h. die unveränderte körperliche Wiedergabe, noch einen Schutz gegen die unveränderte lautliche oder optische Wiedergabe; er regelt lediglich die indirekte, mittelbare Aneignung.

Was Art. 12 unter „mittelbarer Aneignung“ (ein den Urheberrechtsgesetzen der Verbandsländer nicht geläufiger Begriff) versteht, wird nicht gesagt. Gemeint ist, daß neben dem Schutz gegen die d i r e k t e Wiedergabe (Nachdruck in Form von körperlicher Wiedergabe) noch der Schutz gegen die indirekte Wiedergabe gewährt werden soll, wofür als Beispiel einige Fälle aufgezählt werden.

II. Die nicht genehmigte mittelbare Aneignung des Werkes wird als „Wiedergabe des Werkes in derselben oder einer anderen Form mit unwesentlichen Änderungen, Zusätzen oder Kürzungen" gekennzeichnet, und als Fälle solcher mittelbaren Anregung werden Bearbeitungen, musikalische Arrangements, Dramatisierungen, Entdramatisierungen und andere Fälle einer Bearbeitung aufgezählt. Der innere Widerspruch ist augenscheinlich. Gerade bei diesen Bearbeitungen wird die äußere Form weitgehend verändert, so daß also nicht nur eine Wiedergabe des Werkes mit unwesentlichen Abänderungen vorliegt. Als weitere Gruppe sollen jene von Röthlisberger (S. 238) besonders hervorgehobenen „verkappten, böswilligen, betrügerischen Umgestaltungen" getroffen werden. Wenn auch diese Kennzeichnung (Allfeld S. 444) nicht recht geglückt ist, so wird doch das Wesen dieser mittelbaren Aneignung damit angedeutet. Im Gegensatz zur ersten Gruppe der Bearbeitungen handelt es sich hier um Wiedergaben des Werkes, die zwar dessen Formgebung ändern, aber doch so wenig, daß das Urwerk im Wesentlichen noch vorhanden ist. Diese beiden Gruppen müssen von einander geschieden werden.

1. a) Die erste Gruppe der Wiedergabe des Werkes in abgeänderter Form bilden die (im Art. 2 Abs. 2 vom Standpunkt des Bearbeiters aus [Belgien S. 46] bereits erwähnten) Fälle der Bearbeitung [warum die deutsche Übersetzung das im Deutschen nicht übliche Wort „Adaptation" statt „Bearbeitung" sagt, ist unverständlich]. Die Bearbeitung wird als solche erwähnt, und neben ihr werden als Sonderfälle das musikalische Arrangement und (seit der Pariser Zusatzakte Ziff. 3) die Dramatisierung eines epischen Werkes und die Episierung eines dramatischen Werkes besonders genannt. Für die Zwecke des Art. 12 kann es gleich sein, ob die Bearbeitung gut oder schlecht ist, ob sie als Werk gemäß Art. 2 Abs. 2 ihrem Urheber ein Urheberrecht gibt; liegt eine Bearbeitung vor, so greift zwar ihre Anfertigung noch nicht in das Recht am Urwerk ein (Österr. Oberster Gerichtshof in GRUR. 1926, 203), wohl aber die Ausübung irgend einer Befugnis an der Bearbeitung, und dann liegt die mittelbare Aneignung vor. Das Gleiche gilt vom Filmkunstwerk, wenn dieses (vgl. S. 227) als eine Bearbeitung eines bereits existierenden Werkes gemäß Art. 14 Abs. 1 zu betrachten ist.

b) Die zweite Gruppe sind jene Wiedergaben des Werkes, die dieses in seiner Formgebung zwar leicht abgeändert, jedoch dessen ungeachtet in seinem Kern, in seinem Wesen so wiedergeben, daß die Wiedergabe nicht als ein neues Werk erscheint, das auf dem Formgut des Anderen sich aufbaut.

Die Grenzen zwischen der ersten und zweiten Gruppe sind flüssig, so daß es nur im Einzelfall festgestellt werden kann, ob das Neue als Bearbeitung oder als Wiedergabe des Werkes in abgeänderter Form anzusehen ist. Für die deutsche und österreichische (Seiller S. 15, 21) Rechtsauffassung ist hierbei die von Kohler gelehrte Unterscheidung der äußeren und inneren Form wesentlich, wobei unter äußerer Form die Festlegungsform in den vorliegenden Formungsmitteln des Werkes verstanden wird, unter innerer Form dagegen (Allfeld S. 152) „die individuelle Art, wie der Urheber die seinem Werke zugrunde gelegten Ideen zur Darstellung bringt, also hauptsächlich die Art und Weise der Anordnung, Entwicklung, Aneinanderreihung und Verbindung der einzelnen Gedanken und Ideen".

Ein Fall der Bearbeitung ist die Übersetzung (vgl. Art. 8). Sie unterscheidet sich von den anderen Bearbeitungen dadurch, daß sie die innere Form des Werkes unberührt läßt, weil sie lediglich für ein örtlich gebundenes Formungsmittel (Sprache, Dialekt) ein anderes, gleichfalls örtlich gebundenes Formungsmittel setzt. Da der Übersetzungsschutz nicht in der allgemeinen Bestimmung des Art. 12, sondern durch die lex specialis des Art. 8 geregelt wird, ist durch die vor Ablauf der allgemeinen Schutzfrist erfolgte Beendigung des Übersetzungsschutzes nichts hinsichtlich der Beendigung des Schutzes gegen die mittelbare Anregung gesagt.

c) Einen Sonderfall bildet der Schutz der Melodie (vgl. Pauli, Das Recht an der Melodie und ihre freie Benutzung, 1931), der von der franz. Rechtsprechung in feststehender Rechtsprechung gewährt und lediglich vom Deutschen Reich gesetzlich (§ 13 Abs. 2) anerkannt wird. In Italien (Art. 9 Abs. 7, welcher vom „Motiv" spricht) wie auch in Österreich (§ 30 Ziff. 1) und der Schweiz (Art. 15) erstreckt sich dagegen das Urheberrecht am Tonkunstwerk dann nicht auf eine Verwendung einer Melodie aus diesem Werke, wenn diese zu einem selbständigen Werke gemacht worden ist. Im gleichen Sinne geht nach Riezler (Rabel II [1928] 12) das poln. und tschechoslow. Urheberrechtsgesetz.

Der Schutz der Melodie nach deutscher und franz. Rechtsauffassung besteht darin, daß der Komponist das ausschließliche Recht hat, seine Melodie in anderen Tonkunstwerken zu benutzen bzw. die Benutzung zu gestatten. Was unter Melodie zu verstehen ist, ist durchweg bestritten, insbesondere ob ein Unterschied zwischen Melodie, Motiv und (gar) melodischem Motiv zu machen ist. Dieses Recht an der Melodie ist eine (mehr von dem Verleger als dem Komponisten geforderte [Seiller S. 299]) Überspannung des Urheberrechtsschutzes, weil sie mit dem Grundgedanken, daß jedes geschützte Werk jedem Anderen zur Anregung, zum Vorwurf eines selbständigen Schaffens dienen kann, in Widerspruch steht.

2. Einen scharfen, vom urheberrechtlichen Standpunkt mit vollem Beifall zu begrüßenden Unterschied macht Art. 12 zwischen jenen mittelbaren Aneignungen und dem „neuen Originalwerke". Gemeint ist damit, daß es jedem freisteht, das Werk eines Anderen zur Anregung zum neuen selbständigen Schaffen zu nehmen. Damit wird der in der germanisch-nordischen Urheberrechtsgesetzgebung besonders betonte (Dänemark § 13, Deutsches Reich § 13 Abs. 1 LUG., § 16 KSchG., Finnland § 5 Abs. 2, Großbritannien Art. 2 Ziff. 1 II, Norwegen § 1 Abs. 3, § 5 Ziff. 1 PG., Österreich § 34 Ziff. 1, vgl. auch § 24 Ziff. 2, § 30 Ziff. 1, Schweden § 3 Abs. 3 LUG., § 2 Abs. 2 KSchG.) Gedanke auch in der RBUe. zur Norm erhoben, daß jedes Werk Saat für künftiges geistiges Schaffen ist. Kein Urheber hat an seiner Schöpfung ein so ausschließliches Verwertungsrecht, daß er jegliche Auswertung seines Werkes, dessen auch nur mittelbare Verwertung durch einen Anderen in die Dienste des eigenen Ich stellen darf. Das Recht endet dort, wo seine Auswirkung dadurch, daß sie von einem Anderen neu geformt worden ist, neuen Wert erhalten hat.

Unrichtig erscheint die Warnung (Da. 1931, 64) gegen die Erhebung dieses Rechtsgedankens zur Rechtsnorm. Denn auch dort, wo eine solche Vorschrift im Gesetz nicht enthalten ist, dient der Gedanke doch zu einer Begrenzung des Urheberrechts aus sich heraus.

Frei und damit gestattet ist eine Benutzung also dann, wenn sie sich von dem früheren Werke frei gemacht hat, dieses nur noch als Anreiz benutzt und eine neue selbständige Schöpfung hervorgebracht hat. Ob im Einzelfalle eine freie Benutzung oder eine Bearbeitung des Werkes vorliegt, unterliegt der Entscheidung im Einzelfalle (vgl. KG. in Ufita VII [1934] 308, lehrreich die ital. Entscheidung in Da. 1915. 93 und die Bemerkung des Berner Büros zu einem franz. Urteil in Da. 1919, 130). Eine Bearbeitung ist niemals frei, weil sie das Urwerk nicht nur zum Anlaß ihrer Formschöpfung nimmt, vielmehr sich an jedes bereits vorliegende Formgut anlehnt. Bei der Bearbeitung ist das verbindende Element das Formgut, bei der Neuschöpfung das Ideengut.

3. Die rechtliche Bedeutung des Art. 12 liegt darin, daß für die im Art. 12 aufgeführten Fälle einer mittelbaren Aneignung

die Verbandsländer die Verpflichtung haben, Schutz zu gewähren (Da. 1934, 7). Gewährt ein Verbandsland aber einen Schutz in diesen Fällen nicht (was allerdings nur in der Theorie möglich ist), so ist der Urheber schutzlos, da er, falls diese Verpflichtung der Schutzgewährung vom Verbandsland nicht erfüllt ist, nicht die Richtschnur der RBUe. als Rechtsnorm anrufen kann.

4. Daß durch eine unzulässige Wiedergabe des Werkes in abgeänderter Form auch das Urheberpersönlichkeitsrecht verletzt wird, bedarf keiner besonderen Ausführung. Wenn also in Art. 12 lediglich von den vermögensrechtlichen Befugnissen des Urhebers gesprochen wird, so wird hierbei darüber nichts gesagt, daß bei der Ausübung dieser Schutzrechte vermögensrechtliche und urheberpersönlichkeitsrechtliche Befugnisse zu gleicher Zeit ausgeübt werden.

Art. 13.

(1) Die Urheber von Werken der Tonkunst sind ausschließlich berechtigt, zu gestatten, daß die Werke

1. **auf Instrumente, die zu ihrer mechanischen Wiedergabe dienen, übertragen,**
2. **mittels dieser Instrumente öffentlich aufgeführt werden.**

(2) Die innere Gesetzgebung jedes Landes kann, soweit es selbst dabei in Betracht kommt, Vorbehalte und Einschränkungen in bezug auf die Anwendung dieses Artikels festsetzen; doch ist die Wirkung solcher Vorbehalte und Einschränkungen ausschließlich auf das Gebiet des Landes begrenzt, das sie aufgestellt hat.

(3) Die Bestimmung des ersten Absatzes hat keine rückwirkende Kraft und findet daher in einem Verbandslande keine Anwendung auf Werke, die dort erlaubterweise auf mechanische Instrumente übertragen worden sind, bevor die am 13. November 1908 in Berlin unterzeichnete Übereinkunft in Kraft getreten ist oder, falls es sich um ein Land handelt, das dem Verbande nach diesem Zeitpunkt beigetreten ist, oder in Zukunft beitreten sollte, bevor dieses Land dem Verbande beigetreten ist.

(4) Werden Übertragungen gemäß den Absätzen 2 und 3 dieses Artikels vorgenommen und ohne Zustimmung der Beteiligten in ein Land eingeführt, wo sie verboten sind, so können sie daselbst beschlagnahmt werden.

Fassung von 1908: Abs. 1 und 2 die gleiche.

Abs. 3: Die Bestimmung des ersten Absatzes hat keine rückwirkende Kraft und findet daher in einem Verbandslande keine Anwendung auf diejenigen Werke, welche in diesem Lande erlaubterweise vor dem Inkraftsetzen dieser Übereinkunft auf mechanische Instrumente übertragen worden sind.

I. 1. Die BUe. enthielt in Übereinstimmung mit dem derzeitigen Stand der Gesetzgebung keine Bestimmung über den Schutz von Werken gegen deren mechanisch-musikalische Wiedergabe. Denn wie RGZ. 134, 203 ausführt, setzt die Entwicklung dieser Technik erst um die Mitte des 19. Jahrhunderts ein und erreicht am Ende der 80er Jahre in Form der Klavierautomaten und mechanischen Klaviere einen erhöhten Grad von Vollkommenheit. So waren dem deutschen Urheberrechtsgesetz vom 11. 6. 1870 die mechanischen Musikinstrumente unbekannt, obwohl sie bereits vorhanden waren. Erst durch Ziff. 3 des Schlußprotokolls der BUe. (in Anlehnung an das französische Gesetz vom 16. 6. 1866) fanden sie Erwähnung:

> „Es besteht Einverständnis darüber, daß die Fabrikation und der Verkauf von Instrumenten, welche zur mechanischen Wiedergabe von Musikstücken dienen, die aus geschützten Werken entnommen sind, nicht als den Tatbestand der musikalischen Nachbildung darstellend angesehen werden."

Diese auf Betreiben der schweizer Spielwerkindustrie aufgenommene Bestimmung versagt also allen Tonkunstwerken den Schutz gegen die mechanisch- musikalische Wiedergabe, während sie die Schriftwerke dagegen schützt, läßt aber die Frage der Aufführung von Tonkunstwerken mittels solcher Instrumente (die auf der Konferenz von 1886 gleichfalls aufgeworfen worden war) ungelöst.

a) Fraglich ist die Bedeutung dieser Ziff. 3. Während Röthlisberger (S. 246) und mit ihm die herrschende Auffassung (Escholier S. 41) der Auffassung sind, daß sie sich auf alle Instrumente, die zur mechanischen Wiedergabe von Tonkunstwerken bestimmt sind, beziehen, vertritt das Reichsgericht in feststehender Rechtsprechung (RGZ. 22, 181; 27, 68; 134, 208) die Anschauung, daß diese Bestimmung sich nur auf solche mechanischen Musikinstrumente beziehe, bei denen der Tonkörper und die Vorrichtung, die ihn zum Erklingen bringt, mit einander fest verbunden seien, daß sie sich mithin nicht auf solche beziehe, deren Notenblätter oder entsprechende Vorrichtungen auswechselbar sind.

Der Unterschied wird treffend durch die franz. Doktrin dahin gekennzeichnet, daß die Spieldosen eine adaptation seien und zwar deren Festlegungsform, während die Spielwerke mit auswechselbaren Vorrichtungen (insbesondere die Schallplatte) eine édition von Vervielfältigungsstücken darstellen.

Ebenso steht die belg. Doktrin (Destrée-Guislain Ziff. 214) auf dem Standpunkt, daß Ziff. 3, weil sie eine Einschränkung des Urheberrechts bringe, eng ausgelegt werden muß, so daß damit nur die „instruments de musique" gemeint seien, nicht also die mechanischen Musikinstrumente.

b) Von besonderer Wichtigkeit war die Frage, ob der Vorschrift der Ziff. 3 des Schlußprotokolls zwingende Kraft in Form eines Maximalschutzes zukomme. Das ist von den belg. Gerichten (Da. 1904, 93; 1906, 45; 1907, 76) bejaht worden. Die gleiche Rechtsauffassung ist — allerdings wesentlich später, was jedoch bereits hier des gedanklichen Zusammenhanges wegen bemerkt sei — von span. Gerichten geteilt worden (Da. 1917, 91, 94).

Dieser Auffassung ist beizupflichten. Denn nur bei diesem Rechtsstandpunkt erhält das Schlußprotokoll Ziff. 3 überhaupt eine Bedeutung, da sonst jedem Verbandslande freigestanden hätte, den hier ausdrücklich ausgeschlossenen Konventionsschutz iure legis für die verbandseigenen Werke wieder einzuführen.

2. Auf der Pariser Konferenz (S. 47) hatte die franz. Regierung eine Ergänzung zu Ziff. 3 des Schlußprotokolls vorgeschlagen, wonach (im Sinne der franz. Rechtsprechung) die als Musikausgabe mit besonderer Notenschrift anzusehenden Instrumente mit auswechselbaren Vorrichtungen nicht von Ziff. 3 erfaßt werden sollten.

In einer besonderen Denkschrift (Paris S. 199) machte die deutsche Delegation geltend, daß das Unterscheidungsmerkmal des franz. Vorschlages unzulänglich sei; diese Frage wie auch das Problem der öffentlichen Aufführung mittels solcher Instrumente müsse einheitlich geregelt werden. Jedoch sei die Gesamtfrage für eine internationale Regelung noch nicht reif. Eine Einigung konnte nicht erzielt werden.

3. Nachdem nun die Fabrikation der mechanischen Musikinstrumente einen großen Aufschwung genommen hatte, machte für die Berliner Konferenz (die Rechtslage zu diesem Zeitpunkte ist sehr übersichtlich bei Wauwermans S. 129 dargestellt) die deutsche Regierung folgenden Vorschlag, durch den sie den Schutz des Urhebers gegen diese Art der Wiedergabe festlegt, aber auch die kleinen Industriellen sowohl gegen übermäßige Forderungen der Urheber und Verleger als auch gegen die kapitalstarken Fabriken dieser Industrie schützen will:

„Les auteurs d'oeuvres musicales, ou leurs ayants cause, auront, dans les pays de l'Union dans lequels leurs oeuvres sont protégées par la présente Convention, le droit exclusif: a) de transcrire ces oeuvres sur les parties d'instruments de musique servant à reproduire mécaniquement les oeuvres musicales; b) d'autoriser leur exécution publique au moyen de ces instruments.

Lorsque l'auteur aura utilisé ou permis d'utiliser l'oeuvre dans les conditions susindiquées, toute personne tierce pourra, en offrant une indemnité équitable, réclamer le droit de transcription et d'exécution publique définis sous lettres a) et b) de l'alinéa précédent.

Il est réservé á la législation intérieure des pays de l'Union de déterminer la manière en laquelle le montant de l'indemnité sera fixé dans les cas litigieux."

Gegen diesen Vorschlag erhob sich der Widerspruch von Italien und der Schweiz, die die Bestimmung von Ziff. 3 des Schlußprotokolls aufrecht erhalten haben wollten. Einer Unterkommission gelang es, eine Verständigung herbeizuführen.

4. Für die Romkonferenz hatte die ital. Regierung zu Art. 13 einen besonderen Absatz zum Schutze der ausübenden Künstler vorgeschlagen. Ferner wollte sie den Abs. 3 dadurch eingeschränkt wissen, daß sie die Schutzversagung des Abs. 3 nicht mehr auf die vor dem Stichtag auf mechanische Musikinstrumente übertragenen Werke, sondern lediglich auf solche vorgenommenen Übertragungen angewendet wissen wollte.

Dagegen hatte die österr. Regierung vorgeschlagen, die gesetzliche Lizenz für die mechanischen Musikinstrumente in einem Art. 13b in die RBUe. aufzunehmen.

Dagegen schlug die franz. Delegation vor, Art. 13 Abs. 2 zu streichen, also ein ausschließliches Recht des Urhebers iure conventionis festzulegen.

In einem Unterausschuß prallten die Gegensätze hart aufeinander. Der österr. Vorschlag wurde vom Deutschen Reich, der Schweiz, Norwegen, Bulgarien und Großbritannien unterstützt, während dem franz. Vorschlag Italien beitrat.

Damit war der österr. Vorschlag abgelehnt.

Die deutsche Delegation versuchte einen Kompromiß, insofern sie sich (Rom S. 265) mit der Einführung eines ausschließlichen Rechts auf Aufführung einverstanden erklärte, so daß also die gesetzliche Lizenz sich lediglich auf die Herstellung der Schallplatten erstrecken werde. Hiergegen wandten sich aber die austral. und neuseel. Delegationen (CDA. Nr. 61), die keinesfalls die Rechte der Verbandsländer angetastet wissen wollten, die Ausübung dieser Aufführungsrechte und einen sich hierbei ergebenden „abus" durch gesetzgeberische Maßnahmen zu kontrollieren (also entsprechend der Haltung zu Art. 11 RBUe.; oben S. 168).

Auch Abs. 3 hat — abgesehen von der lediglich die Möglichkeit von Mißverständnissen ausschließenden Neufassung — keine Veränderung erlitten.

Der Vorschlag der ital. Regierung (oben S. 198) fand den Widerstand von Großbritannien, Norwegen und der Schweiz.

II. Art. 13 bringt ein Sonderrecht, und zwar nach zwei Richtungen hin, einmal wird iure conventionis die Befugnis der Übertragung der Werke auf mechanische Musikinstrumente, andererseits die Befugnis des öffentlichen Aufführens des Werkes mittels dieser Instrumente gewährt, die grundsätzlich scharf von einander geschieden werden müssen, so daß das eine Recht nicht ohne Weiteres das andere nach sich zieht (ital. Rechtsprechung in Da. 1915, 10 u. 58).

Man muß dabei, — die Bezeichnungen werden regelmäßig nebeneinander gebraucht — unterscheiden zwischen den mechanischen Musikinstrumenten, die zur Wiedergabe der aufgenommenen Werke dienen (Grammophon, Sprechapparat usw.). Diese sind urheberrechtlich ebenso unwesentlich wie das Musikinstrument (Klavier, Blasinstrument, Streichinstrument), mit dessen Hilfe die lautliche Wiedergabe erfolgt. Rechtlich bedeutsam sind nur die „Vorrichtungen" für die mechanischen Musikinstrumente, in denen die tonliche Wiedergabe des Werkes festgelegt ist (z. B. die Schallplatte), und vermittels deren also die erneute lautliche Wiedergabe des Werkes erfolgt.

1. Art. 13 spricht lediglich von T o n k u n s t w e r k e n. Der Schutz eines Schriftwerkes gegenüber der Festlegung auf Schallplatten richtet sich also ausschließlich nach der lex fori. Das gilt insbesondere hinsichtlich jener Schriftwerke, die als Text zu einem Tonkunstwerk dienen. R a e s t a d (S. 214) will aber eine Schutzverpflichtung hinsichtlich der Schriftwerke aus rein persönlichkeitsrechtlichen (nicht urheberpersönlichkeitsrechtlichen) Gründen herleiten, aber das fällt aus dem Rahmen der RBUe hinaus. Ob nach dem Landesgesetz ein Schutz auch den Schriftwerken gewährt wird, hängt davon ab, wie vom Standpunkt dieses Landesgesetzes aus die Übertragung eines solchen Werkes auf Schallplatte bzw. die tonliche Wiedergabe dieses Werkes mittels einer Schallplatte zu beurteilen ist. Die Verbandsländer, die ein droit d'auteur in ihrem Urheberrechtsgesetz kennen (vgl. oben S. 29), schützen kraft dieses droit d'auteur das Schriftwerk sowohl gegen Übertragung als auch gegen Aufführung, gleichviel ob sie bezüglich dieser mechanischen Wiedergabe eine Sonderbestimmung im Gesetz aufgenommen haben, während die anderen Verbandsländer teils Sonderbestimmungen bezüglich dieser mechanischen Wiedergabe auch für Schriftwerke enthalten (Dänemark § 1 d, Deutsches Reich § 12 Abs. 2 Ziff. 5, Finnland § 5, Großbritannien Art. 1 Ziff. 2 d, Irland Ziff. 154, 2 d, Italien Art. 9 Abs. 5, Japan Art. 32 c (durch Novelle vom 19. 8. 1920), Jugoslavien § 22 Ziff. 6, Nieder-

lande Art. 14, Österreich §§ 23, 28, Polen Art. 2, Portugal Art. 35, Schweden Art. 2 Abs. 4, Schweiz Art. 13, Tschechoslowakei §§ 21, 27, Ungarn § 6 Ziff. 9) oder eine Vorschrift, die das Recht der Wiedergabe ganz allgemein dem Urheber zuspricht (Brasilien Art. 649, Norwegen § 1 Abs. 1). Lediglich Siam (§ 9) kennt den Schutz des Schriftwerkes gegen dessen mechanische Wiedergabe nicht.

Nicht klar ist die Rechtslage in Rumänien, wo nach Art. 19 Ziff. 6 allgemein vom Recht der mechanischen Wiedergabe von Schriftwerken gesprochen wird, während Art. 22 Ziff. 3 das Recht der mechanischen Wiedergabe von Tonkunstwerken ausdrücklich normiert.

2. Der Begriff der mechanischen Musikinstrumente wird von der RBUe. nicht erläutert. Es gehören hierzu alle jene „Vorrichtungen", die nicht durch unmittelbare menschliche Einwirkung, sondern auf mechanischem Wege in Schwingungen versetzt werden (so die früher gebräuchlichen Stiftwalzen, Spieldosen, das elektrische Klavier, Pianola, Phonola, Violinspielapparate, Orchestrion), letztere werden regelmäßig unter der Bezeichnung „pneumatische Musikinstrumente" zusammengefaßt. Am wichtigsten die eigentlichen mechanischen Musikinstrumente (Phonograph, Grammophon, Sprechmaschine; über deren Entwicklung vgl. Mittelstädt MuW. IX, 361), die zur Wiedergabe von akustischen Wellen aller Art geeignet sind, die vorher bereits erzeugt und auf Schallplatten oder ähnlichen Vorrichtungen festgehalten worden sind. Hierher gehört auch der Fall, daß die Wiedergabe eines Tonkunstwerkes photographiert wird, die akustischen Wellen also in optische verwandelt worden sind, die auf einem Filmstreifen festgehalten werden.

3. Das erste der beiden Rechte iure conventionis ist die Befugnis der Übertragung des Werkes auf mechanische Musikstrumente. Der hierbei verwendete Ausdruck „adaptation" ist falsch (Raestad S. 209, Da. 1926, 88; 1934, 8) [In Art. 13 Abs. 4 bedeutet das Wort „adaptation" nicht mehr die Übertragungstätigkeit, sondern das Ergebnis, das Vervielfältigungsstück. Fehlerhaft ist auch die Ausdrucksweise im Abs. 1 „à les reproduire", da nicht das Werk, sondern dessen in der Schallplatte festgelegte Wiedergabe wiedergegeben wird]. Denn eine Bearbeitung liegt nicht vor (wie fälschlich auch der deutsche Gesetzgeber in § 2 Abs. 2 LUG. angenommen hat). Vielmehr handelt es sich um die Festlegung einer lautlichen Wiedergabe des Werkes, bei der irgend eine Änderung der Form nicht geschehen ist, die vielmehr die Qualität ihrer Leistung gerade darin sucht und findet, daß die Festlegung der unmittelbaren Wiedergabe so geschieht, daß die

erneute Wiedergabe (also die mittelbare Wiedergabe des Werkes) möglichst getreu ist.

Vaunois (Da. 1931, 100) macht hierbei darauf aufmerksam, daß es sich vom urheberrechtlichen Standpunkt aus betrachtet bei diesem Recht nicht um die Schaffung eines neuen Rechts, sondern um die Beseitigung der Ausnahmebestimmung der Ziff. 3 des Schlußprotokolls handele. Das mag von dem von Vaunois verfochtenen pro autore Standpunkt aus richtig sein, ist jedoch für die Auslegung dieser Bestimmung der RBUe. ohne Bedeutung. Tatsächlich ist, wenigstens in Ansehung der hier allein interessierenden RBUe., das Gegenteil richtig. Würde Art. 13 nicht geschaffen worden sein, so würde aus der RBUe. niemals der Schutz des Tonkunstwerkes gegen seine Übertragung auf mechanische Musikwerke hervorgehen. Denn weder ist die allgemeine Befugnis der Wiedergabe noch die besondere der Vervielfältigung in der RBUe. festgelegt. Ohne die Schaffung des Art. 13 würde also iure conventionis dieser Schutz nicht gegeben sein.

4. Auch die öffentliche (vgl. S. 161) lautliche Wiedergabe des Werkes vermittels einer solchen Schallplatte ist grundsätzlich (Da. 1928, 144; 1929, 4) dem Urheber iure conventionis zugesichert. Grundsätzlich ist der Urheber berechtigt, selbst wenn er bereits der Übertragung seines Werkes auf die Schallplatte zugestimmt hat, die öffentliche Lautwiedergabe seines Werkes vermittels der Schallplatte zu gestatten oder zu verweigern. So die franz. (Da. 1933, 70), ital. (Rabel V [1931] 834; vgl. für das alte ital. Urheberrechtsgesetz Da. 1915, 58) und span. Rechtsprechung (Da. 1917, 94).

[Gerade auf die Erfassung dieses Aufführungsrechts durch die gesetzliche Lizenz legten die austral. und neuseel. Delegationen auf der Romkonferenz (CDA. Nr. 61) besonderen Wert, um nicht im Hinblick auf Art. 4 die Möglichkeit zu verlieren, diese Rechte im Interesse der Allgemeinheit zu begrenzen.]

Ob allerdings mit der Übertragung der Befugnis, das Werk auf mechanische Musikinstrumente zu übertragen, gleichzeitig die Befugnis der lautlichen Wiedergabe des Werkes vermittels solcher Vorrichtungen übertragen wird, ist fraglich. Mit Recht weist Da. 1926, 90, darauf hin, daß grundsätzlich diese Übertragung anzunehmen ist, wenn die Befugnis der mechanisch-musikalischen Wiedergabe auf einen Schallplattenfabrikanten übertragen wird, da der Zweck dieser Übertragung ist, daß der Fabrikant Schallplatten herstellt, die gekauft und vom Käufer gespielt werden sollen. So kommt also das Berner Büro a. a. O. durchaus folgerichtig zu dem Ergebnis, daß die Übertragung der Befugnis der mechanisch-musikalischen Wiedergabe fast immer stillschweigend auch die Übertragung der Befugnis der öffentlichen lautlichen Wiedergabe des Werkes vermittels dieser Schallplatte enthält.

Über die Schallplattenkonzerte des Rundfunks vgl. S. 182.

5. Wer Inhaber der nach Abs. 1 normierten Rechte ist, bestimmt das Landesgesetz. So ist nach franz. Recht (Kass. in Ufita IV [1931] 200, vgl. Vaunois Da. 1931, 100; wenig überzeugend die Angriffe von Olagnier II 257) der Verleger als Inhaber des Rechts der édition auch Inhaber des Rechts der mechanischen Wiedergabe [Über das franz. Gesetz vom 10. 11. 1917 vgl. Vaunois in Da. 1918, 17, ferner Escholier S. 82].

Für deutsches Recht vgl. § 2 Abs. 2 Ziff. 4 VG. und RGZ. 134, 198.

In Estland (Ziff. 74) schließt das Verlagsrecht das mechanisch-musikalische Recht nicht ein; für ältere Verlagsverträge vgl. die einleitenden Bemerkungen zu diesem Gesetz Ziff. 5.

6. Da der Abs. 1 nur den Verbandsschutz für das verbandseigene Werk bringt, steht es den Verbandsländern durchaus frei, hinsichtlich des inländischen Schutzes über die Bestimmung des Abs. 1 hinauszugehen, also hinsichtlich der mechanischen Wiedergabe des Werkes einen weitergehenden Schutz zu gewähren, sei es, daß die Objekte des Schutzes erweitert werden (z. B. jeglichem Werke dieser Schutz zugesprochen wird), oder daß noch ein weiteres Recht eingeräumt wird.

So macht das Schweiz. Bundesgericht (bei Rabel II [1928], 573) darauf aufmerksam, daß Art. 13 Abs. 1 nicht die Befugnis gewährt, das Inverkehrbringen (Verbreiten) der rechtmäßig hergestellten Vervielfältigungsstücke von der Erlaubnis des Urhebers abhängig zu machen, so daß mangels Normierung eines solchen Rechts hierzu höchstens eine vertragliche, also nur inter partes wirkende Abmachung möglich ist. (Ob die Normierung dieser Befugnis vom rechtspolitischen Standpunkte aus zu empfehlen ist, ist fraglich, da regelmäßig das Verbreiten lediglich die wirtschaftliche Verwertung der Vervielfältigungsstücke darstellt, die aber dem Inhaber der Vervielfältigungsbefugnis ohne weiteres zusteht. Nun hat zwar regelmäßig der Verleger eines Schriftwerkes in seinem Verlagsrecht die Befugnis der Vervielfältigung und Verbreitung, aber es handelt sich hierbei um eine einzige Befugnis, die man, belastet durch traditionelle Anschauungen, in zwei Befugnisse gespalten hat, wie auch der Begriff des Verlagsrechts nur aus rechtshistorischen Gründen verständlich ist. Es ist also nicht glücklich, wenn Belgien S. 48 dem Urheber außer der Befugnis der Herstellung von Schallplatten noch diejenige der wirtschaftlichen Verwertung zuerkennen will.)

Abzulehnen ist das von Urheberseite geforderte Recht des „bon à tirer", d. h. — entsprechend der Druckerlaubnis — die Zustimmung seitens des Urhebers (vielleicht auch seitens des ausübenden Künstlers?) zum Pressen der Schallplatten. Denn die Durchführung eines solchen, auf urheberpersönlichkeitsrechtlicher Grundlage stehenden Rechts ist (Baum GRUR. 1930, 937) praktisch unmöglich. Zudem hat die Schallplattenindustrie angesichts des insbesondere durch die gesetzliche Lizenz gewährleisteten Qualitäts-Wettstreits der Hersteller von sich aus allen Grund, über möglichst vervollkommnete Wiedergabe der Werke durch die Schallplatte zu wachen.

III. Durch die Bestimmung des Abs. 2 wird jedem Verbandsland das Recht gegeben, Vorbehalte und Einschränkungen bezüglich der Anwendung der ausschließlichen Befugnisse des Abs. 1 zu erlassen.

1. Diese Vorbehalte und Einschränkungen sollen sich auf die Anwendung „dieses Artikels" beziehen, so daß nach dem Wortlaut Begrenzungen gemeint sind, die für sämtliche Vorschriften dieses Artikels, also auch für Abs. 3 und 4 Geltung haben, so daß mit anderen Worten das Verbandsland nicht nur hinsichtlich der ausschließlichen Befugnisse des Art. 1, sondern auch hinsichtlich der rückwirkenden Kraft freigestellt wird. Hierfür spricht eine Bemerkung von Renault (Berlin S. 262):

> „Il est d'ailleurs entendu que la faculté laissée aux pays de l'Union par l'alinéa 2 s'étend au règlement de l'effet rétroactif".

Dagegen spricht die Entstehungsgeschichte, denn die Bestimmung des Abs. 2 ist aus dem großbrit. Vorschlag auf der Berliner Konferenz entnommen, der für Art. 13 lediglich einen Abs. 1 (normierend die Befugnisse) und diesen Abs. 2 vorsah. Später sind dann noch die Abs. 3 und 4 hinzugekommen, ohne daß der zunächst lediglich auf den Abs. 1 abzielende Abs. 2 in seinem Wortlaut geändert worden ist. Es ist nun nicht zu ersehen, daß man durch Beibehaltung des großbrit. Wortlauts die Verfügungsgewalt der Verbandsländer tatsächlich auf alle Bestimmungen dieses Art. 13 hat ausdehnen wollen; wobei hinzukommt, daß diese Ermächtigung an die Verbandsländer sich im Abs. 2 befindet, während nach der üblichen Gesetzestechnik eine auf alle Bestimmungen eines Artikels sich beziehende Sondervorschrift am Schlusse des betr. Artikels aufgenommen wird. Aber dem steht die Bemerkung Renault's gegenüber, der seine Auffassung als die allgemeine Überzeugung der Delegationen auf der Berliner Konferenz bezeichnet, so daß damit der Wille der Vertragschließenden klargestellt ist (den man allerdings aus dem Wortlaut des Art. 13 Abs. 2

nicht mit Sicherheit herauslesen kann). Im gleichen Sinne nachdrücklich Da. 1914, 98.

Weil sich aber die den Verbandsländern überlassene Regelung nur auf die Tatbestände beziehen kann, die überhaupt durch Art. 13 geregelt werden, besteht iure conventionis die Freistellung der Verbandsländer lediglich bezüglich der reinen Tonkunstwerke, nicht also bezüglich der Schriftwerke oder der Tonkunstwerke unter unterlegtem Text (Da. 1924, 76; 1934, 13). Aber da hinsichtlich dieser beiden Werkgattungen (vgl. oben S. 165 u. 160) überhaupt ein Schutz iure conventionis gegen die lautliche Wiedergabe fehlt, so steht es den Verbandsländern bezüglich dieser Werkgattungen zwar nicht iure conventionis, sondern mangels einer Norm der RBUe. überhaupt frei, die Beschränkungen im Landesgesetz auch auf sie zu erstrecken.

Die den Verbandsländern zugestandene Verfügungsmacht, „Vorbehalte und Einschränkungen" festzusetzen, stellt die Gesetzgebungen völlig frei. Sie können also nicht nur eine gesetzliche Lizenz einführen (worauf diese Bestimmung in erster Linie abzielt), sondern in ihnen gut dünkender Weise die Auswirkungen dieses Rechts begrenzen oder von irgend welchen Voraussetzungen abhängig machen, müssen aber unter allen Umständen das Recht als solches anerkennen.

Die Meinung über die Berechtigung, über die wirtschaftlichen Folgen einer gesetzlichen Lizenz auf diesem Gebiete sind geteilt. Bemerkenswert ist, daß im Deutschen Reich bei den Verhandlungen über das neue Urheberrechtsgesetz die Beibehaltung der gesetzlichen Lizenz keine ernste Abwehr, auch nicht aus den Kreisen der Urheber, erfahren hat. Die gesetzliche Lizenz hat sich im Deutschen Reich bewährt. Sie hat eine Monopolisierung der deutschen Schallplattenherstellung zugunsten einer finanziell übermächtigen Einzelfirma verhindert. Sie hat im Interesse der Allgemeinheit durch den offen gehaltenen Wettbewerb der Schallplattenhersteller eine stetig fortschreitende Verbesserung der Schallplatten bewirkt und dem Urheber eine Vermehrung seiner Einnahmen dadurch ermöglicht, daß regelmäßig eine Reihe von Herstellern vom gleichen Werke Schallplatten erzeugen.

Auch die norweg. Komponisten sind für die Normierung einer gesetzlichen Lizenz eingetreten, und sogar in Frankreich sind Stimmen im Kreise der am Urheberrecht Interessierten laut geworden, die für die gesetzliche Lizenz eintreten: Escholier (S. 27), Olagnier (II 263).

Man kann durchaus dem zusammenfassenden Urteil von Giannini (in Ufita VII [1934] 273) folgen, daß die gesetzliche Lizenz, dort wo sie eingeführt ist, sich gefestigt hat und daß ihre

Idee in den Staaten, die die gesetzliche Lizenz nicht kennen oder abgelehnt haben, an Boden gewinnt.

2. Von der Möglichkeit eines „Vorbehaltes", also der Möglichkeit der Einführung einer rechtsbegründenden Förmlichkeit zu diesem Zweck — entgegen dem Grundsatz des Art. 4 Abs. 2 —, hat kein Verbandsland Gebrauch gemacht (nach Seiller S. 232 bezieht sich der „Vorbehalt" mehr auf die Voraussetzungen für die Ausübung der Rechte, die „Einschränkungen" mehr auf den Inhalt der Rechte).

Die „Einschränkungen" bedeuten, worüber nach der Entstehungsgeschichte dieser Bestimmung kein Zweifel sein kann, die konventionsmäßige Grundlage zur Einführung einer gesetzlichen Lizenz für die Verbandsländer. Da ihnen der Erlaß einer solchen Bestimmung freigestellt ist, können sie zur Normierung einer gesetzlichen Lizenz oder überhaupt zu einer irgendwie gearteten Begrenzung der beiden ausschließlichen urheberrechtlichen Befugnisse schreiten, wenn ihnen das gemäß eigener Auffassung erforderlich erscheint, sei es nun, daß sie mit Einführung dieser gesetzlichen Lizenz — worauf diese grundsätzlich abzielt (Raestad S. 92) — die Interessen der Allgemeinheit wahren wollen, sei es, daß hiermit ein Schutz gegen die Monopolstellung der Urhebergesellschaften beabsichtigt wird, sei es schließlich auch (so die ital. Auffassung angesichts der ablehnenden Haltung der ital. Doktrin [so schon Stolfi II, 786] gegenüber der urheberrechtlichen gesetzlichen Lizenz vgl. Giannini Arch. Funk. I [1928] 596 Anm. 1, entgegen den S. 33 angeführten bedeutsamen Ausführungen der ital. Regierung auf der Romkonferenz) lediglich im Interesse der Schallplattenindustrie, insbesondere um den Schutz der kleinen Schallplattenhersteller gegenüber den kapitalstarken zu gewährleisten.

Da lediglich „Vorbehalte und Einschränkungen" den Verbandsländern gestattet sind, darf eine solche Begrenzung nicht so weit gehen, daß die beiden urheberrechtlichen Befugnisse oder auch eine von ihnen gänzlich aufgehoben wird. Wohl aber ist es gestattet, daß die gesetzliche Lizenz sich darauf erstreckt, daß die Gestattung der Ausübung beider Befugnisse aufgrund der gesetzlichen Lizenz von einem Dritten verlangt werden kann. So sah auch der deutsche Vorschlag zur Berliner Konferenz (S. 51) ausdrücklich vor, daß die Übertragung beider urheberrechtlichen Befugnisse gegen angemessenes Entgelt dann verlangt werden könne, wenn einmal der Urheber eine solche Erlaubnis erteilt habe. Andererseits wäre es aber auch möglich, daß die gesetzliche Lizenz nur auf eine der beiden urheberrechtlichen Befugnisse erstreckt wird (wie das Belgien S. 49 lediglich für die Befugnis der Herstellung von Schallplatten vorschlägt).

Im Gegensatz zu Art. 11 b Abs. 2 fehlt es an einer Richtschnur für die landesrechtliche Normierung der gesetzlichen Lizenz, insbesondere wird nicht die Wahrung der Festlegung des angemessenen Entgeltes und die Wahrung des Urheberpersönlichkeitsrechts verlangt. Beides erscheint aber, wenn das Landesgesetz eine echte gesetzliche Lizenz zum Schutz der Interessen der Allgemeinheit normiert, selbstverständlich. Gerade die Anerkennung des Urheberpersönlichkeitsrechts ist dazu angetan, die von den Urhebern befürchteten Auswirkungen einer gesetzlichen Lizenz auf ihr Ansehen, auf die Integrität ihres Werkes, zu verhindern.

Auch hier liegt [wie bei Art. 11 b (S. 184)] trotz der Anwendung des halbstarren Systems die Normierung eines Sonderrechts vor, so daß ein in den Landesgesetzen über die Norm des Art. 13 Abs. 1 hinausgehender Schutz nur den heimischen, nicht den verbandseigenen Werken zugute kommt.

Von der Möglichkeit einer gesetzlichen Lizenz haben folgende Verbandsländer Gebrauch gemacht:

a) Das Deutsche Reich hat — durch die Novelle vom 22. 5. 1910 — eine gesetzliche Lizenz im § 22 LUG. vorgesehen, die sich lediglich auf Werke der Tonkunst bezieht, jedoch gemäß § 22 Abs. 2 auch auf den zum Tonkunstwerke gehörenden Text Anwendung findet, und welche zur Voraussetzung hat, daß das Werk erschienen ist (wozu die Übertragung auf Schallplatten genügt), und daß der Urheber dieses Werkes bereits einem Anderen gestattet hat, das Werk zum Zwecke der mechanischen Wiedergabe gewerbsmäßig zu vervielfältigen. Nunmehr kann jeder Fabrikant, der im Inlande eine gewerbliche Hauptniederlassung oder seinen Wohnsitz hat, die Erteilung einer Lizenz gegen eine angemessene Vergütung verlangen, wobei eine Vorauszahlungsverpflichtung nicht besteht. Das Deutsche Reich hat (im Gegensatz zu Großbritannien vgl. S. 208 und zu USA.) die Entgelte nicht gesetzlich normiert, weil man glaubte, damit für den Komponisten unter Umständen höhere Tantiemen herausholen, andererseits aber auch Unterschiede bezügl. der Komponisten machen zu können (Erwartungen, die sich bei der praktischen Durchführung nicht verwirklicht haben, so daß von neuem nachzuprüfen sein wird, ob für das Deutsche Reich sich das großbrit. System empfiehlt; so Hoffmann § 27 Abs. 2 S. 63).

Gemäß § 22a LUG. umfaßt die Erlaubnis, gleichviel ob vertraglich oder aufgrund des Gesetzes erteilt, zur Herstellung der mechanischen Vervielfältigung auch die Erlaubnis zur Benutzung der Vorrichtung zur öffentlichen Aufführung. Eine weitere Erlaubnis des Urhebers ist nicht erforderlich, sobald er einmal die erste mechanisch-musikalische Vervielfältigung gestattet hat. Unerheblich ist, wem das durch Übertragung des Werkes auf die Schallplatte entstandene „Bearbeiter-Urheberrecht" des § 2 Abs. 2 LUG. zusteht. Das vom Hersteller der Schallplatte an den Inhaber der ausschließlichen Befugnis der mechanisch-musikalischen Wiedergabe gezahlte Entgelt bedeutet die Abgeltung für die Gestattung beider Verwertungsarten des Werkes, für die Vervielfältigung seiner Wiedergabe durch die Schallplatte und für die Lautwiedergabe dieser Wiedergabe durch die Schallplattenaufführung. Daß dies der Wille des Gesetzes ist, geht mit aller Deutlichkeit aus § 22a Abs. 1 Satz 2 LUG. hervor, wonach der Urheber, falls er vor oder nach Inkrafttreten des § 22a die ausschließliche Befugnis zur Aufführung einem Anderen übertragen hat, diesem Anderen einen angemessenen Teil der Lizenz auszuzahlen hat.

Diese Vorschrift des § 22a hat zwingende Kraft, sie kann also durch Parteivereinbarung nicht abgeändert werden.

Ostertag (GRUR. 1930, 285) und das Berner Büro (scharf in Da. 1930, 36, gleiche Auffassung in Da. 1928, 144; 1929, 10; 1930, 13; 1932, 58; 1934, 9; über die frühere Auffassung vgl. S. 201) sehen § 22a LUG. (und die entsprechende Bestimmungen im österr. und schweizer Recht) als einen Verstoß gegen Art. 13 Abs. 1 an. Diese — im deutschen Schrifttum nur von Dienstag-Elster (Handbuch S. 179) vertretene — (Potu S. 187 Anm. 3 fragt lediglich zweifelnd, ob das Deutsche Reich nicht durch § 22a LUG. die Grenzen der ihm gelassenen Verfügungsfreiheit überschritten habe, ohne eine Antwort zu geben) Auffassung verkennt, daß auch das deutsche Gesetz das Recht des Komponisten auf öffentliche Aufführung seines Werkes durch die Schallplatte kennt und anerkennt, insofern durch eine Legaldefinition, die den Umfang der dem Urheber erteilten Erlaubnis mit zwingender Kraft festlegt, gerade die Existenz eines solchen Rechts, das von jener Legaldefinition betroffen wird, anerkannt wird. Es wird also nicht das Bestehen der Befugnis der öffentlichen Aufführung geleugnet oder aufgehoben, vielmehr seine Ausübung ex lege mit der ihr vorausgehenden Befugnis der mechanischen Vervielfältigung gekoppelt und diese Doppelbefugnis einer Norm unterstellt. (Für das schweizer Recht hat das Schweizer Bundesgericht [in Ufita VII [1934] 108] ausdrücklich festgestellt, daß zwischen Art. 21 und Art. 13 RBUe. in Fassung der Romkonferenz kein Widerspruch besteht.)

Dabei darf aber nicht verkannt werden, daß § 22a LUG. eine Ausnahmebestimmung ist. Demgemäß hat das Bühnen-Oberschiedsgericht (Ufita IV [1931] 558) in einer Entscheidung (die in ihrer Formung sehr stark an das erste deutsche Rundfunk-Urheberrechts-Urteil des LG. III, Berlin, in MuW. XXIV, 162, erinnert, insofern beide Entscheidungen auf soziologische Funktionen abgestellt werden) die Verwendung einer Schallplatte, insbesondere bei Verstärkung durch eine Lautsprecher-Vorrichtung, bei einer Bühnenaufführung nicht als durch § 22a LUG. gedeckt angesehen.

b) Während Österreich nach § 36 seines Urheberrechtsgesetzes vom 26. 2. 1895 die mechanisch-musikalische Wiedergabe von Tonkunstwerken gestattet hatte, machte sich mit Rücksicht auf Art. 13 RBUe. (Österreichs Beitritt geschah am 1. 10. 1920) eine Neuregelung notwendig, die durchweg im Sinne des deutschen Vorbildes erfolgt ist. Jedoch wird — im Unterschied zur deutschen Regelung — hier die Verwendung rechtmäßig verbreiteter Vorrichtungen, die zur mechanischen Wiedergabe für das Gehör dienen, zur öffentlichen Aufführung nicht als Eingriff in das Urheberrecht angesehen, wodurch also nicht mit aller Deutlichkeit hervorgeht, daß durch das vom Schallplattenhersteller geleistete Entgelt auch die Erlaubnis zur öffentlichen Aufführung mit abgelöst worden ist.

c) Estland (das das kaiserlich-russische Urheberrechtsgesetz vom 20. 3. 1911 übernommen hat) und Bulgarien (dessen Urheberrechtsgesetz dem kaiserlich-russischen Urheberrechtsgesetz nachgebildet ist) kennen gleichfalls die gesetzliche Lizenz nach deutschem Muster, doch ist die öffentliche Aufführung (Ziff. 50 bzw. Art. 49) nur dann zulässig, wenn sie nicht zu Erwerbszwecken erfolgt, oder bei Volksfesten oder ausschließlich zu wohltätigen Zwecken, und die Mitwirkenden keine Vergütung erhalten.

d) Großbritannien hat durch Art. 19 seines Urheberrechtsgesetzes gleichfalls die gesetzliche Lizenz eingeführt. Voraussetzungen sind, daß der Urheber die gewerbsmäßige Vervielfältigung des Tonkunstwerkes zum Zwecke der mechanischen Wiedergabe gestattet hat, und daß der Unternehmer seine Absicht auf Herstellung solcher Vervielfältigungsstücke in der gesetzlich vorgeschriebenen Absicht unter Bezahlung des gesetzlich festgelegten Entgelts kundgetan hat. Inhalt der Mitteilung ist durch Reglement Nr. 533 vom 7. 6. 1912 geregelt, die Lizenz beträgt nach der Verordnung des Handelsministers vom 21. 5. 1928 (Gesetz vom 3. 8. 1928) jetzt 6¼ %.

Genau wie nach deutschem Recht erstreckt sich die gesetzliche Lizenz auch (Art. 19 Ziff. 2, II) auf die Worte, die mit dem Tonkunstwerk so eng verbunden sind, daß sie einen Teil dieses Werkes bilden. Dagegen bezieht sich die gesetzliche Lizenz nicht auf die öffentliche Aufführung des Werkes vermittels dieser Vervielfältigungsstücke, die vielmehr dem Urheber verbleibt. (Über das nach Art. 19 Ziff. 1 dem Schallplattenhersteller zustehende Urheberrecht an der Schallplatte vgl. S. 214).

Überdies hat Großbritannien durch Gesetz vom 31. 7. 1925 dem ausübenden Künstler einen Schutz gegen die ohne seine Einwilligung erfolgte mechanische Vervielfältigung seiner Leistung gewährt. Insbesondere bezweckt das Gesetz einen Schutz gegen Festhaltung der rundfunkmäßig wiedergegebenen Leistungen dieser Künstler in Form von Schallplatten. Der Schutz ist lediglich strafrechtlicher Natur (vgl. GRUR. 1930, 1035).

Dem großbrit. Lizenz-System ist die irische gesetzliche Lizenz nachgebildet.

Dagegen ist die gesetzliche Lizenz des canad. Urheberrechtsgesetzes insoweit erweitert, als sie sich (Art. 18) auch auf die gewerbsmäßige Vervielfältigung von Schriftwerken und Bühnenwerken durch die Schallplatte bezieht. Wenn Da. 1924, 76 Bedenken gegen diese Erweiterung äußert, so wird dabei übersehen, daß iure conventionis ein Schutz des Werkes gegen Aufführung nicht gegeben ist, so daß jedes Verbandsland eine gesetzliche Lizenz sowohl für die Aufführung von Tonkunstwerken als auch für die Lautwiedergabe aller anderen Werkgattungen einführen kann. Wenn Renault in seinem Bericht auf der Berliner Konferenz (S. 264) zu dem Ergebnis kommt, daß Art. 13 die Frage nach der Lautwiedergabe von Schriftwerken unberührt läßt, daß diese Frage jedoch nach den allgemeinen Grundsätzen der RBUe. gelöst werden müsse, so ist diese Auffassung durchaus richtig. Jedoch gibt es keine allgemeinen Grundsätze der RBUe., die einen konventionsmäßigen Schutz gegen die lautliche Wiedergabe für geschützte Werke bringen.

e) Auch die gesetzliche Lizenz nach dem schweizer Urheberrechtsgesetz (Art. 17—21) folgt dem deutschen Vorgang; nur ist sie insofern weiter als die deutsche, als (Art. 19) nach dem Tode des Urhebers die Erteilung der gesetzlichen Lizenz gefordert werden kann, auch wenn er zu seinen Lebzeiten die Übertragung seines Werkes auf mechanische Musikinstrumente nicht gestattet hat. Auch hier unterliegt das Aufführungsrecht der Begrenzung (in Art. 67 Abs. 1 „restrictions" genannt) durch die gesetzliche Lizenz, d. h. die einem Urheber erteilte Ermächtigung, ein geschütztes Werk durch eine Schallplatte wiederzugeben, zieht ex lege, und zwar sowohl für die gesetzliche Lizenz als auch für die vertraglich erteilte, das Recht nach sich, das Werk vermittels dieser Schallplatte (so Schweizer Bundesgericht in Ufita VII [1934] 108) wiederzugeben.

Demgemäß kommt (Schweizer Bundesgericht in Da. 1932, 131) die gesetzliche Lizenz für die Aufführung eines reinen Tonfilms nur dann in Betracht, wenn dieser Film aufgrund der gesetzlichen Lizenz durch jemand, der seine gewerbliche Niederlassung in der Schweiz hat, hergestellt worden ist, bzw. durch jemand, der hierzu gemäß Art. 17 Abs. 4 des Schweizer Urheberrechtsgesetzes ermächtigt worden ist.

f) In Polen hatte der Urheberrechtsgesetzentwurf von Zoll (Bulletin Nr. 3 S. 134) eine gesetzliche Lizenz vorgesehen. Auch in Frankreich sind Vorschläge auf Einführung einer solchen gesetzlichen Lizenz laut geworden (vgl. den Bericht von Vaunois in Da. 1914, 96, den Gesetzesvorschlag d'Iriart d'Etchepare (abgedruckt in Da. 1924, 75), ferner der Vorschlag Baréty, das Projekt Dommange-Tournier (vgl. über das Alles die ausführlichen Darlegungen bei Escholier S. 92 und Vilbois S. 274), schließlich der Vorschlag auf Einführung einer allgemeinen Lizenz für Aufführung von geschützten Werken überhaupt vom 25. 10. 1932 [abgedruckt bei Olagnier II S. 18]).

g) Irrig ist die Ansicht (in Da. 1928, 38), daß Finnland einen Vorbehalt oder eine Bedingung gemäß Art. 13 Abs. 2 durch § 9 Ziff. 4 seines Urheberrechtsgesetzes gemacht habe. Sie beruht auf der (bereits S. 175 behandelten) unrichtigen Übersetzung des Urtextes. In Finnland werden Tonkunstwerke voll gegen die mechanische Vervielfältigung geschützt.

3. Die von den Verbandsländern gemäß Art. 13 Abs. 2 eingeführte Begrenzung der ausschließlichen urheberrechtlichen Befugnisse des Abs. 1 haben (was noch im Text der RBUe. besonders hervorgehoben wird, sich aber von selbst versteht) nur Wirkung für das Verbandsland, das diese Begrenzungen normiert hat, so daß also ein deutscher Schallplattenhersteller von der Möglichkeit einer gesetzlichen Lizenz auch gegenüber einem französischen Tonkunstwerk Gebrauch machen kann (sofern die gesetzlichen Voraussetzungen gegeben sind), während der französische Schallplattenhersteller sich einem deutschen Tonkunstwerk gegenüber nicht auf die in dessen Ursprungsland eingeführte gesetzliche Lizenz berufen kann. Hinsichtlich der Ausfuhr der aufgrund der gesetzlichen Lizenz hergestellten Schallplatten in andere Länder vgl. Abs. 4 (unter V S. 214).

IV. Von praktisch weittragender Bedeutung ist die Bestimmung des Abs. 3, womit der im Abs. 1 erfolgten Normierung des Rechts eine rückwirkende Kraft versagt wird, wodurch also die bisher bestehende Zulässigkeit der mechanisch-musikalischen Wiedergabe in gewissem Grade aufrecht erhalten bleibt. Art. 13 Abs. 3 enthält so in gewissem Sinne eine Abweichung vom Grundsatz des Art. 18 Abs. 1, und zwar gilt das nicht allgemein, sondern nur hinsichtlich solcher Werke, die vor Inkrafttreten des Gesetzes bereits auf mechanische Musikinstrumente übertragen worden waren. Diejenigen Werke, die hiernach für die mechanische Vervielfältigung frei waren und als Freigut behandelt worden sind, können auch weiterhin mechanisch vervielfältigt werden. Nicht nur die bisher erschienenen Vervielfältigungsstücke können im Sinne eines wohlerworbenen Rechts weiter verwendet werden, sondern das Werk selbst steht insoweit der mechanischen Vervielfältigung für jeden offen. Der unter dem früheren Recht erworbene Besitzstand ist hier nicht eine Gesamtheit von Besitztümern und Besitzern, sondern von Möglichkeiten zum Erwerb von neuen Besitztümern auch für neue Besitzer.

1. Fraglich erscheint, was „Werk" (gemeint ist lediglich ein Tonkunstwerk) im Sinne dieses Absatzes bedeutet, nämlich ob es sich hierbei um das Tonkunstwerk als einheitliches Ganzes handelt, gleichviel ob es ganz oder lediglich teilweise mechanisch vervielfältigt worden ist, oder ob Werk nur jene Summe von Tönen ist, die auf der Schallplatte festgehalten worden ist. Nach Renault (Berlin S. 262) schließt die Tatsache, daß vor dem Stichtage (unten S. 212) erlaubterweise das Werk mechanisch wiedergegeben worden ist, den Schutz dieses Werkes gegen die mechanische Wiedergabe aus, also nicht nur in dem Umfange, in dem eine solche mechanische Wiedergabe stattgefunden hat. Der gleichen Auffassung ist der Berliner Kongreß der Urheberrechtsgesellschaften vom Jahre 1922 (Da. 1922, 131) gewesen, da nur so sein Vorschlag, das Wort „oeuvre" abzuändern im Sinne von „reproduction" und nicht in „d'oeuvre en soi" zu verstehen ist. Im gleichen Sinne Wauwermans S. 136. Noch deutlicher wird das durch die Romkonferenz. Hier hatte der Vorschlag des Berner Büros und der ital. Regierung (S. 79) vorgesehen, im Art. 13 Abs. 3 statt des Wortes „oeuvres" zu setzen „adaptations d'oeuvres", um damit auszudrücken, daß nur das Werk in jener Wiedergabe weiter lizenzfrei sein solle, wie es bereits auf Schallplatten . . . . wiedergegeben worden sei, eine Abänderung, welche ausdrücklich als Beschränkung der z. Zt. der Romkonferenz geltenden Befugnis der Schallplattenindustrie bezeichnet worden ist.

Die Richtigkeit dieser Auffassung wird weiter aus dem Verlauf der Verhandlungen des Unterausschusses für die mechanische Musik bestätigt. Dort hatte die ital. Regierung (CDA. Nr. 53) beantragt, das Wort „oeuvres" zu ersetzen durch „morceaux de musique" (vgl. Rom S. 187 = CDA. Nr. 102). Dieser Antrag fand jedoch nicht die einmütige Zustimmung aller Verbandsstaaten.

Ergibt sich also hieraus lediglich negativ, daß „Werk“ im Sinne von Art. 13 Abs. 3 nicht der tatsächlich wiedergegebene Teil des Werkes bedeutet, so folgt andererseits daraus noch nicht, daß, wenn nur ein Teil eines Tonkunstwerkes in der Schallplatte festgehalten worden ist, damit die Voraussetzungen für die Wiedergabe des gesamten Werkes gegeben seien (so Seiller S. 185). Es wäre ein Unding, wollte man z. B. aus der Tatsache, daß die Ouverture einer Oper oder ein Teil eines Satzes einer Symphonie auf der Schallplatte festgehalten worden ist, folgern, daß nunmehr die gesamte Oper, alle Sätze der Symphonie der Schallplattenwiedergabe frei ständen.

„Werk“ in diesem Sinne kann nur das sein, was als in sich geschlossenes Ganze und als solches Ganze kennbar gemacht an die Öffentlichkeit getreten ist. Ist von einem solchen Werkganzen ein Teil, und mag er auch nur gering sein, vor dem Stichtage erlaubterweise auf der Schallplatte wiedergegeben worden, so ist dieses Werkganze für die Schallplattenwiedergabe frei geworden; das Werkganze hat durch die Tatsache einer solchen Wiedergabe den Schutz insoweit eingebüßt.

2. Wenn dagegen auf dem Kopenhagener Kongreß der Association i. J. 1909 auf den Vorschlag von Röthlisberger beschlossen worden ist, daß Art. 13 Abs. 3 hinsichtlich der Musikwerke nur diejenigen betreffe, die von der gleichen Art seien wie jene, auf die das Werk nur vor dem Stichtage übertragen worden sei, so handelt es sich um einen Vorschlag de lege ferenda (vgl. Rom S. 266).

Das Gleiche gilt für eine Beschränkung des Ausschlusses der rückwirkenden Kraft in subjektiver Hinsicht, also lediglich zugunsten solcher Schallplattenhersteller, die vor dem Stichtage erlaubterweise mechanische Vervielfältigungen hergestellt hatten. Auch diese auf der Romkonferenz (S. 267) beantragte Abänderung des Berliner Textes ist nicht angenommen worden.

3. Als Stichtag ist der Text des Inkrafttretens der RBUe. in Fassung der Berliner Konferenz bestimmt worden (was auf der Romkonferenz durch die Änderung des Textes des Abs. 3 verdeutlicht worden ist). Ob es sich (Da. 1928, 92) empfiehlt, für später noch beitretende Verbandsländer noch eine Übergangsbestimmung, die also nach dem Beitritt noch eine Übergangsfrist vorsieht, zu schaffen, erscheint fraglich.

4. Art. 13 Abs. 3 schafft zwingendes Recht (gleicher Ansicht Allfeld S. 448, Baum Ufita III [1930] 429, Dungs S. 53 und Klauer a.a.O. S. 372) in Form eines Maximalschutzes. Die Beschränkung liegt beim Abs. 3 darin, daß den ausschließ-

lichen Befugnissen des Urhebers, die im Abs. 1 normiert worden sind, keine rückwirkende Kraft beigemessen werden darf, daß vielmehr bezüglich der am Stichtage erlaubterweise mechanisch vervielfältigten Werke diese Befugnisse des Urhebers eingeschränkt sind. Die Bestimmung des Abs. 3 über den Ausschluß der rückwirkenden Kraft im Bereich der RBUe. ist (Allfeld a. a. O.) in dem Sinne zwingend, daß kein Verbandsland sie außer Kraft setzen kann. Das beweisen schlagend die (von Baum a. a. O.) angeführten Ausführungen im Bericht, den die großbritannische Delegation bei der Romkonferenz dem Großbritannischen Auswärtigen Amt erstattet hat, in dem über Art. 13 Abs. 3 RBUe. gesagt wird:

„The third paragraph furnishes additional security for vested interests by a Regulation binding on all the States of Union."

Dem steht aber die Bemerkung von Renault auf der Berliner Konferenz (S. 262) entgegen, wonach auf der Berliner Konferenz Übereinstimmung dahin geherrscht habe, daß die den Verbandsländern gelassene Freiheit sich auch auf die Regelung im Abs. 3 beziehe. Diese Verschiedenheit der Auffassung erklärt sich daraus, daß trotz der die Verbandsländer zwingenden Kraft dieser Vorschrift — an die der großbrit. Bericht denkt — dem Verbandsland gemäß Abs. 2 ausdrücklich hinsichtlich seines Hoheitsgebietes („en ce qui le concerne") also mit Beschränkung auf einheimische Werke die Verfügungsgewalt gegeben worden ist, sowohl Begrenzungen dieser beiden ausschließlichen Befugnisse festzulegen, als auch diese auf einen früheren Zeitpunkt, als den des Tages des Inkrafttretens der RBUe. zurückzuverlegen — woran Renault scheinbar gedacht hat.

Damit stimmt auch die Bemerkung in Da. 1909, 96 überein, wo ausgeführt wird, daß die Verbandsländer gemäß Art. 13 Abs. 3 die Verfügungsmacht hätten, den Umfang der Rückwirkung zu bestimmen, daß aber für einheimische Werke das betr. Verbandsland die zeitliche Bemessung der Rückwirkung noch zurückverlegen könne.

Demgemäß konnte das Deutsche Reich im § 63a LUG., der Art. 13 Abs. 3 zur internen Rechtsnorm erheben will, als Stichtag den 1. 5. 1909 normieren, also den deutschen Urheber eines Tonkunstwerkes gegenüber den Bestimmungen der RBUe. besser stellen.

Ebenso hat Großbritannien durch Art. 19 II Ziff. 7 seines Urheberrechtsgesetzes zugunsten der inländischen Werke bestimmen können, daß auch die vor dem 1. Juli 1912 (dem Tage des Inkrafttretens des Gesetzes) veröffentlichten Werke Schutz gegen mechanische Wiedergabe genießen und zwar vom 1. 7. 1913 ab, auch wenn die mechanisch-musikalische Wiedergabe vor dem 1. 7. 1912 im Verbandslande vorgenommen worden ist. Diese Besserstellung des einheimischen Werkes gegenüber dem verbandseigenen wird von Großbritannien nicht auf die verbandsangehörigen Werke angewendet. Vielmehr gilt hier (VO. vom 24. 6. 1912 betr. Ausführung der RBUe. Art. 3) die Vorschrift des Art. 13 Abs. 3.

Dieses den Verbandsländern gestattete Abweichen der zwingenden Norm des Abs. 3 kann auch hinsichtlich der Regelung des Umfanges der zulässigen Benutzung geschehen, so daß also nicht das Werk als Ganzes jedem Hersteller von Schallplatten zur mechanischen Vervielfältigung freigegeben wird, sondern lediglich solche Vervielfältigungsstücke, die vor dem Stichtage bereits zulässigerweise hergestellt worden waren (in diesem Sinne die Übergangsbestimmung von Finnland Art. 36, Polen Art. 73, Tschechslowakei Art. 65 Ziff. 3).

Hinsichtlich der Schweiz vgl. Entscheidung der Staatsanwaltschaft Zürich und Bemerkungen des Berner Büros dazu in Da. 1926, 23.

Über die Versuche der franz. Schallplattenindustrie, vor dem Gesetz vom 10. 11. 1917 die rückwirkende Kraft auf diesem Rechtsgebiet zu regeln, vgl. Da. 1914, 97.

V. Durch die auf Vorschlag der ital. Regierung (Berlin S. 262) aufgenommene Bestimmung des Abs. 4 wird, wie schon aus Abs. 2 hervorgeht, ausdrücklich bestimmt, daß, da die gesetzliche Lizenz lediglich Wirkung für das betreffende Verbandsland hat, die aufgrund einer solchen gesetzlichen Lizenz hergestellten Stücke in einem anderen Lande als unzulässige Vervielfältigungsstücke, Aufführungen des Werkes mittels solcher Stücke als Eingriffe in das Urheberrecht angesehen und demgemäß verfolgt werden können.

Damit wird klargestellt (Da. 1926, 89; 1929, 82), daß aus der Tatsache, daß die Herstellung von mechanischen Vervielfältigungsstücken erlaubt ist, noch nicht folgt, daß auch der Verkauf solcher Stücke zulässig sei (vgl. auch Schweizer Bundesgericht in Da. 1929, 8 = Rabel II [1928] 573). Vielmehr hängt die Verwertung der zulässigerweise hergestellten Vervielfältigungsstücke davon ab, ob deren Verbreitung nach dem Gesetz des betr. Verbandslandes gleichfalls gestattet ist (Da. 1930, 68).

VI. Recht an der Schallplatte.

1. Daß die Schallplatte als das Ergebnis der technisch-künstlerischen Arbeit des Schallplattenherstellers schutzwürdig ist, braucht nicht dargetan zu werden. Wenn man der Photographie einen Schutz zubilligt, dann auch unbedingt der Phonographie,

deren Herstellung einen unvergleichlich größeren Aufwand an technisch-künstlerischen Leistungen und an Kapital verlangt. So hat auch das Berner Büro (Da. 1926, 88; 1931, 42; 1933, 74; 1934, 62) die Schutzansprüche der Schallplattenhersteller für berechtigt erklärt. Nur über das Ausmaß des Schutzes besteht nicht Übereinstimmung.

Gegen die Gewährung eines gewerblichen Schutzrechtes für die Schallplatte dergestalt, daß die Platte gegen Vervielfältigung, also gegen die körperliche Wiedergabe, und damit auch gegen die Verbreitung dieser Vervielfältigungsstücke geschützt wird, scheinen Bedenken nirgends zu bestehen, und das um so weniger, als eine Reihe von Verbandsländern einen solchen gesetzlichen Schutz — gegebenenfalls über den Umweg eines Leistungsschutzes für den ausübenden Künstler — bereits eingeführt haben. (So Großbritannien Art. 19, Ziff. 1, vgl. Woodhouse in Arch. Funk. VI [1933] 427, Jugslavien § 6 Abs. 2; Estland Ziff. 42, vgl. auch Ziff. X der Einleitenden Bemerkungen; Siam Art. 17; Syrien-Libanon Art. 138; ebenso Art. 1 des argentinischen Urhebergesetzes vom 26. 9. 1933.)

Leistungsschutz sehen vor:

Dänemark § 5, Deutsches Reich § 2 Abs. 2 (für die Zeit vor Erlaß der Novelle von 1910 vgl. RGZ. 73, 294 [bedingt im Hinblick auf diese Novelle vgl. Reimer in GRUR. 1933, 455], Finnland § 5 Abs. 4, Österreich § 23 Abs. 3, Polen Art. 2 Abs. 1, vgl. aber Art. 10, Portugal Art. 35, Schweden § 2 in Fassung des Gesetzes vom 1. 7. 1931, Schweiz Art. 4 Abs. 2, Tschechoslowakei § 9 Abs. 2, Ungarn § 8.

Dagegen scheint es nicht angebracht zu sein, dem Schallplattenhersteller ein Aufführungsrecht an der Schallplatte überhaupt zu geben. Zwar ist er der technische und künstlerische Schöpfer der Schallplatte (so Giannini in Ufita VII [1934] 278), aber die Schallplatte ist kein neues Werk, ebensowenig wie der ausübende Künstler ein neues Werk schafft; die Schallplatte ist auch nicht, wie Giannini a. a. O. annimmt, ein Werk „de seconde main", ebensowenig wie das die Leistung des ausübenden Künstlers ist. Denn es verändert nicht das bereits vorliegende Formgut. Eine persönliche Formgebung seitens des Schallplattenherstellers ist naturgemäß ausgeschlossen, wobei es urheberrechtlich nichts besagen will, daß das Werk für seine Aufnahme oft gewisse klangliche Änderungen erfährt.

Zudem wird der Schallplattenhersteller durch Gewährung eines solchen Leistungsschutzes im Vergleich zu den Herstellern von körperlichen Vervielfältigungsstücken von Schrift- und Tonkunstwerken (Büchern und Notenblättern) besser gestellt. Denn diesen ist ein solcher Leistungsschutz bisher noch nicht zugebilligt, obwohl man insbesondere bezügl. des Notenstichs ein Schutzbedürfnis nicht leugnen kann. Wenn — was andererseits nicht zu verkennen ist — der Hersteller von Lichtbildern insofern noch besser gestellt ist, als ihm das geltende Recht ein Vorführungsrecht zugesteht, so liegt das (oben S. 70) an der historisch gewordenen Verkennung des Wesens des Lichtbildes.

2. Auch die Romkonferenz hat sich mit diesem Rechtsproblem beschäftigt.

Großbritannien hatte in seinem Staatenvorschlag entsprechend Art. 19 Ziff. 1 seines Urheberrechtsgesetzes für die Romkonferenz ein Schutz iure conventionis beantragt. Dem widersprach die franz. Delegation. Die irländ. Delegation (mit CDA. Nr. 25) und die norweg. Delegation nahmen den Rechtsgedanken des großbrit. Vorschlages auf, ließen jedoch in ihrer Förmelung offen, wen die Verbandsländer als Inhaber dieses Rechts ansehen wollten.

Auf den Widerspruch Frankreichs fiel auch dieser Vorschlag.

Ob man, wenn man einen zwischenstaatlichen Schutz für die Schallplatte normieren will, diesen in die RBUe. aufnimmt, ist eine Zweckmäßigkeitsfrage. Sie ist (mit Piola Caselli JDA. III [1932] 373) zu bejahen, da es sich hierbei im Wesentlichen um die Wiedergabe von geschützten Werken handelt, diese Frage also dem Urheberrechtsschutz benachbart ist.

Über den ersten internationalen Kongreß der Phonographischen Industrie vgl. Thalheim und Giannini in Ufita VII [1934] S. 71 und S. 267, über das im Zusammenhang damit getroffene Abkommen, zwischen der Konföderation der Autorengesellschaften und der Phonographischen Industrie (in Stresa vom 2./3. Juli 1934) vgl. „Inter-Auteurs" Nr. 44 vom August 1934 S. 752.

Art. 14.

(1) Die Urheber von Werken der Literatur, Wissenschaft oder Kunst haben das ausschließliche Recht, die Wiedergabe, die Adaptation und die öffentliche Aufführung ihrer Werke durch die Kinematographie zu gestatten.

(2) Den gleichen Schutz wie Werke der Literatur oder Kunst genießen kinematographische Erzeugnisse, sofern der Urheber dem Werke einen eigentlichen *) Charakter gegeben hat. Fehlt diese Eigenschaft, so genießt das kinematographische Erzeugnis den Schutz der Werke der Photographie.

---

*) wohl Druckfehler im RGBl., muß wohl heißen: eigentümlichen.

(3) Unbeschadet der Rechte des Urhebers des wiedergegebenen oder adaptierten Werkes wird das kinematographische Werk wie ein Originalwerk geschützt.

(4) Die vorstehenden Vorschriften finden auch Anwendung auf eine Wiedergabe oder ein Erzeugnis, die durch irgend ein anderes, der Kinematographie ähnliches Verfahren zustande kommen.

Fassung von 1908: Abs. 1—3:

(1) Die Urheber von Werken aus dem Bereiche der Literatur, der Wissenschaft oder der Kunst haben das ausschließliche Recht, die Wiedergabe und die öffentliche Aufführung ihrer Werke durch die Kinematographie zu gestatten.

(2) Den gleichen Schutz wie Werke der Literatur oder Kunst genießen selbständige*) kinematographische Erzeugnisse, sofern der Urheber durch die Anordnung des Bühnenvorganges oder die Verbindung der dargestellten Begebenheiten dem Werke die Eigenschaft eines persönlichen Originalwerkes gegeben hat.

(3) Unbeschadet der Rechte des Urhebers am Originale wird die Wiedergabe eines Werkes aus dem Bereiche der Literatur, der Wissenschaft oder der Kunst mittels der Kinematographie wie ein Originalwerk geschützt.

Abs. 4 unverändert.

I. Für die Romkonferenz hatte der ital.-Berner Vorschlag lediglich vorgesehen, im Abs. 2 das Wort „persönlich" zu streichen und am Schlusse dieses Absatzes die Worte hinzuzufügen:

„Si ce caractère fait défaut, la production cinématographique jouit de la protection des oeuvres photographiques"

Viel weiter ging der franz. Staatenvorschlag:

(1) Les oeuvres cinématographiques sont protégées au même titre que les oeuvres littéraires, artistiques ou scientifiques.

(2) Les auteurs d'oeuvres littéraires, artistiques ou scientifiques ont le droit exclusif d'autoriser la reproduction, l'adaptation et la présentation publique de leurs oeuvres par la cinématographie.

*) Übersetzungsfehler, das Wort muß wegfallen. Hoffmann GRUR. 1927, 40.

(3) L'oeuvre cinématographique est constituée d'une façon intangible par le positif de montage définitif du film.

(4) Le droit d'auteur sur l'oeuvre cinématographique appartient aux créateurs intellectuels du film. Seul l'auteur initial conservera la propriété exclusive de son sujet pour toute autres formes d'utilisation.

(5) L'oeuvre cinématographique ne pourra être présentée qu'accompagnée du nom de ses créateurs intellectuels.

Die Frage des Filmrechts wurde auf der Romkonferenz in einem Unterausschuß (unter dem Vorsitz von Klauer) behandelt. Dort gestellte Anträge sind nicht bekannt geworden, so daß man auf den kurzen Bericht von Klauer (Rom S. 185) und den ausführlicheren des Berner Büros angewiesen ist (Rom S. 267).

1. Die Umstellung der ersten beiden Absätze ist (der Grund ist nicht zu ersehen) abgelehnt worden, obwohl diese Fassung wesentlich zum Verständnis des Rechts am Filmkunstwerke beigetragen hätte.

2. Die Neufassung des Abs. 2 entspricht einer Anregung von Ostertag, der im Hinblick auf gewisse „films documentaires" die Berliner Fassung des Abs. 2 beanstandet hat.

3. Der Abs. 3 (nach dem franz. Vorschlag) wurde von Großbritannien abgelehnt, weil diese Vorschrift mit tragenden Grundsätzen des Urheberrechts in Widerspruch steht, da hier eine verkehrsfähige Form zum Erwerb des Urheberrechtsschutzes gefordert wird.

4. Die Meinungen über den Inhaber des Urheberrechts am Film gingen weit auseinander. Während Norwegen die Bestimmung des Urhebers des Filmkunstwerks dem Verbandslande überlassen wollte, auch Italien für eine nachgiebige Regelung dieser in den Verbandsländern noch nicht gelösten Frage eintrat, wollte Frankreich durch seinen Vorschlag die Gesetzgebung der Verbandsländer in bestimmte Bahnen leiten. Der Vorschlag wurde abgelehnt.

5. Großbritannien machte zu Abs. 5 (unbegründete) Bedenken aus Art. 4 Abs. 2 geltend, lehnte ferner, ebenso wie das Deutsche Reich, den Ausdruck „créateurs intellectuels" als ungenügend ab und zwar auch, nachdem der franz. Vorschlag noch den Zusatz erhalten hatte „chaque législation restant libre de déterminer le sens des mots „créateurs intellectuels".

II. Art. 14 regelt das Filmrecht, und zwar im Abs. 2 (und 3) das Recht am Filmkunstwerk, im Abs. 1 den Schutz des Werkes gegen die Vervielfältigung . Abs. 1 enthält ein Sonderrecht.

III. Das Filmkunstwerk.

1. Grundsätzlich ist an die Spitze jeder Darstellung über das Filmrecht die Erörterung über das Wesen der Werke der Kinematographie, richtiger des Filmkunstwerkes zu stellen (wofür Art. 14 nebeneinander und gleichbedeutend den Begriff kinematographische Erzeugnisse und kinematographische Werke benutzt). Ein Werk der Filmkunst (unter welchen Begriff sowohl die stummen wie die Tonfilme fallen) liegt dann vor, wenn eine mit den Formungsmitteln des Films geschaffene eigenpersönliche geistige Schöpfung vorliegt.

Das Filmwerk ist nicht etwa nur die filmische Festlegung der Summe der in ihm vereinigten Einzelleistungen, sondern etwas von dieser Summe Verschiedenes, das einer besonderen rechtlichen Regelung fähig und würdig ist.

Diese Eigenart des Filmwerkes ist durch die Romkonferenz glücklich im Text gekennzeichnet worden. In der Berliner Fassung wurden als Voraussetzungen des Filmkunstwerkes gesetzt „lorsque, par les dispositifs de la mise en scène ou les combinaisons des incidents représentés, l'auteur aura donné à l'oeuvre un caractère personnel et original". Diese Förmelung ist verschieden ausgelegt worden. Nach Hoffmann (GRUR. 1927, 40 und in JW. 1928, 1188) bedeutet die erste Voraussetzung die Art und Weise, wie der wiederzugebende Stoff vom Filmregisseur gestaltet wird, während die Verbindung der dargestellten Begebenheiten, die Formung durch das filmische Formungsmittel „combinaison des incidents représentés" genannt wird; nach Friedmann (Ufita I [1928] 550) soll hiermit die äußere und innere Form gekennzeichnet werden. Von anderer Seite (Tiranty vgl. Da. 1922, 112) hat man sogar hieraus ein Miturheberrecht des Regisseurs und des ausübenden Künstlers hergeleitet.

Durch die Neufassung auf der Romkonferenz sind nunmehr diese Zweifel beseitigt. Voraussetzung für die Schutzfähigkeit des Films ist jetzt, daß er ein „Werk" ist. Worin diese demgemäß verlangte eigenpersönliche Formgebung liegt, muß im Einzelfall untersucht werden. Richtiger würde allerdings, nicht nur um den Hinblick auf die Erzeugnisse der Photographie zu wahren, sondern um die urheberrechtliche Bedeutung des Films zu kennzeichnen, der Film als „oeuvre" und nicht als „production" bezeichnet werden.

Der Art. 14 scheidet — rein theoretisch — die Filmkunstwerke in solche, die reine Originalschöpfungen, also nicht auf der Grundlage eines bereits vorhandenen Werkes entstanden sind, (Abs. 2) und in solche, die sich als Wiedergaben oder Bearbeitungen eines anderen Werkes kennzeichnen (Abs. 3).

Auch diese werden — entsprechend der rechtlichen Behandlung der Bearbeitungen in Art. 2 Abs. 2 — als Originalwerke geschützt, gleichviel ob sie einen Eingriff in das Recht des Urhebers des verwendeten Werkes darstellen.

Von den Werken der Filmkunst sind jene Filme zu unterscheiden, die lediglich eine Summe von Lichtbildern darstellen, also nicht schöpferischer Art sind, bei denen insbesondere die Kombinationsidee, die den Film als filmische Einheit kennzeichnet, fehlt. Diese „films documentaires" haben lediglich den Schutz als Lichtbilder, was im Abs. 2 Satz 2 ausdrücklich hervorgehoben wird. Es war also eine Verkennung des Wesens des echten Filmkunstwerkes, wenn Osterrieth in GRUR. 1923, 26 die Beschränkung des Abs. 2 (in der Berliner Fassung) aufgehoben, somit jeden Film voll urheberrechtlich geschützt wissen wollte. Die notwendige Folgerung wäre dann gewesen, auch den Lichtbildern den vollen Urheberrechtsschutz zuzusprechen.

Über den Inhalt eines „Filmvorgangsvertrags" hinsichtlich der filmischen Aufnahme eines rein tatsächlichen Vorgangs vgl. OLG. Königsberg in JW. 1931, 1933.

2. Der Tonfilm ist gleich dem stummen Film ein opus sui generis, nämlich eine synchronistische Einheit von Ton und Bild, so daß es auch für die rechtliche Betrachtung unmöglich ist, den Tonfilm in einen akustischen und optischen Teil zu zerlegen, oder gar an Einzelbeiträgen oder Einzelleistungen ein besonderes Urheberrecht resp. einen Leistungsschutz anzuerkennen. Der Tonfilm ist kein Werk der Tonkunst, sondern „ein Werk der Kunst im weiten Sinne, ähnlich wie ein dramatisches Werk oder wie eine Oper" (schweizer Bundesgericht in Ufita VII [1934] S. 324).

Für den Begriff des Tonfilms ist das angewendete Herstellungsverfahren (Lichtton, Nadelton, Stahlband) rechtlich gleichgültig. Rechtlich bedeutsam ist lediglich die Verbundenheit von akustischen und optischen Vorgängen zur uno actu-Wiedergabe.

Anerkennt man die Einheit von Ton und Bild als das Kennzeichen des Tonfilms, so erscheint es unrichtig, wie es die schweizer Rechtsprechung tut (Bundesgericht in Ufita VII [1934] 323), ihn als eine Vorrichtung für mechanische Musikinstrumente anzusehen; das gilt nur für solche Lichtbildstreifen, die lediglich die Aufzeichnungen eines Tonkunstwerkes enthalten. Und so verbietet sich auch, die Bestimmung über die gesetzliche Lizenz für die mechanisch-musikalische Wiedergabe auf den Tonfilm anzuwenden (RGZ. 140, 231 und schweizer Bundesgericht a. a. O.), wie es auch unrichtig ist (schwed. Rechtsprechung in Inter-Auteurs 1934, 814), die tonfilmmäßige Wiedergabe eines Tonkunstwerkes als dessen mechanisch-musikalische Wiedergabe anzusehen.

Weil der Tonfilm in der rechtlichen Betrachtung lediglich eine besondere Art des Films ist (wenn auch in der Praxis die nahezu einzig vorhandene), gelten die folgenden, die Filmkunstwerke behandelnden Ausführungen ohne weiteres für den Tonfilm, ohne daß das besonders hervorgehoben wird.

3. Das Filmkunstwerk genießt vollen urheberrechtlichen Schutz gemäß Art. 4. Demgemäß ist also das Filmkunstwerk gegen jede Bearbeitung geschützt, geschehe diese in Form einer Dramatisierung (Stolfi II, 788) oder durch eine optische Darstellung der „Handlung" des Films. Die von Dungs S. 55 vertretene Auffassung, daß der Schutz sich nur auf eine bildmäßige oder filmmäßige Wiedergabe des Films beschränkt, verkennt, daß ein Filmkunstwerk selbst ein urheberrechtlich geschütztes Werk ist und damit den uneingeschränkten Urheberrechtsschutz genießt (wie hier Allfeld S. 450, Potu S. 198; Da. 1916, 77).

Die Dauer dieses Urheberrechtsschutzes (eine besondere Fristbemessung sieht Art. 40 des niederländ. Urheberrechtsgesetzes vor) ist unabhängig von dem Schutz des Werkes, das für den Film bearbeitet worden ist.

Die von Raestad (Anm. 89) aufgeworfene Frage hinsichtlich der Anwendung des Art. 7 Abs. 2 für den Fall, daß ein Verbandsland das Filmkunstwerk gegen seine filmische Bearbeitung kürzer schützt als gegen die Wiedergabe (Hauptschutzfrist), ist rein theoretischer Natur, denn die Gesetzgebung der Verbandsländer kennt eine solche Regelung nicht. Gegen die Anwendung des Art. 7 Abs. 2 dürften keine Bedenken bestehen.

4. Das Problem, wer der Urheber eines Filmkunstwerkes ist, wird von der RBUe. — und zwar mit vollem Recht — einstweilen noch nicht gelöst. Es ist also nach den Gesetzen des in Betracht kommenden Verbandslandes festzustellen, wer als Urheber anzusehen ist.

a) Einzelne Verbandsländer haben dieses im Urheberrechtsgesetz gelöst.

aa) Die erste Lösung bringt das ital. Urheberrechtsgesetz vom 7. 11. 1925, wonach, sofern nicht eine anderweitige Parteivereinbarung vorliegt, das Urheberrecht je zur Hälfte dem Urheber des Textbuches und des Films (worunter nach Da. 1927, 140 der künstlerische Leiter des Filmunternehmens zu verstehen ist) zusteht; bei Tonfilmen tritt eine Drittelung für den Urheber des Filmbuches, des Films und den Komponisten ein, wenn dieser das Tonkunstwerk gerade für den betreffendenTonfilm geschrieben hat.

bb) Das poln. Urheberrechtsgesetz vom 29. 3. 1926 (Art. 10) gibt dem Hersteller des Films das Urheberrecht bzw., wenn das Filmwerk im Auftrage hergestellt worden ist, dem Auftraggeber.

Der poln. Kass. hat (Da. 1931, 119) dem Komponisten eines Tonfilms das Recht der Aufführung seines Werkes im Rahmen des Tonfilms zugesprochen (wobei es allerdings nicht unzweifelhaft ist, ob [das Urteil zieht Art. 13 RBUe. und nicht Art. 14 an] nicht etwa ein „Tonfilm" im engeren Sinne, d. h. die photographische Aufnahme der Lautwiedergabe des betr. Tonkunstwerkes vorliegt.

cc) Nach dem tschechoslow. Urheberrechtsgesetz vom 24. 11. 1926 (Art. 9) dagegen steht — anderweitige Parteivereinbarung ausgenommen — dem Regisseur des Films das Urheberrecht zu.

dd) Das portugies. Urheberrecht vom 27. 5. 1927 (Art. 35 § 2) anerkennt das Urheberrecht des Filmherstellers (vgl. Da. 1928, 84).

ee) Unklar ist die Bestimmung von § 6 Abs. 2 des jugoslav. Urheberrechtsgesetzes vom 26. 12. 1929, wonach derjenige, der ein Werk der Literatur oder Kunst kinematographisch wiedergegeben hat, daran ein selbständiges Urheberrecht hat (sofern der Urheber des wiedergegebenen Werkes seine Zustimmung zur Wiedergabe gegeben hat).

b) In den anderen Verbandsländern ist die Frage nach dem Urheber des Filmwerkes sehr bestritten.

aa) Für das deutsche Recht spricht die herrschende Auffassung (de lege lata und de lege ferenda) dem Filmhersteller das Urheberrecht zu: Boehmer-Reitz S. 109, Dienstag-Elster S. 109, Hoffmann JW. 1928, 1188; Schlechtriem JW. 1933, 1870; ebenso [für den stummen Film] RGZ. 106, 365 u. KG. in MuW. XXIII, 13; a. A. Allfeld S. 67, Bull in GRUR. 1934, 567, von Erffa GRUR. 1926, 415; de lege ferenda insbes. Baum Ufita V [1932] 486.

Die Rechtstatsachen bei Herstellung eines Films, insbesondere eines Tonfilms, lassen die herrschende Auffassung als richtig erscheinen. Denn mag die Filmindustrie in ihren ersten Anfängen (die Gliederung des Art. 14 kennzeichnet das ganz deutlich) von der Bearbeitung eines Schriftwerkes als Vorlage für den zu schaffenden Film ausgegangen sein, so hat man sich später — und das gilt noch mehr für die Entwicklung des Tonfilms — hiervon frei gemacht. Heute wird im Regelfall sowohl das Drehbuch als auch die Musik für den Tonfilm, nämlich gerade für die Herstellung dieses Tonfilms, geschaffen, mag auch die Idee, die Anregung, dazu von irgend einem vorhandenen Schriftwerk ausgegangen sein. Der Schwerpunkt der Arbeit, die Gestaltung des Films, liegt beim Unternehmer bzw. bei demjenigen seiner leitenden Angestellten, der an seiner Stelle für ihn den Film schafft (Produktionschef). Hier entstehen die Ideen, die dem Filme zugrunde liegen, hier erhält die Idee Form, hier wird aus der Idee eine Handlung, die dem Film zugrunde gelegt werden soll, hier werden die im Film handelnden Personen wie ihre Umrisse festgelegt (wobei man regelmäßig, wenigstens bei den Hauptfiguren, an einzelne Schauspieler oder Sänger denkt, die diese Rollen im Film spielen sollen). Dann erst erhält ein Schriftsteller den Auftrag, nach diesen Weisungen und Skizzen ein Drehbuch zu schreiben. Dies wird geprüft und regelmäßig, sei es vom Regisseur, sei es von einem Anderen nach den Weisungen des Filmunternehmers abgeändert. Und dann, nachdem Handlung wie Text, einigermaßen wenigstens (denn Abänderungen finden immer noch statt), festliegen, erhält ein Komponist den Auftrag, die Filmmusik zu schaffen, sei es als Untermalungsmusik, sei es als Nummern, also als in sich geschlossene Tonkunstwerke. Nachdem dann Drehbuch wie Musik aufeinander abgestimmt worden sind, werden die nun festgelegten lautlichen wie optischen Vorgänge in den Film umgesetzt, d. h. der Tonfilm wird gedreht, wobei regelmäßig der Filmhersteller noch Änderungen vornimmt. Aus dem schließlich so gewonnenen Negativfilm wird herausgeschnitten, bis dann ein an sich geschlossenes Ganzes, das Filmkunstwerk, als das Ergebnis der vielfältigen, zusammengreifenden Einzeltätigkeiten entstanden ist.

Während beim stummen Film die Einheit des Werkes nicht bestritten worden ist, ergaben beim Tonfilm sich Schwierigkeiten in der Praxis. Regelmäßig bestehen, wenn ein bereits vorhandenes Tonkunstwerk im Tonfilm verwendet wird, an diesem Werke Aufführungsrechte, die der Komponist einer Aufführungsgesellschaft übertragen hat, und die gleichen Schwierigkeiten entstehen bei einem für den Tonfilm eigens geschaffenen Tonkunstwerk, wenn dessen Komponist der Aufführungsgesellschaft das Aufführungsrecht auch an künftigen Tonkunstwerken übertragen hat (die Zulässigkeit einer solchen Verfügung ist für deutsches Recht in feststehender Rechtsprechung ausgesprochen worden, RGZ, 140, 231).

So sieht das RG. (a. a. O.) in der Gestattung der Verwendung des Tonkunstwerkes für den Tonfilm die Gestattung der Bearbeitung (was zweifelhaft erscheint vgl. S. 226) und der tonlichen Wiedergabe im Tonfilm, sofern der Komponist über die Aufführungsbefugnis nicht bereits verfügt habe (was im Deutschen Reich der Regelfall ist).

Dieser Auffassung kann nicht beigetreten werden. Vielmehr ist davon auszugehen, daß die Gestattung der Verwendung des Drehbuches bzw. des Tonkunstwerkes für die Herstellung des

Films die Zustimmung bedeutet, daß dieses Werk entsprechend den Absichten des Filmherstellers im Gesamtkunstwerk des Films aufgeht, dessen Teil wird.

Als selbständige Werke bestehen somit die verwendeten Werke rechtlich nicht mehr, sie sind unselbständige Bestandteile des Filmkunstwerkes geworden, und mangels einer rechtlichen Existenz können auch an ihnen im Rahmen des Tonfilms Rechte nicht mehr geltend gemacht werden. Nur der Tonfilm existiert, an dem nur ein einheitliches Aufführungsrecht besteht. Die Aufführungsbefugnis am Tonkunstwerk, welches im Tonfilm verwendet worden ist, existiert nur, wenn dieses (neben seiner Verwendung im Tonfilm) noch gesondert, urheberrechtlich betrachtet als Einheit, vorhanden ist, z. B. als Einzelnummer vervielfältigt und aufgeführt wird. Dieses Aufführungsrecht hat der Komponist auf die Aufführungsgesellschaft übertragen, eine Aufführungsbefugnis am Bestandteil des Tonfilms, an dem ihm kein Urheberrecht zusteht, konnte er nicht übertragen (im Ergebnis beistimmend Egberts Ufita VII [1934] 179).

Diese Schwierigkeiten hat die deutsche Praxis dadurch überwunden, daß in einem Abkommen vom 20. 4. 1934 die Stagma und der Reichsverband Deutscher Filmtheater ein Abkommen getroffen haben, wonach die Stagma den Mitgliedern dieses Reichsverbandes die öffentliche Aufführung ihres Werkkatalogs, gleichviel durch welche Mittel die Aufführung geschieht, gegen Zahlung eines nach Zahl der Sitzplätze des Lichtspielhauses abgestuften monatlichen Entgelts gestattet (wegen aller Einzelheiten vgl. Roeber in Ufita VII [1934] 364).

bb) Nach der franz. Doktrin (vgl. Dumoret in Bulletin Nr. 5 S. 58, Marotte S. 52, Olagnier II 272) besteht am Film ein Urheberrecht folgender Persönlichkeiten:

des Urhebers des Drehbuchs (in der Rechtsprechung anerkannt Da. 1924, 23),

des Cutters,

des Dialogverfassers,

des Komponisten,

des Musikverlegers (so die franz. Rechtsprechung Da. 1931, 103, vgl. Vaunois in Da. 1931, 101).

Die hierdurch verursachte „Pulverisierung" (Da. 1927, 140, Marotte S. 41) des Urheberrechts bewirkt nun in der Praxis noch dadurch besondere Schwierigkeiten, daß man vielfach als Urheber den „auteur initial" bezeichnet, so daß erst im Einzelfalle festzustellen sein wird, wer hierunter zu rechnen ist.

Nach belg. Rechtslehre (Destrée-Guislain Ziff. 159) haben Miturheberrecht folgende Persönlichkeiten:

l'auteur de l'intrigue,
le metteur en scène,
le preneur de vues,
le musicien,
und oft auch die Hauptdarsteller.

c) Das Urheberrecht des Filmherstellers darf, weil es den Erfordernissen der Praxis entspricht, wohl als die zukünftige Regelung dieses Problems (so Lapie in MuW. XXVII/XXVIII 201) angesehen werden.

Es ist also verständlich, daß das Berner Büro (Da. 1931, 65) die aus der franz. Auffassung für die Praxis sich ergebenden Schwierigkeiten unterstreicht, die mit der Anerkennung des Urheberrechts des Filmherstellers verschwinden. Die vom Berner Büro befürchteten Schwierigkeiten im Hinblick auf das Urheberpersönlichkeitsrecht der am Film Mitwirkenden erscheinen nicht begründet. Denn wenn man den Gestattungsvertrag zwischen dem Urheber des Werkbeitrags und dem Filmhersteller entsprechend der Zweckübertragungstheorie (vgl. S. 127) dahin auslegt, daß dieser Urheber sich stillschweigend damit einverstanden erklärt hat, daß der Filmhersteller für die Zwecke seines Films diesen Beitrag und gegebenenfalls auch den Titel abändert (vgl. E. § 22, aber auch Hoffmann § 33), so dürften urheberpersönlichkeitsrechtliche Bedenken nicht mehr bestehen. Im gleichen Sinne die franz. Lehre (Maillard in Da. 1928, 140) und die franz. Rechtsprechung in Da. 1933, 104, hierzu die klugen Bemerkungen von Vaunois [Da. 1933, 102], aber auch die temperamentvolle Kritik von Olagnier [II, 283], der den wesentlichsten Punkt, die Auslegung des Vertrags zwischen Urheber und Filmhersteller, übersieht).

Auch das Recht der Namensnennung dürfte unschwer zu lösen sein, wie auch die Praxis bereits jetzt Lösungen zur Befriedigung Aller gefunden hat. Einen rechtlich gegründeten Anspruch auf Nennung im Film, d. h. im Vorspann der dem Film vorangehenden Liste der Filmmitwirkenden, hat der Urheber und, falls der Film als eine Bearbeitung eines anderen Werkes anzusehen ist, auch der Urheber dieses anderen Werkes. Üblicherweise werden die Hauptdarsteller (vgl. Beschluß der Reichsfilmkammer in Ufita VII [1934] S. 204) genannt, der Cameramann, der Filmarchitekt, der Tonmeister (hierüber vgl. die ausführlichen Darlegungen bei Boehmer-Reitz S. 154; für ital. Recht JDA. V [1934] S. 54).

5. Über die Möglichkeiten der Aufnahme einzelner Stücke aus geschützten Werken in einen Film (sogen. Filmreportage) vgl. Gheraldi auf dem Kopenhagener Kongreß der Autorengesellschaften (S. 222 des Berichts) und österr. VO. in Da. 1934, 38.

IV. Der Urheber eines geschützten Werkes hat nach Art. 14 Abs. 1 die ausschließliche Befugnis, eine Verwertung seines Werkes durch die Kinematographie in Form einer Wiedergabe (reproduction), Bearbeitung (adaptation) oder öffentliche Aufführung (présentation publique) zu gestatten. Diese Dreiteilung ist weder ohne weiteres verständlich, noch sinnvoll. Auch wird durch diese Dreiteilung des am Werke anhaftenden Schutzrechts nichts darüber gesagt wird, in welchem Ausmaße ein Urheber durch Übertragung einer dieser Befugnisse auf einen Anderen, insbesondere auf einen Filmhersteller, hinsichtlich der anderen Befugnisse verfügt. Die systematisch richtige Selbständigmachung der drei Befugnisse bedeutet nicht eine Selbständigkeit im Rechts- und Geschäftsverkehr.

a) Die Befugnis der Wiedergabe des Werkes durch einen Film soll bedeuten, daß das Werk gegen eine ungestattete filmische Wiedergabe geschützt ist. Eine Bestimmung des Begriffs der filmischen Wiedergabe fehlt; sie kann nur durch Abgrenzung gegenüber der an zweiter Stelle genannten Befugnis der Bearbeitung gewonnen werden, so daß also Wiedergabe in diesem Sinne die Umsetzung in das Formungsmittel des Films (Roeber S. 17) bedeutet, ohne daß eine Bearbeitung stattgefunden hat. Diese Unterscheidung hat auch die deutsche Rechtslehre sich zu eigen gemacht. Elster unterscheidet zwischen Filmung und Verfilmung (GRUR. 1931, 47); er versteht unter „Filmung“ die Herstellung des Films selbst (was die Praxis mit „Drehen“ bezeichnet), während er mit „Verfilmung“ die Bearbeitung des bereits vorliegenden Schriftwerkes für die Zwecke der filmischen Verwertung bezeichnet (eine Unterscheidung, der sich E. in § 21 angeschlossen hat).

Diese Begriffsspaltung ist zwar rechtlich begründet, da hier zwischen einer unveränderten Wiedergabe und einer Bearbeitung unterschieden wird. Sie ist aber für die Praxis wenig verwendbar, da es in der Praxis, wenigstens was Schriftwerke anlangt, eine unveränderte Wiedergabe des Werkes, sei es des Urwerkes, das die Grundlage für das Drehbuch abgab, sei es des Drehbuchs selbst, im Film nicht gibt (so mit Recht Da. 1929, 48). Der Film verlangt als Wesentliches die Formung mittels der filmischen Formungsmittel, und das Übersetzen des Formungsmittels eines Schriftwerkes in das filmische Formungsmittel bedingt notwendigerweise eine Änderung der Form selbst.

Anders dagegen bei Werken der bildenden Künste, insbesondere Bauwerken, die in Filmkunstwerken wiedergegeben und gegen eine solche Wiedergabe geschützt werden, wobei es zweifelhaft sein kann, ob Schutzgrund hier die photographische oder die filmische Wiedergabe ist (offen gelassen von der franz. Rechtsprechung in Ann. 1934, 230). Bei der Wiedergabe der „films documentaires", bei denen die eigenpersönliche filmische Formung fehlt, die lediglich eine narratio in Form eines Films darstellen, kommt lediglich Schutz gegen die photographische Wiedergabe in Betracht. Beim Tonfilm kommt eine reine Wiedergabe bei Geräuschen vor, und vereinzelt auch bei Worten, wenn nämlich aus dem Drehbuch einzelne Dialoge wörtlich entnommen werden, was aber für die rechtliche Erfassung des urheberrechtlichen Vorgangs bezüglich des gesamten Drehbuches unwesentlich ist. Bei den Tonkunstwerken dagegen findet regelmäßig eine den Zwecken des Tonfilms angepaßte, also veränderte Wiedergabe statt.

b) Mit Recht hat also, um den Regelfall der Veränderung eines Werkes im Film rechtlich zu kennzeichnen, die Romkonferenz im Abs. 1 das Wort „adaptation" eingesetzt [wenn auch die Förmelung adaptation „par la cinématographie" insofern verunglückt ist (R a e s t a d S. 17), als die Bearbeitung nicht durch die Kinematographie stattfindet, sondern zwecks filmischer Umsetzung]. (Vgl. bezüglich der filmischen Wiedergabe eines Bildes franz. Rechtsprechung in Da. 1914, 84, bezüglich der Verfilmung eines Bühnenwerkes franz. Kass. in Da. 1918, 70 und ung. Kgl. Kurie in Da. 1920, 107.) Da also eine Veränderung des Werkes vorliegt, kommt auch eine Anwendung des Art. 12 in Frage, so daß eine unzulässige Verfilmung sowohl gegen Art. 14 Abs. 1 als auch gegen Art. 12 verstößt, es sei denn, daß das Filmkunstwerk eine künstlerische Neuschöpfung ist.

Der Urheber eines Werkes, der, solange es noch keinen Tonfilm gab, die Erlaubnis gegeben hatte, sein Werk zu verfilmen, hat damit noch nicht die Erlaubnis zur Herstellung eines Tonfilms gegeben. Denn stummer Film und Tonfilm sind, wirtschaftlich gesehen, gänzlich verschiedene Produkte, und da das übertragene Recht gemäß der Lehre von der Zweckübertragung auf das Ausmaß zu beschränken ist, was nach dem Willen der Parteien zur wirtschaftlichen Verwertung des Werkes erforderlich ist, hat der Urheber seine Zustimmung lediglich hinsichtlich eines stummen, nicht hinsichtlich eines Tonfilms erteilt (vgl. H o f f m a n n JW. 1933, 1374 und das dort angegebene franz. u. ital. Schrifttum).

c) Die Befugnis eines Urhebers, „die öffentliche Aufführung seines Werkes durch den Kinematographen" zu gestatten, ist gleichfalls nicht glücklich formuliert, da im Regelfalle nicht das

Werk in seiner Festlegungsform, sondern in einer für die Zwecke des Films abgeänderten Form aufgeführt wird. Gemeint ist also, daß dem Urheber des verfilmten Werkes die Befugnis zusteht, das öffentliche Aufführen seines Werkes in der verfilmten Form zu gestatten.

Für diese Befugnis hat das deutsche Gesetz die Förmelung „Vorführen" geprägt, um damit zum Ausdruck zu bringen, daß es sich um die optische Wiedergabe im Gegensatz zur lautlichen Wiedergabe, der Aufführung handelt. Der Romtext zeigt durch Wahl des Wortes „présentation" jetzt die gleiche Erkenntnis.

Demgemäß erscheint (mit Marotte S. 64) die Auffassung der großbrit. Rechtsprechung (Da. 1922, 47) irrig, die dem Inhaber des Bühnenaufführungsrechtes auch die Befugnis der Gestattung der Vorführung einer filmischen Bearbeitung des betr. Bühnenwerkes gestattet. Mit Recht verneint die franz. Rechtsprechung (bei Mettetal in: Mintz Beiträge S. 169), daß die Vorführung eines Tonfilms eine représentation oder eine Bühnenaufführung sei, weil diese Vorführung keine „communion avec le public" herstellt.

Daß die Übertragung dieses Vorführungsrechtes auch die Übertragung des Eigentums am corpus mechanicum in sich schließt, wird vom Röm. Kass. in JDA. V [1934] 325 vertreten, während nach deutscher Rechtsauffassung (RGZ. 145, 172) das Recht am Filmkunstwerk und das Eigentum am Filmband rechtlich zu trennen sind.

Über den Unterschied zwischen Verlagsrecht und Filmaufführungsrecht im rumän. und ungar. Recht vgl. die Urteile in JDA. V [1934] 65.

Art. 15.

(1) Damit die Urheber der durch die Übereinkunft geschützten Werke bis zum Beweise des Gegenteils als solche angesehen und demgemäß vor den Gerichten der einzelnen Verbandsländer zur Verfolgung der Nachdrucker oder Nachbildner zugelassen werden, genügt es, wenn ihr Name in der üblichen Weise auf dem Werke angegeben ist.

(2) Bei anonymen oder pseudonymen Werken ist der Verleger, dessen Name auf dem Werke angegeben ist, zur Wahrnehmung der dem Urheber zustehenden Rechte befugt. Er gilt ohne weiteren Beweis als Rechtsnachfolger des anonymen oder pseudonymen Urhebers.

Fassung von 1908: gleichlautend.

I. Die Bestimmungen beider Absätze bringen zwingendes Recht, das hinsichtlich der durch die RBUe. geschützten Werke Bestimmungen der Landesgesetze, die weitergehende Voraussetzungen bezüglich der Rechtsvermutungen beider Absätze aufstellen, abschafft (R u f f i n i S. 525, S t o l f i II, 723).

Der Zweck des Abs. 1 ist die leichtere Durchführung der vor den Gerichten der Verbandsländer durchzuführenden Prozesse wegen Verletzung des Urheberrechts an Werken, die durch die RBUe. geschützt sind. Hierzu stellt Art. 15 Abs. 1 eine Rechtsvermutung auf.

1. Die Rechtsvermutung gilt zugunsten des Urhebers und seiner Rechtsnachfolger, gleichviel ob er sein Recht aus einem Rechtsgeschäft unter Lebenden oder aus einer Verfügung von Todes wegen herleitet. Die Urheber sind also jedes weiteren Beweises hinsichtlich der Urheberschaft am Werke überhoben. Dagegen müssen die Rechtsnachfolger die Tatsache ihrer Rechtsnachfolgeschaft durch die nach der lex fori zugelassenen Beweismittel nachweisen. Eine Verpflichtung des Urhebers, seinen Namen auf dem Werke anzugeben, wird hierdurch nicht begründet. Es bleibt dem Urheber vielmehr überlassen, ob er durch Nennung seines Namens von der Rechtswohltat des Abs. 1 Gebrauch machen will. Tut dies der Urheber, so muß er den Nachweis seiner Urheberschaft in der von der lex fori zugelassenen Weise führen.

Die Rechtsvermutung kann, sofern die lex fori das zuläßt, durch einen Gegenbeweis widerlegt werden.

2. Die Rechtsvermutung gilt nur hinsichtlich der durch die RBUe. geschützten Werke, gleichviel wer der Urheber ist. Werke, die also lediglich durch das Landesgesetz oder durch ein besonderes zwischenstaatliches Abkommen geschützt werden, werden hiervon nicht betroffen. Die Vermutung gilt auch zugunsten der Lichtbilder, da auch diese iure conventionis geschützt werden; a. A. R a e s t a d S. 223 mit Hinweis darauf, daß die Bestimmung des Art. 11 aus der BUe. stammt, die das Lichtbild nicht iure conventionis schützt, aber in Verkennung des Umstandes, daß diese Bestimmung auch Gegenstand der Konvention geworden ist, nachdem diese die Lichtbilder geschützt hat. Wenn R a e s t a d Recht hätte, würde Art. 15 auch nicht für Werke der bildenden Künste gelten, für die (Akten 1885, S. 35) die Anwendbarkeit dieser Bestimmung ausdrücklich verneint worden war. Daß diese Vorschrift zugunsten der Filmkunstwerke wirkt, wird in Da. 1916, 77 ausdrücklich anerkannt.

3. Die Vermutung gilt lediglich hinsichtlich der Tatsache der Urheberschaft, d. h. daß der angegebene Urheber tatsächlich der Urheber ist. Dagegen wird daran keineswegs die Folge geknüpft,

daß der Urheber alle aus dieser Urheberschaft für ihn entspringenden Befugnisse vermögensrechtlicher wie urheberpersönlichkeitsrechtlicher Natur besitzt oder noch besitzt. Vielmehr muß der Urheber bzw. sein Rechtsnachfolger in jedem Falle noch nachweisen, daß die Urheberschutzfrist nicht abgelaufen ist. Erst dann spricht die Rechtsvermutung dafür, daß er das in Anspruch genommene Recht bzw. die Befugnis noch besitzt, so daß dann dem Gegner der Gegenbeweis obliegt, daß trotz Laufens der allgemeinen Schutzfrist dem klagenden Urheber das Recht bzw. die Befugnis nicht zusteht.

4. Die Rechtsvermutung wird dadurch begründet, daß der Name des Urhebers in der üblichen Weise auf dem Festlegungsexemplar oder dem Vervielfältigungsstück angegeben ist, so daß also zunächst vorausgesetzt wird, daß das Werk in einer Festlegungsform oder in einer körperlichen Wiedergabe vorliegt. Dagegen braucht (wie die ital. Rechtsprechung in Studi di Diritto Industriale 1933 S. 194 annimmt) das Werk nicht veröffentlicht (im Sinne des Art. 4 RBUe.) zu sein. Auch unveröffentlichte Werke, sofern sie überhaupt fähig sind, veröffentlicht zu werden, z. B. unveröffentlichte Handschriften, fallen hierunter (Allfeld S. 453, Raestad S. 223). Dagegen gilt die Vermutung nicht, wenn das sonst nicht festgelegte Werk nur lautlich wiedergegeben (vorgetragen oder aufgeführt) wird.

Unter Name ist grundsätzlich der bürgerliche Name des Urhebers zu verstehen. Ist aber das Pseudonym, unter dem der Urheber schreibt, so bekannt, daß damit der Urheber eindeutig gekennzeichnet ist (wenn auch nicht hinsichtlich seines bürgerlichen Namens), so genügt auch das Pseudonym (Seiller S. 49, vgl. auch Da. 1917, 103). Doch hängt die Gleichstellung eines solchen Pseudonyms mit dem bürgerlichen Namen von der Anschauung des Verbandslandes ab, in dem der Schutz in Anspruch genommen wird. Die Angabe des Namens muß in der üblichen Weise auf dem corpus mechanicum erfolgt sein. Der Brauch bestimmt sich nach der lex fori (Seiller S. 48, a. A. Allfeld, S. 453, Röthlisberger S. 253). Denn wenn der Urheber den Schutz der lex fori anruft, muß er sich auch, hängt eine Rechtsmöglichkeit von einem Brauche ab, den in diesem Lande üblichen Bräuchen anpassen.

II. Lediglich bei anonymen oder pseudonymen Werken gilt eine Rechtsvermutung zugunsten des Verlegers.

1. Bei anonymen Werken fehlt der Name des Urhebers gänzlich, oder dieser Name ist nicht in der üblichen Weise angegeben (Übersicht über die gesetzlichen Bestimmungen hierüber in Da. 1917, 88). Das Pseudonym ist der Deckname, unter dem der Urheber

nicht ohne weiteres kenntlich ist. Das Werk bleibt anonym oder pseudonym, auch wenn der Urheber nach der Veröffentlichung sich hat zu erkennen gegeben (Olagnier II, 156), insbesondere die nach dem Landesgesetz zur Aufhebung der Rechtsfolgen der Anonymität oder Pseudonymität geforderten Förmlichkeiten (oben S. 92) gewahrt hat. Ob der Verleger nach Lüften der Anonymität oder der Pseudonymität verpflichtet ist, in folgenden Auflagen den Namen des Urhebers anzugeben, ist nach Landesgesetz zu beurteilen. Art. 14 Abs. 2 des ital. Urheberrechtsgesetzes scheint eine solche Verpflichtung festzulegen.

2. Der Verleger muß auf dem Werke und zwar, was allerdings im Text nicht ausdrücklich vermerkt ist, in der üblichen Weise angegeben sein, vgl. oben unter I, 4. Was üblich ist, ist auch hier nach der lex fori zu bestimmen, insbesondere ob der genaue bürgerliche Name oder die rechtlich einwandfreie Bezeichnung des Verlages zu fordern ist. Nach deutscher Anschauung kann der Verlag im Impressum seine Firma in abgekürzter Form unter Weglassung des ihren Rechtscharakter kennzeichnenden Zusatzes z. B. G. m. b. H., AG.) verwenden, sofern eine solche abgekürzte Bezeichnung sich als Kennzeichnung des Unternehmens durchgesetzt hat. Das entspricht dem Handelsbrauch, dem § 37 HGB. nicht entgegensteht, da beim Impressum die Bezeichnung der Firma auf Grund öffentlich-rechtlicher Vorschriften erfolgt (so auch KG. in „Handelsrecht und Handelsbrauch" 1929 Nr. 155). Das portug. Urheberrecht (Art. 14 §§ 1—3 und Art. 24) hat zwei einander teilweise widersprechende Bestimmungen über diese Frage (vgl. Da. 1928, 94).

Als Voraussetzung des Abs. 2 ist zu fordern, daß das Werk erschienen ist, oder doch erscheinen kann (so nach Da. 1917, 101 hinsichtlich der Blätter eines graphischen Kunstverlags).

3. Die Rechtsvermutung geht dahin, daß der Verleger als Rechtsnachfolger des Urhebers anzusehen ist. Das geht weiter als z. B. die ähnliche Rechtsvermutung im deutschen Recht (§ 7 Abs. 2 LUG. und § 9 Abs. 2 KSchG.), wonach der Verlag in diesem Falle lediglich zur Wahrnehmung des Rechts eines Anderen, nämlich des Urhebers berechtigt ist. Dagegen gilt diese Rechtsvermutung weder zugunsten des Herausgebers von anonymen oder pseudonymen Werken noch zugunsten des Verlegers eines Werkes, dessen Urheber in der üblichen Weise auf dem Werke angegeben ist (ital. Rechtsprechung in JDA. V [1934] 48).

Will der Verleger dagegen sein Verlagsrecht wahrnehmen, so bedarf er, handelt es sich um ein anonymes oder pseudonymes Werk, nicht erst eines Beweises für sein Verlagsrecht, sofern die Voraussetzungen unter 2 erfüllt sind.

Art. 16.

(1) Jedes widerrechtlich hergestellte Werk kann durch die zuständigen Behörden derjenigen Verbandsländer, in denen das Originalwerk auf gesetzlichen Schutz Anspruch hat, beschlagnahmt werden.

(2) Die Beschlagnahme kann dort auch auf Vervielfältigungen erstreckt werden, die aus einem Lande herrühren, wo das Werk nicht oder nicht mehr geschützt ist.

(3) Die Beschlagnahme findet nach den Vorschriften der inneren Gesetzgebung jedes Landes statt.

Fassung von 1908 gleichlautend.

I. Die in Art. 16 erwähnte Beschlagnahme ist lediglich eine vorläufige Maßnahme zur Sicherung des Beweises für das zu erwartende zivilrechtliche und strafrechtliche Verfahren, zur Sicherstellung von Gegenständen, die, weil sie den Tatbestand der Urheberrechtsverletzung erfüllen, der endgültigen Beschlagnahme unterliegen. Die endgültige Beschlagnahme, die Konfiskation, wird durch Art. 16 nicht getroffen. Ob auf diese vorläufige Beschlagnahme gesondert erkannt werden kann, oder nur in Verbindung mit einer zivilrechtlichen oder strafrechtlichen Verfolgung, untersteht ebenso der Regelung der Verbandsländer, wie es dem Gutdünken des Verletzten anheim gestellt ist, ob er von dieser Möglichkeit des Schutzes Gebrauch machen will. Dagegen ist die Vorschrift des Art. 16 Abs. 1 insoweit zwingend, als hiernach die Verbandsländer in ihrer Gesetzgebung eine vorläufige Beschlagnahme bei Urheberrechtseingriffen vorsehen müssen (im gleichen Sinne Berlin S. 267 und Allfeld S. 455, Seiller S. 237, Stolfi II, 797 Anm. 1).

1. Voraussetzung der Beschlagnahme ist, daß ein Eingriff in das Urheberrecht des durch die RBUe. geschützten Werkes dadurch geschehen ist, daß körperliche Wiedergaben in Form von Vervielfältigungsstücken oder unzulässige Bearbeitungen des Werkes vorliegen. Die Entscheidung darüber trifft die lex fori, die also festzustellen hat, ob das Werk geschützt ist, und ob ein solcher Eingriff vorliegt. Gleichgültig ist, ob der unzulässige Nachdruck oder die unzulässige Nachbildung bereits veröffentlicht ist.

Geregelt wird lediglich die Frage der Beschlagnahme der Nachdrucksexemplare, also nicht der Beschlagnahme des Urheberrechts.

2. Bezüglich des Begriffs „geschütztes Werk" gilt das zu Art. 2 und 15 Ausgeführte.

3. Die Durchführung der Beschlagnahme geschieht nach den Gesetzen des Landes, in dem die Beschlagnahme durchgeführt wird. Eine Besonderheit trifft das ital. Urheberrechtsgesetz im Art. 67, wonach das Gericht anordnen kann, daß die Nachbildungen eines geschützten Werkes der bildenden Künste und die zur Nachbildung benutzten Vorrichtungen, wenn sie selbst Kunstwerke von hohem Werte darstellen, in einem öffentlichen Museum zu hinterlegen sind.

4. Nicht geregelt wird durch Art. 16 die Zwangsvollstreckung in das Urheberrecht und in die Vervielfältigungsstücke (hierüber eine sehr ausführliche rechtsvergleichende Darstellung in Da. 1927, 65; besonders weitgehende Vorschriften hierüber enthält das portug. Urheberrechtsgesetz, vgl. Da. 1928, 104).

II. Abs. 2 regelt den Sonderfall der Beschlagnahme von Vervielfältigungsstücken, „reproductions" (worunter, wie der bulgar. Antrag auf der Romkonferenz [CDA. Nr. 6] klarstellt, auch Schallplatten zu rechnen sind), die als Nachdrucke in demjenigen Verbandsland anzusehen sind, in dem die Beschlagnahme ausgesprochen worden ist, während die Herstellung der Vervielfältigungsstücke in dem Lande, wo diese Herstellung erfolgt ist, zulässig war.

Diese auf den Antrag der ital. Delegation auf der Berliner Konferenz (Berlin S. 267) aufgenommene Vorschrift findet in allen Fällen Anwendung, wo Verschiedenheiten zwischen den Gesetzen der Verbandländer nach der Richtung hin bestehen, daß in dem einen Verbandslande die Anfertigung von Vervielfältigungsstücken ganz oder teilweise erlaubt ist, im anderen Lande dagegen nicht. Das gilt also nicht nur für den durch Art. 13 Abs. 4 geregelten Sonderfall der Herstellung von Schallplatten aufgrund einer gesetzlichen Lizenz, sondern auch in allen Fällen der aufgrund der Lizenz des Urheberrechts gestatteten körperlichen Wiedergabe in einem Verbandslande, während das andere Verbandsland diese Begrenzung nicht kennt. Auch findet diese Vorschrift bei nach Ländern geteilten Verwertungsrechten am Werke Anwendung.

Dagegen ist zur Anwendung dieser Vorschrift kein Raum, wenn es sich um den Schutz einheimischer Werke gegen aus dem Auslande eingeführte, dort zulässigerweise hergestellte Vervielfältigungsstücke handelt. Hier entscheidet das Gesetz des Verbandslandes (dän. Urteil in Da. 1923, 104), und ebenso versagt die Anwendung, wenn es sich um ein nicht nach der RBUe., sondern aufgrund von besonderen Abkommen geschütztes Werk handelt, z. B. das Werk eines Komponisten, dessen Ursprungsland Rußland ist, hinsichtlich Vervielfältigungsstücken. die in Deutschland hergestellt und nach Frankreich eingeführt worden sind (franz.

Kass. in Da. 1924, 93). Ebenso versagt die Anwendbarkeit dieser Bestimmung in Belgien, wenn es sich um Einführen von im Ausland rechtmäßig hergestellten Vervielfältigungsstücken eines in Belgien geschützten Werkes und den Verkauf dieser Stücke in Belgien handelt, weil nach der lex fori, also nach belg. Urheberrechtsgesetz die Ausstellung und der Verkauf von Vervielfältigungsstücken keinen Eingriff in das Urheberrecht darstellt (belg. Rechtsprechung in Da. 1928, 118).

Art. 17.

Die Bestimmungen dieser Übereinkunft beeinträchtigen in keiner Beziehung das der Regierung jedes Verbandslands zustehende Recht, durch Maßregeln der inneren Gesetzgebung oder Verwaltung die Verbreitung, die Darstellung oder das Feilbieten jedes Werkes oder Erzeugnisses zu gestatten, zu überwachen und zu untersagen, für das die zuständige Behörde dieses Recht auszuüben hat.

Fassung von 1908: gleichlautend.

I. Der Artikel bringt, ohne zu irgendwelchen besonderen Ausdeutungen Anlaß zu geben (Röthlisberger S. 267), den allgemein anerkannten Grundsatz zum Ausdruck, daß die Hoheitsrechte der Verbandsländer zur Regelung des Verkehrs mit Vervielfältigungsstücken urheberrechtlichen Charakters durch die RBUe. unberührt bleiben. Hierzu gehören die strafrechtlichen Bestimmungen gegen unzüchtige Werke, preßrechtliche Bestimmungen, die Zensurvorschriften, insbesondere hinsichtlich der Bildstreifen. Das „Feilbieten" ist sonst nicht als urheberrechtliche Befugnis in der RBUe. erwähnt; was unter „Erzeugnissen" zu verstehen ist, ist unklar. Daß damit (im Sinne der deutschen Auffassung) Erzeugnisse des Kunstgewerbes und der Lichtbildkunst gemeint sein sollen, kann nicht behauptet werden.

Interessant die Erweiterung der Verbotsbefugnis zugunsten der Vertreter der griech. Urhebergesellschaft hinsichtlich der Aufführung, vgl. Da. 1934, 124.

Unter Art. 17 fällt auch die Rechtsnorm der in der von Großbritannien, Australien, Neu-Seeland im Anschluß an die Erweiterung des Art. 11 abgegebenen Erklärung, daß diese Verbandsländer sich gegenüber allen Bestimmungen der RBUe. das Recht vorbehalten, alle Maßnahmen zu treffen, die sie aus Gründen der öffentlichen Sicherheit als gerechtfertigt erachten würden (vgl. oben S. 168).

II. Über die von den kriegführenden Verbandsländern während des Weltkrieges getroffenen Maßnahmen vgl. Da. 1915, 125 und Malaplate S. 131.

Während RGZ. 85, 374 das Fortbestehen zwischenstaatlicher Abkommen zwischen den kriegführenden Staaten aus allgemeinen Gründen für fortdauernd annimmt, hat das OLG. Hamburg (in GRUR. 1918, 79) ausdrücklich erklärt, daß die RBUe., weil sie nicht nur zwischen kriegführenden Staaten bestand, durch den Krieg einzelner Verbandsländer untereinander nicht gelöst werden kann.

Daß Art. 319 Vers. Friedensdiktat keinen Einfluß auf den Urheberrechtsschutz hat, wird von der ital. Rechtsprechung (Clunet 1924, 1130) ausdrücklich festgestellt.

Art. 18.

(1) Diese Übereinkunft findet auf alle Werke Anwendung, die in ihrem Ursprungslande beim Inkrafttreten der Übereinkunft noch nicht durch Ablauf der Schutzfrist Gemeingut geworden sind.

(2) Ist jedoch ein Werk durch Ablauf der ihm vorher zustehenden Schutzfrist in dem Verbandslande, wo der Schutz beansprucht wird, bereits Gemeingut geworden, so erlangt es dort auf Grund dieser Übereinkunft nicht von neuem Schutz.

(3) Die Anwendung dieses Grundsatzes erfolgt nach den Abmachungen der zwischen Verbandsländern zu diesem Zwecke abgeschlossenen oder abzuschließenden Sonderabkommen. Mangels derartiger Abmachungen regeln die betreffenden Länder, ein jedes für sich, die Art und Weise dieser Anwendung.

(4) Die vorstehenden Bestimmungen gelten entsprechend, wenn ein Land dem Verbande neu beitritt, sowie für den Fall, daß der Schutz gemäß Artikel 7 oder infolge Verzichtes auf Vorbehalte eine Ausdehnung erfährt.

Fassung von 1908: Abs. 1—3 gleichlautend.

Im Abs. 4 heißt es „Schutzdauer“ statt „Schutz“, und es fehlen die Worte „oder infolge Verzichtes auf Vorbehalte“.

I. Art. 18, den Da. 1928, 91 mit Recht als „pas un modèle de clarté“ bezeichnet, wird in seiner Bedeutung erst verständlich, wenn man die Entstehungsgeschichte dieser Bestimmung kennt (über die Regelung dieser Frage durch das deutsch-franz. Literaturabkommen vom 19. 4. 1883, also vor Schaffung der BUe. vgl. KG. in Ufita VII [1934] S. 308).

1. Art. 14 BUe. bestimmte:

> Die gegenwärtige Übereinkunft findet, vorbehaltlich der gemeinsam zu vereinbarenden Einschränkungen und Bedingungen, auf alle Werke Anwendung, welche in ihrem Ursprungslande zur Zeit des Inkrafttretens der Übereinkunft noch nicht Gemeingut geworden waren.

Weil aber dieser Rechtsgedanke im Widerspruch zu dem durchweg anerkannten Grundsatz vom Schutz der wohlerworbenen Rechte stand, so überließ Ziff. 4 des Schlußprotokolls die Regelung der Norm des Art. 14 zwischenstaatlichen Abkommen, bzw. der Gesetzgebung der Verbandsländer.

2. Für die Pariser Konferenz schlug Frankreich (Paris S. 45) vor, die Worte „Vorbehaltlich der gemeinsam zu vereinbarenden Einschränkungen und Bedingungen" zu streichen (so daß also der Grundsatz der rückwirkenden Kraft der BUe. voll durchgeführt würde), jedoch den neu der BUe. beigetretenen Ländern nachzulassen, innerhalb eines Jahres nach erfolgtem Beitritt Übergangsbestimmungen zu erlassen, nach Ablauf dieser Frist aber Art. 14 BUe. anzuwenden, falls das Verbandsland von dieser Möglichkeit keinen Gebrauch gemacht hat.

Dieser Vorschlag fand (Paris S. 174) den Widerspruch der deutschen und großbrit. Delegation.

3. Auf der Berliner Konferenz wurden diese Bestimmungen von Art. 14 BUe. und Ziff. 4 des Schlußprotokolls zum jetzigen Art. 18 RBUe. umgewandelt, dabei ausdrücklich zur Bedingung gemacht, daß die Gemeinfreiheit durch Ablauf der Schutzfrist erfolgt sein müsse, falls sie den Schutz der RBUe. ausschließen solle. Ferner wurden die Bestimmungen des Abs. 2 auf Antrag der deutschen Delegation aufgenommen, um damit die Rechtsposition zu wahren, die sich aus der Tatsache ergibt, daß Werke in einem Verbandslande bereits gemeinfrei waren, nun aber von neuem den Verbandsschutz erlangen.

4. Die Abänderungsvorschläge für die Romkonferenz wurden sämtlich abgelehnt, insbesondere ein Antrag der großbrit. Delegation (CDA. Nr. 43), der die Streichung der Worte „par l'expiration de la durée" in Abs. 1 wünschte. Das hätte den Verlust des Verbandsschutzes für alle Werke bedeutet, für die, gleichviel aus welchem Grunde, z. B. Mangel der Wahrung der vom Ursprungslande vorgeschriebenen Förmlichkeiten, im Ursprungsland Schutzrechte nicht mehr geltend gemacht werden können. Man hätte also hierdurch nicht nur die formelle Schutzlosigkeit iure conventionis zur materiellen Schutzlosigkeit gemacht, sondern hätte darüber hinaus noch gegen den Grundsatz des Art. 4 RBUe. verstoßen.

Dagegen fand ein belg. Antrag (CDA. Nr. 45) Annahme, im Abs. 4 die Worte „ou par abandon des réserves" hinzuzufügen, und die Worte „la durée de" zu streichen.

II. Für das durch Art. 18 geregelte zeitliche Geltungsgebiet — daß es sich hierbei weder um eine Rückwirkung im eigentlichen Sinne noch um iura quaesita handelt, weist Kohler S. 417 überzeugend nach — stellt Abs. 1 den Grundsatz auf, daß die RBUe. auf alle Werke Anwendung finden solle, für die die Möglichkeit eines Verbandsschutzes in dem Zeitpunkt noch vorhanden ist, zu dem die RBUe. in Kraft trat. Die RBUe. versucht auch hier (Seiller S. 239) einen Ausgleich zwischen den beiden Extremen, entweder keinerlei „rückwirkende Kraft" der RBUe. oder diese in vollem Umfang anzuerkennen. Zwei Fälle solcher Schutzmöglichkeiten sieht Art. 18 vor: Das Werk ist entweder in seinem Ursprungslande noch geschützt, oder es ist in dem Verbandsland noch geschützt, in dem der Schutz nachgesucht wird (unverständlich Runge in GRUR. 1928, 112).

Diese Norm wird von der RBUe. negativ gefaßt, insofern hier die Fälle aufgezählt werden, in denen die RBUe. auf bereits vorhandene Werke keine Anwendung findet.

1. Ist ein Werk in seinem Ursprungslande gemeinfrei geworden, so wird es durch die RBUe. nicht mehr geschützt. Erforderlich ist aber, daß die Gemeinfrist infolge Ablaufs der Schutzfrist eingetreten ist. Andere Gründe, die eine Schutzlosigkeit des Werkes zur Folge haben, sind in diesem Zusammenhange bedeutungslos (z. B. Nichteinhaltung von Förmlichkeiten, insbesondere der Registrierung, Verzicht). Dies ist insofern von praktischer Bedeutung gewesen, als früher vielfach Werke infolge Nichteinhaltung der Förmlichkeiten urheberrechtlich nicht geschützt waren. So genossen (nach Potu S. 61 Anm. 1) früher schätzungsweise in Italien nur 5½ % der veröffentlichten Werke den Urheberrechtsschutz, weil die Einhaltung der Förmlichkeiten dort außerordentlich mühevoll war.

Ebenso ist es in Ansehung von Art. 18 rechtlich ohne Bedeutung, ob etwa die für eine der urheberrechtlichen Befugnisse vorgesehene besondere Schutzfrist — bei Fortdauer der allgemeinen Schutzfrist — geendet hat. So die deutsche (RGZ. 102, 134, hierzu die Besprechungen von Osterrieth und Hoffmann in GRUR. 1921, 151 und 155, RGZ. 130, 11), die tschechoslow. (in Da. 1927, 12 und in SchuW. II, 49) und die ungar. Rechtsprechung (vgl. Kgl. Kurie in Da. 1933, 23).

Das Berner Büro lehnt diese Auffassung ab, weil ein Werk auch hinsichtlich einer einzelnen urheberrechtlichen Befugnis gemeinfrei werden könne. Dem widerspricht aber die grundlegende urheberrechtliche Erkenntnis, daß das Werk rechtlich eine Einheit bildet, die aus der Tatsache der Schöpfung hervorgeht, mögen auch für einzelne Verwertungsformen besondere Schutzfristen vorgesehen sein. Demgemäß kann ein Werk nur dann gemeinfrei sein, wenn seine Wiedergabe — als Ganzes genommen — für jeden zulässig ist, wenn also die allgemeine Schutzfrist abgelaufen ist. Es gibt nur geschützte und ungeschützte (gemeinfreie) Werke; nicht Werke, die nach einer Hinsicht hin gemeinfrei geworden sind. Man würde sonst zu dem Ergebnis kommen, daß, wenn Begrenzungen des inländischen Urheberrechtsschutzes zugunsten der Interessen der Allgemeinheit weggefallen sind, diese Erweiterung des inländischen Schutzes dann gemäß Art. 18 dem verbandsheimischen Werke nicht zugute kommen konnte.

Die Frage des Wiederauflebens des Schutzes des Werkes gegen Übersetzung ist unabhängig davon, ob in der Frist, in der das Werk gegen Übersetzungen ungeschützt war, solche Übersetzungen erschienen sind. Auch wenn das der Fall ist, fällt dem Urheber bzw. seinen Rechtsnachfolgern dieser Schutz gegen Übersetzungen wieder zu. Ob nun die inzwischen erschienenen Übersetzungen auch weiterhin erlaubterweise vervielfältigt und verbreitet werden dürfen, ist nach Landesrecht zu entscheiden. Nach deutschem Recht (RGZ. 102, 139) darf die inzwischen erlaubterweise veröffentlichte Übersetzung weiter vervielfältigt und verbreitet werden. Gleicher Auffassung ist der tschechoslow. Oberste Gerichtshof in Da. 1927, 12. In diesem Falle bestehen dann mehrere geschützte Übersetzungen nebeneinander, diejenige, die früher bereits erschienen war und auch weiterhin vervielfältigt und verbreitet werden darf, und die aufgrund des neu erworbenen Übersetzungsschutzes neu herausgebrachte (Folgen, die sich auch aus Art. 13 Abs. 3 RBUe. ergeben können).

Hierunter fallen auch die Fälle, daß das Werk bisher überhaupt keinen urheberrechtlichen Schutz genoß, sondern erst vom Stichtag ab als Werk im urheberrechtlichen Sinne angesehen wird, da der Verbandsschutz erst nach Ablaufen der allgemeinen Schutzfrist versagt wird, also voraussetzt, daß die Schutzfrist überhaupt einmal begonnen hat zu laufen (Seiller S. 240).

2. Das betr. Werk darf nach der lex fori infolge Ablauf der Schutzfrist nicht bereits gemeinfrei geworden sein. Auch hier gilt bezüglich der Schutzfrist das zu 1. Ausgeführte, d. h. Ablauf z. B. des Aufführungs- und Übersetzungsschutzes ist in diesem Zusammenhang rechtlich bedeutungslos. In diesem Falle lebt der inzwischen erloschene Aufführungs- bzw. Übersetzungsschutz wieder auf und zwar unabhängig davon, ob dieser Aufführungs- und Übersetzungsschutz noch im Ursprungslande besteht.

Da. 1926, 115 — und ihm folgend M a l a p l a t e S. 254 — hielt diese Bestimmung für überflüssig, weist aber jetzt (Da. 1933, 27) mit Recht darauf hin, daß diese Bestimmung wertvoll ist für den Fall der Verlängerung der Schutzfrist durch ein Verbandsland (so jetzt beim Übergang Österreichs zur 50jährigen Schutzfrist). Für diesen Fall gilt, daß diejenigen österr. Werke, die im Deutschen Reich gemeinfrei geworden sind, dort durch die Tatsache, daß diese nunmehr in Österreich wieder geschützt werden, sofern seit Ablauf der Schutzfrist noch nicht 20 Jahre verstrichen sind, nicht einen neuen Schutz erlangen (vgl. L ö w e n b a c h in SchuW. VII [1934] 40).

3. Wem im Falle der Übertragung des Urheberrechts der nach Art. 18 sich ergebende neue Urheberrechtsschutz zusteht, ist nach dem Gesetz des Verbandslandes zu entscheiden, dessen Rechtsordnung für die Auslegung des Übertragungsvertrags maßgebend ist. Damit steht auch grundsätzlich der Inhalt des neuen Urheberrechtsschutzes fest. So Urteil der ungar. Kgl. Kurie in Da. 1933, 23, das aufgrund des betr. Vertrags dieses Recht dem Verleger zuspricht (a. A. O l a g n i e r II, 232).

III. Die unter II dargelegten Grundsätze für die Bestimmung der zeitlichen Anwendung der RBUe. finden nach Art. 18 Abs. 1 und 4 auf folgende vier Fälle Anwendung:

1. für das Inkrafttreten der RBUe., also jedesmal falls durch Abänderung des bisher geltenden Textes dieses zwischenstaatlichen Abkommens eine neue Übereinkunft für die ihr beigetretenen Verbandsstaaten gilt;

2. für den Beitritt eines neuen Verbandslandes hinsichtlich derjenigen Verbandsländer, die mit ihm durch die gleiche Übereinkunft gebunden sind. So bezüglich des Schutzes schwed. Werke im Deutschen Reich RGZ. 102, 134 und die S. 141 angeführten Entscheidungen;

3. für den Fall der Verlängerung der Schutzfrist durch eines der Verbandsländer (gleichviel ob hierbei bezüglich der RBUe. die Förmlichkeit dem Art. 30 Abs. 1 gewahrt wird). Hierzu vgl. Art. 70 des ital. Urheberrechtsgesetzes und Röm. Kass. in Studi di diritto industriale 1933, 194 (verkürzt wiedergegeben in Da. 1934, 65). Allerdings stellt der 50jährige Schutz des ital. Gesetzes vom 7. 11. 1925 gegenüber dem 80jährigen Schutz des ital. Gesetzes vom 19. 9. 1885, zeitlich gemessen, eine Verkürzung, dem Umfang nach eine Erweiterung der Schutzdauer dar, wie in Röm. Kass. in Da. 1934, 65 ausführlich dargelegt ist;

4. Für den Fall des Verzichts auf einen Vorbehalt.

IV. Die Bestimmungen des Abs. 1, 2 und 4 (unter II und III) enthalten kein zwingendes Recht für die Verbandsländer. Vielmehr werden diese durch Abs. 3 ausdrücklich ermächtigt, die Durchführung dieser Grundsätze durch das Landesgesetz oder durch Abkommen mit anderen Verbandsländern festzusetzen, wobei sie auch unter das Schutzminimum, wie es in Abs. 1 und 2 von der RBUe. festgelegt ist, zurückgehen können. Falls eine Regelung durch das Landesgesetz oder durch zwischenstaatliches Abkommen nicht erfolgt, gelten die Grundsätze der RBUe., es sei denn, daß das betr. Verbandsland sich bezügl. des Art. 18 einen Vorbehalt gemacht hat.

1. Das Deutsche Reich hat durch Art. IV § 3 des Gesetzes zur Ausführung der RBUe. (RGBl. 1910, 798) diese Regelung einer Kaiserlichen VO. überlassen. Diese ist am 12. 7. 1910 (RGBl. 1910, 989) ergangen mit folgendem Wortlaut:

§ 1.

Die im Art. 18 der Übereinkunft vorgesehene Anwendung ihrer Bestimmungen auf alle Werke, die beim Inkrafttreten der Übereinkunft noch nicht im Ursprungslande zufolge des Ablaufs der Schutzfrist Gemeingut geworden sind, unterliegt, soweit nicht nach Art. 18 Abs. 3 der Übereinkunft bestehende Verträge Platz greifen und unbeschadet der im Art. IV § 2 des Ausführungsgesetzes getroffenen Vorschriften über die Benutzung von Werken der Tonkunst zur Wiedergabe auf mechanischen Musikinstrumenten, den nachstehenden Einschränkungen.

1. Soweit eine Vervielfältigung, die nach dem Inkrafttreten der Übereinkunft unzulässig ist, bisher erlaubt war, dürfen die vorhandenen Vorrichtungen, wie Formen, Platten, Steine, Stereotypen, noch bis zum Ablauf von drei Jahren benutzt werden. Vorrichtungen, deren Herstellung begonnen war, dürfen fertiggestellt und bis zu demselben Zeitpunkt benutzt werden. Die Verbreitung der gemäß diesen Vorschriften hergestellten sowie der bereits vor dem Inkrafttreten der Übereinkunft vollendeten Exemplare ist zulässig.

2. Für choreographische und pantomimische Werke, bei denen der Bühnenvorgang in anderer Weise als schriftlich festgelegt ist, genießt der Urheber den Schutz der Übereinkunft gegenüber denjenigen nicht, welche vor dem Inkrafttreten der Übereinkunft das Werk erlaubterweise vervielfältigt, verbreitet oder öffentlich aufgeführt haben.

3. War vor dem Inkrafttreten der Übereinkunft eine Übersetzung erlaubterweise ganz oder zum Teil erschienen, so bleibt die Befugnis des Übersetzens zur Vervielfältigung, Verbreitung und Aufführung dieser Übersetzung unberührt.

4. Dramatische oder dramatisch-musikalische Werke, welche in einem anderen Verbandslande veröffentlicht oder aufgeführt und vor dem Inkrafttreten der Übereinkunft im Original oder in Übersetzung in Deutschland erlaubterweise öffentlich aufgeführt sind, genießen keinen Schutz gegen Aufführungen im Original oder in Übersetzung.

5. Ein Werk der Tonkunst, das bis zu dem Inkrafttreten der Übereinkunft gegen öffentliche Aufführung mangels eines diese unter-

sagenden Vermerkes nicht geschützt war, kann auch künftig ohne Einwilligung des Urhebers öffentlich aufgeführt werden, wenn der Aufführende Partituren oder Notenblätter benutzt, die einen Verbotsvermerk nicht tragen und die sich bereits vor dem Inkrafttreten der Übereinkunft in seinem Besitze befanden.

6. Ist vor dem Inkrafttreten der Übereinkunft ein Werk in Deutschland erlaubterweise im Wege der Kinematographie oder eines ihr ähnlichen Verfahrens wiedergegeben worden, so bleibt für den Bearbeiter sowie für diejenigen, welche die Wiedergabe erlaubterweise verbreitet oder aufgeführt haben, die Befugnis zur Vervielfältigung, Verbreitung und öffentlichen Vorführung dieser Wiedergabe unberührt. Das Gleiche gilt zugunsten derjenigen, welche ein selbständiges, im Wege der Kinematographie oder eines ihr ähnlichen Verfahrens zustande gekommenes Erzeugnis vor dem Inkrafttreten der Übereinkunft in Deutschland erlaubterweise vervielfältigt, verbreitet oder öffentlich vorgeführt haben.

§ 2.

Im Verhältnis zu einem Staate, demgegenüber die revidierte Übereinkunft nach dem in ihrem Artikel 29 bezeichneten Zeitpunkt Geltung erlangt, finden die Vorschriften des § 1 entsprechende Anwendung. Soweit danach der Zeitpunkt des Inkrafttretens der Übereinkunft entscheidet, ist der Zeitpunkt maßgebend, in dem die revidierte Übereinkunft im Verhältnisse zu diesem Staate Geltung erlangt.

§ 3.

Durch die Vorschriften dieser Verordnung werden die Einschränkungen nicht berührt, denen auf Grund der Verordnungen vom 11. 7. 1888 (RGBl. S. 225) und vom 29. 11. 1897 (RGBl. S. 787) die Rückwirkung der Bestimmungen der Übereinkunft vom 9. 9. 1886 und der Zusatzabkommen vom 4. 5. 1896 unterliegt.

Zu dieser VO. ist zu bemerken:

a) zu § 1 Ziff. 3 „Erscheinen". Hierunter soll nach den Motiven zum LUG. (S. 13) die Herausgabe des Werkes im Verlagshandel, „also" das öffentliche Angebot von Vervielfältigungsstücken verstanden werden. Daß diese Gleichsetzung unrichtig ist, bedarf nicht der Begründung. Man muß vielmehr (Hoffmann LZ. 1920, 817) ein Werk dann als erschienen ansehen, wenn es mit Willen des Urhebers vom geschäftlichen Mittelpunkt der Verbreitung aus Dritten zugänglich gemacht wird, die Vervielfältigung in der für die Allgemeinheit bestimmten Form somit vollendet ist, gleichviel ob Vervielfältigungsstücke bereits verbreitet worden sind. Die Rechtsprechung des RG. über diesen Begriff ist nicht einheitlich. In RGZ. 111, 18 folgt das Reichsgericht der aus den Motiven entnommenen Begriffsdeutung, hält ein Erscheinen dann bereits für gegeben, wenn lediglich eine ad hoc hergestellte Notausgabe von nur sieben (!) Exemplaren fertiggestellt war. Anders dagegen RGZ. 130, 18, wo mit Recht der redliche verkehrsmäßige Besitzstand auf dem Büchermarkt als die

Grundlage dieses Begriffs gekennzeichnet wird. Demgemäß wird jetzt verlangt, daß vom Verkehrsmittelpunkt aus (gleichviel, ob dieser im Inlande liegt) eine Mehrzahl von solchen Vervielfältigungsstücken an die Allgemeinheit im Inlande öffentlich angeboten wird, wie sie zum Vertrieb bestimmt sind.

b) Unter einer „erlaubterweise" erschienenen Übersetzung im Sinne des § 1 Ziff. 3 ist eine solche zu verstehen, die sowohl in urheberrechtlicher wie in urheberpersönlichkeitsrechtlicher Beziehung zulässig ist, d. h. diese Übersetzung muß sowohl in einer Zeit erschienen sein, wo es hierfür, da ein Übersetzungsschutz nicht bestand, nicht einer besonderen Zustimmung des Urhebers bedurfte, und der Übersetzer muß das Werk unverändert wiedergeben (RGZ. 130, 20).

c) Dagegen bedeutet „erlaubterweise öffentlich aufgeführt" im Sinne des § 1 Ziff. 4 so viel wie öffentlich aufgeführt aufgrund des bisherigen Mangels eines gesetzlichen Schutzes gegen ungenehmigte Aufführung, aber auch hier wird vorausgesetzt, daß durch diese Aufführung nicht das Urheberpersönlichkeitsrecht verletzt wird (KG. in Ufita VII [1934] 313).

2. Eine Aufstellung dieser Regelung in anderen Verbandsländern durch Landesgesetz und Abkommen findet sich in Da. 1926, 118 ff., bei der zur Ergänzung zu verweisen ist:

auf das großbrit. Urteil in Da. 1914, 69 zur Erläuterung des österr.-großbrit. Abkommens vom 24. 4. 1892,

auf das ungar. Urteil in Da. 1917, 34 zur Erläuterung des ungar.-ital. Abkommens,

auf Ghiron in Studi di diritto industriale 1930, 11 zur Auslegung der ital. Übergangsbestimmungen.

An neuerem Material ist zu verzeichnen:

a) Sondergesetzgebung:

Finnland für Beitritt zum Berliner Text VO. vom 24. 2. 1928, für Beitritt zum Romtext VO. vom 14. 7. 1932,
Norwegen VO. vom 19. 12. 1930,
Schweden VO. vom 3. 10. 1927.

b) In folgenden Urheberrechtsgesetzen der Verbandsländer findet sich eine Regelung:

Irland Gesetz vom 20. 5. 1927 Art. 154 in Fassung des Gesetzes vom 18. 5. 1928,
Jugoslavien Gesetz vom 26. 12 1929 § 72—75.
Polen Gesetz vom 29. 3. 1926 Art. 70—75,
Siam Gesetz vom 6. 6. 1931 § 32,
Tschechoslowakei Gesetz vom 24. 11. 1926 §§ 64—68.

c) Eigenartig ist der Urheberrechtsschutz finnl. Werke vor dem 1. 4. 1928, dem Beitritt Finnlands zur RBUe., im Deutschen Reich, da dieser Urheberrechtsschutz von der staatsrechtlichen Stellung Finnlands gegenüber dem kaiserlichen Rußland abhängt. Das Deutsche Reich hat nach Art. 292 des Friedensdiktats von Versailles anerkennen müssen, daß alle mit Rußland oder irgend einem Staat oder irgend einer Regierung, deren Gebiet früher einen Teil Rußlands bildete, vor dem 1. 8. 1914 oder seit jenem Tage bis zum Inkrafttreten des Versailler Friedensdiktats geschlossenen Abkommen aufgehoben sind. Nun aber war Finnland staatsrechtlich niemals ein Teil Rußlands, sondern ein von Rußland unabhängiger Staat, der mit diesem lediglich die Person des Staatsoberhauptes gemeinsam gehabt hat (vgl. Strupp in JW. 1921, 1445 und Erick, Die Staatsrechte des Großfürstentums Finnland 1912, S. 38).

Demgemäß besteht der deutsch-finnl. Vertrag vom 7. 3. 1918 (RGBl. 1918, 701), nach dessen Art. 13 für den Schutz auf dem Gebiete des literarischen und künstlerischen Urheberrechts die Bestimmungen der RBUe. derartig maßgebend sein sollen, als ob sie Inhalt dieses Vertrags geworden wären, noch zu Recht, und es genießen demnach die Werke finnl. Urheber seit dem 7. 3. 1918 im Deutschen Reich den inländischen Schutz.

d) Die Meistbegünstigungsklausel, die sich noch in einer ganzen Reihe von Staatsverträgen vorfindet, hat noch keine eindringliche Darstellung für das Urheberrecht gefunden. [Vgl. Röthlisberger GRUR. 1901, 185, Malaplate S. 80.] Pillet (S. 72) bezweifelt überhaupt, ob diese Klausel sich mit den Bestimmungen der RBUe. vertrage. Die ausführlichen Darlegungen von Nolde in Recueil des Cours (de l'Académie de droit intern.) 1924 II, 409 behandeln den Sonderfall der Anwendung dieser Klausel für Literaturabkommen nicht, vgl. im übrigen Da. 1929, 35 u. 67. Der Aufsatz von Michel Ufita V [1932] 370, bringt Ansätze zu einer Behandlung des Problems. Ital. Rechtsprechung, wonach die Meistbegünstigungsklausel im Verhältnis Frankreichs zu Italien angewendet werden kann mit Rücksicht auf den deutsch-ital. Vertrag vom 9. 11. 1907 siehe bei Rabel IV [1930] 591.

3. Vorbehalte bezügl. des Art. 18 sind von Australien, Großbritannien, Britisch-Indien, Neu-Seeland, Norwegen, Siam und der Südafrikanischen Union gemacht worden.

a) Norwegen war durch Art. 14 BUe. anstelle des Art. 18 RBUe. gebunden. Der Sinn dieses Vorbehalts war der (Da. 1926, 117, Raestad S. 228), dem Berechtigten zu gestatten, auch weiterhin Übersetzungen solcher Bücher zu gestatten, bei denen der

Übersetzungsschutz infolge Ablaufs der bisherigen 10jährigen Schutzfrist erloschen war. Doch war der Vorbehalt, wie Da. 1931, 42 ausführt, unnötig, weil Art. 18 Abs. 3 Norwegen die Möglichkeit bietet, Übergangsbestimmungen in dem von ihm gewünschten Sinne zu erlassen. Davon hat dann Norwegen auch in seiner VO. vom 19. 12. 1930 Gebrauch gemacht und hat infolgedessen (Da. 1932, 3) gemäß Art. 30 Abs. 2 auf diesen Vorbehalt gegenüber allen Verbandsländern verzichtet, und zwar auch solchen, die noch durch den Berliner Text gebunden bleiben.

b) Von den anderen Verbandsländern, die Vorbehalte bezüglich des Art. 18 RBUe. gemacht haben, haben lediglich Großbritannien und Britisch-Indien den Romtext ratifiziert, ohne dabei ihren Vorbehalt aufrecht zu erhalten. Dieser Vorbehalt gilt für diese beiden Verbandsländer, wie auch für Australien, Neu-Seeland, Siam und die Südafrikanische Union hinsichtlich der Verbandsländer, die noch durch den Berliner Text gebunden sind.

Diese Verbandsländer haben sämtlich anstelle von Art. 18 RBUe. den Art. 15 BUe. nebst Ziffer 4 des Schlußprotokolls in Fassung der Pariser Zusatzakte gesetzt.

Dieser Vorbehalt erschien zunächst unverständlich, da auch für diese Länder Art. 18 Abs. 3 volle Freiheit hinsichtlich des Erlasses von Übergangsbestimmungen gibt (Rom S. 83). Aber aus dem Antrag der großbrit. Delegation auf der Romkonferenz (oben S. 236) geht hervor, daß Großbritannien — damit über den Wortlaut des Art. 18 Abs. 1 hinaus —, aufgrund seines Vorbehaltes den Schutz auch solchen Werken versagen wollte, die nicht infolge Ablaufs der Schutzfrist, sondern aus anderen Gründen keinen Urheberrechtsschutz am Stichtage mehr genießen. Und das ist auch die Tragweite des Vorbehaltes von Siam (Da. 1932, 104).

Art. 19.

Die Bestimmungen dieser Übereinkunft hindern nicht, die Anwendung weitergehender Vorschriften zu beanspruchen, die von der Gesetzgebung eines Verbandslandes zugunsten der Ausländer im allgemeinen erlassen werden sollten.*)

Fassung von 1908: gleichlautend.

Diese in den bisherigen Erläuterungsbüchern der RBUe. sehr kurz behandelte, von Röthlisberger (in Studien S. 507) als crux interpretum bezeichnete Bestimmung stellt eine für die Er-

---

*) Ungenau übersetzt! Es sollte heißen: „erlassen werden mögen", weil die Worte sich auf die bereits erlassenen landesrechtlichen Bestimmungen beziehen.

kenntnis der tragenden Grundsätze der RBUe. wichtige Vorschrift dar, deren Erfassung sowohl die Kenntnis des Gesamtinhaltes der RBUe. als auch ihrer Entstehungsgeschichte voraussetzt; deshalb ist ein ausführliches Eingehen auf die Vorgeschichte erforderlich (vgl. hierzu die grundlegenden Ausführungen von Baum in GRUR. 1928, 684; 1929, 186).

I. 1. Während die BUe. keine dem Art. 19 entsprechende Bestimmung aufweist, da das Problem der Anwendung landesrechtlicher Vorschriften auf die Werke von verbandsheimischen Urhebern mit Rücksicht auf den in Art. 2 BUe. ausgesprochenen Grundsatz der Inländerbehandlung überhaupt nicht bestand, vertraten belg. (Da. 1904, 93; 1906, 45; 1907, 76) und span. Urteile (Da. 1917, 91) die Rechtsanschauung, daß eine Anwendung des — im Gegensatz zu Ziff. 3 des Schlußprotokolls — die mechanisch-musikalische Wiedergabe als urheberrechtliche Befugnis normierenden Landesgesetzes zum Schutz eines ausländischen, jedoch verbandseigenen Werkes ausgeschlossen sei, weil Ziff. 3 des Schlußprotokolls der BUe. zwingenden Rechts sei, so daß also für das verbandseigene, nicht das inländische Werk lediglich die Bestimmung der BUe., im vorliegenden Falle Ziff. 3 des Schlußprotokolls, Anwendung zu finden habe. Daß diese Urteile mit dem Grundsatz der Inländerbehandlung in offenbarem Widerspruch standen, bedarf nicht der Begründung, und es ist verständlich, daß die interessierten Kreise sich mit der Erörterung dieses Problemes befaßten. Dabei wurde aber durchweg übersehen, daß es sich in Wirklichkeit nicht um ein Problem, sondern um ein Doppelproblem handelte, nämlich einmal um die Frage der zwingenden Normen der BUe., insbesondere in den Fällen, in denen der Text des Abkommens eine bestimmte Verwertungsmöglichkeit des geschützten Werkes freigibt, andererseits um das Problem, ob das Landesgesetz, wenn es den einheimischen oder gar die ausländischen Urheber schlechthin besser stellt als es die Bestimmungen der BUe. tun, vom verbandsländischen Urheber angerufen werden könne. Behandelt worden ist in der Folgezeit lediglich das zweite Problem, mit dessen Lösung sich Art. 19 abmüht. Über das mindestens ebenso wichtige erste Problem vgl. oben S. 17.

2. Wauwermans hatte dem Kongreß der Association littéraire et artistique in Lüttich 1905 einen Bericht über diese Frage vorgelegt, in dem er erklärt:

„que la Convention de Berne, contractée exclusivement en vue d'assurer aux ressortissants de l'Union un minimum de protection, ne porte nulle atteinte aux dispositions plus favorables des lois internes et notamment ne peut restreindre aucune de celles que pourraient invoquer les non ressortissants."

Die Association littéraire et artistique hatte bei ihrem Kongreß in Neuchâtel 1907 ein Projekt einer Übereinkunft angenommen, in dessen Art. 15 b es heißt:

„Les dispositions de la présente Convention ne comportent qu'un minimum de protection. En conséquence les pays contractants sont tenus d'appliquer aux auteurs protégés par la présente Convention des dispositions plus favorables de leurs lois nationales et les arrangements déjà existants ou à conclure, dans les conditions prévus à l'article 15."

Und ganz scharf tritt das Problem in der Förmelung der Frage hervor, die das Berner Büro im Jahre 1907 den beteiligten Regierungen hatte zugehen lassen (Da. 1909, S. 46):

„Les Pays contractants sont-ils libres de faire bénéficier, ou ne pas faire bénéficier les auteurs unionistes des avantages plus grands que la loi locale accorde aux nationaux ou parfois, comme en Belgique, en France et en Luxembourg, à tous les autres étrangers, ou bien, toute faveur plus grande garantie aux nationaux, par la loi intérieure revient-elle de plein droit et sans autre, aux auteurs unionistes, si bien qu'il y aurait toujours lieu de combiner la Convention avec la loi intérieure de l'Etat contractant, si celle-ci dépasse la première en libéralité?"

3. Wohl auf diese Frage des Berner Büros hin hat die belg. Delegation auf der Berliner Konferenz eine Denkschrift über den Minimalschutz der BUe. (Berlin S. 197) überreicht und folgenden Antrag gestellt:

"La Convention conclue à la date de ce jour ne comporte qu'un minimum de protection. En conséquence, ses dispositions ne peuvent faire obstacle à l'application des dispositions plus larges consacrées par la loi nationale d'un pays de l'Union et elles n'affectent en rien les conventions actuelles, ni celles à conclure dans les conditions, prévues par l'article 15."

In dieser Denkschrift wird ausgeführt, daß das Prinzip des Minimalschutzes der BUe. durchaus gestattet, daß durch das Landesgesetz eine den Urhebern günstigere Regelung eingeführt werde, und daß, wenn in einem Landesgesetz die Ausländer den Inländern völlig gleichgestellt werden, der Unionsangehörige diesen vollen, über den Minimalschutz der BUe. hinausgehenden Schutz ohne weiteres verlangen könne.

Im gleichen Sinne war ein ital. Antrag gestellt worden.

Der Kommissionsbericht von Renault (Berlin S. 269) macht sich zwar den belg.-ital. Standpunkt zu eigen, die angenommene Fassung des Art. 18 weicht jedoch wesentlich vom belg. Antrag ab. Zwar wird die Fassung schärfer, als es jetzt heißt, daß die Bestimmungen der RBUe. „nicht hindern", so daß also klargestellt ist, daß grundsätzlich der Anspruch des verbandseigenen Werkes auf den hier gedachten Schutz besteht. Aber die Anwendungsmöglichkeit wird, ohne daß Renault oder überhaupt die Teilnehmer der Berliner Konferenz sich dessen klar geworden sind, wesentlich dadurch eingeschränkt, daß sich jetzt die Klausel „en faveur des étrangers en général“ findet, und daß ferner der Grundgedanke des belg. Entwurfs, der Grundsatz des Minimalschutzes, überhaupt nicht erwähnt wird. Aus welchen Gründen diese Unterlassung erfolgt und die Klausel „en faveur des étrangers en général“ aufgenommen worden ist, läßt sich nicht feststellen. Potu (S. 24) bemerkt zwar, daß der Vertragstext eine Einschränkung des Rechtsgedankens gegenüber dem belg. Entwurf bedeute, über die Tragweite dieser Einschränkung ist auch er sich jedoch nicht klar geworden.

4. Für die Romkonferenz lautete der ital.-berner Vorschlag auf Streichung der Worte „en faveur des étranges en général“. In der Begründung wurde darauf hingewiesen, daß diese einschränkende Klausel (über deren Entstehungsgeschichte auch hier nichts verlautet) dem Geist der RBUe. zuwiderlaufe, daß der tragende Grundsatz der Inländerbehandlung verlange, daß die Bestimmungen des Landesgesetzes, durch die der ausländische Urheber besser gestellt sei als durch die Bestimmungen der RBUe., ohne Weiteres auf Unionsangehörige Anwendung zu finden hätten.

Im gleichen Sinne, wenn auch in der Fassung verunglückt (Da. 1927, 141), der franz. Staatenvorschlag (Rom S. 102). Der poln. Staatenvorschlag (Rom S. 120) sah die Streichung des Art. 19 vor.

In den Ausschußberatungen (Rom S. 272) wurde der franz. Antrag zurückgezogen. Ostertag wies mit Recht darauf hin, daß erst durch die Streichung der Worte „en faveur des étrangers en général“ der Widerspruch zu Art. 4 beseitigt würde, und ihm schloß sich die deutsche Delegation an.

Dagegen beharrten die franz., ital. und poln. Delegationen auf dem Berliner Text, der nach ihrer Meinung bereits die Gleichstellung des Unionsangehörigen mit dem Inländer enthalte. Nach Klauer (a. a. O. S. 371) haben die franz. und poln. Delegationen eingewendet, der Grundsatz der Inländerbehandlung sei zwar in Art. 4 bereits enthalten, Art. 19 bedeute jedoch eine Erweiterung gegenüber diesem Grundsatze, weil damit auch die Anwendung solcher den Schutz der RBUe. übersteigenden Vorschriften gewährleistet sei, die nicht für den Inländer, sondern für den Ausländer erlassen seien. Der Text enthalte für die Verbandsangehörigen die Meistbegünstigungsklausel.

II. Art. 19 steht im Widerspruch zu Art. 4 und bedeutet den „schärfsten Eingriff“ (so Baum GRUR. 1928, 691) in den dort ausgesprochenen tragenden Grundsatz der Inländerbehandlung (so Rom S. 85, Da. 1928, 43). Denn besteht, so wie die belg. Denkschrift auf der Berliner Konferenz (S. 269) ausführt, der Verbandsschutz aus einem Doppelten, der Summe der Sonderrechte im Sinne des Art. 4 Abs. 1 als einem fest umrissenen Ganzen, und der Inländerbehandlung als einer je nach den Bestimmungen des Landesgesetzes veränderlichen Größe, so sollten die Bestimmungen des Landesgesetzes dem verbandseigenen Werke auch dann zugute kommen, wenn sie weitergehen als die entsprechenden Bestimmungen der RBUe. Deshalb ist auch der franz.-ital.-poln. Standpunkt (mit Baum GRUR. 1929, 187) unverständlich, denn die durch Art. 4 gewährleistete Anwendung der Inländerbehandlung heißt die Anwendung des Landesgesetzes einschl. der für Ausländer enthaltenen Bestimmungen, die in keinem Falle günstiger sein werden als die für Inländer erlassenen (eine Möglichkeit, an die Wauwermans S. 158 denkt). Der Hinweis auf eine Meistbegünstigungsklausel geht gleichfalls fehl, denn Wauwermans, der Mitglied der belg. Delegation auf der Berliner Konferenz war, und der wohl auch, wie nach seinen Ausführungen auf dem Lütticher Kongreß i. J. 1905 anzunehmen ist, an der Ausarbeitung der belg. Denkschrift auf dem Berliner Kongreß zum mindesten beteiligt war, lehnt in seinem Erläuterungsbuch S. 159 (gleiche Auffassung bei Potu S. 25) ausdrücklich die Auffassung ab, daß Art. 19 die Einführung der Meistbegünstigungsklausel bedeute.

Wie hier Baum a. a. O., Raestadt S. 229; a. A. Klauer a. a. O. S. 371, Malaplate S. 265.

III. Aus dem Wortlaut des Art. 19 ergibt sich:

1. Unter weitergehenden Vorschriften im Sinne dieser Bestimmung sind solche gesetzlichen Vorschriften (im Gegensatz zu Bestimmungen aus Staatsverträgen) zu verstehen, die in einer von der RBUe. geregelten Materie dem Werke einen weitergehenden Schutz verleihen als es die RBUe. tut. Dabei wird es (Pillet S. 65) oft kaum festzustellen sein, ob eine landesrechtliche Vorschrift günstiger ist als die RBUe., insbesondere wenn die von den RBUe.-Bestimmungen abweichende Regelung eines Problemes sowohl günstiger wie ungünstiger für den Werkschutz ist. Gleichgültig ist dabei, ob es sich um die Regelung von vermögensrechtlichen oder urheberpersönlichkeitsrechtlichen Befugnissen (a. A. Raestad Anm. 31) handelt, da Art. 19 ganz allgemein von Vorschriften spricht.

2. Diese weitergehenden Vorschriften müssen für den Ausländer im allgemeinen erlassen sein. Ihre Anwendung darf also nicht von besonderen Voraussetzungen abhängig gemacht sein. Eine solche, die Anwendbarkeit des Art. 19 somit ausschließende Voraussetzung ist insbesondere eine solche, die das

Erfordernis der Reziprozität aufstellt (so bereits Renault auf der Berliner Konferenz (S. 269). Denn der Grundsatz der Reziprozität, selbst der diplomatischen, die neuerdings auch Norwegen eingeführt hat, ist ein völlig anderer als der tragende Grundsatz der RBUe., die Inländerbehandlung, die unabhängig von jeglicher Reziprozität ist.

Schützt also das betr. Verbandsland den Ausländer im allgemeinen, so können dessen weitergehende Bestimmungen zum Schutze des Werkes des Unionsangehörigen angerufen werden, und zwar auch hinsichtlich der Urheberschutzfrist. Das gilt z. B., da Luxemburg und Portugal 50jährige bezw. ewige Schutzfrist kennen, hinsichtlich deutscher Werke, die also in Luxemburg entgegen den Bestimmungen des Art. 7 Abs. 2 RBUe. in Luxemburg den 50jährigen, in Portugal ewigen Urheberrechtsschutz genießen.

IV. Die Bestimmungen des Art. 19 kommen somit lediglich bei den Gesetzen der Verbandsländer in Anwendung, die den ausländischen Werken ohne jede weitere Voraussetzung den gleichen Schutz zukommen lassen wie den inländischen.

1. Das gilt hinsichtlich folgender Gesetze:

Luxemburg gemäß Art. 39, Marokko und zwar franz. Zone gemäß Art. 1 des Dahir vom 23. 6. 1916, internationale Zone (Tanger) gemäß Art. 1 des Gesetzes vom 12. 8. 1926, spanische Zone Art. 1 des Gesetzes vom 16. 2. 1927 (wobei zu beachten ist, daß die internationale und spanische Zone nicht zum Verbandsterritorium der RBUe. gehören, Da. 1931, 84), Portugal gemäß Art. 136, Syrien-Libanon Art. 148.

Es gilt nicht mehr bezüglich Belgien, dessen Art. 38 in der ursprünglichen Fassung, wonach ausländische Werke ohne weitere Voraussetzungen geschützt waren, durch die Novelle vom 5. 3. 1921 dahin abgeändert worden ist, daß nunmehr nur noch nach den Grundsätzen der materiellen Reziprozität Schutz gewährt wird (das hat Seiller S. 242 übersehen), so jetzt mit aller Deutlichkeit Belg. Kass. in Da. 1931, 71; weitere Rechtsprechung bei Destrée-Guislain Ziff. 251 und 253.

2. Besonderheiten ergeben sich für folgende Verbandsländer:

a) Brasilien schützt zwar gemäß Art. 72 seiner Verfassung den ausländischen Urheber wie den inländischen Urheber, jedoch wird der Schutz des Ausländers davon abhängig gemacht, daß er in Brasilien seinen Wohnsitz hat. Damit entfällt die Anwendbarkeit des Art. 19. Ob allerdings das Gesetz vom 17. 1. 1912 betr. den internationalen Urheberrechtsschutz angesichts der Neukodifikation des Urheberrechts durch das brasil. Bürgerliche Gesetzbuch noch in Kraft ist, erscheint fraglich.

b) Für Frankreich scheint aufgrund der VO. vom 28./30. 3. 1852 eine Gleichbehandlung des Ausländers mit dem Inländer gewährleistet zu sein. Jedoch hat die franz. Rechtsprechung diese VO. entsprechend der franz. Lehre, die im Internationalen Privatrecht das Personalstatut anwendet, stark einschränkend ausgelegt. Der franz. Kass. (vgl. Vaunois in Da. 1934, 30 und Boucher bei Clunet 1932, 26) geben grundsätzlich dem Werke eines ausländischen Urhebers den inländischen Schutz, wenn es zuerst in Frankreich veröffentlicht wurde; jedoch schützt der Kass. nach dem Verdi-Urteil vom 14. 12. 1857 ein Werk eines Ausländers, das im Auslande veröffentlicht worden ist, nicht gegen die öffentliche Aufführung in Frankreich (a. A. Malaplate S. 158). Dagegen wird das Werk eines ausländischen Urhebers, das im Auslande erschienen ist, gegen Einführung von Nachdruckexemplaren in Frankreich nur dann geschützt, wenn die Herstellung dieser Exemplare auch im Auslande, nämlich dort, wo die Herstellung vorgenommen worden ist, eine Urheberrechtsverletzung darstellen würde (Kass. 25. 7. 1887 [hierzu das von Vaunois Da. 1924, 116 angezogene Schrifttum] u. Kass. in Da. 1924, 93; hierzu die Kritik von Vaunois a. a. O., der diese erweiternde Auslegung der VO. vom 28./30. März 1852 als im Widerspruch zum Gesetzeswillen stehend ablehnt, ebenso Da. 1924, 94 und das in Da. 1924, 117 angeführte franz. Schrifttum).

[Über Schutz russ. Werke in Frankreich vgl. die Berichte von Vaunois in Da. 1931, 32; 1932, 30; 1933, 34; 1934, 30.]

c) In Rumänien schützt Art. 1 des Urheberrechtsgesetzes unterschiedslos Inländer und Ausländer, jedoch gilt dies für die Rechtsnachfolger ausländischer Urheber (Art. 4 Abs. 3) lediglich unter der Voraussetzung der Gegenseitigkeit. Über die hieraus entstehenden Schwierigkeiten vgl. Mentha in Da. 1927, 95. Übrigens weist das Berner Büro (Da. 1929, 64, Anm. 1) darauf hin, daß es keine Gewißheit darüber hat, ob die rumän. Gerichte das Urheberrechtsgesetz im gleichen Sinne auslegen.

3. Über den Schutz russ. Werke im Deutschen Reich aufgrund des § 55 LUG. vgl. LG. Leipzig in GRUR. 1927, 832.

Art. 20.

Die Regierungen der Verbandsländer behalten sich das Recht vor, miteinander besondere Abkommen insoweit zu treffen, als darin den Urhebern weitergehende Rechte, als sie der Verband gewährt, eingeräumt werden oder Bestimmungen enthalten sind,

die dieser Übereinkunft nicht zuwiderlaufen. Der Inhalt bestehender Abkommen, der diesen Bedingungen entspricht, bleibt in Geltung.

Fassung von 1908: gleichlautend.

I. Die aus der auf der Berliner Konferenz vorgenommenen Vereinigung des Art. 15 BUe. und des Zusatzartikels zu ihr entstandene Bestimmung des Art. 20 stellt das Recht der Verbandsländer sicher, untereinander besondere urheberrechtliche Abkommen zu schließen. Jedoch ist der Abschluß von folgenden Voraussetzungen abhängig gemacht:

1. Ein solches Sonderabkommen muß dem Urheber Rechte gewähren, die umfassender sind als diejenigen, die durch die RBUe. gewährleistet werden. Ob nun ein durch ein solches Sonderabkommen gegebenes Recht umfassender ist als die einschlägigen Bestimmungen in der RBUe., muß nachgeprüft werden. So bedeutet die Bestimmung des Art. 3 Abs. 2 des großbrit. Urheberrechtsgesetzes (Möglichkeit des Abdrucks gegen eine Lizenz 25 Jahre p. m. a.) ein minus gegenüber dem vollen Urheberrechtsschutz von 50 Jahren, so daß der nach der Romkonferenz von Frankreich ausgehende Versuch, ein Sonderabkommen mit Großbritannien und anderen Verbandsländern des großbrit. Systems hinsichtlich des großbrit. Lizenzsystems zu schließen (vgl. Hoffmann GRUR. 1929, 453; Da. 1929, 71), gegen Art. 20 verstoßen würde, wie das Raestad bereits auf der Romkonferenz (Rom S. 320) ausgeführt hat. Denn der Eintausch eines Vollrechts von 50 Jahren gegenüber einem mit einer gesetzlichen Lizenz behafteten Schutzrecht ist keine Erweiterung der Rechte des Urhebers im Sinne des Art. 20, wie am besten aus dem Kampfe der Urheberorganisationen gegen die Einführung einer gesetzlichen Lizenz im Urheberrecht erhellt (ein Bedenken, das Mittelstädt in JW. 1928, 2059 nicht nachgeprüft hat).

2. Ein solches Sonderabkommen darf keine Bestimmungen enthalten, die der RBUe. zuwiderlaufen. Die Bedeutung dieser Voraussetzung ist nicht ohne weiteres klar. Es kann sich jedenfalls nicht um Bestimmungen materiellen Inhaltes handeln, die dadurch im Widerspruch mit den Bestimmungen der RBUe. stehen, als sie dem Urheber weitergehende Rechte einräumen. Hier handelt es sich vielmehr um Vorschriften, die dem tragenden Grundgedanken der RBUe. dadurch zuwiderlaufen, daß sie z. B. den Schutz von Einhaltung von Förmlichkeiten abhängig machen oder für den Schutz überhaupt, also nicht etwa nur für den über den Schutz der RBUe. hinausgehenden Teil, die materielle Reziprozität

zur Voraussetzung machen. (Als Beispiel eines solchen der RBUe. zuwiderlaufenden Sonderabkommens könnte man das Literaturabkommen zwischen Brasilien und Portugal vom 26. 9. 1922 ansehen, da es im Art. 1 und 2 von der Registrierung der zu schützenden Werke spricht, was also, wenn hieraus der Schutz abgeleitet werden sollte, ein glatter Verstoß gegen Art. 4 sein würde. Wie aber aus der Präambel sich ergibt, handelt dieser Vertrag nicht vom Schutz des Urhebers, sondern vom Austausch von Vervielfältigungsstücken.)

3. Ein Sonderabkommen, das gegen eine dieser beiden Voraussetzungen verstößt, ist keinesfalls nichtig (so Wauwermans S. 162), sondern es ist rechtswirksam, verstößt aber gegen die RBUe., ohne daß hieraus ein anderes Verbandsland oder die Staatsangehörigen der vertragschließenden Länder irgend welche Folgerungen ziehen können (vgl. S. 16).

II. Wenn auch die Möglichkeit des Abschlusses solcher Abkommen durch die Ausdehnung der RBUe. sehr geschwunden ist, so ist sie doch auch jetzt noch vorhanden, nämlich dann, wenn es sich darum handelt, den Urheber gegen eine neu aufgetauchte Verwertungsmöglichkeit seines Geistesgutes zwischenstaatlich zu schützen (so schon Berlin S. 270). Es würde also, wenn diese Verwertung von Urheberrechtsgut nicht bereits durch die RBUe. geregelt worden wäre, keinerlei rechtlichen Bedenken unterliegen, wenn einzelne Verbandsländer außerhalb der RBUe. einen gegenseitigen Schutz der Urheber gegen die rundfunkmäßige Wiedergabe ihrer Werke vereinbarten, das Tonfilmrecht zugunsten der Urheber irgendwie normierten oder die Befugnis des Urhebers zum Fernsehen anerkennen würden. Denn durch alles das würde ein Zuwachs zu den aus der RBUe. den Urhebern verbürgten Schutzrechten geschehen, es würde sich also um „droits plus étendus“ im Sinne des Art. 20 handeln. Hier liegt also die Möglichkeit einer Weiterentwicklung der RBUe., die gerade angesichts der Schwierigkeiten des materiellen Ausbaues der Schutzbestimmungen sehr zu beachten ist, wenn auch bisher von dieser Möglichkeit kein Gebrauch gemacht worden ist.

Als historische Beispiele von Sonderabkommen führt Da. 1929, 36 die die Meistbegünstigungsklausel enthaltenden ital., span. und ital.-franz. Literaturabkommen vom 28. 6. 1880 und 9. 7. 1884 an, wodurch, da Italien anderen Verbandsländern den vollen 50-jährigen Übersetzungschutz zugesagt hat, auch die franz. und span. Werke in Italien den vollen Übersetzungsschutz genossen, also eine Besserstellung in der Zeit erfuhren, als Italien seinen Vorbehalt hinsichtlich des Übersetzungsschutzes (oben S. 125) noch aufrecht erhielt.

Als heute noch geltendes Sonderabkommen ist das deutsch-österr. vom 15. 2. 1930 (RGBl. 1930, II, 1078) zu nennen, welches im Vertragslande die Werke der Staatsangehörigen des anderen Landes schützt, die diese zum ersten Male außerhalb des Unionsgebietes veröffentlicht haben (vgl. Klauer in GRUR. 1930, 357 u. Da. 1930, 70).

Besonderes Interesse erweckt der vom Deutschen Reich mit der Türkei abgeschlossene Handelsvertrag vom 27. 5. 1930 (RGBl. II, 1026), nach dessen Art. 6 die Bestimmungen der RBUe. für den gegenseitigen Schutz der urheberrechtlich bedeutsamen Werke gelten soll (wobei aber das Deutsche Reich für die ersten zwei Jahre nach Inkrafttreten des Vertrages, nämlich bis 26. 9. 1932, auf den Urheberrechtsschutz für deutsche Werke hinsichtlich der Übersetzung in das Türkische verzichtet hat).

Gegen eine solche vertragliche Abmachung dürften (a. A. Péritzsch bei Rabel III [1929], 158) Bedenken nicht bestehen, denn wenn auch die Türkei nicht Verbandsland der RBUe. ist, so ist es doch zulässig, den Text eines zwischen anderen Staaten geschlossenen Abkommens als Regelung für zwei Staaten zu benutzen.

Da die türkischen Werke im Deutschen Reich nunmehr den vollen Urheberrechtsschutz genießen, würde dieser Schutz gegenüber dem Deutschen Reich von denjenigen Staaten für Werke ihrer Staatsangehörigen in Anspruch genommen werden können, denen gegenüber dem Deutschen Reich die Meistbegünstigungsklausel zusteht.

Weitere Beispiele sind die von Jugoslavien abgeschlossenen Verträge mit dem Deutschen Reich vom 6. 12. 1927, mit der Tschechoslowakei vom 14. 11. 1928, mit Frankreich vom 15. 5. 1929, mit Ungarn vom 11. 11. 1929 und mit Österreich vom 15. 7. 1931. Die Besserstellung ist hierbei darin zu erblicken, daß in diesen Verträgen die Anwendung der RBUe. in Fassung des Berliner Textes vereinbart wird, so daß also der Vorbehalt von Jugoslavien hinsichtlich des Übersetzungsschutzes (oben S. 144) ausscheidet.

Mit Litauen hat das Deutsche Reich ein Literaturabkommen nicht geschlossen. Es verbleibt hier bei der Meistbegünstigungsklausel im deutsch-litauischen Handelsvertrag vom 1. 6. 1923, durch die den deutschen Staatsangehörigen die Inländerbehandlung in Litauen gesichert ist, nachdem Litauen im Abkommen mit der Schweiz vom 28. 10. 1922 den Schweizern, die außerhalb Litauens wohnen, den inländischen Urheberrechtsschutz für deren Werke zugesagt hat (vgl. Mackeben in GRUR. 1931, 1221).

Mit Lettland hat das Deutsche Reich einen Vertrag vom 28. 6. 1926 (RGBl. II, 631, 722) geschlossen, der in Art. I die uneingeschränkte Meistbegünstigungsklausel enthält, die sich nach § 1 auch auf Urheberrecht bezieht; zudem sieht Art. IV ein pactum de contrahendo hierüber vor. Hiernach kann also, weil gemäß dem Handelsvertrag zwischen Lettland und Frankreich vom 30. 10. 1924 [Da. 1925, 59] (Art. 14 Abs. 2) die Vorschriften der RBUe. im Verhältnis zwischen diesen beiden Staaten gelten sollen, aufgrund der Meistbegünstigungsklausel die Anwendung der RBUe. für deutsche Werke in Lettland beansprucht werden. Allerdings muß, damit dieser Anspruch geltend gemacht werden kann, hinsichtlich des Rechts auf Übersetzung ein besonderer Vorbehalt auf dem Titelblatt oder im Vorwort gemacht worden sein, wie auch hinsichtlich der öffentlichen Aufführung von Tonkunstwerken es des ausdrücklichen Vorbehaltes auf jedem Exemplar bedarf (Ziff. 33 Abs. 1 bzw. 48 des lett. Urheberrechtsgesetzes). Sind diese Förmlichkeiten gewahrt, tritt der volle Schutz gemäß der RBUe. ein.

Art. 21.

(1) Das unter dem Namen „Büro des internationalen Verbandes zum Schutze von Werken der Literatur und Kunst" errichtete internationale Amt wird beibehalten.

(2) Das Büro ist unter den hohen Schutz der Regierung der Schweizerischen Eidgenossenschaft gestellt, die seine Organisation regelt und seinen Dienst beaufsichtigt.

(3) Die Geschäftssprache des internationalen Büros ist die französische.

Fassung von 1908: gleichlautend.

Über die Organisation und die Arbeiten des Berner Büros vgl. den instruktiven Bericht seines derzeitigen Direktors M o r e l (Anlage 9 zur Pariser Konferenzakte, S. 205).

Art. 22.

(1) Das internationale Büro sammelt Nachrichten aller Art, die sich auf den Schutz des Urheberrechts an Werken der Literatur und Kunst beziehen; es ordnet und veröffentlicht sie. Es stellt Untersuchungen an, die von gemeinsamem Nutzen und von Interesse für den Verband sind, und gibt auf Grund der Dokumente, die ihm die verschiedenen Regierungen zur Verfügung stellen werden, eine periodische Zeitschrift in französischer Sprache über die den Gegenstand des Verbandes betreffenden Fragen heraus. Die Regierungen der Verbandsländer behalten sich vor, das Büro bei allseitiger Zustimmung zur Veröffentlichung

einer Ausgabe in einer oder mehreren anderen Sprachen zu ermächtigen, sofern die Erfahrungen ein Bedürfnis hierfür dartun sollten.

(2) Das internationale Büro hat sich jederzeit den Verbandsmitgliedern zur Verfügung zu stellen, um ihnen über Fragen, die den Schutz von Werken der Literatur und Kunst betreffen, die erforderliche Auskunft zu geben.

Fassung von 1908: gleichlautend.

Es ist hier der Platz, der vorbildlichen Weise zu gedenken, in der das Berner Büro die ihm zugewiesenen Aufgaben erfüllt und darüber noch weit hinausgeht, daß es auch Privatleuten in der bereitwilligsten Weise umfassende Auskünfte erteilt. Nicht nur daß im Da. alle neuen Erscheinungen der Gesetzgebung der Verbandsländer und anderer Staaten in zuverlässigen Übersetzungen abgedruckt werden, in tiefschürfenden Abhandlungen werden diese Gesetze erläutert und die wichtigsten Probleme des Urheberrechts durchweg rechtsvergleichend behandelt. Daß die urheberrechtliche Rechtsprechung der Verbandsländer nicht in umfassender Weise abgedruckt werden kann, ist durch materielle Rücksichten bedingt. Der auf dem Kairo-Kongreß der Association angenommene Wunsch, in einer Sonderpublikation laufend die gesamte urheberrechtliche und urheberrechtlich bedeutsame Rechtsprechung zu veröffentlichen, hat sich (leider) noch nicht verwirklichen lassen; seine Durchführung würde den Arbeiten des Büros wie überhaupt allen urheberrechtlich Interessierten außerordentlich nützen.

Man darf zusammenfassend feststellen, daß jegliches Arbeiten auf urheberrechtlichem Gebiete, handelt es sich auch um Darlegungen rechtsvergleichender oder internationalprivatrechtlicher Natur, ohne die schöpferische Tätigkeit des Berner Büros, die im Da. niedergelegt ist, unmöglich ist.

Art. 23.

(1) Die Kosten des Büros des internationalen Verbandes werden gemeinschaftlich von den Verbandsländern getragen. Bis zu neuer Beschlußfassung dürfen sie die Summe von einhundertundzwanzigtausend Schweizer Franken jährlich nicht übersteigen. Diese Summe kann nötigenfalls durch einstimmigen Beschluß einer der im Artikel 24 vorgesehenen Konferenzen erhöht werden.

(2) Zum Zwecke der Festsetzung des Beitrags eines jeden Landes zur Gesamtkostensumme werden die Verbandsländer und

die etwa später dem Verbande beitretenden Länder in sechs Klassen geteilt, von denen eine jede in dem Verhältnis einer gewissen Anzahl von Einheiten beiträgt, nämlich:

die 1. Klasse	25 Einheiten,
die 2. Klasse	20 Einheiten,
die 3. Klasse	15 Einheiten,
die 4. Klasse	10 Einheiten,
die 5. Klasse	5 Einheiten,
die 6. Klasse	3 Einheiten.

(3) Diese Koeffizienten werden mit der Zahl der Länder einer jeden Klasse multipliziert, die Summe der so gewonnenen Ziffern gibt die Zahl der Einheiten, durch die der Gesamtkostenbetrag zu dividieren ist. Der Quotient ergibt den Betrag der Kosteneinheit.

(4) Jedes Land erklärt bei seinem Beitritt, in welche der obengenannten Klassen es einzutreten wünscht; es kann jedoch später jederzeit erklären, daß es in eine andere Klasse einzutreten wünscht.

(5) Die Schweizerische Regierung stellt den Haushaltsplan des Büros auf, überwacht dessen Ausgaben, leistet die nötigen Vorschüsse und stellt die Jahresrechnung auf, die allen übrigen Regierungen mitgeteilt wird.

Fassung von 1908: gleichlautend mit folgenden Abänderungen:
in Abs. 1 60 000 Frs. statt 120 000 Frs.
„einfachen" Beschluß statt „einstimmigen" Beschluß,
in Abs. 4 fehlt der Schlußhalbsatz.

Art. 24.

(1) Diese Übereinkunft kann Revisionen unterzogen werden, um Verbesserungen einzuführen, die geeignet sind, das System des Verbandes zu vervollkommnen.

(2) Fragen dieser Art sowie Fragen, welche in anderen Beziehungen die Entwicklung des Verbandes berühren, sollen auf Konferenzen erörtert werden, die der Reihe nach in den einzelnen Verbandsländern durch Delegierte abzuhalten sind. Die Regierung des Landes, wo eine Konferenz tagen soll, bereitet unter Mitwirkung des internationalen Büros die Arbeiten dieser Konferenz vor. Der Direktor des Büros wohnt den Konferenzsitzungen bei und nimmt an den Verhandlungen ohne beschließende Stimme teil.

(3) Jede Änderung dieser Übereinkunft bedarf zu ihrer Gültigkeit für den Verband der einhelligen Zustimmung der Verbandsländer.

Fassung von 1908: gleichlautend.

I. Bisher haben drei Konferenzen und eine Sonderkonferenz stattgefunden, deren vom Berner Büro veröffentlichte Akten überaus wertvolles, vielfach bisher nicht verarbeitetes Material zur Auslegung der Abkommen bilden.

II. Über die Geschäftsordnung der Romkonferenz, die dort beschlossene Bildung von Unterausschüssen, siehe Rom S. 155 (vgl. auch die Bemerkungen der norweg. Delegation hierzu CDA. Nr. 104 abgedruckt in Rom S. 319).

III. Die nach Abs. 3 für jede Änderung des Textes geforderte einhellige Zustimmung bedeutet, daß von den bei der Abstimmung Anwesenden keine gegenteilige Stimmenabgabe erfolgt, so daß Stimmenthaltung ebensowenig berücksichtigt wird wie die Stimmen der Nichtanwesenden (Da. 1930, 35; a. A. Baum GRUR. 1929, 375, der bei Stimmenthaltung die einstimmige Zustimmung nicht als vorliegend ansieht). Auch wird nicht gefordert, daß die anwesenden Verbandsländer den neuen Text unterzeichnen. So ist der Romtext am 2. 6. 1928 nicht unterzeichnet worden von Bulgarien, Estland, Haiti, Irland, Luxemburg, den Niederlanden und Ungarn, obwohl diese Länder — mit Ausnahme von Haiti — auf der Konferenz vertreten waren. Irland verweigerte ausdrücklich (Rom S. 308) die Unterschrift, weil die alphabetische Reihenfolge der Verbandsländer nicht eingehalten worden sei, wodurch sich Irland in der Wahrung seiner staatsrechtlichen Stellung beeinträchtigt gefühlt hat. Der Beitritt dieser Staaten, die nicht unterzeichnet haben, ist nach Art. 27 Abs. 3 möglich. Doch haben Bulgarien, Niederlande und Ungarn von der Möglichkeit Gebrauch gemacht, innerhalb von 3 Monaten nach Unterzeichnung des Protokolls die Unterschrift nachzuholen, so daß diese Staaten somit als Unterzeichner des Romtextes anzusehen sind.

Die nach Abs. 3 geforderte Einstimmigkeit ist erforderlich, um eine Majorisierung von einzelnen Ländern zu verhindern; sie muß auch, will die RBUe. auch weiterhin die Grundlage der Gleichheit und Gerechtigkeit beibehalten, erhalten bleiben. Denn gerade im zwischenstaatlichen Verkehr empfindet man die Unterwerfung unter den Willen eines anderen Staates oder einer Mehrheit immer als capitis deminutio. Allerdings wird es ja auch in diesem Falle, wie auch bei einem einstimmig gefaßten Beschluß der Staatenkonferenz auf Abänderung des Konventionstextes für ein einzelnes Land möglich sein, sich durch Ablehnung der Ratifikation des neuen Vertragstextes außerhalb des Vertrages zu stellen. Immerhin erscheint die Tatsache, daß eine irgendwie geartete Mehrheit zur Abänderung des Textes der RBUe. genügen sollte, als eine Brüskierung der Minderheit, die vermieden werden muß (gleiche Bedenken bei Da. 1929, 3; 1930, 34).

Art. 25.

(1) Verbandsfremde Länder, die den gesetzlichen Schutz der den Gegenstand dieser Übereinkunft bildenden Rechte gewährleisten, können auf ihren Wunsch dem Verbande beitreten.

(2) Der Beitritt soll schriftlich der Regierung der Schweizerischen Eidgenossenschaft und von dieser allen übrigen Regierungen bekanntgegeben werden.

(3) Er bewirkt von Rechts wegen die Unterwerfung unter alle verpflichtenden Bestimmungen und die Teilnahme an allen Vorteilen dieser Übereinkunft und tritt einen Monat nach dem Absenden der Anzeige durch die Regierung der Schweizerischen Eidgenossenschaft an die übrigen Verbandsländer in Kraft, sofern das beitretende Land nicht einen späteren Zeitpunkt angegeben hat. Die Beitrittserklärung kann jedoch die Angabe enthalten, daß das beitretende Land, wenigstens vorläufig, für Übersetzungen den Artikel 18 durch die Bestimmungen des Artikels 5 der im Jahre 1896 in Paris revidierten Verbandsübereinkunft von 1886 ersetzen will, wobei Einverständnis darüber besteht, daß diese Bestimmungen nur die Übersetzung in die Landessprache oder die Landessprachen betreffen.

Fassung von 1908: Abs. 1 und 2 gleichlautend.

Abs. 3:

Derselbe bewirkt von Rechts wegen die Unterwerfung unter alle verpflichtenden Bestimmungen und die Teilnahme an allen Vorteilen dieser Übereinkunft. Er kann jedoch die Bezeichnung derjenigen Bestimmungen der Übereinkunft vom 9. Sept. 1886 oder der Zusatzakte vom 4. Mai 1896 enthalten, die diese Länder vorläufig wenigstens an die Stelle der entsprechenden Bestimmungen dieser Übereinkunft zu setzen für nötig halten.

1. Der Beitritt zur RBUe. in Fassung der Romkonferenz ist jedem Staat gestattet, es bedarf also hierzu nicht der Zustimmung der bereits durch diesen Text gebundenen Verbandsländer. Doch wird gefordert, daß ein gesetzlicher Urheberrechtsschutz durch den neu beitretenden Staat gewährleistet ist. Ein Schutz, den lediglich die Rechtsprechung des betr. Staates gibt, ohne daß hierfür eine gesetzliche Grundlage vorhanden ist, genügt also nicht (a. A. Malaplate S. 267); ob es genügt, daß (wie bisher in Ägypten), der Urheberrechtsschutz von dem Gericht aufgrund des droit commun gewährt wird, erscheint fraglich. Die RBUe. bestimmt nichts darüber, wie weit dieser gesetzliche Urheberrechtsschutz ausgebaut

sein muß. Zu fordern ist jedoch als Schutzminimum, daß das Gesetz die in der RBUe. erwähnten vermögensrechtlichen Befugnisse der Übersetzung, Aufführung, rundfunkmäßigen, kinematographischen und mechanisch-musikalischen Wiedergabe und das Urheberpersönlichkeitsrecht (so ausdrücklich die Denkschrift der ital. Delegation auf der Romkonferenz [S. 177]) kennt, ferner eine Schutzfrist von mindestens 30 Jahren (als die z. Zt. kürzeste Urheberrechtsschutzfrist der Verbandsländer) vorsieht.

Die Beitrittserklärung ohne die Voraussetzung eines genügenden Urheberrechtsschutzes hat keine rechtliche Wirkung, weil ihr der Inhalt der Erklärung, nämlich der RBUe. aufgrund eines vorhandenen gesetzlichen Urheberrechtsschutzes beitreten zu wollen, fehlt, so daß die nach Abs. 1 gewünschte Erklärung überhaupt nicht abgegeben ist (Moser GRUR. 1931, 845). Ob diese Voraussetzung eines Beitritts gegeben ist, prüft jedes Verbandsland selbständig. Jedoch ist die schweizer Regierung auch in diesem Falle genötigt, die Erklärung des fremden Staats an die Verbandsländer weiterzugeben, da diese sonst nicht in die Lage versetzt werden, das Vorhandensein jener Voraussetzungen nachzuprüfen.

Die Frage ist strittig geworden anläßlich der Beitrittserklärung der Türkei (Da. 1931, 74), die sich dabei die Freiheit der Übersetzung in der türkischen Sprache vorbehielt. (Schon i. J. 1924 hatte Pillet die Auffassung vertreten, daß ein damals noch nicht vorauszusehender Beitritt der Türkei abzulehnen sei, weil dort ein wirklicher Urheberrechtsschutz nicht vorhanden sei.)

Mit Recht hat nun eine Reihe von Verbandsländern den Beitritt der Türkei abgelehnt, d. h. die Voraussetzungen, unter denen der Beitritt der Türkei zur RBUe. möglich ist, als nicht gegeben erachtet, weil die Türkei einen Schutz gegen die Übersetzung in der türkischen Sprache nicht geben wollte. (So Österreich, Niederlande, Schweiz, Tschechoslowakei Da. 1932, 109; Schweden, Spanien, Belgien Da. 1933, 3 u. 6; Polen, Danzig Da. 1933, 37; Portugal Da. 1933, 61.)

Dagegen wird, ist der Staat beigetreten, nicht gefordert, daß das Verbandsland sein Urheberrechtsgesetz auf diesem Stand erhält oder das Gesetz den Fortschritten der urheberrechtlichen Gesetzgebung anpaßt. Es ist vielmehr durchaus möglich, daß ein Verbandsland sein Urheberrechtsgesetz so abändert, daß dadurch die Voraussetzungen des Abs. 1 nicht mehr gegeben sind. Da eine Ausschlußmöglichkeit für einen solchen Fall (wie überhaupt) in der RBUe. nicht vorgesehen ist, würde dann nichts anderes übrig bleiben, als daß die verbandsgetreuen Länder ein neues Abkommen unter einander schließen (Pillet S. 44).

Sind dagegen die Voraussetzungen einer Beitrittsmöglichkeit hinsichtlich des betr. Staats gegeben, so tritt der Beitritt gemäß Abs. 3 einen Monat nach Absendung dieser Mitteilung seitens der schweiz. Regierung in Kraft, wenn nicht der beitretende Staat ein späteres Datum hierfür angegeben hat. Für die einzelnen Verbandsländer aber erhält der Beitritt erst dann Wirkung, wenn der Beitritt gemäß der durch das interne Gesetz vorgeschriebenen Form der Veröffentlichung als vollzogen angesehen ist (so ausdrücklich Da. 1930, 86 unter Hinweis auf gewisse Schwierigkeiten, die sich aus dem Fehlen der Bestimmung des Art. 25 Abs. 2 im Berliner Text bisher ergeben hatten), für das Deutsche Reich durch Veröffentlichung des Beitritts im RGBl. Denn da das zwischenstaatliche Abkommen auch hinsichtlich des neu beigetretenen Staats Gegenstand der deutschen Gesetzgebung werden soll, muß gemäß Art. 70 RV. dieser Staatsvertrag mit dem Staat, bezüglich dessen er neu Geltung haben soll, verabredet werden (hierzu vgl. Schmitz bei Rabel III [1929] 319).

Die Frage, wie zu entscheiden ist, wenn einzelne Verbandsländer die Voraussetzungen für gegeben erachten im Gegensatze zu anderen Verbandsländern, ist noch nicht praktisch geworden. Sie dürfte dadurch gelöst werden, daß jedes Verbandsland es in der Hand hat, durch Nichtveröffentlichung des Beitritts dieses neuen Staats diesen Staat als Nicht-Verbandsland zu behandeln.

II. Der Beitritt bewirkt die Übernahme aller Verpflichtungen und den Erwerb aller Rechte aus der RBUe. Diese Wirkungen treten mit dem Zeitpunkt, zu dem die RBUe. für den betr. Staat bzw. die anderen Verbandsländer in Wirksamkeit tritt, von selbst ein. Insofern spricht Art. 25 von einer accession, die zur Wirkung die adhésion hat, was Ulrich Ufita VI [1933] 324 übersieht.

Mit Recht hat die Romkonferenz den Beitritt zur RBUe. unter Vorbehalt (übrigens der erste Fall eines zwischenstaatlichen Vertrags mit Vorbehaltsmöglichkeit) insofern stark eingeschränkt, als bei Beitritten, die nach der Romkonferenz erfolgen, lediglich der Vorbehalt hinsichtlich des Übersetzungsschutzes zugelassen wurde, anstelle des Art. 8 RBUe. durch Art. 5 BUe. in der Fassung der Pariser Zusatzakte (vgl. oben S. 144) gebunden zu werden. Aber auch dieser Vorbehalt wird mit Recht dahin eingeschränkt, daß er sich lediglich auf Übersetzung in die Landessprache oder Landessprachen des betr. Vorbehaltslandes bezieht. Auf Aufführungen der Übersetzung (Art. 11 Abs. 2) bezieht sich der Vorbehalt nicht (Ostertag in Da. 1928, 123). Wegen Vorbehalt der Verbandsländer, die den Romakt bereits unterzeichnet haben, vgl. Art. 27 Abs. 2.

Auf der Romkonferenz schien man die Möglichkeit eines Vorbehaltes für neu beitretende Staaten gänzlich beseitigen zu wollen. Nur auf die „déclaration émouvante" (W e i ß in Revue des Sciences Politiques Bd. 43, 418) des Vertreters von Siam ist es zurückzuführen, daß die oben gedachte Möglichkeit offen blieb. Dieser siamesische Prinz wies nämlich darauf hin, daß die Völker des Ostens, die der RBUe. noch nicht angehörten, darauf angewiesen seien, die Geisteswerke der westlichen Völker in Übersetzungen kennen zu lernen. Erschwere man ihnen das durch eine zu große Belastung infolge eines strikten Übersetzungsschutzes, so erschwere man gleichzeitig ihnen den Beitritt.

Art. 26.

(1) Jedes Verbandsland kann jederzeit schriftlich der Regierung der Schweizerischen Eidgenossenschaft anzeigen, daß diese Übereinkunft auf seine Kolonien, Protektorate, Mandatsgebiete oder auf die anderen seiner Hoheit oder Autorität unterworfenen Gebiete oder auf die unter Oberherrlichkeit stehenden Gebiete, sei es auf sämtliche oder nur auf einzelne, anwendbar sein soll; die Übereinkunft findet alsdann auf alle in der Anzeige bezeichneten Gebiete Anwendung. Mangels einer solchen Anzeige ist die Übereinkunft auf die angegebenen Gebiete nicht anwendbar.

(2) Jedes Verbandsland kann jederzeit schriftlich der Regierung der Schweizerischen Eidgenossenschaft anzeigen, daß die Anwendbarkeit dieser Übereinkunft, sei es für alle oder für einzelne der Gebiete, aufhören soll, auf die sich die im vorhergehenden Absatz vorgesehene Anzeige bezogen hat; die Übereinkunft verliert alsdann in den in der Kündigung bezeichneten Gebieten zwölf Monate nach Eingang der Kündigung bei der Regierung der Schweizerischen Eidgenossenschaft ihre Geltung.

(3) Alle gemäß den Absätzen 1 und 2 dieses Artikels der Regierung der Schweizerischen Eidgenossenschaft gemachten Anzeigen werden von ihr allen Verbandsländern mitgeteilt.

Fassung von 1908:

Die Verbandsländer haben jederzeit das Recht, dieser Übereinkunft für ihre Kolonien oder auswärtigen Besitzungen beizutreten.

Zu diesem Behuf können sie entweder eine allgemeine Erklärung abgeben, nach welcher alle ihre Kolonien oder Besitzungen in den Beitritt einbegriffen sind, oder diejenigen besonders benennen, welche darin einbegriffen, oder sich darauf beschränken, diejenigen zu bezeichnen, welche davon ausgeschlossen sein sollen.

Diese Erklärung soll schriftlich der Regierung der Schweizerischen Eidgenossenschaft und von dieser allen übrigen Regierungen bekanntgegeben werden.

I. Die Neufassung auf der Romkonferenz will der veränderten staatsrechtlichen Stellung der großbritan. Dominien, worauf Canada in CDA. Nr. 60 besonders hinwies, Rechnung tragen.

II. Die RBUe. findet somit auf Kolonien usw. der Verbandsländer nur dann Anwendung, wenn diese ausdrücklich als solche bezeichnet werden, für die die RBUe. Anwendung finden soll; fehlt eine solche Erklärung, gehören die Kolonien usw. nicht zum Verbandsterritorium. Die Wirkung der Erklärung dürfte analog Art. 25 Abs. 3 zu bestimmen sein. Durch die Bestimmung des Abs. 2 wird die Anwendbarkeit von Art. 29 ausgeschlossen.

III. Den Beitritt mit Kolonien usw. zur RBUe. in Fassung der Romkonferenz haben erklärt:

Frankreich (Da. 1930, 73, 86; 1933, 133);

Großbritannien für bestimmte Kolonien usw. (Da. 1932, 38; vgl. Da. 1931, 106; 1933, 3, 134; 1934, 25);

Japan für Korea. Formosa, Süd-Sachalin und das Pachtgebiet von Kwantung (Da. 1932, 40);

Niederlande für Niederländisch-Indien, Curaçao, Surinam (Da. 1931, 106).

Die Anzeigen der großbrit., japan. und niederl. Regierung sind in RGBl. 1933, II, 908 veröffentlicht worden.

Über die Mandatsgebiete vgl. Da. 1926, 62.

Art. 27.

(1) Diese Übereinkunft ersetzt zwischen den Verbandsländern die Berner Übereinkunft vom 9. September 1886 und die sie abändernden späteren Verträge. Gegenüber den Ländern, die diese Übereinkunft nicht ratifizieren, bleiben die früheren Verträge in Geltung.

(2) Die Länder, in deren Namen diese Übereinkunft unterzeichnet wird, können die von ihnen früher erklärten Vorbehalte aufrechterhalten, sofern sie dies bei der Hinterlegung der Ratifikation erklären.

(3) Die gegenwärtig dem Verbande angehörigen Länder, für die diese Übereinkunft nicht unterzeichnet wird, können ihr jederzeit beitreten. In diesem Fall kommen ihnen die Bestimmungen des vorstehenden Absatzes zugute.

Fassung von 1908:

Diese Übereinkunft tritt in den Beziehungen zwischen den Verbandsstaaten anstelle der Übereinkunft von Bern vom 9. September 1886 einschließlich des Zusatzartikels und des Schlußprotokolls vom gleichen Tage sowie der Zusatzakte und der erläuternden Deklaration vom 4. Mai 1896. Die vorgenannten Vertragsakte sollen in den Beziehungen zwischen denjenigen Staaten, die diese Übereinkunft nicht ratifizieren sollten, in Wirksamkeit bleiben.

Diejenigen Staaten, welche diese Übereinkunft unterzeichnet haben, können beim Austausch der Ratifikationsurkunden erklären, daß sie hinsichtlich des einen oder des anderen Punktes durch die Bestimmungen der Übereinkommen, die sie früher unterzeichnet hatten, gebunden zu bleiben wünschen.

I. Während die Änderungen des Abs. 1, die die Romkonferenz beschlossen hat, lediglich redaktioneller Natur sind, bringt der neue Text des Abs. 2 die zu begrüßende Abänderung, daß neue Vorbehalte seitens der Verbandsländer ausgeschlossen sind. Abs. 3 erleichtert für die Verbandsländer des Berliner Textes den Beitritt zum Romtext.

II. Durch die Bestimmung des Abs. 1 wird klargestellt, daß hinsichtlich der Verbandsländer verschiedene Abkommen gelten, je nachdem ob sie durch den Berliner oder den Romtext gebunden sind. Verbandsländer, die lediglich die BUe. ratifiziert haben, gibt es nicht mehr. Dadurch, daß jedem Verbandslande die Möglichkeit zugestanden wurde, es bei der Bindung durch den bisherigen Text zu belassen, somit das neue Abkommen nicht als für sich bindend anzusehen, ergab sich eine von Pillet (S. 38) hervorgehobene Unzulänglichkeit, daß nämlich die Ratifikation des neuen Textes durch ein Verbandsland keine Wirkungen hervorruft, die Wirkung vielmehr vom guten Willen der anderen Verbandsländer abhängt, nämlich ob sie dieser Ratifikation dadurch Sinn verleihen wollen, daß sie gleichfalls ratifizieren. Diese Bedenken werden durch die neue Bestimmung des Art. 28 Abs. 2 im Wesentlichen gegenstandslos.

III. Abs. 2 in der Fassung der Romkonferenz bringt eine wesentliche Verbesserung. Während es früher den Verbandsländern freistand, bei der Ratifikation der RBUe. in Fassung der Berliner Konferenz jeglichen Vorbehalt zu machen, so daß man also mit Pillet (S. 39) sagen konnte, daß die vertragschließenden Länder kraft dieses zwischenstaatlichen Vertrags „sont tenus et ne sont pas tenus à la fois", ist jetzt den Verbandsländern die Möglichkeit genommen, jeden Vorbehalt hinsichtlich des Romtextes zu machen. Allerdings beschränkte sich die Möglichkeit solcher Vorbehalte auf neue Bestimmungen des Berliner Textes, so daß es also den Verbandsländern nicht gestattet war, durch einen solchen Vorbehalt unter den von der Berliner Konferenz bereits gewährten Schutz hinunterzugehen.

Der Vorbehalt eines Verbandslandes braucht nicht mit dem Wort „Vorbehalt" ausgedrückt zu sein, z. B. genügt eine „Erklärung" dieses Inhaltes. (So Großbritannien vgl. RGBl. 1912, 444.)

1. Hinsichtlich der noch bestehenden Möglichkeit, Vorbehalte zu machen, ist zu scheiden:

a) Ein der RBUe. neu beitretender Staat kann entweder dem Berliner Text oder dem Romtext beitreten. Wählt er den ersten (was jedoch lediglich bis zum 1. 8. 1931 gemäß Art. 28 Abs. 3 möglich war), so kann er alle Vorbehalte hinsichtlich dieses Textes machen. Tritt er dagegen dem Romtext bei, so ist gemäß Art. 25 Abs. 3 nur der Vorbehalt möglich, hinsichtlich des Übersetzungsschutzes anstelle durch Art. 8 RBUe. lediglich durch Art. 5 BUe. in Fassung der Pariser Zusatzakte gebunden zu werden.

Mit diesen Bestimmungen steht scheinbar im Widerspruch, daß Jugoslavien in seiner Beitrittserklärung (Da. 1930, 85) sowohl dem Berliner Text als auch dem Romtext beitrat. Diese Formulierung gründet sich auf folgende Erwägung: Einmal wollte Jugoslavien von vornherein erklären, daß es für den Fall der Ratifikation des Romtextes auch für sich die Gebundenheit durch diesen Text ausspreche, eine zwar etwas ungewöhnliche, nämlich bedingungsweise erfolgte Erklärung. Andererseits aber entspricht diese Erklärung des Gebundenseins hinsichtlich zweier Texte der Sachlage insofern, als Jugoslavien hinsichtlich der Staaten, die noch durch den Berliner Text gebunden sind, gleichfalls hierdurch gebunden ist, während im Verhältnis zu den Verbandsländern, die den Romtext ratifiziert haben oder diesem beigetreten sind, dann der Romtext gilt, falls diese Staaten entweder keine Vorbehaltsstaaten waren oder auf den früheren Vorbehalt verzichtet hatten.

Ist ein der RBUe. neu beitretender Staat zunächst durch den Berliner Text gebunden, so gelten für ihn bezüglich der Aufrechterhaltung des Vorbehalts beim Beitritt zum Romtext die Ausführungen unter c).

Schwierigkeiten ergeben sich aber für Beitritte von verbandsfremden Staaten nach dem 1. 8. 1931, also durch unmittelbaren Beitritt zur RBUe. in Fassung des Romtextes. Denn dann besteht das Abkommen hinsichtlich dieses neuen Verbandslandes lediglich für die Verbandsländer, die gleichfalls durch den Romtext gebunden sind, nicht aber für die Verbandsländer, für die noch der Berliner Text gilt, eine Folge, die man wohl bei der Festsetzung des Abs. 3 nicht beachtet hat. Da. 1931, 118 spricht davon, daß, wenn ein solcher Beitritt zum Romtext nach dem 1. 8. 1931 erfolgte, dieser Staat denjenigen Verbandsländern gegenüber, die den Romtext weder ratifiziert haben noch ihm beigetreten sind, durch den Berliner Text gebunden werde. Aber dieser Berliner Text ist für den neu beigetretenen Staat nicht bindend.

b) Verbandsländer, die den Romtext unterzeichnet haben, können ihren früher gemachten Vorbehalt aufrecht erhalten, sofern das ausdrücklich bei der Ratifikation, die bis zum 1. 7. 1931 erfolgt sein muß, erklärt wird. Erfolgt eine solche Erklärung nicht, so sind diese Länder dem Romtext ohne Vorbehalt beigetreten, während hinsichtlich der Verbandsländer, die noch durch den Berliner Text gebunden sind, noch die alten Vorbehalte gelten. Nach Ablauf der Ratifikationsfrist können diese Verbandsländer dem Romtext noch beitreten, und bei dem Beitritt durch ausdrückliche Erklärung ihre früheren Vorbehalte aufrecht erhalten.

c) Verbandsländer, die den Romtext nicht unterzeichnet haben, können den Romtext zwar nicht ratifizieren, ihm aber jederzeit noch beitreten und dann beim Beitritt die alten Vorbehalte aufrecht erhalten.

2. Die Aufgabe eines Vorbehaltes bei der Ratifikation oder bei dem Beitritt zum Romtext wirkt lediglich zugunsten der Verbandsländer, die gleichfalls durch den Romtext gebunden sind. Die Vorbehalte bleiben also voll wirksam den Verbandsländern gegenüber, für die noch der Berliner Text gilt. Anders dagegen, wenn gemäß Art. 30 Abs. 2 auf einen Vorbehalt verzichtet wird; ein solcher Verzicht gilt angesichts der Verbandsländer, die noch durch den Berliner Text gebunden sind. So Norwegen (Da. 1932, 3).

3. Folgende Vorbehalte gelten noch:

A. Unter der Herrschaft des Berliner Textes hinsichtlich:

Erzeugnissen des Kunstgewerbes (Art. 2 Abs. 4): Frankreich, Siam, Tunis;

Förmlichkeiten: (Art. 4) Siam;

Übersetzungsschutz (Art. 8): Estland, Griechenland, Irland, Italien, Japan, Jugoslavien, Niederlande, Siam;

Presseartikel (Art. 9): Dänemark, Finnland, Griechenland, Niederlande, Rumänien, Schweden, Siam;

Aufführungsrecht (Art. 11): Estland, Griechenland, Italien, Japan, Niederlande, Siam;

zeitliche Geltung (Art. 18): Australien, Großbritannien, Britisch-Indien, Neu-Seeland, Siam, Südafrikanische Union;

insgesamt 31 Vorbehalte.

B. Unter der Herrschaft des Romtextes:

a) Aufrecht erhalten worden sind Vorbehalte hinsichtlich Erzeugnissen des Kunstgewerbes (Art. 2 Abs. 4): Frankreich, Tunis; Übersetzungsschutz (Art. 8): Griechenland, Japan, Jugoslavien; Aufführungsrecht (Art. 11): Griechenland; insgesamt 6.

Dagegen haben folgende Staaten ihre früheren Vorbehalte bei der Ratifikation nicht aufrecht erhalten: Finnland, Großbritannien, Britisch-Indien, Italien, Niederlande, Norwegen, Schweden.

Ferner sind folgende Verbandsländer beigetreten, ohne ihre alten Vorbehalte aufrecht zu erhalten: Dänemark, Griechenland (hat jedoch nur den Vorbehalt bezüglich Presseartikel fallen lassen).

b) Von den Verbandsländern haben folgende, die einen Vorbehalt früher gemacht hatten, den Romtext weder ratifiziert (oben unter 1 b) noch sind ihm beigetreten (oben unter 1 c) [Stand nach dem 15. 11. 1934]:

Australien (mit einem Vorbehalt),
Estland (mit zwei Vorbehalten),
Irland (mit einem Vorbehalt),
Neu-Seeland (mit einem Vorbehalt),
Rumänien (mit einem Vorbehalt),
Siam (mit sechs Vorbehalten),
Südafrikanische Union (mit einem Vorbehalt).

IV. Der örtliche Umfang der RBUe. wird durch das Staatsgebiet der Verbandsländer bestimmt (wegen der Kolonien siehe Art. 26) und zwar in dem jeweiligen Umfang dieses Gebietes, so daß Gebietsverluste eines Verbandslandes zugunsten eines Nichtverbandslandes gleichzeitig das Verbandsterritorium verkleinern (Da. 1927, 125).

Art. 28.

(1) Diese Übereinkunft soll ratifiziert und die Ratifikationsurkunden sollen in Rom spätestens am 1. Juli 1931 hinterlegt werden.

(2) Sie tritt einen Monat nach diesem Zeitpunkt unter den Verbandsländern, die sie ratifiziert haben, in Kraft. Sollte sie jedoch schon vorher von mindestens sechs Verbandsländern ratifi-

ziert werden, so würde sie unter diesen Verbandsländern einen Monat nach diesem Zeitpunkt in Kraft treten, in welchem ihm die Hinterlegung der sechsten Ratifikation durch die Regierung der Schweizerischen Eidgenossenschaft angezeigt worden ist, und für die später ratifizierenden Verbandsländer einen Monat nach der Anzeige der Ratifikation.

(3) Bis zum 1. August 1931 können verbandsfremde Länder dem Verbande in der Weise beitreten, daß sie sich entweder der in Berlin am 13. November 1908 unterzeichneten oder der vorliegenden Übereinkunft anschließen. Vom 1. August 1931 ab können sie nur noch der vorliegenden Übereinkunft beitreten.

Fassung von 1908.

Diese Übereinkunft soll ratifiziert und die Ratifikationsurkunden sollen in Berlin spätestens am 1. Juli 1910 ausgetauscht werden.

Jeder vertragschließende Teil wird für den Austausch der Ratifikationsurkunden ein einziges Instrument übergeben, das zusammen mit denjenigen der übrigen Staaten in den Archiven der Regierung der Schweizerischen Eidgenossenschaft niedergelegt werden soll. Jeder Teil erhält dafür ein Exemplar des Protokolls über den Austausch der Ratifikationsurkunden, das von den Bevollmächtigten, die am Austausch teilnehmen, unterzeichnet ist.

1. Die auf der Romkonferenz auf einen Antrag von Großbritannien beschlossene Neufassung lehnt sich an Art. 18 der Pariser Verbandskonvention zum Schutze des gewerblichen Eigentums in Fassung der Haager Konferenz an (Rom S. 216).

Die nach dem 1. Juli 1931 seitens der Verbandsländer bei der Schweizer Regierung eingehenden Ratifikationserklärungen werden als Beitritte angesehen (Da. 1932, 4; 1934, 16). Daß hierbei die alten Vorbehalte aufrecht erhalten worden sind, ist im Art. 27 Abs. 3 ausdrücklich vorgesehen.

2. Über einige Förmlichkeitsfragen bezügl. der Ratifikation vgl. Da. 1928, 91 und hinsichtlich der im Abs. 2 gedachten Monatsfrist Da. 1931, S. 62 Anm. 1.

Art. 29.

(1) Diese Übereinkunft soll ohne zeitliche Beschränkung bis zum Ablauf eines Jahres vom Tage der Kündigung ab in Kraft bleiben.

(2) Die Kündigung soll an die Regierung der Schweizerischen Eidgenossenschaft gerichtet werden. Sie erstreckt ihre Wirkung nur auf das Land, das sie erklärt hat; für die übrigen Verbandsländer bleibt die Übereinkunft wirksam.

Fassung von 1908:

Diese Übereinkunft wird drei Monate nach dem Austausche der Ratifikationsurkunden in Kraft gesetzt werden, sowie für unbestimmte Zeit und im Falle einer Kündigung bis zum Ablauf eines Jahres von dem Tage der Kündigung ab in Wirksamkeit bleiben.

Diese Kündigung soll an die Regierung der Schweizerischen Eidgenossenschaft gerichtet werden. Sie soll nur in Beziehung auf dasjenige Land Wirksamkeit haben, von dem sie ausgegangen ist, während die Übereinkunft für die übrigen Verbandsstaaten weiter in Kraft bleiben soll.

1. Kündigungen sind bisher lediglich erfolgt durch Montenegro zum 1. 4. 1900 aus Ersparnisgründen (Da. 1930, 14, Anm. 1) und durch Liberia mit Wirkung zum 22. 2. 1930.

Zwar haben (Olagnier II, 3) die estl. Verleger und Buchhändler i. J. 1933 in einer Eingabe an ihre Regierung den Austritt Estlands aus der RBUe. vorgeschlagen; Estland hat jedoch diesem Verlangen nicht entsprochen.

2. Mit dem Ausscheiden eines Landes aus der RBUe. werden die Werke, deren Ursprungsland der ausgeschiedene Staat ist, schutzlos.

3. Nicht behandelt wird im Art. 29 die Auflösung der Union durch einen gemeinschaftlichen Beschluß der Verbandsländer in Form eines Gesamtaktes. Ein solcher Beschluß bewirkt die sofortige Auflösung der Union, es sei denn, daß im Beschluß selbst der Zeitpunkt bestimmt ist, von dem ab er in Wirksamkeit tritt.

4. Wünschenswert erscheint die von Da. 1934, 16 vorgeschlagene Ergänzung, daß der Austritt wie auch der Beitritt seitens der schweizer Regierung den Verbandsländern mitgeteilt werden müsse.

Art. 30.

(1) Die Länder, die in ihrer Gesetzgebung die im Artikel 7 Absatz 1 dieser Übereinkunft vorgesehene Schutzdauer von fünfzig Jahren einzuführen, sollen hiervon der Regierung der Schweize-

rischen Eidgenossenschaft durch schriftliche Anzeige Kenntnis geben; die genannte Regierung wird sie alsbald allen anderen Verbandsländern mitteilen.

(2) Das gleiche gilt für die Länder, welche auf die Vorbehalte verzichten, die sie gemäß den Artikeln 25 und 27 gemacht oder aufrechterhalten haben.

Zu Urkund dessen haben die betreffenden Bevollmächtigten diese Übereinkunft unterzeichnet.

So geschehen zu Rom am 2. Juni 1928, in einem einzigen Exemplar, das im Archiv der Königlichen Regierung von Italien niedergelegt werden soll. Jedem Verbandsland soll auf diplomatischem Wege eine beglaubigte Abschrift übermittelt werden.

Fassung von 1908: im Abs. 2 waren angeführt Art. 25, 26 u. 27 und es fehlten die Worte „oder aufrecht erhalten". Der Art. 26 ist durch die neue Fassung des Art. 27 Abs. 2 überflüssig geworden.

Von der Möglichkeit des Abs. 1 hat bisher nur Österreich (Da. 1934, 37; vgl. RGBl. 1934, II, 335), von der des Abs. 2 nur Norwegen (Da. 1932, 3) Gebrauch gemacht.

Anhang

Dem Vorbild der Pariser Konferenz folgend, hat auch die Romkonferenz einige Wünsche geäußert, die, da sie die einstimmige Zustimmung der Delegationen gefunden haben, Programmpunkte für die nächste Konferenz bezeichnen.

I.

Die Konferenz spricht den Wunsch aus, daß die Verbandsländer die Möglichkeit erwägen, in ihre Gesetzgebung, falls diese derartige Bestimmungen nicht enthalten sollte, geeignete Vorschriften aufzunehmen, um zu verhindern, daß nach dem Tode des Urhebers sein Werk entstellt, verletzt oder verändert wird, wodurch das Ansehen des Urhebers und die Interessen der Literatur, Wissenschaft oder Kunst dauernd leiden.

II.

Die Konferenz spricht den Wunsch aus, daß jede Gesetzgebung klar die Grenzen der zulässigen Entlehnungen bestimme.

III.

Die Konferenz spricht den Wunsch aus, daß diejenigen Verbandsländer, die noch keine gesetzlichen Bestimmungen erlassen haben, aufgrund deren die Urheber von Werken der bildenden Künste ein unveräußerliches Recht auf eine Beteiligung an den Erträgnissen der öffentlichen Versteigerung ihrer Originalwerke haben, die Möglichkeit erwägen, die Einführung derartiger Bestimmungen zu überprüfen.

IV.

Die Konferenz spricht den Wunsch aus, daß die Verbandsländer Maßnahmen erwägen mögen, die ohne den Urhebern eine Verpflichtung zur Einhaltung einer Förmlichkeit aufzuerlegen, ihnen die Möglichkeit eröffnen, den Zeitpunkt, zu dem ihre Werke der Literatur, Wissenschaft oder Kunst geschaffen worden sind, z. B. gemäß dem System des Doppelumschlags genannt enveloppe Soleau, oder die Tatsache der Staatsangehörigkeit zu einem der Verbandsländer nachzuweisen.

V.

Die Konferenz spricht den Wunsch aus, daß die Regierungen, die an den Arbeiten der Konferenz teilgenommen haben, die Möglichkeit von Maßnahmen erwägen, die die Rechte der ausübenden Künstler schützen.

Vgl. zu I—V Hoffmann in GRUR. 1934, 699.

VI.

Die Konferenz,

in der Erwägung, daß die tragenden allgemeinen Grundsätze und Ziele der RBUe. und diejenigen der Übereinkunft von Buenos Aires vom Jahre 1910, revidiert in Habana im Februar 1928, die gleichen sind,

und gemäß der Feststellung, daß die meisten Bestimmungen dieser beiden Übereinkünfte übereinstimmen,

spricht den Wunsch aus, daß einerseits gemäß der Anregung der brasilianischen und französischen Delegation die amerikanischen Republiken, die Verbandsländer einer Übereinkunft sind, der nichtamerikanische Staaten nicht beitreten können, sich nach dem Beispiel Brasiliens der RBUe. anschließen mögen, und daß andererseits alle daran interessierten Regierungen gemeinsam eine allgemeine Verständigung vorbereiten, die die gleichen Bestimmungen beider Übereinkünfte zur Grundlage und die Vereinheitlichung des gesetzlichen Schutzes der Geisteswerke in der Welt zum Gegenstand hat.

Hierzu vgl. Da. 1934, 50, 61, 74; Weiß in GRUR. 1930, 289, Hoffmann in GRUR. 1935, 67.

Schrifttum

Allfeld. Das Urheberrecht an Werken der Literatur und der Tonkunst. 2. Aufl. München 1928.

Boehmer-Reitz. Der Film in Wirtschaft und Recht. Berlin 1933.

Bollecker. Droit privé de la radiodiffusion. Paris 1934.

de Boor. Vom Wesen des Urheberrechts. Marburg 1933.

Borchgrave. Evolution historique du droit d'auteur. Brüssel 1916.

Buser. Radiorecht auf Grund der schweizerischen Gesetzgebung. Basel 1932.

Copinger. On the Law of Copyright; sixth Edition, by F. E. Skone James. London 1927.

Coppieters. La protection légale des oeuvres d'art appliqué. Brüssel 1919.

Destrée-Guislain. Droit d'auteur, in Répertoire pratique du droit belge. IV. 1932.

Dienstag-Elster. Handbuch des deutschen Theater-, Film- und Artistenrechts. Berlin 1932.

Dungs. Die Berner Übereinkunft. Berlin 1910.

Entwurf eines Gesetzes über das Urheberrecht an Werken der Literatur, der Kunst und der Photographie mit Begründung. Veröffentlicht durch das Justizministerium. Berlin 1932.

Escholier. Le phonographe et le droit d'auteur. Rom 1930.

Giannini. Le Convenzione di Berna. Rom 1933.

Goldbaum. Die Berner Übereinkunft. Berlin 1928.

Heymann. Die zeitliche Begrenzung des Urheberrechts (Sonderdruck aus Sitzungsberichten der preuß. Akademie der Wissenschaften). Berlin 1927.

Hoffmann. Ein deutsches Urheberrechtsgesetz. Berlin 1933.

Homburg. Le droit d'interprétation. Paris 1930.

Institut International de Coopération intellectuelle, Cahier des droits intellectuels. I. La protection internationale du droit d'auteur. Paris 1928.

Kohler. Urheberrecht an Schriftwerken und Verlagsrecht. Stuttgart 1907.

Malaplate. Le droit d'auteur. Paris 1931.

Marotte. L'application des droits d'auteur et d'artistes aux oeuvres cinématographiques et cinéphoniques. Paris 1930.

Marwitz-Möhring. Das Urheberrecht an Werken der Literatur und der Tonkunst in Deutschland. Berlin 1929.

Marwitz. Die revidierte Berner Übereinkunft und die römische Konferenz. Berlin 1928.

Mintz. Beiträge zum Recht am gewerblichen und geistigen Eigentum des In- und Auslandes. Berlin 1933.

Neugebauer. Fernmelderecht mit Rundfunkrecht. 3. Auflage. Berlin 1929.

Olagnier. Le droit d'auteur. Paris 1934.

Pillet. Traité pratique de droit international privé Paris 1924. Tome II.

Pinzger. Das Deutsche Geschmacksmusterrecht. Berlin 1932.
Plaisant-Pichot. La Conférence de Rome. Paris 1934.
Potu. La Convention de Berne. Paris 1914.
Raestad. La Convention de Berne. Paris 1931.
Roeber. Das Filmrecht und die Frage seiner Reformbedürftigkeit. Berlin 1933.
Röthlisberger. Die Berner Übereinkunft. Bern 1906.
Ruffini. De la protection internationale des droits sur les oeuvres littéraires et artistiques in Recueil des Cours de l'Academie de droit international de la Haye. 1926. II.
Saudemont. La radiophonie et le droit. Paris 1927.
Seiller. Österreichisches Urheberrecht. Wien 1927.
Stolfi. Traité théorique et pratique de la propriété littéraire et artistique, traduit par Emile Potu. Paris 1916, et par Louis Suret. Paris 1925.
Studien zur Förderung des gewerblichen Rechtsschutzes. Berlin 1906.
Vilbois. Du domaine public payant en matière de droit d'auteur. Paris 1929.
Walz. Völkerrecht und staatliches Recht. Stuttgart 1933.
Wauwermans. La Convention de Berne. Brüssel 1910.
Weiß. Traité théorique et pratique de droit international privé. Paris 1901 I. IV.

Sachregister

GPSR Compliance

The European Union's (EU) General Product Safety Regulation (GPSR) is a set of rules that requires consumer products to be safe and our obligations to ensure this.

If you have any concerns about our products, you can contact us on ProductSafety@springernature.com

In case Publisher is established outside the EU, the EU authorized representative is:

Springer Nature Customer Service Center GmbH
Europaplatz 3
69115 Heidelberg, Germany

Batch number: 10844669

Printed by Printforce, the Netherlands